JOY DIVISION
—Unknown Pleasures—

Quando eu trouxe a música do Joy Division para o Brasil, fiquei emocionado com a multidão de fãs que tínhamos e com entusiasmo e o carinho que demonstraram. Obrigado!

Peter Hook '15

Peter Hook

JOY DIVISION
–Unknown Pleasures–

A Biografia Definitiva da Cult Band Mais
Influente de Todos os Tempos

Prefácio de Edgard Scandurra

Tradução
Martha Argel
Humberto Moura Neto

Título original: *Unknown Pleasures*.
Copyright © 2012 Peter Hook.
Publicado originalmente por Three Little Pigs LTD.
Copyright da edição brasileira © 2015 Editora Pensamento-Cultrix Ltda.
Texto de acordo com as novas regras ortográficas da língua portuguesa.
1ª edição 2015.
Todos os direitos reservados. Nenhuma parte desta obra pode ser reproduzida ou usada de qualquer forma ou por qualquer meio, eletrônico ou mecânico, inclusive fotocópias, gravações ou sistema de armazenamento em banco de dados, sem permissão por escrito, exceto nos casos de trechos curtos citados em resenhas críticas ou artigos de revistas.

A Editora Seoman não se responsabiliza por eventuais mudanças ocorridas nos endereços convencionais ou eletrônicos citados neste livro.

Crédito das imagens: caderno de fotos: página 9, em cima: Kevin Cummins © Getty Images; página 9, embaixo: tentou-se descobrir o detentor do *copyright*, sem sucesso; página 14, embaixo: © Christopher Hewitt; página 15, em cima: Pierre Rene Worms; guardas: Kevin Cummins © Getty Images

Obs.: Este livro não pode ser exportado para Portugal.

Editor: Adilson Silva Ramachandra
Editora de texto: Denise de C. Rocha Delela
Coordenação editorial: Roseli de S. Ferraz
Preparação de originais: Marta Almeida de Sá
Produção editorial: Indiara Faria Kayo
Assistente de produção editorial: Brenda Narciso
Editoração eletrônica: Join Bureau
Revisão: Vivian Miwa Matsushita

Dados Internacionais de Catalogação na Publicação (CIP)
(Câmara Brasileira do Livro, SP, Brasil)

Hook, Peter
 Joy Division : unknown pleasures : a biografia definitiva da cult band mais influente de todos os tempos / Peter Hook ; prefácio de Edgar Scandurra ; tradução Martha Argel, Humberto Moura Neto. – São Paulo : Seoman, 2015.

 Título original: Unknown pleasures.
 ISBN 978-85-5503-010-9

 1. Hook, Peter, 1956- 2. Joy Division (Grupo de rock) – História 3. Músicos de rock – Inglaterra – Biografia I. Scandurra, Edgard. II. Título.

15-02281   CDD - 782.42166092

Índices para catálogo sistemático:
1. Joy Division : Banda de rock : Biografia   782.42166092

Seoman é um selo editorial da Pensamento-Cultrix Ltda.

Direitos de tradução para o Brasil adquiridos com exclusividade pela
EDITORA PENSAMENTO-CULTRIX LTDA., que se reserva a propriedade literária desta tradução.
Rua Dr. Mário Vicente, 368 — 04270-000 — São Paulo, SP
Fone: (11) 2066-9000 — Fax: (11) 2066-9008
http://www.editoraseoman.com.br
E-mail: atendimento@editoraseoman.com.br
Foi feito o depósito legal.

Dedicado, com amor, a minha mãe, Irene,
e a sua irmã, Jean

SUMÁRIO

Prefácio 11
Introdução 19
Prólogo: Janeiro de 1978 21

PARTE UM: "INSIGHT" 27
"Durante dezessete dias, foi só o que comemos:
　frango com batata frita" 29
"Você pode tirar o menino de Salford, mas não
　pode tirar Salford do menino" 37
"Barney sempre comia sozinho ou na banheira" 45
"Puta que pariu, é Steve Harley" 53
Linha do Tempo Um: Maio de 1948 – Abril de 1976 57

PARTE DOIS: "DISORDER" – DESORDEM 63
"Banda normal, noite normal, pouca gente assistindo,
　palmas, muito bom" 65
"Isso é um baixo?" 70
"Ele era só um cara com *Hate* escrito no casaco" 75
"Ele era um de nós" 81
"Definitivamente, não consigo pensar em nada menos
　nós do que uma briga com toalhas molhadas" 85
"Os babacas ficaram fazendo gestos obscenos para nós" 94
"Fora um ou outro copo de cerveja na cara, foi um bom show" 103
"Até as que eram uma merda eram muito boas" 109
"Eu disse a ele onde é que podia enfiar seus vibradores" 115
Linha do Tempo Dois: Junho de 1976 – Dezembro de 1977 125

PARTE TRÊS: "TRANSMISSION" – TRANSMISSÃO 133
"Era tipo *The X Factor* para punks" 135
"Precisamos nos livrar dessa arte nazista" 142

"A maior chuva de cuspe que já vi na vida" 162
Linha do Tempo Três: Janeiro de 1978 – Dezembro de 1978............. 167

PARTE QUATRO: "LOVE WILL TEAR US APART" – O AMOR VAI NOS SEPARAR 177
"Peter caiu da cadeira de novo" 179
"Caramba! Martin está com um porta-malas cheio de
   rádios de carro roubados" 183
"Parece um maldito helicóptero" 190
"Ele estava procurando aquela fagulha" 194
"Não que eu mudaria qualquer coisa" 206
"Para de reclamar, Hooky!" 214
"Eu só fui dar uma mijada" 217
"Você não deve confiar em uma palavra do que eu digo"................... 221
"Pode mandar ver" 228
"No fim era carne de cavalo" 235
"Ele está possuído pelo demônio, aquele babaca" 242
Unknown Pleasures, faixa por faixa... 251
Linha do Tempo Quatro: Janeiro – Dezembro de 1979....................... 269

PARTE CINCO: "CEREMONY" – CERIMÔNIA... 289
"Uma verdadeira galinha choca" 289
"Nós fomos em frente" 295
"Ele achava que éramos uns chatos... e estava certo"......................... 299
"A mãe dele tirou o sangue lavando com água e sal" 311
"Estávamos tão empolgados com a viagem para os Estados Unidos"... 322
"Eu nunca disse adeus" 326

EPÍLOGO.. 331
Closer, faixa por faixa 333
Linha do Tempo Cinco: Janeiro de 1980 – Outubro de 1981............. 340

AGRADECIMENTOS 359

ANEXO 361

Este livro é a verdade, somente a verdade e nada mais que a verdade... do modo como me lembro!

Peter Hook, 2012

PREFÁCIO

Não me lembro de ter me apresentado para apenas uma pessoa, como nos conta de maneira divertida Peter Hook a respeito dos primeiros shows do Warsaw, na pré-história do Joy Division, pois sempre contei como parte do público os funcionários dos locais onde eu tocava, mas, independentemente disso, percebi o que já suspeitava em minhas espontâneas reflexões sobre a sociedade e as cenas urbanas: as bandas têm histórias de origem muito parecidas. Geralmente são amigos de escola, provenientes da classe trabalhadora, ou seja, garotos "inúteis", com falta de opções de trabalho e diversão. Somente depois vem a inspiração, o talento, a poesia, o estilo etc. etc. E, nesse amálgama cultural, surge a terrível tríade que poucos conseguem superar: sexo, drogas e rock and roll. No meio disso tudo, vem a grana e a falta dela, o sucesso ou o fracasso, os questionamentos sobre nossa existência, sobre a vida, a morte... É assim em todo o mundo, é assim em Salford e Manchester, Inglaterra. Como também em São Paulo, Brasil.

No ano de 1984 eu estava descobrindo a banda Joy Division como algo extremamente diferente de tudo o que havia escutado antes em termos de rock, uma força renovadora no cenário underground. E a informação sobre essa banda fantástica chegou a mim por meio dos meus amigos metidos e descolados que, tempos depois, escreveriam para a importante revista *Bizz* – numa época em que se discutia muito sobre música (bons tempos!). Descobriríamos também que seu vocalista estava morto havia quatro anos e que a banda não mais existia. Ou seja, aquela novidade já não era exatamente uma "novidade" havia um bom tempo! E, mesmo assim, era uma novidade absoluta pra gente como eu. Porque, nos momentos finais da ditadura brasileira, as informações levavam muito tempo para chegar por aqui, indo parar em nossas mãos somente anos depois. Quatro anos de *delay* pode parecer pouco, mas, nesse meio-tempo, os Beatles ganharam o mundo, explodiram como fenômeno pop e transformaram o rock, e, em menos tempo, os Sex Pistols destruíram o conceito do rock/pop vigente. E Jimi Hendrix, então?

Bem, voltando ao Joy, como uma banda que tanto influenciara toda uma cena podia ter acabado e seu cantor partido de maneira tão trágica havia quatro longos anos? Era a distância entre os continentes que, apesar de criar um atraso entre as contraculturas, não tornava menor o que fazíamos por aqui no Brasil.

Bandas como Agentss, Ira!, Mercenárias, Smack, Cabine C, Voluntários da Pátria, Violeta de Outono, Zerø, Muzak, todas de São Paulo, e outras como Legião Urbana, Capital Inicial, Plebe Rude, de Brasília, De Falla, de Porto Alegre — e isso sem contar as do Rio de Janeiro, Salvador, Recife e Belo Horizonte —, tinham as mesmas influências das bandas inglesas contemporâneas ou estavam dentro desse *"delay* de contemporaneidade", absorvendo influências de bandas de décadas passadas, como o Velvet Underground, por exemplo.

Quando eu penso sobre as bandas dessa época — principalmente as da cena pós-punk paulistana —, eu relembro a magia e a sintonia entre jovens artistas que eram vitais em suas bandas e, ao mesmo tempo, parceiros com quem eu simplesmente viajava quando dividia criações musicais. Sandra Coutinho, Pamps, Thomas Pappon, Nasi, Ciro Pessoa, Miguel Barella, Arnaldo Antunes, Roger Moreira e todos os outros integrantes das bandas que citei anteriormente.

Com todas essas pessoas, eu tinha um imenso prazer em fazer um som no qual dávamos o melhor de nós. E quando ouvíamos discos de bandas Joy Division, Gang of Four, PIL, The Cure, XTC, Devo, The Police e outros discos independentes de bandas mais obscuras, o som desses caras chacoalhavam a nossa mente. Ouvir o baixo de Peter Hook e suas notas tão bem colocadas, a voz de Ian Curtis, ou o chorus de Robert Fripp e o som econômico inconfundível do Police, eram desafios para nós de São Paulo. Receber essa influência e desenvolver uma música urbana de existencialismo, futurismo, pessimismo, boêmia e mostrar a loucura de nossa sociedade. Não existia uma busca em ter uma identidade brasileira, de soar brasileiro. Existia, sim, uma grande e transformadora sintonia urbana e cinzenta, em que São Paulo era o cenário perfeito para essa estética cultural.

PREFÁCIO

Dentre essas bandas da cena pós-punk paulistana, tive orgulho de colaborar com quatro delas: Mercenárias – na minha suspeita opinião, a melhor banda feminina de rock de todos os tempos –, na qual participei como baterista e fui produtor de seus dois álbuns; Smack, uma das mais introspectivas e hipnóticas bandas brasileiras desse estilo; Cabine C, banda de Ciro Pessoa (ex-Titãs), com suas letras densas e repletas de imagens orientais, e o Ira!, em que me dediquei como compositor por mais de 30 anos, e com o qual estou até hoje. Essas bandas me deram suporte para, na segunda metade dos anos 1990, criar o projeto de música eletrônica Benzina Aka Scandurra e, graças a esse histórico, tive as portas abertas para, numa mesma noite, sair de uma casa de grandes espetáculos como o Credicard Hall após um show do Ira! e correr para meu *live p.a.* e tocar em lugares sinistros, com público "doido", como no Susi in Transe, no centro de São Paulo. Nesses clubes underground – que tinham uma frequência bem diferente dos locais que tocavam rock –, não deixava de perceber a influência da obra do Joy Division e do New Order, banda que, em sua transição após a morte de Ian Curtis, também fez a ponte entre o rock e a música eletrônica pop, entre o underground e o mainstream. A importância dessa influência, eu sentia da mesma maneira quando ouvia os *clubbers* dizerem coisas como: "Hei Edgard, gosto muito do Benzina, mas não gosto do Ira!", ou "Não gosto de rock, mas gosto de Joy Division e de New Order".

E falando sobre influências, bandas que nós ouvíamos em São Paulo, como Sex Pistols, The Clash, The Jam, The Stranglers, Ultravox, Dr. Fellgood, também eram as bandas ouvidas na Inglaterra e em outras partes do mundo. E, na certa, esses nossos "irmãos mais velhos", a turma da linha de frente do punk que já se apresentava na segunda metade dos anos 1970, haviam sido fortemente influenciados pelos Beatles, Stones, Troggs, MC5, Stooges, David Bowie, The Doors etc.

Reporto-me, assim, a Manchester, na Inglaterra, e a São Paulo, num espaço de cinco ou seis anos, a mesma diferença de idade entre mim e Peter Hook, o estiloso fundador e baixista do Joy Division, que continuou na mesma função com o New Order, tornando-se depois DJ e líder da sua nova banda: Peter Hook and The Light. Hook descreve, numa mistura de autobiografia com a história de sua primeira banda, seu trabalho no Joy

Division, que, sem sombra de dúvida, foi uma das *cult bands* mais influentes de todos os tempos. Ele relata sua amizade com "Barney" (Bernard Sumner) desde o colégio e a busca pelos caras certos para a formação de uma banda, as brigas entre bandas para ver quem abria e fechava os shows, os fracassos de bilheteria dos primeiros shows, as discussões, os primeiros fãs, os dias e as noites inesquecíveis de banda iniciante às voltas com as primeiras gravações em estúdio e, enfim, o sucesso e o reconhecimento da crítica e do público.

Isso difere muito pouco do que eu vivi, nos anos em que comecei a acreditar que podia viver da minha música, do trabalho artístico da minha banda. Meu amigo de escola era o Nasi. Ele seria o meu "Barney Rubble", e juntos procuramos um baterista por toda a cidade de São Paulo, dispensamos baixistas, amigos que ficaram muito chateados, fundadores da banda até! Tivemos a sorte de nos apresentar para formadores de opinião em pequenas casas noturnas, nas quais o som era péssimo e os banheiros idem. Mesmo assim, um jornalista acabava vendo, alguém com desejo de produzir ou empresariar nosso trabalho, e vinha falar com a gente, fãs, *groupies*, enfim, gente antenada nesse "*delay* contemporâneo" e que buscava alternativas em nossa língua para os anseios revolucionários de uma música que transgredisse o protesto social que os punks – os irmãos mais velhos de nossa cena alternativa paulistana – já faziam desde 1978.

Dessa forma, tanto aqui em São Paulo como em Londres, Manchester, Salford e outros lugares, garotos que, durante os anos 1970, ouviam Led Zeppelin, Black Sabbath e Deep Purple passaram a idolatrar os Sex Pistols e, depois disso, iniciaram uma busca por algo mais introspectivo, mais existencialista, mais "cabeça", como se procurassem trocar Ramones por Eric Satie.

Nessa onda, incluo o Joy Division e o Gang of Four como as bandas mais importantes, e aqui, para nós, brasileiros, ávidos por um som diferente, bandas que faziam um misto de poesia existencialista e instrumentos que "solassem" como um "antissolo". Econômicos, poucos e bons... Parecia ser esse o lema (silencioso) que existia na cena pós-punk aqui no Brasil. Assim nos sentíamos naquela época e, ainda hoje, não é diferente. Soávamos de forma diferenciada não por ser de determinada classe social, mas pelo som que ouvíamos na época. Acho que isso também

PREFÁCIO

acontecia com o pessoal do punk e suas tribos/gangues da periferia, porém, eles eram mais autodidatas do que nós, falavam do dia a dia da periferia, das injustiças e faziam ácidas críticas sociais ao sistema. O pós-punk era mais poético, estranho, universitário (EM PARTE) e um tanto suicida em sua verve e lirismo. Havia diferenças gritantes entre as bandas. Era um tempo em que era legal ser diferente! Era interessante não parecer com nenhuma banda, mesmo sendo influenciados pelos nossos "irmãos de armas" europeus e norte-americanos. Enquanto o punk uniformizava a cena, o pós-punk individualizava. Nós, os escolhidos, os "privilegiados" (ironicamente falando), que fazíamos um som além do metal, do punk, do rock sessentista, buscávamos as diferenças entre nós mesmos, cada um numa ilha com pontes interligadas, nas quais circulavam nossas influências, informações, mimeógrafos, os comentários sobre determinada banda, as fitas cassetes e a passagem do underground para o universo pop.

Nesse tráfego, o Joy Division foi muito importante e extremamente representativo para toda uma geração de músicos e admiradores da música alternativa dos anos 1980, pois dele, e de seu final trágico, surgiu o New Order, que abriu o caminho para a onda avassaladora da música eletrônica que culminou com a febre *Acid House*/Techno/Trance por um lado e a cena underground EBM/New Beat por outro, sendo esta última muito influenciada pela música experimental/industrial da segunda metade da década de 1970.

Acho de extrema importância dizer aqui que, se o Joy Division mudou para muitos garotos do mundo todos os conceitos sonoros e poéticos na estética do rock, o New Order abriu as portas para o mundo da música eletrônica pop, fazendo com que milhares de jovens acabassem trocando seus instrumentos musicais pelas *pick ups*, vendessem seus antigos discos de rock e trocassem as palhetas de seus baixos e guitarras pelas agulhas de seus toca-discos. Dessa revolução, surgiram as raves, clubes underground especializados nesses novos tipos de música, novos tipos de drogas (como o ecstasy), enfim, uma avalanche de coisas novas.

Tudo isso descambou para uma nova leva de insatisfação com o som vigente. E essa nova forma de sentir a música jovem no mundo passava por Manchester (via o clube Haçienda, que contou com amplo financiamento da gravadora Factory e dos integrantes do New Order), que captava as energias vibrantes de Berlim e Detroit, unindo a estética fria dos germânicos aos *grooves* da batida da música negra da capital da indústria automobilística dos Estados Unidos. Se o punk surgiu do cansaço natural do rock progressivo, arrisco dizer aqui que o mesmo ocorreu com a música eletrônica em relação ao rock de arena e aos vocalistas "bonjovianos" de cabelos ao vento que pululavam na MTV no início dos anos 1990.

Tenho até hoje a impressão de que o slogan "no future", criado pelos Sex Pistols e abraçado pelos punks de forma geral, se transformava em "we are the future" na música eletrônica e, para essa passagem, a importância do Joy Division e do New Order é indiscutível, histórica até.

Tal como afirmei no início deste prefácio, ao citar o começo do Ira! e da cena pós-punk brasileira, os gestos e danças de Ian Curtis influenciaram até a forma como dois dos maiores vocalistas e compositores do pós-punk brasileiro se apresentavam no palco: Renato Russo e Arnaldo Antunes. Semelhanças provocadas ou coincidentes. Um exemplo nítido das interpretações equivocadas da estética punk/pós-punk foi fato de o pessoal do Joy Division ter muito o que explicar o "porquê" do nome da banda, uma referência a grupos de mulheres e meninas judias mantidas em setores específicos de alguns campos de concentração para o prazer sexual dos soldados nazistas, locais chamados sarcasticamente por esses últimos de *Freude Division*, ou "divisão da alegria", do prazer, do deleite. Esse nome foi retirado de um romance que Ian Curtis estava lendo na época chamado *A Casa das Bonecas*, de Yehiel De-Nur, escritor polonês sobrevivente do Holocausto que escreveu sob o pseudônimo de Ka-Tzetnik 135633, seu número de prisioneiro.

Da mesma forma, o Ira! teve que explicar o que queria dizer em alguns versos da canção "Pobre Paulista". Obviamente nem eles, nem nós éramos neonazistas ou babacas direitistas e preconceituosos. Trabalhávamos no que havia de melhor no punk rock: o poder da provocação, do questionamento. Mas as interpretações equivocadas sempre existiram, tanto em nosso país como no Reino Unido. Uma denúncia perambulava em meus versos, e muitas pessoas os tomaram como preconceituosos, vindos de uma banda oriunda da classe média, ao passo que usávamos aqueles versos duros para denunciar a hipocrisia brasileira sobre a igualdade entre os povos, tão deflagrada, ainda que teoricamente, em nosso país, que

PREFÁCIO

tem, em certos setores da classe média conservadora, um pensamento racista e/ou ligado a um preconceito velado com relação a algumas parcelas da população brasileira por conta de suas origens étnicas ou sociais.

No final das contas, sempre acreditei piamente que punks usando uma suástica não eram nazistas, e sim denunciadores de uma sociedade que abraçava ideias políticas de extrema direita, da mesma maneira que fiz essa música e que o nome Joy Division foi sugerido por Ian Curtis para renomear sua banda. Mais coincidências? Peter Hook é aquariano, assim como eu.

Neste livro extraordinário, você vai descobrir que a música de um grupo de jovens pode mudar o mundo, não uma, mas duas vezes, tal como Peter Hook conseguiu com o Joy Division e depois com o New Order. Na atualidade, não sei o que a juventude quer. Vejo da janela de meu apartamento meninas dançando funk até o chão. Vejo uma garotada ouvindo música sertaneja aos montes. Talvez essa seja a cena que vivemos hoje em dia, em São Paulo e no resto do Brasil, não que eu desrespeite o gosto musical dessa turma. Talvez o rock esteja nos corações e mentes de uma diminuta parcela de jovens na atualidade, em pequenas tribos, cada vez mais raras de identificar. Dessa forma, torna-se de suma importância a leitura deste livro, na esperança de que suas histórias inspirem novamente os jovens a baixarem as correias de seus baixos, aumentarem o volume dos instrumentos de suas bandas e tentarem, mais uma vez, transformar o mundo do rock e da música de forma geral.

Boa leitura!

Edgard Scandurra, outono de 2015

INTRODUÇÃO

É uma vida estranha. Em geral eu não incluo outras pessoas quando escrevo. Todo mundo se lembra das mesmas coisas de modo completamente diferente. As contradições nos confundem de verdade e estragam tudo, e fazem a gente questionar a si e o que aconteceu. Provei isso a mim mesmo ao deixar um amigo muito próximo ver o que eu tinha escrito. Ele respondeu com um comentário incrível: "Para que tudo isso?".

Assim, respostas em um cartão-postal, por favor.

Hooky
X

PRÓLOGO
JANEIRO DE 1978

JOY DIVISION

Nossa primeira apresentação como Joy Division terminou em briga. Típico.

Não era nossa primeira apresentação. Antes o grupo se chamava Warsaw, mas, por motivos que depois vou explicar, não podíamos continuar nos chamando Warsaw, e tivemos que pensar em outro nome. Boys in Bondage foi uma das várias sugestões, e quase escolhemos outra, Slaves of Venus, o que mostra como estávamos ficando desesperados.

Foi Ian quem sugeriu Joy Division. Ele encontrou em um livro que estava lendo, *A Casa das Bonecas*, de Ka-Tzetnik 135633, pseudônimo de um escritor polonês sobrevivente do Holocausto chamado Yehiel De-Nur. Ele então nos emprestou o livro para que todos nós lêssemos. Nesse livro, "Divisões da Alegria"[1] era o nome dado a grupos de mulheres e meninas judias mantidas em campos de concentração para o prazer sexual dos soldados nazistas. Os oprimidos, não os opressores. O que, de uma forma meio punk, meio "No Future"[2], era exatamente o que tentávamos dizer com o nome. Era meio parecido com Slaves of Venus, só que não era ruim.

Então ficou decidido: nós éramos o Joy Division. Mal sabíamos no que estávamos nos metendo e que durante anos as pessoas iam ficar perguntando "Vocês são nazistas?".

"Não. Não somos nazistas merda nenhuma. Somos de Salford."

Bom, de qualquer forma, íamos nos apresentar na Pips Discotheque (antes Nice 'N' Easy) na Fennel Street, em Manchester. Era a primeira apresentação oficial como Joy Division, embora tivéssemos sido anunciados como Warsaw (a mudança de nome aconteceu no Natal), e estávamos bem ansiosos para que aquela noite chegasse, especialmente eu, porque naquele dia havia saído e comprado um baixo novinho.

Eu tinha ficado paranoico com meu antigo baixo desde a gravação de nosso EP *An Ideal for Living*. Barney tinha dito que ele estava desafinado entre o F e o G. Eu não sabia o que isso queria dizer, mas parecia sério. Então economizei para comprar um novo, um Hondo II, Rickenbacker Stereo Copy (consegui fazer o cara baixar o preço de £ 99 para £ 95), e a estreia seria naquela noite. Não só isso, mas um monte de amigos meus

---
[1] Em inglês, *Joy Division*. [N.T.]
[2] Sem futuro. Frase da música "God Save the Queen", dos Sex Pistols; tornou-se um símbolo do movimento punk. [N. T.]

PRÓLOGO - JANEIRO DE 1978

vinha assistir à apresentação – a turma de Salford, como os chamávamos: Alex Parker e seu irmão Ian, Twinny e todos os caras do Flemish Weaver, do Precinct, em Salford, que eu frequentava.

Antes de o show começar, Ian Curtis estava ouvindo *Trans-Europe Express*, do Kraftwerk, pelo sistema de som. Ele adorava aquele disco. Acho que o dera ao DJ para que o tocasse como introdução para nossa música, e não tenho certeza de que estava planejando subir ao palco a partir da pista de dança ou o que pretendia fazer de verdade, mas ele estava na pista, e meio que estava chutando vidros quebrados de um lado para o outro enquanto o *Trans-Europe Express* tocava. Tipo chutando e se mexendo no ritmo da música ao mesmo tempo.

Já sabíamos que Ian era dado a rompantes, e pouco antes tínhamos visto como às vezes ele podia ser volátil. Ele estava passando por uma fase meio problemática, vamos dizer. Coisa de vocalista, claro, e parte seu fascínio por Iggy Pop, mas também frustração. Frustração por não estarmos chegando a lugar nenhum, por outras bandas de Manchester estarem se dando melhor que nós, conseguindo mais apresentações que nós. The Drones já tinha lançado um álbum. The Fall, The Panik e Slaughter & the Dogs já tinham *singles* lançados, e os discos deles não soavam abafados e com um som de merda como o nosso disco. Para completar, lá estávamos nós, nossa primeira apresentação como Joy Division, e só tinham aparecido umas trinta pessoas, vinte delas amigos meus.

Tudo isso afetava a mim, Steve e Bernard também, claro, mas afetava mais a Ian. Provavelmente porque todos nós vivíamos com nossos pais, enquanto ele era casado, e assim talvez o grupo lhe parecesse mais vida real, mais como alguma coisa que ele *precisava* fazer funcionar.

Ou talvez eu esteja falando merda. Quem sabe Ian só estava chutando vidro porque estava bêbado e estava a fim de fazer aquilo. De qualquer modo não interessava: o segurança não quis saber se Ian estava desenvolvendo sua *persona* de palco ou trabalhando sua frustração profissional ou o quê. Ele só viu um babaca chutando vidro quebrado. Chegou, agarrou-o pelo colarinho, levou-o até a porta e botou-o para fora.

Excelente. Alguém veio e nos contou; então, em vez de subir ao palco, nós três tivemos de ir até a porta e convencer o segurança a deixá-lo entrar de novo. Ele dizia "Vão à merda, esse porra fica por aí chutando vidro...", e a gente, "É, mas esse porra é o nosso vocalista, amigo. Ele é o vocalista da nossa banda, você precisa deixá-lo entrar. Vamos lá, amigo...".

No fim, depois de muito pedirmos, o segurança cedeu e deixou Ian entrar, e finalmente subimos ao palco, uns vinte minutos atrasados, olhamos para a multidão — se é que dava para chamar assim — e lá estava minha turma bem na frente, dizendo tipo "Fala aí, Hooky. Tudo bem com você, Hooky?" e sorrindo e fazendo sinal de positivo. Fiquei pensando que era legal da parte deles terem aparecido, mas eu dispensaria os sorrisos e os dedões para cima. No Joy Division a gente era sério. Nosso lance era mais ficar de cara fechada.

Enquanto isso, Barney estava querendo me matar, tipo "É melhor seus amigos se comportarem". Ian também, "aqueles folgados!".

Então Ian disse "Tá legal, estamos aqui. Somos o Joy Division e esta é 'Exercise One'", e eu fiz uma pose com meu Hondo II novo em folha e toquei a primeira nota da primeira música, um E aberto.

Só que, em vez da primeira nota de "Exercise One", soou um tremendo *boing*, e todo mundo olhou para mim.

Ah, merda. A corda tinha escapado do baixo. Empurrei-a de volta para a pestana, ela se encaixou no vão e toquei de novo.

Boing.

Ela pulou de novo.

Merda, merda, merda.

Era um defeito do instrumento, sério. Eu tinha que segurar a corda com o polegar e os outros dedos enquanto tocava. Estava quase chegando ao ponto de dominar a técnica quando olhei para baixo e vi Alex Parker, que era um grande amigo meu, e seu irmão Ian de repente começaram a brigar.

Não esquenta, pensei. *Os outros vão dar um jeito nisso.* De fato, um monte de gente da galera do Flemish Weaver entrou para separá-los. Mas então voaram mais socos, um deles caiu no chão e a briga, em vez de acabar, ficou pior, aumentando aos poucos até que *todos* os meus amigos estavam envolvidos, uma enorme pancadaria em massa. Parecia uma bola gigante deles rolando para cima e para baixo na nossa frente enquanto tocávamos. Ah, meu Deus! O resto da banda olhava para eles e então para mim, me fulminando com os olhos, enquanto a grande massa de caras

PRÓLOGO – JANEIRO DE 1978

brigando passava rolando diante de nós e depois voltava. Claro que o segurança que tinha posto Ian para fora não estava em nenhum lugar à vista, e eles só ficaram rolando, e nós continuamos tocando. Com empolgação zero, mas a banda foi em frente.

Mas então a coisa engrossou. Outros caras vinham correndo lá de trás e atacavam meus amigos, esmurrando-os quando passavam rolando. E isso, claro, me deixou mordido.

"Não chuta meu amigo, seu filho da puta!"

"Ei, deixa disso!"

"Malditos Scousers"[3]!

E lá estava eu, dando chutes na cabeça deles, tentando tocar "Exercise One" enquanto lutava para segurar a corda no lugar, os outros membros da banda putos de verdade comigo por ter trazido aqueles meus amigos arruaceiros e babacas. *Merda!*

Finalmente o segurança apareceu. Trouxe junto um bando de colegas, e eles começaram a acalmar os ânimos, expulsaram a turma do Flemish Weaver e depois os Scousers, e com isso terminamos a apresentação para uma sala vazia, eu segurando a corda do baixo, Ian, Barney e Steve me olhando como se quisessem me esganar. Foi terrível, absolutamente horroroso. Nossa primeira apresentação como Joy Division. E não fizemos outra por quase dois meses, o que naquela época parecia muito, muito tempo. Definitivamente, a pior coisa do mundo.

Como eu disse. Mal sabíamos nós, hein?

---

[3] Nativos de Liverpool; há uma rivalidade histórica entre essa cidade e Manchester. [N. T.]

PARTE UM

"INSIGHT"

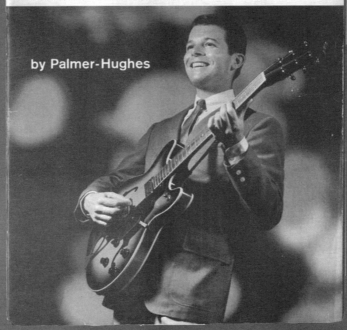

"DURANTE DEZESSETE DIAS, FOI SÓ O QUE COMEMOS: FRANGO COM BATATA FRITA"

Nasci por volta das quatro da tarde no Hope Hospital, em Salford, em 13 de fevereiro de 1956. E não, não era uma sexta-feira 13; era segunda-feira.

Minha mãe: Irene Acton. Ela era teimosa, obstinada, tinha uma disposição de ferro. Uma típica mãe do norte, em outras palavras. Meu pai: John (Jack) Woodhead. Ele trabalhava como motorista na fábrica de vidros Frederick Hampson, em Salford, cujo edifício foi um dos poucos que sobrou em pé quando o conselho do condado demoliu Salford e reconstruiu a cidade a partir do zero, na década de 1970. Eu ainda passo de carro na frente dela vira e mexe.

Minha primeira recordação é estar em um carrinho de bebê no píer em Blackpool com alguém me dando batatas fritas; acho que era minha tia Jean. Não muito tempo depois, mamãe e papai se separaram e então se divorciaram, constando nos documentos "crueldade contra a requerente" – minha mãe. Ele batia nela, claro. Naquela época, era procedimento-padrão em Salford os homens ficarem bêbados e surrarem as esposas. Mas a gota-d'água foi quando ele começou a sair com outra mulher. Minha mãe odiava-o por isso. Ela o odiou até o dia em que morreu. Mesmo tendo conhecido Bill, se casado com ele e ficado com ele por quarenta anos – *quarenta anos* –, ela odiou meu pai mesmo depois da morte dele. Não queria nem ouvir o nome dele. Esse é o tipo de mulher que ela era.

Depois que eles se separaram, eu, mamãe e meu irmão mais novo, Chris, fomos morar com nossa avó; e, assim que minha mãe terminou de pagar o carpete da sala da nossa antiga casa, porque ela não confiava que Jack pagasse (ela não queria que os bancos achassem que ela não era séria; era muito orgulhosa), durante algum tempo fomos uma família trabalhadora monoparental bem normal: um sobradinho com sala e cozinha embaixo, dois quartos em cima, banheiro do lado de fora e um buraco no chão para o depósito de carvão; morávamos em Jane Street, Langworthy, na bela, suja e velha Salford. Quando assisti a *Control*,[4] tantos anos depois, nem percebi que era em preto e branco, porque foi exatamente como minha infância tinha me parecido: escura e enfumaçada e marrom, da cor de uma caixa de papelão molhada, que era como Manchester se parecia naquela época.

Não havia nada para crianças como nós fazerem, além de zanzar à toa, chutar lata ou enfiar palitos de pirulito em alguma mancha de piche quente. Toda a Salford era nosso *playground*: a gente saía de manhã e tinha que voltar para a hora do chá. Eu me lembro de ter me perdido e ser trazido de volta pela polícia algumas vezes. Acho que a primeira vez que tivemos brinquedos foi no Natal que Bill passou conosco, quando eu tinha 5 anos. Ele estava paquerando minha mãe, e é claro que encheu a mim e a Chris de presentes. Lembro-me de descer na manhã de Natal e encontrar os presentes. Eu nunca tinha visto nada parecido em minha vida: ele tinha comprado um carrinho de pedal para mim e outro para meu irmão e muitas coisas mais. Ele nos deixou muito mal acostumados naquele Natal, pela primeira e última vez. Depois daquilo, voltamos a uma laranja e algumas nozes.

Bill era Ernest William Hook. Eu achava que ele era solteiro quando conheceu minha mãe, mas descobri anos depois que havia sido casado antes e que tinha duas filhas. Só descobri uma tarde, depois de um jogo de futebol, do Manchester United, claro. Eu costumava conseguir um guia do jogo e então levá-lo para o pai de Bill, vovô Hook, um velhinho adorável que tivera uma barraca de roupas de segunda mão no mercado de Salford com sua mulher. Ela havia morrido, e ele agora vivia no Precinct, depois da limpeza dos bairros pobres. Havia uma foto de duas meninas sobre o aparador. Inocentemente perguntei:

"Quem são elas, vovô?"

"São a outra família de seu pai", ele respondeu.

Até hoje me parece estranho que elas nunca tivessem sido mencionadas.

---

[4] Filme de 2007 sobre a vida de Ian Curtis. [N. T.]

"DURANTE DEZESSETE DIAS, FOI SÓ O QUE COMEMOS: FRANGO COM BATATA FRITA"

No começo, quando estava paquerando minha mãe, Bill era legal de verdade. Certa tarde, eu e meu irmão despejamos uma xícara de chá no tanque de gasolina dele (acho que por ciúme, pois estávamos acostumados a ter mamãe só para nós) e ele nem nos espancou! Só nos deu uma bronca. Mas, com o passar do tempo, sua família secreta/ignorada passou a fazer sentido, porque ele logo se transformou em um ser amargurado. Às vezes, ele conseguia ser realmente detestável, em especial no Natal. Seu bordão costumava ser "Se estou sofrendo, todos estamos sofrendo" – e ele falava sério. Eu ainda o uso para irritar meus filhos.

O que o redimia era sua grana, acho. Ele era um vidraceiro altamente especializado. Sabe aquelas máquinas que usam para soprar vidro, para fazer garrafas e jarras e coisas assim? O trabalho dele era consertá-las, e ele viajava pelo mundo todo fazendo isso: Singapura, Índia, Caribe. Era um viajante calejado, e o único cara em nossa rua que tinha um carro, um Riley RMB 2.5 de quatro portas, no qual eu e meu irmãozinho despejamos o chá. Ele comprou para nós uma televisão, que também era a única na rua. As pessoas costumavam fazer fila na porta de nossa casa para assistir a TV; ficamos populares de repente. Essa é outra de minhas primeiras lembranças: eu e Chris, depois de terem nos colocado na cama, voltando escondidos e sentando no alto da escada para ouvir a novela *Coronation Street*.

Eu frequentava a Stowell Memorial School e adorava. Eu era feliz.

Mamãe e Bill se casaram – nós ficamos em casa com vovó naquele dia – e não muito tempo depois foi anunciado que tinham lhe oferecido um novo emprego. Por isso, íamos nos mudar. O emprego era na Jamaica Glassworks, e era para lá que estávamos indo: estávamos de mudança para a Jamaica.

Isso foi em 1962. Bill foi na frente, e uns dias depois eu, mamãe, Chris e todas as nossas posses viajamos para o sul até Southampton, eu agarrado a um saco plástico com soldadinhos de brinquedo. Houve uma tremenda tempestade, e por conta do mau tempo tivemos de tomar um rebocador para chegar ao barco. Estávamos todos aterrorizados com o tamanho das ondas, o barulho dos motores e os marinheiros berrando conosco enquanto nos içavam para bordo do navio. Quando chegou minha vez, o saco plástico arrebentou e meus soldados caíram todos no mar revolto, e eu fiquei segurando o saco rasgado.

Então veio a travessia. Oh, meu Deus.

Tenha em mente que minha mãe, até o dia em que morreu, era a pessoa mais chata para comer que se pode imaginar. Ela mal podia suportar comer qualquer coisa que fosse produzida ao sul de Salford. Assim, quando terminamos em um transatlântico italiano indo para a Jamaica, ela ficou histérica porque havia uma única coisa que ela podia comer, o que significava que era a única coisa que eu e meu irmão podíamos comer também: frango com batata frita. O engraçado é que ainda adoro frango com batata frita – sequinhas, com um pouco de sal e muita pimenta – mas só Deus sabe por que, já que sempre me faz lembrar a estada naquele navio. Durante dezessete dias, foi só o que comemos: frango com batata frita. Durante o jantar das crianças, víamos as estátuas de gelo sendo entalhadas, e grandes bolos sendo colocados para o turno dos adultos, que vinha a seguir, mas mamãe dizia que não podíamos comer nada de bolo, porque eles eram imundos.

Chris tinha só 3 anos. Ele gostava de gritar, não de dormir, e parecia ter gritado todo o caminho até as Índias Ocidentais. Isso nos tornou muito impopulares, em especial durante as tardes, quando todos tentavam tirar uma soneca no convés. Além disso, estávamos todos enjoados e mal saíamos da cabine (fora uma notável exceção, quando, correndo pelo corredor, eu caí e bati o nariz, espalhando sangue por todo lado). Paramos, porém, em alguns lugares fantásticos: Bilbao, Madeira, Ilhas Canárias e Trinidad. Mas nunca comíamos, e sempre voltávamos para o navio, para o velho frango com batatas fritas. A viagem pareceu durar uma eternidade, mas – fora Chris quase cair ao mar ao atracarmos, porque tinha visto Bill no cais – chegamos a salvo.

Nossas acomodações na Jamaica eram um bangalô alugado, com três dormitórios e banheiro dentro da casa – o primeiro lugar onde morei que tinha um banheiro interno. Todos os pisos eram de mármore. Um dia, dois caras negros bateram à porta e perguntaram se podiam tirar os frutos de nosso pé de cabaça, e em troca eles fariam maracas para mim e para meu irmão. As maracas de verdade são feitas do fruto da cabaceira – o miolo é esvaziado, colocam-se pedras dentro e pronto. Aí minha mãe

"DURANTE DEZESSETE DIAS, FOI SÓ O QUE COMEMOS: FRANGO COM BATATA FRITA"

respondeu "Sim, fiquem à vontade", e os caras subiram em nossa árvore, pegaram todos os frutos, fizeram para nós dois pares de maracas – um para mim e outro para meu irmão – e se mandaram.

Mais tarde, os portões do inferno se abriram. A árvore devia estar cheia de aranhas, e naquela noite a casa foi invadida por elas, centenas, por toda parte. Eram enormes, e aposto que também eram venenosas. Comiam gente, com certeza. Bill corria, matando-as, enquanto eu, mamãe e meu irmão ficávamos em cima da mesa berrando. Então batemos em retirada até o quarto, onde Bill usou um sapato para esmagar as aranhas que entravam por baixo da porta, enquanto todos nós ficamos lá chorando. Não estou brincando! Foi como um filme de horror. Estou todo arrepiado agora só de pensar naquilo. Ainda odeio aranhas. Assim, nada de *I'm a Celebrity ... Get Me Out of Here!*[5] para mim (se bem que, curiosamente, no ano passado, me convidaram para fazer um teste).

Não muito depois disso, nos mudamos para a Phoenix Avenue, 31, Kingston, também um bangalô, com jardins lindos, incríveis, onde cresciam pés de abacaxi. Tinha também banheiro interno e pisos de mármore ainda mais bonitos – e vinha até com empregados. Fomos mandados para uma escola particular, Surbiton Preparatory, que era aterrorizante. Os professores berravam conosco para que escrevêssemos com letra cursiva e soletrássemos, o que em Salford não se fazia com crianças de 6 anos. Mas logo nos adaptamos e, como um grande bônus, à tarde, fazia calor demais para trabalhar, e as aulas terminavam às 14h30. De forma geral, tudo devia ter sido bem idílico, exceto que as coisas tinham começado a virar uma merda por aquela altura: primeiro entre minha mãe e Bill, e segundo na Jamaica, onde as pessoas locais estavam cheias dos chineses e brancos controlando todos os negócios e tinham começado a expulsá-los – invadindo lojas, colocando os donos para fora e tomando conta. Ao mesmo tempo, muitas casas começaram a ser roubadas, pessoas eram atacadas na rua e havia revoltas não muito longe de onde morávamos em Kingston, de modo que pairava um clima perigoso no lugar. Andando pela rua, dava para ver os guardas espancando os ladrões, perseguindo-os

---

[5] "Sou uma celebridade… tirem-me daqui!", reality show filmado em floresta ao redor do mundo. [N. T.]

e, quando os pegavam, sentando-se em cima deles e surrando-os com suas pistolas.

    Bill parou de voltar para casa. Ele passava muito tempo bebendo no clube da fábrica depois do trabalho. Ele era um babaca com a gente, mas um grande amigo de todos os demais e um dos poucos caras brancos no trabalho que se misturavam com os caras negros. Ele saía para beber com os caras brancos e depois continuava com os caras negros e achava que era por isso que nossa casa era a única na rua que nunca tinha sido roubada. De noite, mamãe se sentava na varanda com uma caixa de cerveja Red Stripe, esperando que ele voltasse para casa, ficando cada vez mais bêbada e mais furiosa, e quando ele finalmente aparecia, eles começavam a brigar aos berros. Eu e meu irmão nos escondíamos atrás do sofá, rezando para que ele morresse, enquanto eles se perseguiam pela casa, berrando um com o outro e destruindo o lugar. Ele batia nela; ela o atacava com seu salto alto, devolvendo o que recebia; e quando terminavam, a casa parecia que tinha sido atingida por uma bomba. Na manhã seguinte, a empregada colocava tudo no lugar de novo e ficava tudo bonito e arrumadinho para a próxima briga.

    Mas não se pode ter tudo. Mamãe e Bill esmurrando um ao outro era um preço pequeno a pagar pelo clima fantástico, a casa chique, o carro e a grana. Além disso, mamãe trabalhava para o Conselho de Turismo da Jamaica, e costumávamos conseguir entrar de graça em todos os lugares e passear nos clubes de campo. Lembra que eu disse que a vida tinha sido em preto e branco em Salford? Bem, na Jamaica ela com certeza era colorida.

    E o que fizemos nós? Voltamos para Salford.

    Ela estava com saudades de casa, minha mãe. Esse era o problema. Ela odiava a comida, e sentia falta de sua mãe e sua irmã. Então, quando o contrato de Bill estava para ser renovado, ela o convenceu a voltar para Salford, o que deve ter provocado umas megadiscussões, porque é claro que ele queria ficar na Jamaica. Havia rumores sobre uma mulher estadunidense. Eu me lembro de uma noite, minha mãe bêbada me empurrando para dentro de nosso Ford Prefect azul e saindo, com a faca de pão na mão, para matar os dois.

"DURANTE DEZESSETE DIAS, FOI SÓ O QUE COMEMOS: FRANGO COM BATATA FRITA"

O problema era que ela não sabia dirigir – e não sei se alguma vez você já tentou aprender a dirigir segurando uma faca de pão em uma das mãos e um cigarro na outra, mas é bem difícil. Por sorte, depois de passar por alguns cruzamentos, ela pensou melhor e voltamos para casa. Sempre me perguntei por que ela não levou o Chris, sujeitinho de sorte.

Quanto a nos mudarmos, porém, ela venceu (e, conhecendo mamãe, não acho que tal desfecho jamais tenha estado em dúvida) e Bill cedeu, talvez achando que conseguiria encontrar um bom emprego em Manchester. Havia muitas fábricas de vidro por lá, e pelo menos eles tinham economizado o suficiente, com seus empregos na Jamaica, de modo que financeiramente estávamos bem.

Ou teríamos estado, exceto pelo fato de que, no dia em que viajaríamos para casa (minha primeira vez em um avião), recebemos a visita de dois policiais e de um "inspetor de impostos", que alegou que Bill havia sonegado seus impostos. Eles sabiam que ele tinha o dinheiro – ele o sacara do banco para voltar para casa – e eles não iam nos deixar partir até que ele lhes pagasse. Os sujeitos basicamente extorquiram todas as economias de Bill, e voltamos para casa sem nada.

Era o verão de 1966. Eu tinha 10 anos. Todo mundo estava delirando com a conquista da Copa do Mundo pela Inglaterra quando voltamos da Jamaica, onde tínhamos morado por quase quatro anos em nossa casa chique com seus pisos de mármore, banheiro interno e empregadas, e fomos para um sobradinho com banheiro do lado de fora e um padrasto muito infeliz que nunca mais conseguiu outro emprego na indústria do vidro e que com o passar dos anos foi ficando mais e mais amargurado por causa disso.

Voltamos para a casa de vovó por algum tempo, mas logo nos mudamos para perto dali, para Ordsall, Rothwell Street, 32, bem do lado da passagem para o parque. Eles pagaram pela casa £ 300 ou algo assim. Fui para a Regent Road Primary, uma escola mista onde minha tia Jean era merendeira, o que era ótimo não só porque eu ganhava toneladas de manjar branco, mas também porque eu tinha voltado da Jamaica meio como um *outsider*, e precisava de todos os aliados que pudesse conseguir. Na Jamaica, meus colegas estavam muito mais avançados do que eu, e eu precisara alcançá-los. Isso significava que eu havia voltado quilômetros à frente das outras crianças aqui em Salford. Agora eu levava bronca por escrever com letra cursiva. Era legal: eu podia levar tudo na boa. Eu curti muito essa época em Regent Road. De novo, toda a Salford era meu *playground* e, fora umas piadas sobre meu nariz grande e uma timidez paralisante com as meninas, eu me comportava bem e me divertia.

    Tenho certeza de que foi por isso que passei no exame Eleven Plus, porque eu tinha uma educação muito melhor que a das outras crianças, e naqueles dias você precisava ser brilhante para entrar na *grammar school*. Do jeito que era na época, se você não passava no Eleven Plus, ia para a escola secundária, que era para onde os mais burros iam. Se você era limítrofe, ia para o colégio técnico, e se você era brilhante, ia para a *grammar*. Um babaca burro como eu não teria tido a menor condição de entrar se não fosse favorecido por algo.

    Fui para a Salford Grammar School. Foi lá que conheci Barney Dickin (que se tornaria Sumner). Mais tarde, começaríamos juntos o Joy Division e depois o New Order. Assim, tenho que agradecer à Jamaica pela paixão vitalícia por frango com batatas fritas, e também pelo medo vitalício de aranhas – mas também por tudo isso aí. Como as coisas poderiam ter sido diferentes se eu tivesse ficado... Será que eu teria partido para os *dreads* e o *reggae*?

"VOCÊ PODE TIRAR O MENINO DE SALFORD, MAS NÃO PODE TIRAR SALFORD DO MENINO"

Conheci Barney no primeiro ano na Salford Grammar. Ele ainda fica bem contrariado quando eu o chamo de Barney.

"Você é o único babaca que me chama de Barney. Todo mundo me chama de Bernard", ele protestava. Porém na escola as pessoas costumavam chamá-lo de Barney Rubble – isso apareceu até em uma das primeiras resenhas sobre o Joy Division – e o sobrenome dele era Dickin, e então enchiam o saco dele por causa disso também, como dá para imaginar. Ele o mudou para Sumner quando se formou na escola.

Barney não estava na minha classe, no entanto. Não estava nem na mesma casa.[6] Eu estava em Lancaster e ele estava em Gloucester; as outras duas eram Warwick e York. Compartilhávamos algumas disciplinas, mas não muitas. A primeira lembrança que tenho dele era de estar parado do lado de fora do ginásio e ele aparecer, e então eu disse "Tudo bem?", e ele disse "Tudo bem?" e foi só; foi a primeira vez que tivemos algum tipo de contato. Nenhuma indicação de que passaríamos juntos o resto de nossas vidas, de um jeito ou de outro, ou de que mudaríamos o mundo da música não apenas uma, mas duas vezes. Mesmo então não ficamos amigos de verdade logo de cara, não até o terceiro ano, quando nós dois viramos *skinheads*.

Entretanto éramos dois verdadeiros babacas. Sempre metidos em encrencas. Detesto admitir, mas eu era um tremendo valentão. Havia uma ordem das bicadas e a gente precisava se encaixar. Quer dizer, eu não era o maior – não chegava nem perto –, mas estava sempre com eles, e esse tipo de comportamento pega, tem a pressão dos pares, como dizem, e eu

---

[6] As "casas" são subdivisões tradicionais das escolas em países de língua inglesa. [N. T.]

fiz a minha parte. Todos nós fazíamos. Além do mais, eu era um ladrão. Oh, meu Deus, eu era um ladrão.

Onde eu vivia era bem normal roubar, porque basicamente não tínhamos nada. Não que eu esteja buscando desculpas, veja bem. Quer dizer, minha mãe não tinha nada e ela era a pessoa mais honesta do mundo – uma vez ela encontrou uma nota de dez na King Street e ficou parada lá por duas horas para ver se alguém voltava procurando por ela. E com certeza não estou dizendo que virei um ladrãozinho porque não recebia afeto de meus pais, porque naquela época ninguém recebia afeto. Mas enfim. Isso é o que eu era. Um ladrão.

Fui pego várias vezes. Sempre levava surra da polícia. Naquela época, quando éramos surpreendidos furtando algo, a gente levava uma coça dos policiais e não fazia mais aquilo. Bom, fazia de novo, sim, mas dá para entender o que eu quero dizer – não precisava ir a julgamento e toda essa besteira. Os policiais só desciam a porrada. Hoje em dia eles são como gatinhos, não é? Perda de tempo.

Lembro que uma vez invadimos uma casa de apostas, mas – antes que você jogue este livro fora horrorizado – não foi algo tão horrível como parece. Não invadimos o lugar com escopetas de cano serrado e meias na cabeça; nunca fizemos nada disso, nunca houve violência, afinal de contas tínhamos 13 anos de idade. Não é isso, acontece que na época Salford estava sendo renovada; todas as casas estavam sendo desocupadas, de modo que o que havia era um monte de terrenos vazios – onde as edificações tinham sido destruídas em bombardeios na guerra e o entulho era removido depois – e casas eram abandonadas. Havia uma fileira de casas vazias em particular, com um escritório de apostas ao final. Então o que fizemos – eu e meus amigos – foi arranjar ferramentas em algum lugar e arrombar a parede. Demoramos uma semana para arrancar tijolos suficientes e fazer um buraco grande o bastante para podermos passar por ele, mas tudo bem, porque não tínhamos mais nada para fazer. Quer dizer, a gente morria de tédio; faríamos qualquer coisa para ter um pouco de diversão, e já estávamos cansados de acender fogueiras e zoar em casas vazias. Assim, passamos mais ou menos uma semana escavando aquele buraco, então entramos por ele, e aí descobrimos que o lugar estava meio que vazio. Mais tarde, estávamos na porta de outra loja, só

"VOCÊ PODE TIRAR O MENINO DE SALFORD, MAS NÃO PODE TIRAR SALFORD DO MENINO"

zoando, como garotos normais, e a polícia apareceu aos berros. Nós nos espalhamos, e eles nos perseguiram. Corri por um beco dos fundos, derrubando as latas de lixo atrás de mim, e os policiais tropeçaram nelas. Mas, quando saí do beco pela outra ponta, outro policial me fez tropeçar e voei longe. Ele me pegou, me colocou na van, me deu uma surra, me levou para a delegacia e repetiu a dose. Acho que naquela noite confessei todos os crimes que já tinham sido cometidos em Salford. Então levei outra surra de minha mãe quando ela teve que ir me tirar de lá. Ui.

Nós roubávamos o depósito da Canada Dry. Entrávamos na fábrica de noite, nos espremendo através de janelas abertas, e passávamos para fora um monte de bebidas. No dia seguinte, eu ia para a escola com latas de refrigerante e limonada, vendia a 5 pence cada uma, e na hora do jantar convidava todo mundo para ir comer peixe com batata frita. Lojas, também. Naqueles dias, as lojas eram na casa das pessoas: você entrava, uma campainha soava e algum velhinho encurvado se levantava da sala de estar e arrastava os pés até a loja, e quando conseguia chegar, metade do estoque já havia sumido. Eu vendia tudo na escola. "Bolos. Biscoitos. O que você precisa? Canetas? Tenho centenas de canetas."

Sabe de uma coisa? Formar uma banda foi muito parecido com tudo aquilo. Isso só mostra que você pode tirar o menino de Salford, mas não pode tirar Salford do menino, porque no Joy Division e no New Order éramos *terríveis* para surrupiar coisas. Costumávamos ir para aquelas apresentações maravilhosas com milhões de coisas lindas nos bastidores e pegávamos tudo. Hoje existem bandas como o Happy Mondays, ou o Oasis (nos velhos tempos), cujos membros têm uma bela fama de baderneiros, mas eles tiveram o mesmo histórico que nós: nada mais do que ladrões da classe trabalhadora. A gente nunca tinha nada, então a gente pegava. A mesma atitude quanto à música: a gente tinha que começar de algum lugar. A diferença era que ninguém acharia que no Joy Division ou no New Order tivéssemos esse tipo de comportamento, porque tínhamos uma imagem cabeça, intelectual. Hoje em dia só faço isso em hotéis.

Enquanto eu estava na escola, a ladroagem durou só um par de anos, até que comecei a me interessar por meninas. Nesse meio-tempo, eu e Barney ficamos amigos. Ele era engraçado. Ele tem um senso de humor realmente perverso e adora pregar peças (e eu não suporto que preguem peças em mim, como você verá), e nós éramos uns caras do mal. Como já disse, àquela altura, éramos *skinheads*, e nós costumávamos andar com a barra mais pesada da escola. O melhor amigo dele, Baz Benson, era o fodão de nossa escola, e meu melhor amigo de Regent Road, Dave Ward, era o fodão da escola técnica que estava separada da Salford Grammar apenas pelos campos esportivos. Eles roubavam das pessoas o dinheiro da refeição e usavam para comprar uns bagulhos, se metiam em brigas, aterrorizavam os professores, tudo isso. Costumávamos nunca fazer o dever de casa. À merda com ele. Simplesmente arrancávamos o dever dos CDFs de manhã, dávamos uns tapas neles e copiávamos tudo no banheiro.

Voltamos à escola, eu e Barney, anos depois. Estávamos sendo entrevistados para um artigo da *NME* e o fotógrafo disse que seria o máximo tirar fotos da gente em nossa antiga escola. Respondemos "Beleza!" e então acompanhamos o cara e fomos até Salford Grammar. No entanto, por algum motivo, ele não tinha organizado direito a visita. Acho que devia ter ligado e o faxineiro atendeu, ou algo assim, e deve ter sido mais ou menos isto: "Quem é o grupo? *No Order*? Eles são famosos? 'Blue Monday'? Nunca ouvi falar! Ah, vai, pode trazer".

Então aparecemos, eu e Barney de jaqueta de couro, botas de motoqueiro – isso foi em 1982 ou 1983, e ainda éramos bem *punks*. Contudo, por mais estranha que fosse nossa aparência, não era nada comparada com a estranheza que sentimos ao cruzar os portões da velha escola. Ela agora aceitava alunos independentemente de exames, mas fora isso não tinha mudado nada: aqueles eram ainda os mesmos grandes e velhos edifícios dos anos 1960, e eles ainda tinham os velhos troféus em vitrines, o revestimento de madeira nas paredes e fotos dos alunos representantes de classe. O que nos chocou foi como tudo parecia exatamente o mesmo, mas muito menor. A gente dizia "Puta que pariu, que doido voltar aqui". Até o cheiro era o mesmo.

Chegamos à diretoria e o cara da *NME* disse à secretária:

"Ah, oi, estou aqui com Peter Hook e Bernard Sumner, da famosa banda New Order, e eles são ex-alunos da escola. Queríamos saber se seria possível tirar fotos deles no salão principal para o *New Musical Express*, o maior jornal de música da Inglaterra."

"VOCÊ PODE TIRAR O MENINO DE SALFORD, MAS NÃO PODE TIRAR SALFORD DO MENINO"

Ela foi muito gentil, na verdade ficou bem empolgada, e disse "Se vocês esperarem um minuto, eu vou perguntar ao diretor". E então ela entrou na sala dele. De repente, nós ouvimos "*O quê?* Aqueles dois imprestáveis!". Então a porta da sala se escancarou e de lá saiu nosso antigo professor de geografia gritando "Seus canalhas!".

Ah, nossa... nós costumávamos atormentar a vida dele.

"Saiam daqui, vocês dois!", ele gritou para nós. "Saiam daqui, seus babacas!"

E sabe o que mais? Na mesma hora, nós éramos alunos de novo, foi como voltar numa máquina do tempo. Em um instante, estávamos fora de lá, o diretor atrás de nós, os passos pesados de nossas botas ecoando pelos corredores. Sem brincadeira: tivemos que sair correndo do lugar, rindo histericamente, expulsos por nosso antigo professor de geografia.

Para não ficar por baixo, voltamos escondidos depois, quando a barra estava limpa; o cara da *NME* aos poucos foi ficando doido porque ele precisava tirar a foto. Do lado de fora, havia uma placa com o nome da escola. O fotógrafo achou que a placa daria uma bela imagem e nos posicionou perto dela, um de cada lado, e se preparou para tirar a foto. Mas o diretor devia estar montando guarda, porque de repente ouvimos "*Ei, vocês dois! Achei que eu tinha dito para caírem fora, seus imprestáveis!*".

E lá veio ele correndo de novo. Novamente disparamos. O cara da *NME* ainda estava apontando a câmera para a placa, mas nós não estávamos mais lá e ele não conseguiu tirar a foto que queria – tudo o que conseguiu foi uma foto Polaroid, que ainda tenho. Terminamos fazendo a sessão de fotos perto do antigo apartamento de Barney em Greengate, Broughton.

Enfim. Pouco antes de terminar a escola, em 1973, me mandaram ir falar com o orientador vocacional, que perguntou "Então, o que você quer fazer?".

"Quero fazer parte de uma banda. – Acho que eu tinha visto o Led Zeppelin na noite anterior ou algo assim..."

Ele revirou os olhos, estendeu a mão e me deu um tapa na cabeça. Então, enquanto eu esfregava a cabeça dolorida, ele disse "Você quer sujar as mãos ou não?".

Então eu respondi "Bem... não exatamente".

"Tudo bem, então", ele suspirou. "Evidentemente você quer trabalhar em um escritório. Bem, temos a prefeitura de Salford e a prefeitura de Manchester. Qual vai ser?"

Bom, eu morava em Salford, e então fui fazer uma entrevista na prefeitura de Salford. No entanto não esqueça que eu era um completo idiota na escola. Eu não tinha feito qualquer tipo de trabalho, e o único exame em que eu provavelmente passaria era o de inglês. Daí o cara na prefeitura de Salford me perguntou: "Você vai passar nos exames de qualificação O-Level?". E eu respondi: "Não, eu acho que não. Acho que consigo passar em um ou dois, com sorte, mas nos outros acho que não vou conseguir."

"Certo... Saia daqui, seu vagabundo", ele respondeu e me expulsou.

Então fui até a prefeitura de Manchester, onde o cara perguntou: "Você vai passar nos exames O-Level?". E eu, "É claro que vou. Em todos. Com certeza, em seis. Sem problemas!".

E ele disse "Certo, tudo bem, o trabalho é seu".

Caramba, essa foi fácil.

Tirei 6 no O-Level de Literatura Inglesa. Passei, mas *por pouco*. E foi só. Eu me dei mal até em Desenho Técnico, minha matéria favorita. O professor, que chamávamos de Cup Cake, um velhinho abobado e trêmulo, não tinha percebido que eram duas provas e nos entregou a segunda pouco antes de o tempo terminar. Quando reclamamos, ele só disse "Azar". Barney havia feito Artes. Sempre diziam que se estivesse acordado você conseguiria passar em Artes, e assim ele obteve duas aprovações – Artes e Inglês – e eu consegui só uma, porque não tinha feito Artes. Essa se tornou mais uma das muitas rivalidades duradouras entre nós.

Eu havia tido um emprego antes. Quando tinha 14 anos, minha tia Jean conseguiu para mim um trabalho de faxina em escritórios em Quay House, Manchester. Eu trabalhava para uma companhia chamada Whipclean, e muitos de meus amigos vieram trabalhar comigo. Foi uma parte importante de nossa educação trabalhar com aquelas senhoras atrevidas – tia Jean teve até a duvidosa honra de ser a primeira mulher que eu ouvi praguejar. Era um trabalho ótimo: £ 1,75 por semana por dez horas de trabalho; com isso eu tinha grana suficiente para ser um *suedehead*[7] bem-vestido.

---

[7] Subcultura dos *skinheads*, surgida no início da década de 1970, composta de jovens da classe trabalhadora que se vestiam mais formalmente e usavam cabelo mais longo. [N. T.]

"VOCÊ PODE TIRAR O MENINO DE SALFORD, MAS NÃO PODE TIRAR SALFORD DO MENINO"

Mas o emprego na prefeitura de Manchester foi meu primeiro trabalho de verdade. Eu ganhava £ 8 por semana. Minha sala era a 234, onde eu trabalhava sob as ordens de um sujeito de idade chamado senhor Wilson, que costumava fumar cachimbo o dia inteiro. Muito irônico, de fato, considerando o papel que outro senhor Wilson viria a ter em minha vida.

"O que o senhor gostaria que eu fizesse, senhor Wilson?", eu perguntava.

Ele dava uma baforada em seu cachimbo e dizia "Só fique sentado aí e não me incomode, Peter".

E então era o que eu fazia. Eu ficava sentado lá o dia inteiro, fazendo nada, não incomodando o senhor Wilson.

Foi enquanto eu estava na prefeitura que tive uma experiência impactante no Lesser Free Trade Hall – embora provavelmente não essa que você deve estar pensando. Era a noite da festa de Natal e meus colegas de trabalho estiveram me provocando a semana inteira por causa dela, porque era minha primeira comemoração com o pessoal do trabalho. Eles ficaram contando todas as histórias de horror sobre o que havia acontecido no ano anterior. Eu tinha 16 anos. Depois do trabalho, nos levaram, a mim e a outros dois auxiliares, para um *pub* e nos forçaram a tomar canecas de cerveja fraca até minha cabeça ficar rodando. Lembro-me de entrar no Lesser Free Trade Hall para nossa grande ceia de Natal, descer as escadas e chegar até um canto do salão, mas é só disso que me lembro, porque naquela altura eu estava tão bêbado que desabei. Não sei quanto tempo fiquei lá. Depois disso, me lembro de meus colegas me erguendo, carregando-me no alto como se fosse algum tipo de funeral *viking*, mas sei lá por que só até a escada. Ali me largaram, e simplesmente fiquei caído, de cabeça para baixo nos degraus, vomitando, a escadaria girando devagar ao meu redor. Então aos poucos percebi pés ao redor de minha cabeça e alguém perguntando "Quem é este cara?". Quando foquei o olhar, vi que era o prefeito.

"Ah, é o Peter Hook, do departamento de transferência de propriedades", disse o secretário-geral do município, e então ele ajudou o prefeito e sua mulher a passarem por cima de mim, evitando com cuidado a poça de vômito, para irem participar do jantar de Natal. Mais tarde, dois colegas de trabalho me ajudaram a voltar para casa.

"Onde você mora, filho?", um deles perguntou.

"Logo ali, virando a esquina", respondi, balbuciando, e os pobres sujeitos acabaram me carregando por todo o caminho até minha casa em Ordsall, a uma hora de distância, eu dizendo "logo ali, virando a esquina", o caminho todo.

"Onde é, filho? Puta merda."

"Logo ali, virando a esquina..."

Eles me encostaram na parede, bateram na porta de casa e saíram correndo, de modo que despenquei para dentro quando abriram a porta. Minha mãe ficou possessa.

Essa foi minha primeira experiência no Lesser Free Trade Hall. Incrivelmente, continuei no emprego: voltei a passar o dia inteiro não incomodando o senhor Wilson.

De noite, eu costumava sair com Bernard. Nós dois tínhamos *scooters*, mas Barney conseguiu a dele primeiro; a idade para dirigir havia mudado de 16 para 17 anos, e ele mentiu sobre sua idade para conseguir a dele. Como meu aniversário era em fevereiro, eu tive que esperar um ano. Nós dois estávamos gradualmente nos envolvendo com a música: começando com *soul* e *reggae* e indo para o pop. A *scooter* de Barney estava enfeitada com letras adesivas que diziam *Santana*, seu grupo favorito, e eu tinha *Abraxas* na minha, o nome do segundo álbum deles, e costumávamos rodar em torno de Langworthy Road em nossas *scooters* temáticas, procurando garotas para paquerar.

Assim, lá estava eu: trabalhando de dia, fazendo nada, e saindo de noite. Maravilha. Mas não podia durar; aqueles exames nos quais eu havia garantido que passaria voltaram para me assombrar. Ironicamente, eu estava fazendo muito bem meu trabalho e tinha sido indicado para um aumento, mas o aumento quis dizer que fui notado pelo departamento de pessoal, que percebeu que eu não tinha passado nos exames. Tentei prestá-los de novo, de noite, depois do trabalho, sem sucesso; em linhas gerais, eu tinha bolado um grande esquema em que era pago para prestar exames aos quais nunca compareci. Então me pediram que fosse embora. Sem pressa, disseram, mas eu sabia que mais cedo ou mais tarde teria que ir. Típico. Eu estava ocupado demais me divertindo com a galera para me importar com os exames, e no fim foi David Essex quem me mostrou a saída.

Maldito David Essex.

"BARNEY SEMPRE COMIA SOZINHO OU NA BANHEIRA"

Eu tinha ido assistir a *That'll Be the Day*, estrelando David Essex e Ringo Starr, no Carlton, em Salford, com Danny McQueeney, Deano, Greg Wood e Gordon Benbow – todos colegas da escola. O filme era ótimo. Se você não assistiu, David Essex faz um cara simpático que trabalha em feiras, trabalha no Butlin's,[8] sai por aí transando, curte a vida e então vai ser uma estrela do rock. Agora, entenda que, naquela época, tudo o que eu desejava era sair por aí transando e ser uma estrela do rock, e para ser franco provavelmente nessa ordem, e assim decidi: eu queria aquela vida. Então convenci meus amigos que eles também queriam. Que todos nós devíamos largar o emprego e ir trabalhar no Butlin's.

Todos nós nos candidatamos. Eles costumavam realizar entrevistas abertas no Midland Hotel, em Manchester; você apenas telefonava, concordava e sorria.

"Você tem ficha policial?", perguntaram.

"Não", respondi, meu nariz crescendo.

"Certo, ok. O que você quer fazer no Butlin's? Quer ser um Redcoat"?[9]

Eu não queria ser um Redcoat. Sou bem tímido, acredite ou não, e assim optei por trabalhar nas cozinhas. Em seguida me perguntaram em qual Butlin's eu gostaria de trabalhar. De antemão, todos nós havíamos decidido dizer Pwllheli, e se não esse, então Blackpool.

No fim, não peguei nenhum desses. Nenhum de nós pegou. Pegamos Clacton-on-Sea.

Mas não importava. E mesmo que nenhum de nós soubesse onde era, e não nos tivéssemos dado ao trabalho de ver onde ficava, estávamos tão animados por conseguir o emprego e felizes por ficarmos os cinco

---

[8] Grande rede britânica de colônias de férias. [N. T.]
[9] "Casaco vermelho"; traje usado pelos recreadores da rede. [N. T.]

juntos que pensamos "Genial!"; pedimos demissão de nossos empregos, não contamos a nossos pais até o domingo anterior à partida e então na segunda-feira estávamos no ônibus para Clacton.

Não era nada parecido com *That'll Be the Day*. O lugar era um pesadelo do começo ao fim.

Para começar, estava largado e caindo aos pedaços – ou pelo menos a parte onde os funcionários moravam –, e havia só dois chalés para nós cinco, de forma que um de nós tinha que dormir no chão. E também havia os outros funcionários, a maior cambada de filhos da puta que eu já vi. Logo percebemos que todos faziam parte de gangues. Havia uma gangue Cockney[10] e uma gangue Geordie,[11] que obviamente odiavam uma outra e viviam brigando o tempo todo. De noite, aquilo era como o Velho Oeste. Então você acordava de manhã e não só via rastros de sangue por toda parte, mas também os caras chutando para fora suas conquistas da noite, pobres garotas que conseguiam atrair para os chalés; filhas dos clientes, às vezes esposas.

Na cozinha, eu estava com o maior bando de imbecis que se pode imaginar. Acabou que eu trabalhava para um escocês que fedia a bebida o tempo todo. A primeira coisa que ele me fez fazer foi esfregar uns degraus cobertos com uma crosta de imundície. Em seguida, disse que eu tinha que ir para a fila da comida e servir aipo para o almoço dos clientes.

"Certo", respondi. "Vou só lavar as mãos..."

Ele cuspiu.

"Não seja um idiota de merda. Não responda para mim e vá para a porra da fila."

Nesse meio-tempo, os malditos Cockneys que trabalhavam lá inventaram brincadeiras geniais. Por exemplo, se a gente deixava a luz ligada, eles jogavam uma lata de lixo pela janela do chalé (veja bem, eles não podiam roubar nada se a luz estivesse ligada, porque não sabiam se você estava lá dentro ou não). Eles também despejavam gordura quente no chão, na frente dos grandes fornos rotatórios; então me mandavam tirar os frangos assados, centenas deles, e apostavam entre eles em se eu ia ou

---

[10] Nativos da parte leste de Londres. [N. T.]
[11] Nativos da porção nordeste da Inglaterra. [N. T.]

não levar um tombo. Ainda, quando estávamos trabalhando servindo a fila da comida, eles se revezavam acertando nossas cabeças por trás com tomates. O tempo todo eu ficava pensando "Que merda deu errado?". Esta era para ser minha fuga do emprego das nove às cinco, minha vida *That'll Be the Day*. Eu sentia falta do senhor Wilson. O trabalho burocrático era melhor do que aquilo. *Qualquer coisa* era melhor do que aquilo.

Em nossa terceira noite no acampamento, quinta-feira, estávamos nos arrumando para sair, na esperança de ganhar alguma garota, como David Essex, quando um cara de um chalé vizinho me disse:

"Isso aí é uma jaqueta de couro, companheiro? Puta merda, não vai durar dois minutos. Alguém vai te dar uma porrada no queixo e levar embora. Esconde isso já!"

Então tirei a jaqueta e nos esgueiramos até o bar oeste. Nós cinco estávamos tendo a mesma experiência horrível e ficamos lá trocando histórias de horror sobre o trabalho e lamentando nossa sorte quando começou uma briga *imensa*. Eram os Cockneys da cozinha contra os Geordies. Sabe lá Deus como começou, mas fugiu completamente ao controle, aquela pancadaria tremenda no meio do bar, clientes correndo para se proteger, todo mundo gritando; no fim, os Cockneys ergueram um dos Geordies e o arremessaram, de modo que ele atravessou direto a vidraça da janela do bar. Eles simplesmente o largaram pendurado na janela, metade dentro, metade fora, sentaram-se e continuaram bebendo.

Caímos fora de lá e corremos de volta para nossos chalés. Ficamos todos juntos em um deles, por segurança, tremendo como um cachorro cagando e dizendo "A gente precisa sair daqui... A gente precisa sair daqui...".

Então ouvimos uma comoção lá fora: dois Cockneys bêbados. Por aquela altura eram duas da manhã, e daí a pouco começou tudo de novo. Um par de Geordies emboscou-os do lado de fora de nosso chalé, e por algum tempo eles espancaram para valer os dois Cockneys. Mas então todo o resto dos Cockneys virou a esquina, e eles pegaram os dois Geordies e a coisa se inverteu. Teve uma hora em que agarraram um Geordie e estavam socando a cabeça dele na parede de nosso chalé; enquanto isso, estávamos todos lá dentro, os dentes batendo como o Salsicha e o Scooby

Doo, e ainda repetindo "Ai, meu Deus, a gente *precisa* sair daqui". Tínhamos só 17 anos, lembre-se.

No fim, todos nós acabamos dormindo ali mesmo. Quando acordamos na manhã seguinte, havia sangue por todo canto do lado de fora de nossos chalés, e foi o ponto-final: decidimos na mesma hora que já era demais; pedimos demissão.

Na mesma hora, quinhentos clientes fecharam suas contas por causa da briga, e a polícia chegou para descobrir quem tinha atirado o Geordie pela janela do bar; o pobre sujeito estava na UTI. Cooperando totalmente com a investigação, dissemos à polícia que não tínhamos visto nada e que estávamos na cama, dormindo. Tudo o que a gente queria era terminar a semana de trabalho e cair fora dali. E quando finalmente isso aconteceu, vou dizer uma coisa, nunca fiquei tão feliz na minha vida em tomar um ônibus.

Ao voltar para Manchester, um trabalho na companhia de esgoto teria sido melhor do que no Butlin's, mas, graças a Danny McQueeney, consegui um emprego ótimo, com jornada em turnos, no armazém da Co-op Tea, em Ordsall Lane. Minhas funções incluíam ficar com a bunda na cadeira e de vez em quando cair no sono em um depósito de chá agradável, quentinho e com um cheiro delicioso. Toda vez que sinto o cheiro de um saquinho de chá, sou transportado na hora para lá. E ainda pagavam bem. Fiquei lá seis semanas e estava rico, absolutamente rico, até que minha mãe me disse "Você não pode trabalhar no depósito da Co-op Tea, querido Peter, isso não é para você".

Nem me preocupei em discutir. Mamãe já trabalhava para a Manchester Ship Canal Company, em King Street, e acho que ela os convenceu a me entrevistar para um cargo no escritório de transferência de propriedades, em Chester Road. Consegui o emprego, bem perto de onde o Haçienda[12] se instalou muitos anos depois.

No primeiro dia, meu novo chefe, Peter Brierley, me disse:

"Você tem sorte, essa mesa que vai usar costumava ser a de George Best."

---

[12] Casa noturna de Manchester, famosa durante as décadas de 1980 e 1990. [N.T.]

"BARNEY SEMPRE COMIA SOZINHO OU NA BANHEIRA"

Aparentemente ele tinha trabalhado lá, como parte de seu estágio, antes de passar a jogar em período integral no United.

Aliás, tenho uma história para contar sobre George Best. Isso aconteceu muito tempo depois, quando eu estava casado com Caroline Aherne, que fazia o papel de senhora Merton na televisão. Eu e ela é outra história totalmente diferente, e não vou falar disso aqui – ou em qualquer outro lugar, pensando bem (bom, quem sabe no livro sobre o New Order) –, mas o ponto é que viajamos de férias para a Espanha e, numa noite, estávamos em um bar e no bar em frente estava George Best com um monte de caras e uma garota que estava muito, muito bêbada. Ela ficava lá zanzando de um lado pro outro, sem saber o que fazer, e os sujeitos que estavam com George se revezavam para passar a mão nela.

Vendo aquilo, eu e a senhora Merton ficamos realmente putos. Então a senhora Merton virou e me disse:

"Você conhece ele, vai lá e faz eles pararem."

Bem, o New Order tinha feito a música-tema para o programa de TV que Tony Wilson tinha apresentado sobre George Best e Rodney Marsh. Ele nos dissera que a Granada Television não tinha verba para uma música-tema e perguntou se podíamos fazer de graça, e nós fizemos. Só isso.

"Bem, eu não *conheço* o cara de verdade, não é?", respondi. "Fizemos o tema para o programa, mas eu não *conheço* ele."

"Bom, vai lá e diz oi pra ele, de qualquer modo. Isso vai fazer ele ficar envergonhado e ele vai parar."

Para ser honesto, eles tinham se acalmado um pouco, mas a senhora Merton ainda estava me enchendo, e no fim fomos os dois até lá.

"Oi, George", eu disse.

Ele se virou, e estava tão bêbado que oscilava de um lado para outro, tentando focalizar a vista, e arrastou a voz.

"Sim?"

Eu disse:

"Meu nome é Peter Hook, do New Order. A gente fez a música-tema de *Best & Marsh*... Sabe... o programa da Granada."

E ele:

"É, eu sei", e deu as costas e me ignorou.

Foi tão constrangedor... Eu só fiquei olhando e me senti como um babaca completo. Aí a senhora Merton começou a reclamar deles e eu tive que arrastá-la de lá. Nesse meio-tempo, eles tinham recomeçado a sacanear a menina. Então no fim nós a resgatamos, a puxamos mais para longe e os rapazes que estavam com George Best começaram a ficar um pouco prepotentes: "Que merda você está fazendo?".

E eu:

"Cai fora, amigo. Ela está bêbada, precisa ir para casa. Ela não devia estar aqui."

George Best não estava nem aí para aquilo tudo. Nunca se encontre com seus heróis.

Bem, de qualquer forma, esse mundo é pequeno. Peguei o emprego de George Best na Manchester Ship Canal Company, depois entrei para uma banda e acabei querendo dar um soco na cara dele. Mas naquela época eu curti muito ter ficado com o emprego dele.

Eu ainda estava morando em Ordsall e podia ir caminhando para o trabalho. Eles em seguida transferiram o departamento para o Dock Office, em Trafford Road, que era ainda mais perto, e assim por mais ou menos um ano tudo esteve ótimo. Como eu já disse, porém, o município estava remodelando tudo, e começaram a demolir as casas em Ordsall, querendo transferir todo mundo para um novo condomínio chamado Ellor Street, perto do Precinct, em Salford.

Todos os meus amigos se mudaram para Ellor Street, que só tinha prédios de apartamentos dos anos 1970, e um shopping todo feito de concreto. Era podre, horrível, como um deserto de cimento. E era assim logo que foi inaugurado.

Assim, minha mãe, que Deus tenha sua alma, não aceitava se mudar para lá. Eu e meu irmão mais novo estávamos arrasados porque todos os nossos amigos tinham se mudado, mas ela não se abalou, nem quando os tratores de esteiras entraram em ação e nossa casa foi praticamente a última que ficou de pé em Ordsall – só a nossa e uma casa vazia de cada lado para segurá-la. Continuavam fazendo ofertas em Ellor Street para tentarem se livrar de nós, mas mamãe não queria se mudar para um apartamento. Ela não aceitava. Todos os apartamentos que lhe mostravam, ela dizia que eram buracos de merda. Toda a Ellor Street ela dizia que era um buraco de merda. Veja bem, ela estava certa: aquilo era um buraco de merda. Mas todos os meus amigos moravam naquele buraco de merda, e eu também queria ir morar lá. Eu me lembro de convencê-la a, pelo menos, ir ver um apartamento; fomos de carro até lá, mas na parede da entrada para os apartamentos estava pichado "Glasgow Rangers will die tonite".[13] Não sei se foi o erro de grafia que mais a indignou, mas ela fez Bill dar meia-volta e nunca mais retornou.

Vivemos por cerca de seis meses daquele jeito, sozinhos como alguma família estranha em um filme surreal. Os ônibus tinham parado de passar, e não havia trânsito absolutamente nenhum. Para chegar a qualquer lugar, tínhamos que atravessar um descampado que já havia sido um lugar cheio de casas. Até que finalmente minha mãe recebeu uma oferta de relocação para outra área, Little Hulton. Ofereceram-lhe uma casa de três quartos em Brookhurst Lane com seus próprios jardins, na frente e atrás, *e* um banheiro interno. Não tinha aquecimento, mas fora isso era fantástica, e ela aceitou na hora.

Assim, nos mudamos para Little Hulton, e todos os meus amigos estavam em Salford. Trinta quilômetros, o que parecia longe demais aos 17, sem carro. Pesadelo. Foi então que comecei a passar um bom tempo na casa de Barney, pois voltar a Little Hulton era muito difícil. Na maioria dos fins de semana, eu tomava o ônibus para lá em Broughton, na sexta depois do trabalho. Então íamos até a Pips ou o Man Alive, na cidade, para ficarmos bêbados e tentarmos cantar as garotas, mesmo sem termos o mínimo jeito. Curávamos a bebedeira durante o sábado e então à noite saíamos de novo, para o Tiffany's, o Rotters ou o Rowntrees Sound, também na cidade, para ficarmos bêbados e tentarmos cantar as garotas, então voltávamos para a casa dele, onde eu dormia no chão. Passávamos a manhã de domingo sem fazer nada, saíamos por aí à tarde, e então eu pegava o último ônibus para casa.

Não vou falar sobre a situação de Barney, mas vamos apenas dizer que por um motivo ou outro ele não tinha uma vida doméstica normal. Era bem mimado pelos pais. Eles não tinham exatamente rios de dinheiro,

---

[13] Os Rangers [time de futebol] de Glasgow vão morrer esta noite"; *tonite* é uma grafia errada de *tonight* "esta noite". [N. T.]

mas tudo o que quisesse, ele tinha: *scooter*, roupas, depois uma guitarra elétrica, amplificador etc.

O único cômodo da casa que tinha personalidade era o quarto dele. Com os pôsteres na parede e suas coisas jogadas por todo lado, parecia de fato um aposento onde alguém vivia, enquanto o resto da casa era estranhamente arrumado e limpo. Não havia jornais jogados, a televisão nunca estava ligada – não havia... bem... *vida* na casa – e Barney sempre comia sozinho ou na banheira. Ele estava sempre caindo no sono depois de comer, e aí acordava e encontrava pedaços de seu jantar flutuando ao redor. "Que merda, caí no sono de novo", ele resmungava. "A porra do jantar acabou na banheira." Nós também costumávamos passar muito tempo do outro lado do canal, na casa dos avós dele, os Sumners; eles eram adoráveis e o agradavam quanto podiam.

Eu tinha 20 anos nessa época, no começo de 1976, não muito antes de os Sex Pistols virem para Manchester pela primeira vez.

"PUTA QUE PARIU, É STEVE HARLEY"

Eu tinha começado a me interessar por música pop por volta dos 12 ou 13 anos, quando, como todos os garotos naquele tempo, ficava grudado no programa *Top of the Pops*, toda semana. Então alguém me deu um gravador de rolo que já tinha um monte de música, e eu costumava escutar aquilo sem parar – coisas tipo "Chirpy Chirpy Cheep Cheep". Mas nada, porém, podia eclipsar *Top of the Pops*, e aquilo era a minha vida. Hoje você já esqueceu, com isso de MTV, YouTube, e o fato de que empurram música para dentro dos seus ouvidos em qualquer loja, restaurante e supermercado, mas, naquela época, *Top of the Pops* era o único jeito de ver a música sendo tocada. Para um garoto de Salford, era alucinante ver o Deep Purple tocando "Black Night", o Sabbath mandando ver em "Paranoid", o Family tocando "The Weavers Answer", Marc Bolan, Bowie... Era como ter uma janela para um maravilhoso mundo novo, mesmo que tocassem com playback. E também irritava os pais.

Quando fiquei mais velho, virei *skinhead*, e a partir daí descobri o *reggae*: Upsetters, Pioneers, Desmond Dekker, Dave & Ansel Collins. Mas foi só no quarto ano que consegui meu primeiro toca-discos, que comprei de Martin Gresty, que estava precisando de grana rápida. Para ser sincero, acho que a mãe dele nunca soube que ele tinha vendido o Dansette dela, mas eu paguei onze paus por ele, que era todo o dinheiro que eu tinha, e uma fortuna na época. Claro que isso queria dizer que eu não tinha dinheiro para comprar nenhum disco, e minha mãe achou isso hilariante. Então roubei alguns. Havia uma loja em Langworthy Road que costumava colocar uma caixa com velhos *singles* de *jukebox* em promoção, do lado de fora, e passei a mão em dois, sem nem olhar, só para ter alguma coisa para tocar em meu Dansette. Quando dobrei a esquina para olhar meu butim, não fiquei exatamente delirando de alegria: "Ruby, Don't Take Your Love to Town", de Kenny Rogers, e "The Green Manalishi", de Fleetwood Mac. Nunca tinha ouvido falar deles. Mas, de qualquer modo, pelo menos tinha conseguido algo para escutar. Ou pelo menos eu achava. Acabou que eu não podia tocar os discos – sendo de jukebox, eles não tinham o meio – e levei mais uma semana para roubar um! Anos depois, apareci naquele programa da BBC, *The One Show*, falando sobre o primeiro disco que comprei. Eu disse a eles que tinha sido "Ruby, Don't Take Your Love to Town"; mas o que eu não disse foi que o tinha roubado.

Mas quando eu *realmente* me liguei em música – quando o bichinho não só me mordeu, mas arrancou um pedação de minha perna – foi durante uma viagem a Rhyl. Isso foi logo antes que eu largasse a prefeitura para ir para o Butlin's: 1973, acho que foi. Estávamos eu, Deano, Stuart Houghton, Danny Lee e Greg Wood, acho, cinco em um trailer de quatro leitos. Jesus, como fazia frio, e não tínhamos eletricidade – a iluminação era a gás –, mas foi a primeira verdadeira viagem de férias que fiz, e nós a passamos percorrendo as ruas de Rhyl e ouvindo a Radio Luxembourg no trailer. Eles tocavam o tempo todo uma música chamada "Sebastian", do Cockney Rebel. Foi aí que bateu para mim. Pela primeira vez, escutei uma música e pensei de verdade *Uau*. Por quê, não sei. Porque era diferente, suponho; parecia tão diferente... Tinha um começo lento orquestrado e ia crescendo até um clímax; também era muito longa, o que era uma novidade para a música pop então. Aquilo me pegou; prendeu minha atenção e não largou. Estranho como nós copiaríamos aquilo com "Blue Monday", anos depois.

Quando voltei de viagem, comprei o *single*. Tinha nove minutos de duração e era preciso virar o disco na metade, o que deixava ainda melhor a experiência: fazia parte do ritual de tocá-lo, dava à música uma pausa dramática e me fazia gostar ainda mais dela. Depois disso fiquei fã do Cockney Rebel e comprei o primeiro LP deles, *The Human Menagerie* – um grande disco. Eles se tornaram minha porta de entrada para a música. Antes disso, quando eu assistia a *Top of the Pops*, eu só ficava de olho arregalado, mas agora era como se eu fizesse parte; eu entendia aquilo. Bowie, Roxy, Ian Dury – comecei a entender qual era a deles.

Anos depois eu estava em uma cerimônia de premiação com o New Order, recebendo um prêmio por "Blue Monday". Eu já tinha parado de beber e estava totalmente sóbrio quando Steve Harley veio até mim, e eu pensei *Puta que pariu, é Steve Harley, do Cockney Rebel.*

Ele disse:

"Olá, Peter, como está?"

E eu pensei *Não só é Steve Harley, mas ele sabe quem eu sou e é um* puta *sujeito simpático.*

Ele continuou:

"Ah, é tão bom conhecer você... Acho que nosso primeiro disco foi uma de suas inspirações, não?"

E eu:

"É, é, foi sim", e fugi. Simplesmente não sabia o que fazer. Deixei-o parado lá, olhando ao redor e sem dúvida pensando *Isso foi muito bizarro*. Mas não foi tão bizarro para ele como foi para mim. "Sebastian" foi o que começou tudo. Se não fosse por Steve Harley eu não estaria naquela cerimônia de premiação falando com Steve Harley. Aquilo foi estranho, muito estranho.

Depois daquilo – Rhyl, digo, não o prêmio –, comecei a ler a *NME* e a *Sound*. Então começamos a ir a shows. Vimos Led Zeppelin, Cockney Rebel, claro, e metade da apresentação do Deep Purple antes de Barney nos fazer ir embora porque estava com dor de dente. Não era só ele que tinha que ir embora: era toda a turma. Sempre conseguia o que queria, aquele sujeito.

Li pela primeira vez sobre os Sex Pistols em 1976, em outra viagem. Eu, Stuart Houghton, Danny Lee e Danny McQueeney decidimos ir para Torquay e Newquay em meu carro novo, um Mark Ten Jag 420G, placa KFR 666F (engraçado como consigo me lembrar de todos os números), o mesmo modelo que os Kray[14] tinham, e que eu tinha comprado por £ 325. Não ficaríamos em lugar nenhum, íamos simplesmente dormir no carro. Nem vou dizer que foi difícil, mas divertido; nós nos dávamos bem. Foi uma daquelas viagens das quais nunca vou me esquecer. Os pneus estavam gastos, e não dava para fazer mais do que 80 quilômetros por hora – levamos horas e horas para chegar. Mas uma coisa de que me lembro foi de estar sentado em um estacionamento em Newquay, mais ou menos

---

[14] Os irmãos Kray eram gângsteres londrinos nas décadas de 1950-60. [N. T.]

às sete da manhã, ainda bêbado da noite anterior, lendo a *Melody Maker*. Tinha uma matéria sobre os Sex Pistols e uma foto tirada durante a apresentação deles em Nashville Rooms, onde havia rolado uma briga tremenda. Sentado em um estacionamento na Cornualha, com o sol nascendo e todos os meus amigos roncando no Jag, eu tive... Bem, acho que pode-se dizer que tive outro momento David Essex, uma *epifania*.

Logo de cara fiquei intrigado com a ideia de uma banda que parecia, sei lá, *humana* comparada com grupos como Led Zeppelin e Deep Purple, que pareciam, para um inútil da classe trabalhadora de Salford, tão fora de minha realidade que podiam muito bem estar morando em outro planeta. Quer dizer, eu nunca tinha olhado para o Led Zeppelin e pensado *Vou ser o próximo John Paul Jones*. Ele era tipo um deus lá em cima. Eu adorava a música. Eu adorava assistir à banda. Mas a ideia de copiá-los era ridícula.

Mas os Sex Pistols... eles também pareciam inúteis da classe trabalhadora, o que automaticamente os tornava completamente diferentes de qualquer coisa que eu já tivesse visto na música. Eu era um grande fã de James Dean; tinha visto *Assim Caminha a Humanidade* e *Juventude Transviada*. E agora eu sentia uma conexão entre eles, aqueles *punks* e eu. O tipo perfeito do cara arrogante, rebelde e atrevido, só que não nos reluzentes Estados Unidos dos anos 1950, mas na velha e cinzenta Grã-Bretanha dos anos 1970. De alguma forma, os Pistols eram a ligação. E o fato de que tinham a reputação de brigarem em todas as apresentações e serem parte desse movimento... esse movimento *punk*...

Fiquei tipo *Eu* preciso *ver esses caras*.

LINHA DO TEMPO UM:
MAIO DE 1948 – ABRIL DE 1976

31 DE MAIO DE 1948
Nasce Martin Hannett, em Miles Platting, Manchester.

Desde muito cedo, Hannett mostrou aptidão para matemática e ciências, interesses que o conduziriam a sua teoria musical. Graduando-se em Química pela UMIST de Manchester, ele tocou baixo no Greasy Bear antes de formar o Invisible Girls, a banda de apoio de John Cooper Clarke e, posteriormente, Pauline Murray e Nico. Junto com Tosh Ryan, ajudou a fundar o coletivo de músicos Music Force, então a Rabid Records, gravadora do Slaughter & the Dogs. Adotando o nome de Martin Zero, ele produziu o EP dos Buzzcocks, *Spiral Scratch*, o primeiro lançamento do selo independente New Hormones, do empresário dos Buzzcocks, Richard Boon. Ele produziu o *single* de estreia do Slaughter & the Dogs, "Cranked Up Really High", e então trabalhou com Chris Sievey (mais tarde conhecido como Frank Sidebottom) e sua banda Freshies, antes de chegar ao Top Three produzindo "Jilted John", de Graham Fellows, em julho de 1978 (inclusive, Hannett pode ser visto tocando baixo em uma execução dessa música para *Top of the Pops*). Pouco depois, ele produziu o Joy Division pela primeira vez.

26 DE ABRIL (ELE PEDIU PARA EU NÃO COLOCAR O ANO)
Nasce Alan Erasmus, em Didsbury.

Erasmus e Tony Wilson ficaram amigos quando se conheceram em uma festa de Natal e dividiram um baseado. Por algum tempo, Erasmus foi empresário do Fast Breeder, mas separou-se deles e foi em busca de Wilson, e os dois juntaram esforços para criar uma nova banda, o Durutti Column. O apartamento que Erasmus dividia com seu melhor amigo, Charles Sturridge (diretor da Granada Television, que mais tarde faria *Memórias de Brideshead*) ficava na Palatine Road, 86A, e sediava também o quartel-general da Factory.

20 DE FEVEREIRO DE 1950
Nasce Tony Wilson, em Salford.

Wilson estudou na De La Salle Grammar School, em Salford, desenvolvendo uma paixão por teatro e literatura, graças a uma encenação de *Hamlet* em Stratford-upon-Avon. Aos 17 anos, trabalhou como professor de Inglês e de Teatro na Blue Coat School, em Oldham; em seguida estudou em Cambridge, formando-se em Inglês, em 1971. Depois de estagiar na ITN como repórter, retornou para Manchester em 1973, entrando para a Granada e apresentando o *Granada Reports*, além do programa de música *So It Goes*. No entanto o fim desse programa deixou Wilson pensando em formas de prosseguir e ampliar seu envolvimento no mundo da música...

15 DE JANEIRO DE 1953
Nasce Rob Gretton; é criado em Newall Green, Wythenshawe.

Torcedor fanático do Manchester City, Gretton foi corretor de seguros antes de largar o emprego para trabalhar em um *kibutz* com sua namorada Lesley Gilbert. Voltou ao Reino Unido em 1976 e envolveu-se na emergente cena punk de Manchester, trabalhando com o Slaughter & the Dogs e depois com o The Panik.

9 DE OUTUBRO DE 1955
Nasce Peter Saville; é criado em Hale, Manchester.

Saville frequentou o St Ambrose College antes de estudar Design Gráfico no Politécnico de Manchester. Invejando seus contemporâneos Linder Sterling e Malcolm Garrett, que já tinham feito fama trabalhando o *design* para os Buzzcocks e o Magazine, e sabendo da futura inauguração do Factory, Saville procurou Tony Wilson em um concerto de Patti Smith. Não muito depois, os dois se encontraram na cantina da Granada, onde Saville mostrou a Wilson um livro com a tipografia de Jan Tschichold...

4 DE JANEIRO DE 1956
Nasce Bernard Sumner; é criado em Lower Broughton, Salford.

Sumner frequentou a Salford Grammar School, onde conheceu Peter Hook.

13 DE FEVEREIRO DE 1956
Nasce Peter Hook.

15 DE JULHO DE 1956
Nasce Ian Curtis, em Stretford, Manchester.

Numa proeza acadêmica precoce, Curtis foi aceito na King's School, em Macclesfield; foi lá que conheceu Deborah (Debbie) Woodruff. Ele também fez amizade com Helen Atkinson Wood, que mais tarde ficou famosa no papel de senhora Miggins em *Blackadder*, e deu a ela uma cópia de seu disco de *The Man Who Sold the World*. Foi aprovado em sete exames

O-Level, mas largou a escola na metade quando estudava para os exames A-Level, para começar a trabalhar na Rare Records, em Manchester. Ficou noivo de Debbie em 17 de abril de 1974. Depois de uma temporada trabalhando com uma banca de discos, começou a trabalhar no serviço público, e por fim se estabeleceu em Oldham depois do casamento, em 1975. Ainda sonhando com uma carreira no mundo da música, Ian colocou um anúncio na imprensa musical, assinando como "Rusty", o que atraiu os serviços do guitarrista Iain Gray.

13 DE DEZEMBRO DE 1956
Nasce Deborah Woodruff, em Liverpool.

Tendo saído de Liverpool quando Deborah tinha 3 anos, seus pais estabeleceram-se em Macclesfield, onde ela frequentou a Macclesfield High School for Girls, escola "irmã" da King's School. Ela conheceu Ian em 1972, quando estava saindo com o amigo dele, Tony Nuttall. Quando se separou de Tony, ela concordou em ir com Ian ver David Bowie no Hardrock Concert Theatre, em Manchester. Logo estavam juntos. Deborah foi a segunda namorada a sério de Ian.

12 DE OUTUBRO DE 1957
Nasce Annik Honoré, no sul da Bélgica.

Para satisfazer a um apetite musical voraz, Annik viajava por toda a Europa assistindo a shows, tendo visto Siouxsie & the Banshees mais de cem vezes, bem como Patti Smith, The Clash, Generation X, Iggy Pop e David Bowie. Como Ian Curtis, o álbum favorito dela era *Low* de Bowie. Annik envolveu-se com o fanzine *En Attendant* e então fez planos de se mudar para Londres. Enquanto isso, ela viu o Joy Division pela primeira vez em Nashville Rooms, em 13 de agosto de 1979, tendo viajado desde a Bélgica especialmente para isso, e duas semanas depois entrevistou toda a banda no apartamento em Walthamstow que Dave Pils dividia com sua namorada, Jasmine. Em setembro daquele ano, Annik estava morando em Londres, em Parsons Green, e trabalhando na embaixada da Bélgica.

28 DE OUTUBRO DE 1957
Nasce Stephen Morris, em Macclesfield.

Morris frequentou a King's School, em Macclesfield, mas foi expulso por beber xarope para tosse. Morris havia tocado bateria na Sunshine Valley Dance Band, um grupo formado com colegas de escola, e trabalhava na empresa de seu pai, G Clifford Morris, uma loja de ferragens. Ele viu dois anúncios na vitrine da Jones' Music Store, em Macclesfield: "Procura-se baterista para a banda punk The Fall" e "Procura-se baterista para a banda punk local Warsaw". Para sua sorte, ele respondeu ao anúncio que tinha o número de telefone local.

23 DE AGOSTO 1975
Ian Curtis e Debbie Woodruff casam-se em Henbury.

23 DE ABRIL DE 1976
Os Sex Pistols tocam em Nashville Rooms, Londres.

Estava sendo um concerto absolutamente sem nada que chamasse a atenção até que Vivienne Westwood decidiu "animar as coisas", estapeando uma das espectadoras. O namorado da moça correu para ajudá-la, e nesse ponto Malcolm McLaren foi ajudar Vivienne, e então a banda foi ajudar os dois. Tudo isso foi registrado no que se tornariam imagens icônicas dos Pistols e relatado na *Melody Maker* e na *NME* (em um artigo escrito pelo pré-Pet Shop Boys Neil Tennant), marcando o princípio da notoriedade dos Pistols e a aura de violência que iria acompanhá-los daí em diante.

PARTE DOIS

"DISORDER"
DESORDEM

"BANDA NORMAL, NOITE NORMAL, POUCA GENTE ASSISTINDO, PALMAS, MUITO BOM"

Inspirados pelo Velvet Underground, os amigos Howard Devoto e Pete Shelley formaram uma banda, tirando seu nome de uma manchete da Time Out que dizia: "Feeling a Buzz, Cocks?".[15] Tendo feito uma peregrinação para ver os Sex Pistols em High Wycombe, eles resolveram apresentar os Pistols em Manchester – eles mesmos fazendo a abertura. Um show foi marcado para 4 de junho de 1976, no Lesser Free Trade Hall de Manchester – embora, no fim, os Buzzcocks não estivessem prontos para tocar; o show de abertura ficou a cargo da banda de rock Solstice.

Pouca gente assistiu. No máximo cinquenta pessoas. Ainda assim o concerto foi imortalizado em dois filmes (A Festa Nunca Termina e Control), foi tema de um livro (I Swear I Was There: the Gig That Changed the World, de David Nolan) e é considerado popularmente como tendo sido a fonte inspiradora para os anos de inovação musical que se seguiram, não apenas em Manchester, mas no mundo: no punk, pós-punk e posteriormente na cultura dance music. Entre aqueles que definitivamente foram ao show estavam Peter Hook e Bernard Dickin, que formariam o Warsaw/Joy Division/New Order; Steven Morrissey, mais tarde do The Smiths; Mark E. Smith, mais tarde do The Fall; Mick Hucknall, mais tarde do Frantic Elevators e então do Simply Red; John the Postman; o fotógrafo Kevin Cummins; e o escritor Paul Morley. Eles e outros mais saíram inspirados: bandas foram formadas, fanzines publicados, guarda-roupas reformados. A fama dos Pistols se espalhou, de modo que o concerto seguinte, em 20 de julho, também no Lesser Free Trade Hall, teve um público muito

---

[15] Na gíria britânica, *buzz* é a emoção de tocar no palco, enquanto na gíria de Manchester, *cock* é "amigo". [N. T.]

melhor. A maioria dos que estiveram na primeira apresentação retornou, junto com Ian Curtis e o produtor Martin Hannett.

Eu sempre li o *Manchester Evening News* de ponta a ponta, desde que era garoto. Não me pergunte por quê. Acontece o mesmo com assistir a *Coronation Street*; é simplesmente algo que sempre fiz. Meu lar é Becky e as crianças, *Corrie* e o *MEN*.

Foi lendo os anúncios pequenos no *MEN* que descobri que os Pistols iam tocar no Lesser Free Trade Hall, com entrada a 50 pence.

Bem, os meus amigos – e digo isso da forma mais elogiosa possível – sempre foram normais, e por isso não se interessaram. Mas eu estava indo a shows com Terry e Bernard, e (fora o malfadado caso da dor de dente) nós estávamos nos divertindo muito, então liguei para Bernard.

"Os Sex Pistols vão tocar. Quer ir assistir?"

E ele:

"Quem?"

Eu:

"Ah, é uma banda. Eles brigam em todos os shows, e é bem engraçado. Vamos lá, é só 50 pence."

"Tá legal, tudo bem."

Terry também topou, então no fim fomos eu, ele, Barney e Sue Barlow, que era a noiva de Barney. Acho que eles se conheceram na casa de Gresty quando ele tinha uns 16 anos. Estavam saindo juntos fazia alguns anos e brigavam como cão e gato. Com a possível exceção de Debbie e Ian, eles tinham a relação mais turbulenta e cheia de discussões que vi em minha vida. *E eles terminaram se casando...*

De qualquer modo, esse era nosso grupo que foi e assistiu aos Sex Pistols no Lesser Free Trade Hall. Uma noite que acabou se revelando a mais importante de minha vida – ou ao menos uma das –, mas que começou como qualquer outra: eu e Terry indo no carro dele; Barney e Sue chegando na moto de Barney; nós quatro nos encontrando e indo até a bilheteria.

Estava lá para nos receber Malcolm McLaren, vestido da cabeça aos pés com couro preto – jaqueta de couro, calças de couro e botas de couro – com uma juba de cabelo laranja vivo, um sorriso maníaco e um ar de mestre de cerimônias de circo, embora não houvesse quase ninguém mais

"BANDA NORMAL, NOITE NORMAL, POUCA GENTE ASSISTINDO, PALMAS, MUITO BOM"

por ali. A gente ficou meio *Uau*. Ele parecia tão doido... de outro planeta, até. Nós quatro estávamos com roupas bem normais: jeans de boca de sino, colarinhos pequenos e jaquetas de veludo com grandes lapelas, coisas assim. Dê uma olhada nas fotos da apresentação e você vai ver que todo mundo na plateia estava vestido do mesmo jeito, como uma plateia de *Top of the Pops*. Ainda não existiam punks. Por isso, Malcolm parecia um alienígena para a gente. Pensando bem, ele deve ter sido o primeiro punk que vi ao vivo.

De olhos arregalados, pagamos a ele, entramos e descemos a escada para o Lesser Free Trade Hall (a mesma escada onde eu ficara caído muitos anos antes). No fundo do salão estava o palco e havia cadeiras colocadas de frente para ele, de ambos os lados de um corredor central, assim como em *A Festa Nunca Termina*, se bem que não me lembro de ter tanta gente sentada como aparece no filme. Acho que não havia um bar naquela noite, então só ficamos por ali esperando.

A banda que fez a abertura se chamava Solstice, e sua melhor música foi uma versão cover de vinte minutos de "Nantucket Sleighride". A original, do Mountain, era uma de minhas músicas favoritas na época, por isso nós a conhecíamos muito bem, então dissemos "Bem legal. Igualzinho ao disco!".

Mas ainda nada fora do comum. Banda normal, noite normal, pouca gente assistindo, palmas, muito bom, eles saíram.

O equipamento dos Sex Pistols foi montado e então, sem maiores cerimônias, eles apareceram: Johnny Rotten, Glen Matlock, Steve Jones e Paul Cook. Steve Jones usava um macacão, e o resto deles parecia que tinha saqueado um bazar beneficente de roupas velhas. Rotten usava um suéter amarelo que tinha sido rasgado na frente para ficar aberto e olhava para a plateia como se quisesse matar cada um de nós, um de cada vez, antes que a banda atacasse com algo que poderia ser "Did You No Wrong", mas que não dava para dizer porque o som era muito alto, sujo e distorcido.

Lembro-me de me sentir como se tivesse passado toda a minha vida em um quarto na penumbra – confortável e aquecido e seguro e silencioso –, e então de repente alguém deu um chute na porta e ela se escancarou para deixar entrar uma luz brilhante e intensa, aquele *ruído* ainda mais intenso, mostrando-me outro mundo, outra vida, uma saída. De repente eu já não estava mais confortável e seguro, mas não tinha importância porque eu me sentia ótimo. Eu me sentia vivo. Foi a sensação mais esquisita. E não era só eu sentindo aquilo – todos estavam daquele jeito. Nós apenas ficamos lá, paralisados pelo choque, assistindo aos Pistols. Absoluta e totalmente atordoados.

Eu estava pensando duas coisas. Duas coisas que acho que se pode dizer que se juntaram para criar meu futuro – toda a minha vida dali em diante.

A primeira era: *Eu poderia fazer isso*.

Porque, puta que pariu, que barulheira! Quer dizer, eles eram horríveis; bem, o *som* era horrível. A outra banda não tinha soado ruim assim. Eles tinham soado *normais*. Mas era quase como se o cara do som dos Pistols tivesse de propósito feito eles soarem péssimos, ou como se eles tivessem um equipamento terrível de propósito, porque tudo estava com microfonia, distorcido, uma barulheira total. Um verdadeiro "wall of noise". Eu não reconhecia uma melodia, nem uma nota, e considerando que eles estavam tocando tantas covers – Monkees, The Who –, eu com certeza teria reconhecido algo se o som não fosse aquela merda.

Assim, na verdade, em termos de som, foi tanto o cara do som quem nos inspirou quanto os Sex Pistols, que eram, embora eu deteste dizer, musicalmente uma banda de rock bem padrão. Não estou dizendo que seja uma coisa ruim que eles tocassem um rock and roll realista e pé no chão, mas isso não os tornava especiais.

Não. O que os tornava especiais, sem a menor sombra de dúvida, era Johnny Rotten. As canções eram só parte do pacote – e provavelmente a menos importante, para ser sincero. Feche os olhos e, como eu disse, você tinha uma banda convencional de pub rock com um engenheiro de som que não sabia nada ou que era muito esperto mesmo. Mas quem ia fechar os olhos quando ele, Johnny Rotten, estava ali na frente? Fazendo cara de desprezo e mostrando os dentes para você, te olhando como se te odiasse, e odiasse estar ali; e odiasse todo mundo. O que ele corporificava era a *atitude* dos Pistols, a atitude do punk. Por intermédio dele, eles expressavam o que queriam expressar, que era o completo niilismo. Sabe o jeito como você se sente quando é um adolescente, toda aquela confusão quanto ao futuro, que se torna arrogância e então rebelião, tipo "Foda-se,

"BANDA NORMAL, NOITE NORMAL, POUCA GENTE ASSISTINDO, PALMAS, MUITO BOM"

a gente não liga pra porra nenhuma, a gente é merda e não está nem aí"? Ele tinha tudo aquilo e muito mais.

E que Deus o abençoe, o que quer que ele tivesse, ele deu um pouco a nós, porque aquilo foi a segunda coisa que senti, depois de *Eu posso fazer isso*. Era: *Eu* quero *fazer isso*. Não. *Eu* preciso *fazer isso*.

Tony Wilson disse que ele estava lá, claro, mas eu não o vi, o que é estranho porque ele era muito famoso em Manchester na época; ele era o Tony Wilson da TV. Mick Hucknall estava lá, e Mark E. Smith e todo mundo, mas é claro que nós não conhecíamos ninguém – isso tudo viria depois. As únicas pessoas que conhecíamos eram um ao outro: eu e Terry, Barney e Sue. Não sei o que Sue achou daquilo, veja bem; hoje eu adoraria saber. Mas eu, Barney e Terry estávamos sendo convertidos.

Os Pistols tocaram apenas cerca de meia hora, e quando terminaram saímos em silêncio, com a mente explodindo, absoluta e totalmente mudos, e então meio que me deu um estalo – era aquilo. Era o que eu queria fazer – dizer a todas as pessoas: VÃO SE FODER!

"ISSO É UM BAIXO?"

Voltando para casa naquela noite, decidimos formar uma banda. Se eles podem, dissemos, nos referindo aos Pistols, então nós também podemos.
Decidimos seguir as regras do punk...

Regra um: aja como os Sex Pistols.
Regra dois: se pareça com os Sex Pistols. Uma guitarra, um baixo.

Terry foi voluntário para ser o vocalista. Barney tinha ganhado no Natal uma guitarra e um pequeno amplificador vermelho de ensaio, o que fazia dele o guitarrista, e então eu pensei "Certo, então vou ficar com o baixo".
Claro, fico feliz por termos decidido daquele jeito, porque acabei aprendendo a tocar o baixo, realmente assimilando-o e desenvolvendo um estilo bem característico, enquanto (quem pode saber?), se eu tentasse aprender a tocar a guitarra, poderia ter sido só um guitarrista rítmico bem comum. É uma das coisas estranhas de escrever um livro como este, na verdade. Você começa a ver a sua vida como uma série de acontecimentos ao acaso que de algum modo se juntam para tornar você o que é. Você começa a pensar: *E se eu não tivesse voltado da Jamaica? E se não tivesse comprado a* Melody Maker *daquela semana, ou visto o anúncio dos Sex Pistols no* Manchester Evening News? *E se os pais de Barney tivessem lhe dado uma metralhadora de brinquedo Johnny Seven em vez de uma guitarra?*
Mas não deram. Eles compraram uma guitarra, e assim virei baixista. Logo no dia seguinte, peguei £ 40 emprestadas de minha mãe e tomei o ônibus para a Mazel, na London Road, Piccadilly, em Manchester. Eu não tinha ideia de quanto custava um baixo. Mas achava que a guitarra de Barney tinha custado mais ou menos £ 40. A Mazel Radio, uma dessas lojas que sempre parecem sombrias, estava lotada de coisas estranhas e

"ISSO É UM BAIXO?"

indecifráveis (eu costumava ir lá com Barney na maioria dos fins de semana, só para curtir). Era uma caverna de Aladim recheada de transistores, válvulas, acumuladores, TVs, rádios – todo tipo de bugiganga elétrica.

E instrumentos baratos.

"Posso ver um desses, por favor?", disse eu, apontando para eles.

"Bem, que tipo você quer, filho?", perguntou o cara atrás do balcão.

"Um baixo."

E ele:

"Bom, e que tal este aqui?"

"Isso é um baixo?"

"É."

"Então serve."

E foi assim que comprei meu primeiro baixo, que ainda tenho: uma cópia de um Gibson EB-0. Sem marca de fabricante. Tentaram me vender a caixa, mas depois da passagem de ônibus eu não tinha dinheiro suficiente, então eu o levei para casa em um saco de lixo preto que pegaram atrás do balcão. Muito punk.

Barney já tinha tocado um pouco, então ele me mostrou algumas notas. Ele dizia "Fica com o dedo aqui e então mexe o dedo para cá. Mexe o dedo de volta...".

Tínhamos começado. Não muito tempo depois, conseguimos livros sobre como tocar: o *Book of Rock' n' Roll Guitar* e o *Rock' n' Roll Bass Guitar*, de Palmer-Hughes. O meu vinha com adesivos para o braço do baixo, para a gente saber onde colocar os dedos. Quando os adesivos ficaram borrados por causa do suor, eu os pintei com líquido corretivo. Nós passávamos o tempo praticando, com Barney gritando os acordes, tipo "Toca A, A, A, A, e então mudamos para G, G, G, G". Eu praticava sem ele, também, mas era muito mais interessante aprendermos juntos do que tocar sozinho em casa.

Aprender por conta própria significa que acabei aprendendo errado, porém, porque peguei o mau hábito de tocar com três dedos. Um professor teria me forçado a tocar com quatro, mas o *Book of Rock' n' Roll Bass Guitar* de Palmer-Hughes não podia me corrigir, e assim comecei – e terminei – como um baixista de três dedos; e ter que manter o dedinho para baixo enquanto toco me deixa mais lento. Por falar nisso, acho que isso também me deu meu estilo, que é mais lento e mais melódico que o da maioria dos baixistas. É um jeito diferente de tocar, e nasceu de um aprendizado errado.

Começamos praticando na sala de estar da avó de Barney. Eu já disse que ela era uma senhora adorável. Na casa dela havia um velho toca-discos estéreo, e Barney, que sempre foi bom em eletrônica, conectou os cabos de nossos instrumentos aos fios de entrada na cápsula da agulha para que pudéssemos tocar através do aparelho. Funcionava. Quer dizer, soava diabólico, e se nós dois tocássemos ao mesmo tempo, não se escutava nada a não ser um "wall of noise" horroroso, mas funcionava. Assim, nós pegamos o jeito e encontramos o caminho – mas só até a avó de Barney descobrir que ele tinha estragado o estéreo dela; ela ficou doida e nos expulsou. Saímos correndo pela Alfred Street rindo.

Mas não estávamos nem aí. Éramos punks. Saqueamos um brechó beneficente e cortamos com gilete as roupas que roubamos; espetei o cabelo para cima e tirei a coleira do cachorro para usar. Mamãe ficou doida comigo de novo. No começo, estávamos só copiando o visual da *Melody Maker* e da *NME* e usando o que os punks de Londres estavam usando, mas logo começamos a desenvolver nosso próprio estilo. Barney descobriu a loja dos escoteiros na New Mount Street e começou a usar um visual mais militar (típico dele, ele queria ser um punk arrumadinho), enquanto eu usava fita crepe em meu casaco azul para fazer riscas nele, e nós dois usamos *spray* para pintar flechas em nossas roupas como as dos uniformes de presidiários.

Costumavam gritar na rua quando você se vestia desse jeito, e te tratavam como um leproso. Quero dizer, hoje em dia ninguém nem liga, mas naquele tempo era realmente chocante ver os jovens andando por aí com o cabelo espetado e roupas cortadas. Que era, claro, o motivo de fazermos aquilo – queríamos chocar; queríamos as pessoas olhando para nós. Adorávamos que nossas mães odiassem aquilo e que tivéssemos que nos trocar no ônibus. Era tudo parte de ser punk.

A coisa era assim: pegávamos os instrumentos, tocávamos um pouco, saíamos para que as pessoas na rua pudessem nos tratar como leprosos, então voltávamos e tocávamos um pouco mais. Era ótimo.

"ISSO É UM BAIXO?"

O evento punk seguinte em Manchester foi o segundo show dos Pistols, em 20 de julho, também no Lesser Free Trade Hall. Exceto pelo local, foi completamente diferente: para começar, agora éramos punks e sabíamos o que esperar da banda; além disso, havia muito mais gente agora, não só porque a notícia tinha se espalhado por Manchester, mas porque os Pistols, a menos que eu esteja muito enganado, tinham trazido junto um ônibus cheio de gente, o que já era algo incrível. Naquela época, colocar um bando de Cockneys e de Mancs dentro de um prédio municipal ao mesmo tempo dava briga na certa – e foi o que aconteceu.

Estávamos no bar falando com uns caras que eram de Manchester. Eles tinham vindo para cima da gente, um deles já falando na nossa cara.

"Ei, vocês aí são uns Cockneys de merda ou não?"

E a gente respondeu:

"Vai se foder, cara, a gente é de Salford."

"Ah, tá. Bom, a gente é de Wythenshawe. Somos uma banda."

"Ah, tá. A gente também é uma banda. Mais ou menos."

"Bom, somos o Slaughter & the Dogs. Vamos fazer o show de abertura."

Uau! Era o Slaughter & the Dogs; e aquele cara era Mick Rossi, o guitarrista. A Slaughter & the Dogs foi uma das primeiras bandas punks de Manchester – eram eles e os Buzzcocks, que também iam tocar naquela noite.

"Como a sua banda se chama?", perguntou disse Mick Rossi.

Olhamos um para o outro.

"Sei lá. Ainda não temos nome."

Não tínhamos nome. Não tínhamos música. Não tínhamos um vocalista, a menos que se contasse Terry, que, depois de alguns ensaios desastrosos, para a gente não contava. Mas ainda assim éramos uma banda.

"Tá certo, os Cockneys chegaram", disse Rossi. "Vamos pegar os Cockneys; vamos foder com eles."

E essa era a banda de apoio. Assim, rolou um clima e tanto, desde o começo, e de fato rolou tanto briga quanto agitação e pogo, todo mundo de um lado para o outro no salão. Era mais amigável do que se esperaria, mas ainda assim um bocado caótico, e como estava tudo explodindo, era muito mais emocionante do que o primeiro show. No primeiro show, a explosão foi no palco. No segundo, a explosão foi na plateia *e* no palco.

Olhando em retrospectiva, não sei qual das apresentações foi mais importante em termos da influência que teve. Um monte de gente diz que foi a segunda, porque havia mais gente, os Pistols eram mais conhecidos e os punks tinham começado a surgir na cidade, mas para mim e para Barney foi a primeira, porque foi quando decidimos formar a banda. No geral, acho que deveria ser dito que uma foi tão importante quanto a outra. Quero dizer, depois dos dois shows, as bandas se formaram e começaram a se apresentar, e havia um grupo de nós que absorvia qualquer coisa punk que aparecesse. Naquele outono, vimos The Stranglers no Squat, na Devas Street; em setembro, o Eater fez seu primeiro show, no Houldsworth Hall, Deansgate. O Eater teve a abertura dos Buzzcocks, que tocavam em quase qualquer show em Manchester e também estavam fazendo um bocado para ajudar outras bandas punks a se consolidarem. Eles nos incentivaram; o empresário deles, Richard Boon, criou nosso primeiro nome, Stiff Kittens, e mais tarde descobrimos que Ian também estivera em contato com eles. Junto ao The Drones e o Slaughter & the Dogs eles eram a espinha dorsal da cena punk e ajudaram a tornar Manchester a maior cidade punk depois de Londres. Todos tocavam regularmente no Squat e em um bar gay na Dale Street chamado The Ranch, de propriedade de Foo Foo Lamar, e também no Electric Circus, na Collyhurst Street, que logo se tornou a principal casa punk na cidade.

Debbie Curtis lembra-se de Ian conversando comigo e com Barney naquele segundo show do Pistols (ele não foi ao primeiro, o que sempre o deixou meio puto, mas ele levou Debbie junto no segundo). Pode ser que a gente tenha trocado umas palavras naquela noite, mas com certeza isso não ficou gravado para mim. A primeira vez em que me lembro de Ian me chamando a atenção foi no Electric Circus, na terceira apresentação do Pistols. Ele tinha *Hate*[16] escrito no casaco com tinta fluorescente. Gostei dele na hora.

---

[16] Ódio. [N.T.]

"ELE ERA SÓ UM CARA COM *HATE* ESCRITO NO CASACO"

O Electric Circus era uma casa de rock mais antiga, normal, uma construção de tijolos vermelhos com um telhado em ponta, como uma igreja. A porta de entrada dava para um salão grande, escuro, com teto alto. O bar ficava do lado direito e havia um mezanino com balcão, que nunca vi aberto. Na verdade, o único motivo pelo qual eu sabia que tinha um mezanino era que eu estava zanzando por lá uma noite – isso foi mais tarde, quando tínhamos o Warsaw – e por algum motivo chegamos ao balcão, e lá estava o equipamento de som do The Drones.

Por aquela altura, os Drones eram como o Slaughter & the Dogs – uns imbecis grosseiros, tipo os *hooligans* do futebol, e nós os odiávamos. Quer dizer, com exceção dos Buzzcocks, que eram tipo as figuras paternas do punk de Manchester, todas as bandas odiavam umas às outras e estavam o tempo todo tentando se sacanear, e o Slaughter & the Dogs e os Drones eram os piores. Da primeira vez que os Pistols tocaram no Lesser Free Trade Hall, o Slaughter & the Dogs mandaram imprimir seus próprios pôsteres, que tinham o nome deles sobre o dos Pistols, e eles ignoravam totalmente os Buzzcocks. É a esse tipo de coisa que me refiro. Babacas horríveis. Perto deles, parecíamos anjos. Os Drones eram quase tão ruins quanto. Assim... Bem, vamos só dizer que aconteceu algo com o equipamento deles. Algo nojento.

Tudo isso foi para dizer que, uma vez que nós guardamos de novo os bilaus, eu sabia que havia um mezanino com balcão no Electric Circus.

Mesmo antes de os Pistols tocarem lá, o Circus era uma casa punk importante; como havia só ele e The Ranch, que era um clube punk nas quintas à noite, a gente começava a reconhecer todos os punks porque eles estavam indo para os mesmos dois lugares nas mesmas noites. As pessoas que se destacavam tendiam a ser as mais conhecidas, como os Buzzcocks e o Slaughter & the Dogs, ou os caras com muita personalidade, como John the Postman, o filho da mãe barulhento. Eu e Barney éramos bem quietos. Só ficávamos nas laterais, sem sermos notados, mas a gente reconhecia os rostos e às vezes cumprimentava "E aí, cara, como vai?", ou algo assim. As pessoas acabavam se conhecendo.

Na noite daquela terceira apresentação dos Pistols, rolava um clima realmente animado, para dizer o mínimo. Tenha em mente que isso foi em 9 de dezembro de 1976, mais ou menos uma semana depois de os Pistols terem ido ao programa de entrevistas *Today*, quando apareceram na televisão na hora do chá e disseram a Bill Grundy que ele era um "inútil de merda". No dia seguinte, estava em todos os jornais – "O Lixo e a Fúria" – e de repente os Pistols eram o inimigo público número um. Eles estavam para começar a turnê Anarchy, com The Damned (que acabou sendo excluído dela, por alguma razão), The Clash e Johnny Thunders & the Heartbreakers, mas, por causa do escândalo, a maior parte dos shows foi cancelada; 17 de 24 datas foram vetadas pelos conselhos municipais. Entre os que continuaram de pé estavam dois no Electric Circus, e como consequência veio muito mais gente. O lugar estava abarrotado.

Ainda assim, reconheci Ian. Ele se destacava. Eu e Barney estávamos no alto de umas escadas, olhando para baixo, e ele veio subindo, vestido com um casaco de operário, e nós falamos com ele porque já o tínhamos visto por aí. Qual foi a primeira coisa que dissemos a ele? Não me lembro de jeito nenhum. "A gente não se viu no Squat?", ou algo assim. Não me lembro de sequer sabermos qual era seu nome naquela noite, para ser sincero. Ele era só um cara com *Hate* escrito no casaco, só um cara normal. Claro, éramos todos punks, e nós devíamos parecer selvagens comparados com todos os demais, mas ele parecia normal comparado conosco. Ele era simpático. Falava com educação. Um senso de humor afiado. Das duas representações dele em filme, prefiro a de *A Festa Nunca Termina*. O cara em *Control*, Sam Riley, representou-o como sendo muito mais cabeça e de uma beleza mais convencional do que ele era na vida real, enquanto Sean Harris em *A Festa Nunca Termina* tinha um pouco mais da intensidade e do nervosismo do Ian da vida real. Nenhum deles foi perfeito e nenhum deles está totalmente equivocado, mas para mim Harris foi o mais preciso.

"ELE ERA SÓ UM CARA COM HATE ESCRITO NO CASACO"

Foi naquele mesmo show dos Pistols que demos um depoimento para um cara da *Sounds*, que nos citou em sua matéria sobre a apresentação – foi nossa primeira resenha nacional.

O sentimento [de que os Pistols eram ótimos] foi ecoado por praticamente todos os jovens com quem conversei – eles certamente estavam no processo de formar suas bandas. Stiff Kittens (Hooky, Terry, Wroey e Bernard, que tem a palavra final) é o exemplo mais grotesco.
Pete Silverton, *Sounds*, 18 de dezembro de 1976

"Grotesco", hein? Valeu, cara. Wroey era alguém que Barney havia encontrado em Broughton, um amigo de seu primo Grimmie. Naquele momento, nós o estávamos testando como vocalista, e é por isso que ele foi mencionado na *Sounds*. Como a maioria de nossos vocalistas, ele não durou, e nós o adicionamos a uma pilha de rejeitados cada vez maior. O problema não era bem que eram terríveis, só que eram do tipo errado de terrível. Quer dizer, nós só precisávamos de alguém que soasse horrível e podre – afinal de contas, éramos uma banda punk –, mas eles não eram os caras certos para aquilo. Por alguma razão, eles não conseguiam cantar de um jeito bom nem cantar de um jeito horrível e podre, só cantar de um jeito ruim, mas não um ruim bom. Acho que é uma das qualidades de um astro. Você reconhece quando vê.

Nossa busca estava demorando demais. Então, decidimos colocar um anúncio no quadro de avisos da Virgin Records, em Piccadilly, procurando um vocalista, e em resposta conseguimos o maior bando de esquisitos que você poderia encontrar na vida. Barney foi sozinho se encontrar com alguns deles, e vimos juntos mais alguns, mas nenhum deles realmente se destacou. Um pouco frustrados, decidimos falar com Martin Gresty, da escola, porque ele era a pessoa mais excêntrica que já tínhamos encontrado. Perturbado, ele era, um psicopata total, mas de um jeito legal, o terror da escola. Achamos que ele seria ideal como um vocalista punk. Fomos até a casa dele, perto de Langworthy Road, e batemos à porta.

"Martin está?", perguntamos, quando a mãe dele atendeu.

"Desculpa, querido, ele saiu para ver aviões."

Descobrimos que o terror de Salford Grammar tinha se acalmado. Agora ele observava aviões. Não trens, mas aviões; ele se juntava a excursões de ônibus para diferentes aeroportos para ver aviões. Muito doido (quero dizer, não pode ser muito difícil ver aviões em um aeroporto). De qualquer modo, deixamos nossos telefones com a mãe dele, mas Nidder (como o chamávamos) nunca entrou em contato. Provavelmente ocupado demais observando aviões. O que foi uma pena, porque tenho certeza de que suas tendências lunáticas despertariam novamente se ele entrasse para o grupo. Além disso, ele e Barney teriam brigas tremendas. Na escola, eles costumavam provocar um ao outro como doidos, e toda sexta à noite eles brigavam. Íamos todos para vê-los no parque, mas ficávamos entediados porque a luta era muito equilibrada. A gente ficava "Ah, qual é, caras, são cinco horas, a gente quer ir para casa...". De qualquer forma, não era para ser.

Então Danny Lee, meu amigo de Sorbus Close, fez um teste como vocalista, mas não deu muito certo. Aí Wroey tentou, mas também não rolou.

Enquanto isso, íamos ficando mais e mais amigos de Ian. Começamos a vê-lo com mais frequência e o reconhecíamos porque ou ele estava usando o casaco com *Hate* ou um casaco impermeável que ele usava quando vinha direto do trabalho. Tínhamos descoberto seu nome, que ele era de Oldham e casado, o que foi meio que um choque – não que ele fosse de Oldham, mas que fosse casado. Quero dizer *casado*. A gente tinha acabado de sair da escola. Ou era a impressão que tínhamos. Ele também tinha uma banda. Esse era o lance daquele período. Todos nós tínhamos recebido inspiração. Estávamos todos desesperados para seguir em frente e fazer acontecer. Ian tinha voltado de um festival punk na França – onde viu Iggy Pop e The Damned – todo entusiasmado quanto a fazer algo ele próprio. Até então, ele tinha conseguido recrutar um baterista e um guitarrista, e como nós ele vinha recebendo ajuda (sobretudo conselhos) de Richard Boon e Pete Shelley.

Nós queríamos um vocalista e um baterista, mas Ian tinha um baterista e um guitarrista, e assim – recordando as regras do punk – não podíamos nos juntar, mesmo que precisássemos desesperadamente de um vocalista e ele precisasse desesperadamente de um baixista. Tínhamos que seguir as regras.

"ELE ERA SÓ UM CARA COM HATE ESCRITO NO CASACO"

Nós nos encontramos no pub.
"E aí, cara? Como vai? Como está indo a coisa? Como está a banda?"
"Ah, o meu baterista foi embora."
O baterista de Ian era Martin Jackson, muito bom na bateria. Terminamos tentando trazê-lo para o Warsaw, mas ele disse não e foi tocar no Magazine primeiro e depois acabou no Swing Out Sister, entre outros. Aposto que ele ainda se chuta até hoje.
Bem, de qualquer forma, ele havia deixado Ian.
"Mas ainda tenho o guitarrista", disse Ian. Era Iain Gray, um grande amigo de Ian e outra cara familiar na cena punk. Ele havia estado no primeiro show dos Pistols.
Há duas correntes de pensamento sobre como Ian terminou se juntando a nós. A primeira é que Ian respondeu a outro anúncio que pusemos na Virgin Records, mas isso não é o que me lembro (falando nisso, tem uma monte de coisas de que não me lembro...). Da forma como acho que aconteceu foi que, na vez seguinte que vimos Ian, na última apresentação dos Sex Pistols no Electric Circus, a gente disse para ele:
"Fala, cara. Como está indo? E o grupo? Iain ainda é o guitarrista de vocês?"
"Não, ele caiu fora."
E tivemos nosso momento de eureca.
"Então vem para a nossa banda. Você pode cantar para a gente."
De qualquer forma, o resultado foi o mesmo: conseguimos nosso vocalista. Nós nos encontramos no sábado depois do show e o levamos conosco para uma caminhada em Ashworth Valley, em Rochdale, e ele terminou todo molhado e coberto de barro. Uma bela maneira de fazer a audição de um cantor; recomendo muito.
Mas de volta àquela quarta e última apresentação dos Pistols... Foi um tumulto, o tipo de noite de que você lembra e se pergunta como diabos conseguiu escapar com vida. Como eu disse, The Damned estava fora da turnê, e em vez deles os Buzzcocks abriram, seguidos pelo The Clash, por Johnny Thunders & the Heartbreakers, e então os Pistols, que já tinham sido expulsos não apenas de um, mas de dois hotéis de Manchester naquele mesmo dia. Estava absolutamente abarrotado, dentro e fora, um tumulto do lado de fora e um tumulto do lado de dentro. Montes de

torcedores de futebol tinham vindo atrás de confusão, e os Pistols tocaram debaixo de uma saraivada de cuspe e garrafas, com brigas constantes rolando diante do palco. Até na fila do lado de fora havia risco de vida e de membros, com os caras dos prédios jogando garrafas e tijolos nos punks lá embaixo. Tinham até mesmo se dado ao trabalho de arrancar de antemão as pontas de lança das grades ao redor do Electric Circus para usar como munição. Depois do show, estava uma baderna lá fora, com os punks sendo espancados pela esquerda, pela direita e pelo centro. Acenamos para um carro de polícia que ia passando e pedimos ajuda para passar por aqueles lunáticos; aí o guarda disse:

"Corram atrás da van e nós os escoltamos até o carro de vocês."

Todos nos juntamos atrás, mas ao sair ele meteu o pé no acelerador e saiu a toda, deixando a gente à mercê da turba. O filho da puta. Por sorte o carro de Terry estava perto, e nos enfiamos dentro dele e fugimos.

Vendo em retrospectiva, fico pensando se aquele último show dos Pistols no Electric Circus foi a noite em que o fascínio do punk começou a se dissipar para alguns de nós. Quando os torcedores de futebol começam a aparecer – os babacas que só querem cuspir e jogar garrafas – é hora de seguir em frente, e bandas como os Buzzcocks, e depois nós, Magazine, The Fall e Cabaret Voltaire conseguiram encontrar, afinal, um caminho para diante. Já tínhamos decidido que o nome Stiff Kittens era muito "*cartoon* punk" e estávamos procurando algo diferente. Também começamos a compor algumas músicas. Ainda precisávamos de um baterista, porém. Terry também tentou isso, mas infelizmente não ia ser ele.

"ELE ERA UM DE NÓS"

Mesmo Terry sendo um pouco tímido e sem jeito com outras pessoas, e sendo zombado por todos os nossos colegas de escola, gostávamos dele mesmo assim. Enquanto meus outros amigos preferiam ficar em pubs em Salford, Terry curtia Bowie e Roxy e apresentou a nós dois as discotecas da cidade, Pips e Time & Place. Além disso, ele esteve lá desde o início. Ele esteve no show dos Pistols e esteve nas conversas sobre começar uma banda. Ele era um de nós.

Como disse, eu achava que tínhamos dado a ele uma chance como vocalista e não funcionou. Ele diz que não, mas concorda que então tentou como guitarrista e não funcionou. Então se tornou o baterista. Naquela época, já tínhamos recrutado Steve, mas Terry continuou com as aulas por conta própria. Então ele se tornou nosso empresário, mas também não era muito bom nisso. Não tinha instinto assassino – era bonzinho demais. Aí ele se tornou o cara do som, e foi uma merda como cara do som, também, porque Harry DeMac tinha lhe ensinado – de brincadeira, supõe-se – como aumentar o volume com o "controle de ganho" na mesa, em vez de usar os *faders* (pergunte ao seu *roadie*), o que resultava em umas mixagens muito esquisitas. (Falando nisso, se você escutar as fitas agora, elas soam ótimas. Algumas foram lançadas e muito bem recebidas.)

Depois descobrimos a Oz PA, uma companhia de som de Manchester. Terry se tornou nosso *roadie* e no fim se tornou o gerente de turnês do New Order, e nos divertimos muito. Ele era meu amigo mais antigo e meu ombro amigo no início de minhas lamentações por causa de Barney. Sempre fomos muito próximos; Barney odiava isso, e às vezes descontava em Terry. Lembro-me, na passagem de som para um show do New Order, em algum lugar no Meio-Oeste, que um cara qualquer deu a Terry quatro comprimidos de *ecstasy* dizendo "Dá para a banda, cara!".

Nós os compartilhamos, mas Barney, que naquela época não participava da passagem de som, e por isso nem estava lá, de algum modo descobriu e exigiu que Terry fosse despedido por causa daquilo. Eu nunca criaria caso, e o *ecstasy* estadunidense é uma merda de qualquer forma; não valia a pena reclamar por isso, especialmente com a grana que ganhávamos na época – por volta de 1 milhão de dólares por show, com o *merchandising* –, e tínhamos cocaína de montão! Eu e Rob mandamos o Barney à merda, e ele saiu furioso depois do show.

De qualquer forma, em 1989, Barney ficou cheio dele. Os dois se odiavam. O ódio Barney-e-Terry era ainda mais intenso do que o ódio eu-e-Barney – e Barney ameaçou sair do New Order muitas vezes, se Terry não saísse. No fim, Terry mudou-se para Los Angeles.

Com o advento da tecnologia, ele calculou que podia trabalhar a partir de qualquer lugar, então por que não algum lugar ensolarado? Durante treze anos ele trabalhou conosco na seguinte base: nos bons e maus momentos, um colega e amigo leal – e com sorte ainda é.

Quero dizer, o problema foi que ele começou como nosso vocalista e foi descendo a escada, ou subindo; direto para o fundo, ou para o alto, dependendo de como você encara. Foi de fato Terry quem descobriu a distorção para nós. Ian tinha um pequeno amplificador WEM e duas colunas de alto-falantes de 10 polegadas que ele usava para seus vocais. Terry não tinha um amplificador naquele dia, e então plugou no WEM enquanto Ian não estava cantando... Oh, meu Deus, aquilo soava como um coro de anjos, um coro de anjos distorcido: celestial. Barney empurrou-o para fora do caminho com o cotovelo dizendo "Você e Ian usam o meu!".

Barney tinha descoberto a distorção.

Mas, ainda assim, as coisas com certeza tinham melhorado, e começamos a ensaiar com maior regularidade, à noite, muitas vezes indo direto do trabalho. Eu estava trabalhando na Ship Canal; Ian trabalhava no Employment Exchange, em Macclesfield, e Barney, na Cosgrove Hall Films, ajudando a fazer desenhos animados para a ITV. Seu trabalho era colorizá-los, embora ele costumasse dizer para as garotas que era artista gráfico. Era um lugar legal para trabalhar, bem mais tranquilo que a prefeitura. Nos primeiros tempos, permitiam que ensaiássemos lá; foi um dos muitos espaços que usamos quando estávamos pulando de um lugar a outro. Costumava ser muito difícil conseguir um espaço para ensaiar. Em cada pub onde entrávamos, dizíamos "A gente tem uma banda, e estamos procurando uma sala de ensaio".

E respondiam "Ah, legal. Vocês podiam ensaiar em nosso salão principal e tocar as músicas de vocês, os fregueses iriam curtir!".

A gente achava isso horrível. "Ah, não, vocês não iam gostar da nossa música..."

Portanto tínhamos um monte de ofertas, mas não muitas que fossem adequadas, e no fim acabamos indo de um lado para o outro: o pub Albert, em Macclesfield; a sala da avó de Bernard; o Swan, em Salford, que a dona nos deixava usar de graça se comprássemos uma torta e uma cerveja; moinhos e galpões abandonados por todo canto, onde costumávamos carregar o equipamento para cima e para baixo pelas escadas e então nos instalar e tocar num frio de rachar. Nenhum dos lugares que usávamos era uma sala de ensaio de verdade, fora o Big Alex, onde doze bandas ensaiavam de uma vez, e você não podia se concentrar porque era como estar em uma sala de máquinas. Havia bandas de reggae tocando e bandas de *heavy metal* martelando. Para tentar competir, Ian foi e comprou ele mesmo um sistema de PA WEM.

Até então, estávamos só gritando, mas isso não nos incomodava porque o som parecia com o dos Sex Pistols e era o que queríamos: o mesmo volume e a mesma atitude. Nossas primeiras músicas eram todas assim, pura cópia. Tínhamos uma chamada "BL" – *bleedin' 'ell*[17] – que era sobre a irmã de Danny Lee, Belinda, com quem eu tinha saído, mas que tinha me dado um fora. Eu a escrevi e Ian costumava cantá-la, Deus o abençoe. Escrevi "At a Later Date" e também "Novelty"; eu estava escrevendo muitas letras no trabalho porque estava entediado. Podia fazer o trabalho do mês inteiro em uma semana, e tudo o que tinha para fazer nas outras três semanas era subir e descer o canal recolhendo o aluguel, matar o tempo, dormir na sala de arquivos e escrever letras. A maioria delas era terrível, mas Ian era tão gentil e simpático que costumava cantá-las mesmo assim. Então tocávamos uma de suas músicas e era tão melhor – e isso era antes que sequer soubéssemos o que ele estava dizendo. O que era evidente em

---

[17] Maldito inferno. [N.T.]

Ian era que ele estava indo com tudo; ele não estava brincando de ter uma banda. Minhas letras eram somente palavras em uma folha, enquanto as dele vinham de outro lugar, de sua alma.

Estávamos começando a conhecê-lo melhor, também. Quando o conhecemos, ele e Debbie moravam em Oldham, mas eles venderam a casa, ou porque ela queria voltar para Macclesfield ou porque não estavam se dando bem em Oldham, sei lá. Mas, enquanto eles procuravam uma casa em Macc, ele morou com a avó em Stretford. Eu e Barney íamos até lá para ensaiar, e em geral íamos a shows, e como ele estava passando tanto tempo conosco... Bem, acho que nós o corrompemos um pouco. Tipo, quando o conhecemos, ele era um homem casado e agia como um. Se uma garota bonita passava na rua, eu e Barney olhávamos, mas Ian nem dava bola. Ele era um pouco mais cavalheiro do que nós, eu diria. Bem, *muito* mais cavalheiro.

No entanto ele não continuou assim por muito tempo. Logo estava agindo como nós. Se uma garota bonita passava na rua, ele também olhava. Mas era a personalidade dele, embora eu não tenha certeza de que na época eu percebia isso (e, para ser honesto, provavelmente não). Mas, olhando em retrospectiva, era exatamente o que ele fazia: ele gostava de agradar as pessoas e podia ser exatamente o que elas queriam que ele fosse. Uma alma poética, sensível, torturada, o Ian Curtis do mito... ele com toda certeza era assim. Mas ele também podia fazer parte da turma – ele *fazia* parte da turma, do nosso ponto de vista. Era a propensão dele agradar as pessoas, o espelho. Ele amoldava seu comportamento dependendo de quem estivesse com ele. Todos nós fazemos isso um pouco, claro, mas com Ian a mudança era bem dramática. Ninguém era melhor para transitar entre diferentes grupos de pessoas do que ele. Mas também acho que esse era um aspecto da personalidade dele que acabou sendo muito prejudicial para ele próprio. Ian tinha três *personas* as quais ele tentava compatibilizar: sua *persona* de homem casado, no lar com a mulher, o lado garotão e o lado cerebral, literário. No final ele tentava compatibilizar a vida doméstica e a vida na banda, e havia duas mulheres envolvidas. O fato é que existiam Ians demais para ele dar conta.

Percebi isso nos anos seguintes, claro. Na época, eu só o achava um ótimo sujeito. E ele era um ótimo vocalista. Dava para sacar.

Agora, se pudéssemos conseguir um baterista...

"DEFINITIVAMENTE, NÃO CONSIGO PENSAR EM NADA MENOS *NÓS* DO QUE UMA BRIGA COM TOALHAS MOLHADAS"

Assim, saímos em busca de um baterista e, quando isso não deu certo, tentamos um anúncio. A primeira resposta foi de um estudante de cujo nome não me lembro. Nós o aceitamos, mas ele deu nos nossos nervos e, mesmo sendo um baterista razoável, decidimos nos livrar dele. Sendo um perfeito par de boçais, eu e Barney decidimos que o único jeito de despachá-lo seria dizendo que ele era "bom demais" para nós.

Fomos de carro até Middleton College para dar-lhe a boa notícia pessoalmente – era uma faculdade famosa na região, onde Steve Coogan[18] estudou, curiosamente – e subimos até o dormitório dele, dando de cara com ele e seus amigos, sem calças, batendo na bunda um dos outros com as toalhas. Se nós tínhamos alguma dúvida quanto a descartá-lo, foram colocadas de lado à vista daquilo, porque, definitivamente, não consigo pensar em nada menos *nós* do que uma briga com toalhas molhadas.

Sem fôlego por causa da farra, ele veio pulando até nós.

"E aí, caras! Tudo bem?"

"A gente acha que você é bom demais pra nós", dissemos, como tínhamos ensaiado, de cabeça baixa. "Sabe... o som que a gente está a fim de fazer, sabe... é... E... Você é... bom demais."

"Tudo bem", ele sorriu e voltou correndo para chicotear a bunda dos amigos com a toalha, enquanto íamos embora, para enfrentarmos o espinhoso problema de encontrar outro baterista, um problema que estava para ficar ainda mais espinhoso: estávamos para dar nosso primeiro show.

Quando começamos a banda, eu e Bernard tínhamos feito contato com Pete Shelley, dos Buzzcocks (não consigo me lembrar de como isso aconteceu – ele deve ter nos passado seu número de telefone).

---

[18] Ator britânico que interpretou Tony Wilson em *A Festa Nunca Termina* (2002). [N.R.]

Encontramo-nos com ele em um pub em Broughton, onde o enchemos de perguntas. Estávamos um pouco deslumbrados, um pouco assombrados, porque ele era de uma banda, e eles eram tipo a realeza do punk de Manchester, mas sobretudo estávamos felizes por ele ter concordado em se encontrar conosco, porque naquela época não existiam manuais sobre como começar uma banda. Você não podia fazer um curso ou pesquisar na internet. Ser de uma banda te dava na hora o status de um leproso social. Queria dizer que você era renegado por sua família e rechaçado na rua por desconhecidos, e seus colegas de trabalho não faziam nenhum segredo quanto à opinião deles sobre aquilo.

"Por que você quer fazer parte de uma banda? Sai fora, vai arranjar algum trabalho pra fazer."

Assim, conseguir falar com alguém com experiência de primeira mão era algo que não tinha preço. E embora a cena punk de Manchester acabasse virando um ninho de cobras, cheia de ciuminhos, intrigas e rivalidades, os Buzzcocks e especialmente Pete pareciam estar acima de tudo isso. Desde o começo, o lance deles era a inclusão – a verdadeira filosofia punk. Mas o resto de nós brigava como crianças por um pacote de balas.

Tendo nos encontrado com Pete, e sendo Pete um sujeito bacana e educado, ele perguntou a mim e a Bernard como a coisa estava indo. Dissemos que Ian realmente era um bom vocalista, e isso era bom, porque Pete também conhecia Ian, e Pete perguntou se queríamos abrir um show dos Buzzcocks, e mesmo ainda não tendo um nome que agradasse a todos, e estando num "intervalo" entre bateristas, aceitamos sem pestanejar. E pronto. Era para isso que estávamos nos preparando.

A primeira coisa que fizemos foi trabalhar o visual. Fui fazer compras com Terry na Army & Navy Store, na Tib Street, onde um quepe preto de plástico me custou 50 pence.

"Você precisa ter um truque para chamar a atenção, Peter", como minha mãe sempre dizia. Esse foi talvez o único conselho que ela deu sobre a banda além de "Você devia desistir de tudo e se estabelecer". (Eu me lembro de uma vez em que cheguei tarde para o almoço de domingo em casa porque estava em uma entrevista para a *NME*, na cidade. Quando lhe contei isso, achei que ela ia ficar doida: aquilo ia estragar a refeição. Em vez disso, ela começou a chorar, me abraçou e disse "Finalmente. Você vai conseguir um emprego de verdade!". Isso foi em 1986.) Mas na verdade não era um mau conselho, e no começo foi aquele o meu truque: o quepe e um bigode. Terry, que estava então tentando ser nosso empresário/*roadie*, conseguiu uns óculos de comandante de tanque de guerra; Barney não teve dúvida em investir em um novo estoque de roupas na loja de escoteiros, e Ian, é claro, tinha seus próprios lances de Ian com que se ocupar. Uma coisa que fizeram direitinho em *Control*, aliás, foi o visual de Ian. Ele não se ligava em botas militares (do exército alemão, £ 3,50 o par na Tib Street; usei durante anos) nem em gorros de pilotos de tanque de guerra, ou roupas de escoteiro. Ele era apenas Ian, e sempre foi muito mais transado do que nós, sem nem tentar ser. Simplesmente era.

A próxima coisa de que precisávamos era um novo nome, pois Stiff Kittens era muito "punk de Londres". Escolhemos Warsaw.[19] Simples assim. Para muitas bandas, o nome é a coisa mais importante, com certeza tão importante quanto a música, e sempre achamos bem difícil escolher um. Mas Warsaw foi moleza, muito mais fácil do que qualquer uma das mudanças de nome que vieram depois. Nós o escolhemos porque era frio e austero. Seria isso ou Berlin, mas como todos gostávamos de "Warszawa", faixa do álbum *Low*, de Bowie, essa foi nossa escolha. Mas foi tarde demais para Richard Boon: o empresário dos Buzzcocks tinha ficado histérico conosco, querendo um nome, mas quando finalmente escolhemos Warsaw, já era tarde, segundo disse, e ele já tinha colocado Stiff Kittens no cartaz. Isso nos aborreceu e rolou um clima meio tenso com os Buzzcocks – porque a gente reclamou um bocado.

No entanto ainda não tínhamos um baterista. Chegou um ponto em que pareceu que seria necessário cancelar a apresentação ou quem sabe até ir atrás do carinha da toalha molhada de novo, mas no fim encontramos um sujeito chamado Tony Tabac, que recrutamos uma ou duas noites antes do show. Nada como viver por um triz; ele já entrou de cabeça na encrenca. Era um sujeito bacana e bom baterista. Eu me lembro de seu teste: meio trivial, mas bom. E ele enfeitava o bumbo com um monte de porcaria, tipo bitucas e maços de cigarro, e nós gostamos porque parecia bem punk.

---

[19] "Varsóvia". [N.T.]

JOY DIVISION

Em 29 de maio de 1977, no Electric Circus, a banda fez sua primeiríssima apresentação, abrindo o show do Penetration e dos Buzzcocks. Tony Wilson estava na plateia, bem como Paul Morley, que naquela época escrevia para a NME *e ficou impressionado com o "cintilante charme maligno" do Warsaw. "O baixista usa bigode", escreveu ele mais tarde. "Gosto deles, e vou gostar mais daqui a seis meses". O fotógrafo Kevin Cummins também estava lá, bem como Steve Shy, do fanzine local* Shy Talk; *John the Postman, que fez a plateia cantar "Louie, Louie" no final da noite; e o poeta punk John Cooper Clarke, que se apresentou depois do Warsaw.*

Eu me lembro de que fui de carro para lá à tarde e de ter chegado e levado o equipamento para dentro. Não me lembro da passagem de som. Ela foi feita, creio, mas nós não tínhamos ideia do que fazer, porque nunca havíamos feito aquilo antes. Ninguém tinha a menor noção de nada.

Não saber o que devia ser feito deixava as coisas emocionantes, porém. Hoje em dia todo mundo tem um diretor de palco e um cara do som, da iluminação etc. As bandas sabem tudo sobre passagem de som e níveis, equipamento e tudo isso. Hoje tem até escolas de música para ensinar esse tipo de coisa. Naquela época, a gente não sabia porra nenhuma. Você não tinha nenhum profissional, só seus colegas, que, como você, não sabiam nada. Você tinha um sistema de som de discoteca e uma balconista sonolenta no bar. É algo que acho meio triste nas bandas de hoje, curiosamente, o carreirismo da coisa toda. Vi um programa uma vez, uma "batalha de bandas", ou algo assim. Participavam Alex James, do Blur, e Lauren Laverne, e algum babaca de uma gravadora, e eles ficavam lá sentados, dizendo o que achavam da banda: "Seu baixista é uma merda, e sua imagem precisa ser trabalhada; livrem-se do tocador de gaita".

Todas as bandas simplesmente ficavam ali e aceitavam... tipo "Valeu, cara, vamos sair e fazer isso".

Eu não podia acreditar. Eu tinha montado uma banda para mandar todo mundo se foder, e se alguém viesse me dizer "Sua imagem é uma merda", eu ia responder "Vai se foder, seu cuzão do caralho!". E se alguém dissesse "Sua música é uma merda", eu teria dado um chute no saco dele. Para mim, é o que está faltando nas bandas. Eles pularam aquele estágio do amadurecimento quando a gente é agressivo e totalmente sem noção. Você tem que acreditar cegamente em si próprio. Tem que acreditar, desde o princípio, que você é o máximo e que o resto do mundo precisa se esforçar para estar a sua altura. De todos nós, Ian era o melhor nisso. Ele acreditava completamente no Joy Division. Se algum de nós desanimava, era sempre ele quem nos encorajava e nos fazia seguir em frente de novo. Ele nos colocava de volta nos trilhos.

Mas de volta à nossa primeira apresentação. Sem noção ou não, conseguimos nos preparar. Os camarins ficavam nas antigas salas de projeção (não que os usássemos para trocar de roupa – na verdade, costumávamos olhar com desprezo para bandas que faziam isso. Aposto que aquelas bandas no programa de Alex James "trocam..."). Lembro-me de descermos as escadas até o palco e Ian dizer "Não somos Stiff Kittens. Somos o Warsaw!". E pronto – tínhamos dado a partida –, e não consigo me lembrar de mais nada, porque eu estava apavorado. Quando terminamos, senti que tínhamos nos saído bem e fiquei muito aliviado por termos passado por aquela primeira experiência de tocar diante das pessoas. Porque é uma sensação muito esquisita; quer dizer, eu ainda acho bem esquisito, mesmo quando faço isso agora, para ser sincero...

A apresentação seguinte do Warsaw foi em 31 de maio, no Rafters, na Oxford Street, abrindo o show dos Heartbreakers, que eram liderados por Johnny Thunders, um ex-membro da banda glam/protopunk New York Dolls. Os Heartbreakers tinham chegado ao Reino Unido a tempo de pegarem a onda punk e descobriram que eram muito admirados pelas bandas inglesas. Seu consumo de heroína, porém, era legendário.

Conseguir aquela apresentação foi uma tremenda emoção. Lembre-se de que, naquela época, tocávamos só por tocar. Não importava se íamos ser pagos: a gente tocava mesmo assim, e adorávamos. Eu ficava tão agitado antes das apresentações que tinha que correr para me acalmar. Era tanta adrenalina que eu precisava me livrar dela de algum jeito, e eu saía correndo como Forrest Gump. E abrir para Johnny Thunders era demais, porque, bom, ele era Johnny Thunders, que tinha sido do New York Dolls; eu era um puta fã dos Dolls. Ele era estadunidense. Os Heartbreakers eram a primeira banda com que tocávamos que não conhecíamos de antemão, e isso os tornava extraordinários, de nosso ponto de vista.

Assim, quando chegamos ao Rafters naquela tarde, carregamos nosso equipamento às pressas, empolgadíssimos para conhecer os Heartbreakers, e ficamos muito surpresos ao encontrá-los jogados pelas poltronas. Chapados, largados, desacordados.

Ficamos lá olhando para eles, de queixo caído, pensando "Oh, meu Deus! Como alguém pode ser de uma banda e ficar *dormindo*?". Ali estava eu, tão agitado por fazer uma apresentação que tinha que sair correndo por aí. Ali estavam os Heartbreakers, tão bêbados ou cheirados ou sei lá o quê, simplesmente jogados. Não podíamos acreditar.

E mais, o problema se tornou nosso, porque tivemos que esperar eles fazerem a passagem de som antes que a gente pudesse fazer qualquer coisa, e levou tipo umas quatro horas para eles se recuperarem. Eles tinham *roadies*, mas os *roadies* estavam tão acabados quanto eles, e era como se estivessem a meia velocidade; parecia que estávamos vendo esqueletos punks se arrastando em câmera lenta, e por causa disso nem chegamos a fazer a passagem de som. Quando eles finalmente tocaram, pareciam tão derrubados quanto durante a tarde. Durante o show, tocaram três vezes "Chinese Rocks", que era o grande sucesso deles. Eu olhava para a plateia, pensando *Vocês estão putos? A gente teve que aguentar isso o dia inteiro*.

Assim, foi um pouco decepcionante, de fato, porque tínhamos achado que seria como antes, com os Buzzcocks, quando todo muito estava animado e entusiasmado e planejando mudar o mundo. Mas não foi. Os sujeitos mal conseguiam ficar acordados, quanto mais mudar o mundo. Foi um alívio voltar para o "nosso mundo" no show seguinte.

Foi quando o infame saco de dormir de Barney fez sua primeira aparição. Tínhamos sido convidados pelo pessoal do Penetration para abrir o show que eles, os Adverts e Harry Hack & the Big G fariam na prefeitura de Newcastle. Era a primeira vez que íamos usar equipamento emprestado, e isso queria dizer que iríamos subir ao palco, plugar os instrumentos e tocar, com um som horroroso; acho que era também a primeira vez que iam nos pagar. Vinte paus. Pedi a Danny McQueeney para nos levar em sua van de 3,5 toneladas, que só tinha três lugares na frente. Obviamente, éramos eu, Barney, Ian, Tony, Terry e Danny, o que somava seis; isso queria dizer que três de nós teriam de ir atrás, um deles sendo eu. Bem, se você nunca esteve na traseira de uma van de 3,5 toneladas, indo de Manchester para Newcastle, vai por mim, é como estar fechado em uma caixa. Uma caixa de gelo. Newcastle é longe. Foi um inferno. Então, quando o show terminou e Danny informou que estava bêbado demais para dirigir (e nenhum de nós tinha seguro para dirigir a van), não criamos muito caso quanto a adiar a viagem de volta e passar a noite lá.

Quer dizer, até começar a fazer frio. Um puta frio. Num minuto estávamos zoando do lado de fora da van — tínhamos estacionado sob a grande ponte Tyne, junto ao porto —, ainda um pouco bêbados e nos divertindo. No instante seguinte, umas quatro da manhã, a temperatura tinha despencado e nos enfiamos na van, em busca de qualquer migalha de calor. Então vimos, espantados, quando Bernard primeiro tirou uma espreguiçadeira de praia, em seguida enrolou um cachecol no pescoço e colocou um chapéu. Então tirou um saco de dormir, se enfiou e se acomodou em sua cadeira para dormir. Ficamos lá de boca aberta, verdes de inveja e azuis de frio, desejando ter pensado em trazer roupas quentes e imaginando como Barney tinha pensado naquilo.

Não podíamos ligar o aquecedor. Tínhamos combustível suficiente só para voltar. Assim, pelo resto da noite nos revezamos tentando cochilar na cabine, onde estava um pouco mais quente, e Barney ficou lá quentinho e muito satisfeito, enquanto congelávamos. Quem quer que tenha dito que "nenhum homem é uma ilha" nunca conheceu Bernard.

Mais ou menos naquela época, tocamos no Squat, na Devas Street. O Squat era um edifício quase em ruínas, no meio de uma área desolada, ao lado de Oxford Road. Tinha sido parte do Royal Manchester College of Music, mas tornou-se uma casa punk, só que bem tosca — era um pardieiro —, onde você simplesmente chegava e tocava, e onde sempre tinha mais gente das bandas do que plateia. Tocamos com The Drones, The Negatives, The Fall e com o Worst, e foi uma verdadeira reunião do punk de Manchester, para o festival Stuff the Jubilee[20]. De repente, sentimos

---

[20] "Dane-se o Jubileu", palavras de ordem do movimento punk contra o Jubileu de Prata da rainha Elizabeth II, comemorando os 25 anos de seu reinado, em 1977. [N. T.]

como se fôssemos parte de algo. Nós, The Fall, Worst: depois dos Buzzcocks e do Slaughter & the Dogs, éramos a onda seguinte de bandas, e começaríamos a seguir umas às outras por anos.

A fama do Warsaw estava começando a se espalhar, com a segunda apresentação no Squat, em 25 de junho, sendo resenhada na Sounds, *por Tony Moon, que escreveu "[Warsaw] tem um equipamento ligeiramente melhor que o Worst, e como já se apresentaram mais vezes são um pouco mais coesos. Tony Tabac está na bateria [...] ele entrou no grupo poucas semanas atrás. Peter Hook está no baixo/quepe de plástico, Barney Rubble é o guitarrista e Ian Curtis é o vocal. Muita ação e muitos saltos [...] em [...] "Tension" e "The Kill".*

Bernard nunca se referiu a si mesmo como Barney Rubble, e não está claro de onde o nome se originou fora de Salford Grammar. A apresentação também seria a última de Tony Tabac, pois ele foi preso logo depois.

Tony, como se descobriu, era um tanto empreendedor e se meteu em encrencas por causa disso, tirando sua atenção da bateria, e no fim seus pais tiveram que dar um basta. Lembro-me de termos ido a sua casa para ensaiar uma vez, e obviamente ele era de família rica: tinham máquinas de jogos e um fliperama na sala de estar, coisas desse tipo, e a gente ficou impressionado. Era a melhor casa que eu já tinha visto. Enorme. Ele tinha um quarto só para ele, e tudo o mais, o que naquela época era raro. Ele também tinha uma irmã linda, e tinha escrito "Warsaw" na pele do bumbo, do lado das bitucas e dos maços de cigarro, o que todos nós achamos *muito* foda. "Opa, a gente conseguiu. O nome da gente está no bumbo da bateria." No fim das contas, com aquela casa legal e a irmã bonita, e ele obviamente tendo vestido a camisa da banda, ficamos chateados em perdê-lo.

Então conseguimos outro baterista. Um cara pequeno e magro chamado Steve Brotherdale. Outro baterista razoável, mas não era ruim, fora o fato de estar sempre batendo no *ride*, o prato de condução. O som do *ride* é chatíssimo; a gente ficava doido. Eu e Barney costumávamos correr até lá e tirá-lo dele. Além do mais, ele estava o tempo todo com a namorada.

Mesmo quando estávamos ensaiando, a pobre coitada ficava lá. E ele era horrível com ela, o que nos irritava. Sempre discutíamos com ele por causa disso. Certa noite, voltando para casa, eu o joguei para fora do carro no meio de Piccadilly, e em seguida a bateria. Disse a ele para desaparecer.

Ele estava conosco na vez seguinte que tocamos no Rafters (em 30 de junho), porém, quando encontramos pela primeira vez Martin Hannett e Alan Erasmus, e vimos uma nova faceta de Ian. Uma faceta preocupante.

"OS BABACAS FICARAM FAZENDO GESTOS OBSCENOS PARA NÓS"

O show havia sido organizado por Martin Hannett, que naquela época tinha uma empresa de promoções chamada Music Force. Deveríamos ser a atração principal, mas quando chegamos lá a outra banda estava fazendo a passagem de som antes. Era o Fast Breeder. Eles eram do sul de Manchester e eram uma bosta, um lixo absoluto. Disseram "Não, não, não: nós somos a banda principal; nós somos a banda principal!". E a gente respondeu "Não, não... somos nós; caiam fora. A gente combinou com Martin Hannett!". E num piscar de olhos todo mundo começou uma tremenda discussão, nós dizendo que devíamos passar o som primeiro porque íamos ser os últimos, eles dizendo o mesmo, todos se encarando. Bom, eu e Ian, pelo menos, porque o resto da banda ficou de fora, o que, pensando bem, foi mais ou menos o que aconteceu pelo resto de nossa carreira. Só Ian se envolvia em discussões, e ainda assim só se tivesse bebido.

De qualquer forma, eu e Ian estávamos encarando a outra banda, xingando em segredo porque eles eram muito maiores do que nós, quando o empresário deles entrou no meio. Um cara negro usando uma boina, parecendo bem impressionante, e nós pensamos "É melhor a gente ir com calma...", e acabou que ele era Alan Erasmus, que depois se tornou sócio da Factory e que de fato era bem impressionante. Acho que ele ameaçou jogar Peter Saville pela janela uma vez. Não posso culpá-lo por isso, no entanto. Peter pode ser bem irritante às vezes.

Para nosso imenso crédito, não nos intimidamos e, como nenhum lado recuava, decidimos telefonar ao produtor do evento, Martin. Fui até os fundos, onde ficava o telefone público, liguei e ele pareceu bem relaxado com tudo aquilo, como se tivesse fumado um baseado, e só disse "Quer saber? No fundo, não faz muita diferença", o que para ele era fácil dizer. Era o orgulho que estava em jogo ali.

Eu voltei e disse "Certo, Martin confirmou. A banda principal somos nós!".

Então algum babaca do Fast Breeder disse "Não acredito nisso. Não acredito!". Então ele foi até o telefone, voltou e disse "Martin diz que *nós* somos a banda principal!".

Então Ian voltou ao telefone público para tentar falar com Martin de novo, mas dessa vez ele não atendeu mais; aí continuamos discutindo até que no fim eles cederam – ou fingiram ceder. Concordaram que fôssemos os principais, de forma que devíamos passar o som. E foi o que fizemos. Eles então instalaram o equipamento deles. Mas sabe o que eles fizeram? Esse é um truque que depois vi muitas vezes, e um truque bem safado. Eles passaram o som e sumiram, deixando o equipamento no palco.

Eles deviam se apresentar às nove e meia. Banda de abertura: nove e meia. É assim que funciona. Mas às nove e meia eles não apareceram. Os *roadies* deles garantiram que a banda estava vindo, mas era um truque. No final, eles chegaram bem tarde – mais ou menos na hora em que a banda principal devia tocar, olha que engraçado, e então parecia que eram eles a atração – deram seu show e, quando terminaram, a maioria da plateia já tinha ido para casa. Os babacas ficaram fazendo gestos obscenos para nós, erguendo os dedos em V, enquanto tiravam seu equipamento.

Naquela altura, o lugar estava quase vazio. Entre as poucas pessoas que ficaram havia uma garota punk chamada Iris, com sua amiga Pauline. Eu já tinha visto as duas por ali, e conversei com elas enquanto esperávamos o Fast Breeder aparecer. Fiquei com ela naquela noite, começamos a sair, tivemos dois filhos maravilhosos e estivemos juntos por dez anos. Oito e meio dos quais, a propósito, estive afastado.

De qualquer modo, enquanto eu conversava com a futura mãe de meus filhos, Ian entornou cervejas. Todos nós estávamos putos por termos que esperar, mas ele foi o único que demonstrou isso ficando bêbado. Bêbado de verdade. Tão bêbado que, depois de duas músicas, ele de repente pulou do palco e virou uma mesa de pernas para cima. Voaram copos para todo lado. Continuamos tocando. Talvez ele voltasse... Então ele virou outra mesa. Ele tinha parado de cantar, claro: estava ocupado demais se descontrolando. Ele levantou uma terceira mesa, arremessou-a na pista de dança e o tampo se partiu, lançando estilhaços para todo lado, quase atingindo Iris.

E nós ainda continuamos tocando. Olhávamos um para o outro, tipo "Mas que porra? Ele parecia tão legal...", e então Ian se jogou no chão e começou a se contorcer em cima dos vidros quebrados, cortando-se todo. O que tinha sobrado da plateia ou estava aterrorizado ou estava rindo dele, enquanto nós estávamos assustados. Aquele ali enlouquecido era nosso parceiro. No fim ele voltou para o palco e terminamos o show, vendo o resto das pessoas dando no pé para não correr o risco de ver outro surto. Ninguém estava a fim de ser bombardeado com mais vidro quebrado ou pedaços de mesas. Foi uma de nossas piores apresentações.

Olhando para trás, acho que houve um pouco de encenação naquilo tudo. Ian realmente curtia Iggy, e estava sempre tentando nos empurrar musicalmente naquela direção. Mas acho que daquela vez ele também se inspirou na parte física de Iggy, provocado tanto por sua bebedeira quanto por aquele tremendo desentendimento com o Fast Breeder. Ainda assim – mesmo sabendo de onde tinha saído aquilo – foi um grande choque vê-lo daquele jeito. Veríamos aquilo mais vezes, claro, quando ele se enfurecia – em geral ao se embebedar – e começava a gritar. Mas aquela foi a primeira vez.

Aquela foi a primeira apresentação de Steve Brotherdale conosco – como uma iniciação. A segunda foi no Tiffany's, em Leicester, quando ele sujou a barra conosco ao ir para a frente do palco tocando os pratos da bateria. Ian só olhou para ele, de queixo caído, e então o mandou de volta para o fundo, ao que ele obedeceu. Mas daquele momento em diante a sorte dele estava selada.

Ele ainda estava conosco em nossa primeira sessão de gravação: a demo do Warsaw, que fizemos no Pennine Sound Studio, uma antiga igreja na Ripponden Road, em Oldham. Tínhamos juntado toda a grana que pudemos para comprar algum tempo de gravação e então fomos lá, mais inexperientes impossível. Paul, o engenheiro, explicou-nos o processo: ele operou os microfones, fez a checagem de som e gravamos tudo em um só *take*, sem *overdub*. Ele escutou a gravação.

"Ótimo. Aqui está sua fita *master*, rapazes."

"OS BABACAS FICARAM FAZENDO GESTOS OBSCENOS PARA NÓS"

Cinco faixas: "Inside the Line", "Gutz for Garters", "At a Later Date", "The Kill" e "You're No Good for Me", todas gravadas em três ou quatro horas, que era tudo o que podíamos pagar. "Inside the Line" e "The Kill" eram de Ian; "Gutz for Garters", "At a Later Date" e "You're No Good for Me" eram minhas. Ouvindo agora você pode sentir como éramos mesmo uma banda punk naquela época. "You're No Good for Me" em particular era bem uma porcaria sub-Buzzcocks. A única indicação de nosso futuro som era "The Kill", que mais tarde regravamos durante as sessões de *Unknown Pleasures*, com um resultado realmente bem diferente. De forma geral, as demos mostravam o som de uma banda ainda tentando se encontrar, mas ainda assim "The Kill" mostrava que estávamos chegando a algum lugar. Porém o mais importante, ao menos naquele momento, era que agora tínhamos fitas demo que podíamos usar para conseguir muito mais shows fora de Manchester.

Terry, ainda nosso empresário, tinha a função de copiar as demos e enviá-las para as casas de shows. A ideia era ele ligar para a casa um pouco depois, perguntar o que tinham achado da fita e ver se nos chamariam para um show. "Alô, aqui é Terry Mason, empresário do Warsaw. Gostaria de saber o que vocês acharam da fita que lhes mandei", esse tipo de coisa.

Mas, toda vez que ele ligava, tinham a mesma reação.

"Terrível."

"Uma grande bosta, cara."

"Um horror."

Então Terry nos disse:

"Ninguém quer vocês, caras. Todos dizem que vocês são uma merda."

Não podíamos entender isso, porque outros grupos que eram muito mais merda do que nós (como The Drones, por exemplo) estavam conseguindo apresentações em outras cidades. Nós? Nada.

Então eu disse a Terry:

"Terry, dá aí uma das fitas e me deixa ouvir, para ter certeza de que está tudo bem."

Ele respondeu:

"Tá legal, Hooky, toma."

E ele tirou de dentro de sua jaqueta uma daquelas fitas que a gente compra – ou costumava comprar – em pacotes com três; TDK, ou algo assim. Coloquei no som do carro e começou bem. Meio abafada, um pouco distante, mas dava para ouvir meu baixo, Barney na guitarra, Steve Brotherdale fazendo a parte dele, Ian com sua voz punk – ainda sem ter desenvolvido seu barítono, claro; ainda aquela gritaria punk, mas soando ótimo. Tocávamos como uma banda, uma banda boa. O tipo de banda legal para tocar em sua casa, claro.

Então, de repente, ouvi a música tema de *Coronation Street* abafando todo o resto. E em seguida escuto a voz da mãe de Terry, Eileen, dizendo "Vem, Terry, o chá está na mesa...".

Bem, naquela época, a única forma que você tinha de gravar de fita para fita era usando dois pequenos toca-fitas e colocando os alto-falantes de frente um para o outro, que era como Terry vinha fazendo. Mas o idiota inútil fazia isso enquanto via televisão e esperando que a mãe fizesse o chá. Não era de estranhar que ninguém quisesse marcar shows conosco.

Então Terry deixou de ser nosso empresário e se tornou nosso gerente de turnês, ou *roadie* principal, sei lá, e começamos nós mesmos a nos agenciar. Mandamos novas fitas demo, fizemos alguns telefonemas e conseguimos marcar alguns shows – o primeiro foi no Eric's, em Liverpool. Conseguimos. Só que nosso baterista simplesmente se mandou.

Rob Gretton era um integrante destacado da cena musical de Manchester. Ele havia perdido os dois concertos dos Sex Pistols, pois estava em um kibutz *em Israel com sua companheira de longa data Lesley Gilbert, mas ao voltar envolveu-se com o Slaughter & the Dogs e ajudou a financiar o primeiro* single *deles "Cranked Up Really High" (produzido por Martin Hannett, então trabalhando como Martin Zero). A seguir ele produziu um fanzine,* Manchester Rain, *antes de fundar a Rainy City Records, que lançou o primeiro e único EP do The Panik,* It Won't Sell. *Ele também promoveu Siouxsie & the Banshees no Oaks, em Chorlton.*

Ainda não conhecíamos Rob, mas ele já estava nos fazendo um favor indiretamente – porque por alguma razão insana The Panik havia convidado Steve Brotherdale para se juntar a eles, e ele foi. Eles eram bem mais punks do que nós, e ele era um baterista agressivo e rápido,

"OS BABACAS FICARAM FAZENDO GESTOS OBSCENOS PARA NÓS"

então servia para eles; além do mais, ele achou que tinham mais potencial do que a gente. Ele talvez se arrependa de ter nos abandonado – bem, ele *deve* se arrepender de ter nos abandonado –, mas olhando para trás acho que ele não teria durado de qualquer forma. Ele era o baterista certo para aquela fase da banda, mas não para o som em direção ao qual estávamos indo.

De qualquer forma, ele nos largou e se juntou ao The Panik, e quase não o vi mais depois disso. Ele continuava por ali, porque depois do The Panik ele se juntou a uma banda chamada V2. Depois que o V2 também se dissolveu, bem, entrei em um McDonald's uns dez anos atrás, pedi um Quarterão (sem *ketchup*, sem queijo) e batatas médias, e o cara que me serviu disse:

"Hooky?"

"Hein?", disse eu.

"Não se lembra de mim? Steve Brotherdale."

Ali estava ele. Que sirva de lição para você.

A próxima vez que ouvi falar dele foi em 2009, no *Manchester Evening News*, quando ele foi preso por perseguir sua ex-mulher, lamento dizer.

De qualquer modo, precisávamos de um baterista novo. Que pé no saco.

Colocamos mais anúncios. Pusemos um na Virgin Records, em Piccadilly, onde costumávamos comprar nossos discos, e Ian colocou outro na Jones Music Store, em Macclesfield, que foi o que Steve viu.

Steve era Stephen Morris. Ele ligou para o número no anúncio e combinamos uma audição, que ocorreu em uma sala de aula no Abraham Moss Centre, em Cheetham Hill, um centro comunitário que na época estávamos usando para os ensaios.

A primeira coisa que notamos foi que ele estava vestido como um professor de geografia, inclusive com os reforços nos cotovelos de sua jaqueta. A segunda coisa: ele estava nervoso demais. Fumando. Tremendo. Eu e Barney olhamos um para o outro, tipo *Oh, meu Deus, ele é um desastre*.

Enfim. Depois que afastamos as mesas, instalamos nosso equipamento e começamos. Você sabe exatamente o que vou dizer agora: ele era demais, uma revelação absoluta. Tinha toda a força que estávamos procurando, mas com uma textura que não tínhamos ouvido antes. A maioria dos bateristas só martela. Steve estava *tocando* os tambores, gerando um som tribal. Dava para perceber que ele estivera tocando com um trio de jazz, porque era como se ele de algum modo combinasse o sentimento e a complexidade do jazz com a força e a energia do rock e do punk. Estávamos delirantes. Finalmente, tínhamos um baterista: um baterista genial, que não apenas era brilhante, mas que tinha seu próprio equipamento e seu próprio carro. Steve trabalhava para a empresa de encanamentos de seu pai, G. Clifford Morris, em Macclesfield, de modo que ele tinha um bom salário, e o carro vinha com o emprego. Parecia ser um sujeito legal, também, espirituoso e seco, e se ele ficou irritado quando o amigo de Barney, o Doutor Silk, o chamou de Filho de Forsyth[21] por causa de seu queixo grande – um apelido que pegou –, bem, foi educado o bastante para não demonstrar.

Por outro lado, ele era muito fechado. Musicalmente estava tudo bem; nós nos demos bem e conseguimos nos tornar uma das melhores seções rítmicas da história da música. Mas, no lado pessoal, nunca cheguei a conhecê-lo de verdade, em todos os anos que trabalhamos juntos. Sou muito direto e ele não. Sou um casca-grossa da classe trabalhadora; ele é um inglês excêntrico. Gosto de mudança, ele não.

É bem curioso, na verdade, porque mesmo bem no início da banda éramos todos bem afastados uns dos outros. Eu e Barney, que tínhamos sido os melhores amigos, tínhamos brigado depois de uma viagem de moto no sul da França, que fizemos com Danny Lee e Stuart Houghton, quando acabei me tornando o intermediário entre as duas duplas de amigos. Já era uma situação ruim o suficiente, mas a coisa toda desandou quando Stuart se acidentou com a moto, gastou todo o dinheiro com o tratamento médico e então, quando sua moto finalmente morreu, precisou de dinheiro para ir embora. Vamos apenas dizer que, na hora de ajudar, Barney não foi de grande ajuda: "É a minha viagem. Por que ele vai estragá-la?".

---

[21] Bruce Forsyth, apresentador da TV britânica. [N. T.]

"OS BABACAS FICARAM FAZENDO GESTOS OBSCENOS PARA NÓS"

Depois daquilo, eu não consegui mais olhar para ele do mesmo jeito. Quando voltamos, simplesmente me aproximei mais de Terry e Twinny – ou seja, os *roadies* – porque eram amigos meus. Eu tinha encontrado Twinny no Flemish Weaver e nos conhecemos tomando uma cerveja. Mas quando, uns dias depois, eu o cumprimentei no bar, ele foi muito mal-educado, me olhou como se eu estivesse maluco e me disse para cair fora. Voltei para meu canto e me lamentei sobre aquilo com Greg Wood.

"Aquele Twinny é um esquisito, não é? A gente se deu superbem faz umas noites e agora ele me mandou sumir."

"Por que você acha que ele é chamado de Twinny"[22]?, disse Greg. "Aquele é o irmão gêmeo dele, seu cabeção."

Ah...

Ele acabou sendo nosso *roadie* – o "Karl" Twinny, enquanto "Paul" Twinny se tornou um bom amigo uma vez que o conheci – e em geral eu ficava com ele e Terry e Platty no Precinct. Barney acabou ficando muito próximo de Ian – quando ele e Sue por fim se casaram, em outubro de 1978, eles convidaram Ian e Debbie, mas não a mim e Iris, o que mostra como tínhamos nos afastado àquela altura – e Steve, bem, ele era Steve, uma ilha de Steve. Ele ficou com sua namorada Stephanie, até que se juntou com Gillian, e então se tornaram Steve e Gillian, "os outros dois".[23] Foi assim que as alianças se estenderam pelo resto de nossas carreiras juntos. Quer dizer, eu os amava como colegas de banda – eu *amava* o grupo –, considerava-os grandes músicos e combinávamos de verdade como compositores. Mas como pessoas? Como amigos? Na verdade não. Éramos indivíduos, eu, Steve e Bernard. A cola que nos mantinha juntos, a força motora da banda, era Ian. Nós três nos concentrávamos em nossas partes, com ele mantendo tudo junto. É por isso que nós nunca prestamos atenção de fato em suas letras antes de ele morrer. Foi porque estávamos concentrados fazendo nossa parte. Três pequenas ilhas musicais com Ian nos unindo.

---

[22] De *twin*, gêmeos, em inglês. [N.T.]
[23] Referência a The Other Two, projeto musical paralelo de Stephen Morris e Gillian Gilbert. [N. T.]

A história de como o New Order começou fica para outra vez, mas era difícil compor as músicas sem Ian porque o ponto para onde olhávamos em busca de ajuda estava vazio. Rob Gretton era nosso empresário naquela época, e ele então se tornou a cola que nos mantinha unidos – ao menos como pessoas –, mas quando ele morreu de ataque cardíaco em 1999, bem, não sobrou ninguém. E daí em diante foi tudo ladeira abaixo – até ficar, no momento em que escrevo, da pior forma possível. O Joy Division e o New Order eram navios que precisavam de um capitão, mas nossos capitães foram morrendo e nos deixando na mão.

"FORA UM OU OUTRO COPO DE CERVEJA NA CARA, FOI UM BOM SHOW"

Assim, nossa primeira apresentação com Steve foi no Eric's, em Liverpool, abrindo para o X-Ray Spex, e pode-se dizer que ela marcou uma nova fase da banda: baterista novo, saindo mais de Manchester. Depois descobri que a plateia estava cheia de integrantes das bandas de Liverpool: Jayne Casey do Big in Japan, Pete Wylie do The Mighty Wah!, Ian McCulloch do Echo & the Bunnymen e Julian Cope do Teardrop Explodes. Foi lá que conhecemos Roger Eagle, uma verdadeira lenda no Noroeste que costumava administrar o clube Twisted Wheel, em Manchester, e saíra de lá para administrar o Eric's. Foi ideia dele que tocássemos duas vezes, primeiro no fim da tarde – uma matinê para a garotada, que adoramos, porque naquela época realmente amávamos tocar – e então de novo à noite. E mais, Roger nos deu uma caixa de Brown Ale, nossa primeiríssima cortesia. Nenhum de nós gostava de Brown Ale, mas ainda assim o fato de recebermos nossa primeira cortesia foi fantástico.

Dessa forma, tudo foi formidável, o começo de uma relação brilhante com Roger, com quem realmente nos demos bem, e com o Eric's, uma de minhas casas favoritas.

O show seguinte foi em Middlesbrough. Organizado por outra pessoa que mais tarde teria um grande efeito em nossa carreira. Bob Last, que, com seu selo Fast Records, iria tornar-se um grande incentivador. Naquela época não havia nada de "Ah, puta merda, outro show não". Era "Legal, vamos lá". Claro, não estávamos acostumados a tocar fora de Manchester, e acordamos assim que amanheceu – tão empolgados que precisei correr para me livrar da adrenalina, como sempre, e aí chegamos ao meio-dia e encontramos a casa fechada até as cinco. Ótimo.

Esperamos ali por perto, entramos e fizemos a passagem de som. Então mais tarde, quando a casa abriu, começou a lotar de *skinheads*, milhares deles. Bem, talvez só uns trinta, mas na hora pareceram muito mais, todos zanzando por ali se enchendo de cerveja. Então, um pouco antes de começarmos, o DJ colocou um disco de Adam & the Ants que teve um efeito estranho neles, tipo o de alguma anfetamina, e eles ficaram como um bando de crianças de 6 anos tomando Coca-Cola em uma festa de aniversário. Sem brincadeira, eles surtaram. Era como se quisessem acumular energia antes do evento principal. Que éramos nós, claro. Quando subimos no placo e começamos a tocar, os *skins* vieram todos para a frente e imediatamente começaram a atirar copos de plástico com cerveja em nós. Todos, menos Steve. Estávamos debaixo de uma chuva de plástico e cerveja (não muita, veja bem, porque os copos estavam quase vazios, mas ainda assim...) e parecia que eu estava ficando com a pior parte, com vários deles quicando em minha cabeça. Obviamente eu estava na mira de um daqueles babacas e passei a noite inteira me abaixando para desviar dele. Eu estava puto.

Porém aquilo não afetou nosso desempenho. Sempre fomos o tipo de banda que tocava melhor com a plateia contra nós. Fora um ou outro copo de cerveja na cara, foi um bom show. Bob ficou assistindo enquanto tocávamos e tinha visto aquele *skinhead* em particular atirando copos em mim a noite toda, por isso depois ele o arrastou pela orelha para os bastidores. Mas o camarim tinha forma de L, e eu estava no fundo do L, então ele falou com Bernard.

"Este aqui foi o idiota que ficou atirando copos em Hooky a noite toda. Trouxe ele aqui para pedir desculpas."

"Ah, nem se preocupe. Está tudo bem, deixa ele ir...", respondeu Barney, sem falar comigo.

Eu estava sentado lá no fundo, sem saber de nada.

Só o que sei é que Ian veio até onde eu estava e disse:

"Puta que o pariu, Hooky, sabe o *skin* que ficou jogando copos em você a noite toda? O organizador arrastou ele até aqui para pedir desculpas."

"Legal, onde está aquele *babaca*? Vou arrancar fora a porra da cabeça dele." Cheio de bravata, como sempre.

"Ah, o Barney disse que estava tudo bem e deixou ele ir embora", disse Ian.

Fiquei doido. Atravessei o camarim e fui para cima de Barney.

"FORA UM OU OUTRO COPO DE CERVEJA NA CARA, FOI UM BOM SHOW"

"Que merda você disse?"

Comecei uma tremenda gritaria com ele que provavelmente foi nossa primeira discussão depois de tantos anos. Mesmo durante a viagem no sul da França, nós nunca discutimos de fato; sempre que ele me irritava, eu costumava apenas me enfurecer e ficar quieto. No entanto, naquela noite, eu estava de sangue quente e soltei os cachorros, e aquilo abriu as comportas, porque daí em diante estávamos *sempre* discutindo, pior que um casal.

No New Order, ele dizia "Se algum dia você bater em mim, é o fim. Você nunca mais vai me ver!". Nunca chegamos às vias de fato. Às vezes, fico pensando que uma boa briga poderia ter sido a resposta, quem sabe tivesse amenizado o clima.

O reduto punk de Manchester, o Electric Circus, já sem condição de trazer os grandes nomes, e tendo negada, pelo município, a licença para comercialização de alimentos – e assim a licença para vender bebidas –, foi forçado a fechar em outubro. Entre as bandas que se apresentaram no último sábado, estavam Steel Pulse e The Drones. O Warsaw abriu o domingo, enquanto The Prefects, Worst e The Fall tocaram, Howard Devoto estreou três músicas de sua nova banda, Magazine, e os Buzzcocks foram a banda principal; a noite terminou com uma invasão do palco e todos cantando "Louie, Louie". A Virgin Records mandou um estúdio móvel para registrar o final de semana para um EP de 10 polegadas, Short Circuit: Live at the Electric Circus, *que seria lançado em junho de 1978. Ele trazia "At a Later Day", do Warsaw (embora creditado ao Joy Division, pois a banda já tinha mudado de nome), a apresentação começando com Bernard Sumner gritando "Todos vocês esqueceram Rudolf Hess".*

Não sei por que ele disse aquilo. Uma teoria é que teríamos acabado de tocar Warsaw, que seria uma música sobre Rudolf Hess. Bem, ela não era *sobre* Rudolf Hess, até onde sei, mas a letra citava seu número na prisão, 31G-350125, que Ian tinha usado porque Hess estava nos noticiários. Havia sido lançado um livro sobre ele, que Ian e Bernard tinham lido, e havia gente dizendo que ele devia ser libertado porque já havia cumprido sua pena. Era um assunto do momento. No entanto, não sei se já tínhamos escrito essa música naquela época, quanto mais tocado.

Qualquer que tenha sido a razão, Bernard deve ter se preparado para fazer aquilo, e tivemos um tremendo choque quando o fez, porque ele nem tinha microfone; ele foi até Ian e pegou o microfone dele para dizer aquilo. Todos nós iríamos lamentar isso mais tarde, claro. Porque tudo o que conseguiu foi dar mais munição – se me perdoam a frase – para aqueles que diziam que estávamos glorificando os nazistas. Porém na época só ficamos muito felizes por estarmos no disco; o que quer que Barney tivesse dito, não era nada perto daquilo. Tínhamos passado por um período meio para baixo. Houve o fiasco da fita demo, então a saída de Steve Brotherdale, e Ian em particular estava ficando frustrado porque parecia que não estávamos indo a parte alguma. Outras bandas – The Panik, The Nosebleeds, The Drones, Slaughter & the Dogs – pareciam estar passando na nossa frente, o que o irritava imensamente, porque ele achava que éramos muito melhores do que eles. E tudo isso queria dizer que comparecemos à última noite do Electric Circus absolutamente determinados a entrar na programação.

O problema era que todos os demais também estavam determinados, e havia uma carga imensa de brigas internas e intrigas rolando. Sentimos que estávamos sendo excluídos. Nem sabíamos que tudo estava sendo gravado.

Não conseguimos sequer entrar pela porta da frente. Tivemos de usar um bocado de palavrões e ameaças para abrir caminho e entrar e para constar no programa, e descobrimos depois que os Drones haviam pedido ao organizador que nos deixasse de fora, e que quase não conseguimos tocar. Terminou que fomos os primeiros a tocar; e, quando tocamos, houve algum problema no carro de som. O engenheiro de som por algum motivo começou a gravar na metade de "Novelty", e é por isso que só "At a Later Date" apareceu no disco, quando todos os outros artistas conseguiram duas faixas. Como disse, não consigo me lembrar de que outras músicas nós tocamos. Mas esse foi outro exemplo do completo caos que reinou supremo naquela noite. Uma maldita confusão, na maior parte orquestrada pelos Drones e pelo Slaughter & the Dogs, os filhos da puta. Outro aspecto desagradável disso foi nossa primeira experiência com edição/lançamento e uma gravadora "de verdade". A Virgin, o selo de Richard Branson, decidiu assinar contrato com as bandas pelas faixas presentes no disco. Cada banda receberia £ 200 de adiantamento ao assinar, uma fortuna na época, e todas as bandas receberiam 10% da venda. Aquilo não parecia um mau negócio, 10% cada uma – a boa e velha Virgin –, e nos apressamos em assinar. Depois, porém, descobrimos que o que eles queriam dizer é que *todas as bandas* receberiam 10% no total, 2% cada uma. Recebemos dois *pence* a cada libra por tudo que a Virgin faturasse com a venda de nossa faixa, assinada em perpetuidade, como tudo naquela época. Se você está em uma banda, ouça meu conselho e consiga um advogado, em qualquer estágio que você esteja – de fato, é ainda mais importante no início. Nunca entregue os direitos de sua criação; você compôs as músicas, e elas devem ser sempre suas. Os erros do começo de carreira vão assombrá-lo até o dia de sua morte. (Tenho um ritual com meu advogado, Stephen Lea – um sujeito adorável. Ele me mostra uma folha de papel. Eu leio e digo "Que idiota bundão assinaria algo assim, Stephen?". Ele vira a folha e diz... "Foi você de novo, Hooky!".)

A única alegria[24] no que diz respeito àquele disco veio depois que ficamos famosos, quando ele foi relançado, com um adesivo de "Incluindo Joy Division". Ah, bem, de volta a nossa história.

Para nosso azar, tivemos que tocar de novo com as duas bandas quatro dias depois, dessa vez no Salford Technical College. Aparentemente, aquela foi a primeira vez que Martin Hannett nos viu. Tudo que me lembro foi de estar conversando depois com uma garota que morava perto de Langworthy Road, e então começar uma briga entre os caras de Wythenshawe, que estavam com o Slaughter & the Dogs, e o pessoal de Salford, que entraram a toda para pegá-los, e eu, como um cavaleiro com uma armadura brilhante protegendo a garota de toda a violência. Minha primeira *groupie*.

Claro, se uma banda ganha uma reputação de encrenqueira, então a encrenca começa a aparecer; e quando tocamos com o Slaughter & the Dogs *de novo* na noite seguinte, terminou em baderna outra vez, com todo o pessoal do Slaughter no andar de cima atirando garrafas na multidão lá embaixo. Mais tarde, quando Rob se tornou nosso empresário, conversamos com ele sobre aquela apresentação, e ele disse "Ah, puta

---

[24] Trocadilho com *joy*. [N. T.]

merda, é, era eu quem estava brigando e jogando garrafas do balcão superior". Ele tinha sido *roadie* deles por algum tempo, claro, e sem dúvida adorava toda a confusão que vinha junto. A música deles, por sorte, não era feita para durar, e não demorou muito antes que aquele som punk acelerado soasse absolutamente pré-histórico e, finalmente, disséssemos adeus ao Slaughter & the Dogs e aos Drones.

"ATÉ AS QUE ERAM UMA MERDA ERAM MUITO BOAS"

Acho que a verdade é que estávamos ficando meio de saco cheio por não avançarmos. Olhamos outras bandas que já tinham discos e decidimos que o único jeito seria fazer um lançamento por conta própria: apelar para o "faça você mesmo". Começamos a nos revezar para agenciar a banda e, quando foi a vez de Ian, ele descobriu que, para prensar uns mil discos, gastaríamos uns 600 paus. Assim, ele fez um empréstimo no banco. Acho que alegou que ia comprar móveis para a casa nova. E acho que não disse nada para Debbie logo de cara. Ele guardou para depois aquela pequena satisfação.

Alugamos o estúdio, de novo o Pennine, em Oldham, e Paul fez uma proposta econômica: entrar no estúdio, tocar, pagar e em troca receber mil discos, mas com a capa em branco, de modo que nós mesmos teríamos de fazê-la – e claro que seria Barney quem a faria, por ser designer gráfico. Então íamos precisar fazer a distribuição.

Enquanto isso, certa noite, tivemos uma conversa com Paul Morley. Ele estava escrevendo para a *NME* e fizera a cobertura da última noite do Electric Circus, e tinha feito amizades na cidade, sobretudo no Ranch. Embora tivesse um projeto esquisito de banda-arte, chamado The Negatives, que nos incomodava porque achávamos que era pura zoeira, perguntamos a ele se gostaria de produzir o EP para nós. Não faria mal algum ter um jornalista conhecido do nosso lado, faria? Ele topou, e então combinamos de encontrar com ele na cidade e levá-lo para Oldham. Isso só mostra que éramos tão inexperientes que achamos boa aquela ideia – e ele nunca tinha produzido nenhum disco antes. Na manhã da sessão de estúdio ficamos sentados na St Ann's Square, nós quatro, esperando que ele aparecesse. Esperamos duas horas e nada. No fim, descobrimos que ele havia se embebedado na noite anterior e não tinha conseguido sair da cama. Para ser sincero, acho que Paul não teria sido muito útil, e ele admite isso abertamente, mas hoje em dia ele lamenta o ocorrido. Ele adoraria poder dizer que produziu nosso primeiro disco.

A sessão no Pennine foi boa, apesar de eu ter descoberto que meu baixo estava desafinado e que estivera assim durante todo o tempo em que toquei. O braço estava empenado e não ficava afinado. O baixo – meu primeiro baixo, de £ 35 – estava todo ferrado.

Nunca fui capaz de fazer afinação. Não tenho ouvido musical. Barney sempre fazia isso para mim, para sua grande satisfação. Tipo, se eu deixasse o baixo cair no palco, e ele desafinasse, Barney tinha que vir e afinar de novo, com um grande sorriso de desdém no rosto, ou eu não poderia tocar. Vou dizer uma coisa, o melhor momento em minha vida musical foi quando inventaram o afinador portátil tipo pedal. Fui e comprei quatro. Fantástico, porque você não precisa se sentir meio que um idiota no palco quando seu colega de banda tem que vir afinar o instrumento para você.

Mas, de qualquer modo, quando estávamos gravando o EP, fui presenteado com a notícia de que meu baixo desafinava, o que imediatamente ferrou tudo para mim, porque eu estava me cagando de medo. Mas seguimos em frente. Tocamos "No Love Lost", com Barney enchendo "Ooh, parece meio desafinado, não é? O baixo de Hooky...", e eu ficando irritado, mas tendo que aguentar firme e deixar que ele afinasse toda vez. Depois tocamos "Leaders of Men", "Failures" e "Warsaw", todas músicas de Ian – eu já praticamente tinha desistido de compor músicas. Sabia quando tinha sido derrotado.

Escutando hoje o EP, dá para notar como tínhamos nos desenvolvido – embora eu ainda fique surpreso com a velocidade com que tocávamos. Mais tarde, em nossa carreira, acho que acabamos tocando algumas das músicas devagar demais, curiosamente. Por exemplo, em *Unknown Pleasures*, "New Dawn Fades" é lenta demais, em minha opinião, e quando eu a toco ao vivo agora tento acelerá-la um pouco. Porém, naquela época, nós definitivamente tocávamos como se a bunda da gente estivesse pegando fogo. Ainda tinha aquela pegada punk rolando.

Liricamente, fiquei impactado com "No Love Lost", em especial o verso falado, extraído de *A Casa das Bonecas* (e não seria a última vez que Ian se inspirou nesse livro, claro...). Mas, como já disse, naquela época, eu nunca prestava muita atenção nas letras. Eu meio que sabia que eram boas e que havia algo bem especial nelas, mas o que eu gostava mais era

"ATÉ AS QUE ERAM UMA MERDA ERAM MUITO BOAS"

que *soavam* bem, e que Ian cantando *soava* ótimo e ficava ótimo no palco. E isso era fato. Acho que se pode dizer que aquele EP foi o momento em que ele realmente conseguiu se encontrar como compositor e cantor. Toda a experiência que tivera com a banda até então, ver outras bandas em ação, ler, curtir Iggy Pop e Throbbing Gristle, tudo estava se juntando para ele. Estava moldando o escritor no qual se tornou, talvez um dos melhores letristas de todos os tempos. Suas músicas daquela época eram como um bate-papo com um gênio, tipo profundo e impenetrável ao mesmo tempo. Acho que por algum tempo ele também achou fácil aquilo. As músicas pareciam fluir dele, e daquele momento em diante ele não deu nenhum passo em falso, não escreveu uma única letra ruim depois de *An Ideal for Living* até a sua morte. Fosse porque nos nutríamos dele, ou fosse pela entrada de Steve, ou sei lá por quê, mas musicalmente também estávamos nos relacionando bem. As músicas estavam jorrando de nós. Qualquer um de nós podia estar tocando e de repente "Ah, olha aí que *riff* legal". Ian podia memorizá-lo, ir para casa e voltar com uma letra para ele ou tirar uma folha de papel de sua sacola e começar a criar uma na hora – e tínhamos uma música. Uma música boa. Não estou bancando o convencido; não tenho dificuldade de dizer que uma música é ruim. Já fiz várias músicas ruins na minha época. Mas no Joy Division não havia músicas ruins. Até as que eram uma merda eram muito boas.

 E foi por isso que a sessão foi tão fácil: porque tínhamos o material e estávamos trabalhando bem juntos e não conhecíamos o suficiente sobre o processo de gravação para ele ser difícil. Todas as quatro faixas foram tocadas ao vivo e no fim foi feito um *overdub* com os vocais. Acho que ele fez tudo de uma vez e então eu e Ian cantamos os *backing vocals* juntos, e pronto.

 Tenho a impressão de que tudo foi feito em um dia. O engenheiro fez um mix e mandou para a prensagem. Éramos inexperientes demais para ficar criando caso. Não dizíamos "Ah, precisa um pouco mais de *reverb* na caixa" porque não sabíamos o suficiente para pedir. Meu Deus, deve ter sido tão fácil trabalhar com a gente...

 Tudo o que precisávamos fazer então era esperar um par de semanas pelo disco, e durante esse tempo, claro, Barney preparou a capa. E o que ele fez? Usou uma imagem de um integrante da Juventude Hitlerista tocando tambor. *De novo* algo que iria voltar para nos assombrar. De qualquer modo, gostei muito da capa. Fizemos mil ou mais delas, impressas em lâminas de papel que tínhamos que dobrar em quatro.

Tudo o que precisávamos agora eram os discos. No dia em que foram entregues no estúdio, fui de carro até Oldham para apanhá-los, todos os mil, e então voltei o mais rápido possível para escutá-lo. Cheguei em casa. Corri para cima. Eu ainda usava o mesmo Dansette, aquele que tinha comprado de Gresty. Tocava nele todos os meus discos, e agora ia tocar o *meu próprio* disco. Emocionado era pouco: eu estava quase me mijando. Coloquei o disco para tocar.

O som era horrível.

Pensei *Ah, meu Deus, deve ter algo errado com este...*

Então coloquei outro e era exatamente a mesma coisa. Tirei outro: o mesmo. Muito, muito baixo, como se houvesse um tufo de poeira na agulha. Tentei e falhei com cinco deles antes de desistir e ligar para o Bernard.

"Tem algo errado com o disco", uivei. "O som é uma merda. Está horrível, completamente abafado e péssimo."

"Liga para o cara no Pennine, descubra o que deu errado."

Liguei para Paul, no Pennine.

"Ei, cara, nosso disco... O som está uma merda. Está todo abafado."

E ele respondeu:

"Ah, era para estar mesmo. Vocês cometeram um erro."

"O que você quer dizer com vocês cometeram um erro? Que erro?"

"Bem", ele disse, "vocês puseram quatro faixas no EP, faixas longas, e a quantidade de tempo deixa os sulcos muito estreitos, e, quando os sulcos são muito estreitos, a qualidade do som é mesmo muito ruim."

"E por que você não nos disse antes?", eu perguntei. "Você é o maldito engenheiro, você devia dizer 'Não coloquem quatro faixas, caras, o som vai ficar uma merda. Ponham só duas!'."

E ele:

"Ei, ei, não vai ficar se lamentando comigo, seu bundão."

"Não me chame de bundão. Você é o bundão. A porra do disco tem um som de merda, seu imprestável."

Ele desligou. Coloquei o telefone de volta no gancho.

Eu e Bernard estávamos em pânico, e acho que foi ele quem sugeriu que, embora o som do disco fosse uma merda em meu velho Dansette, talvez soasse melhor em um aparelho maior. Então fomos até a Pips Discotheque. Quando o punk estourou, a Pips tinha começado a ter noites punks além das noites Roxy. Uma das minhas histórias favoritas é de quando o Roxy Music veio tocar no Belle Vue, em Manchester, e Bryan Ferry, ouvindo falar da infame sala Roxy/Ferry, decidiu fazer uma visita depois do show, mas quando ele chegou lá os seguranças não queriam deixá-lo entrar porque ele estava usando jeans. Eu e Barney costumávamos ir lá com frequência. Uma noite, promoveram uma competição cujo prêmio seria o álbum dos Sex Pistols, e eu ganhei ao acertar o nome do vocalista. Ainda tenho o disco em casa.

A questão era que eles meio que conheciam a cara da gente no Pips, então achei que havia uma boa chance de que tocassem nosso EP. Nós o entregamos para o DJ Dave Booth e esperamos pacientemente para ouvi-lo, e então vimos horrorizados quando ele esvaziou a pista, com um som tão ruim quanto em meu Dansette, se não pior. A aparelhagem maior não escondia o som terrível, apenas o ampliava. Ele o tirou e o devolveu.

Eu me sentia mal, como você se sente quando perde um monte de dinheiro. Ian havia mentido no banco para pagar os mil *singles* que eram virtualmente imprestáveis, e não havia forma de jogá-los fora porque precisávamos da grana de volta. Precisávamos vendê-los. Indo à casa de Steve uma noite, colocamos os vinis nas capas de Barney, sabendo que tínhamos que sair e promover um disco com som tão horrível que provavelmente ia nos fazer mais mal do que bem. Sabendo que as pessoas iam comprar e só perceber que era uma merda quando chegassem em casa.

Estávamos tão desmoralizados que mal percebemos como a casa de Steve era chique. Ele tinha um laguinho com carpas *koi* na entrada e não apenas um, mas *dois* banheiros internos, bem como aquecimento central. Em qualquer outro momento nós o teríamos zoado por causa daquilo, mas tudo o que podíamos fazer era ficar lá colocando os discos nas capas e colocando as capas em sacos plásticos, sem fazer barulho porque o pai dele estava tirando um cochilo. A mãe e o pai de Steve eram pais de verdade, como os da televisão. Lembro-me de uma noite em que ele estava resfriado, e a mãe dele trancou a chave a bateria para impedi-lo de ir ao ensaio. Claro que ele foi de qualquer forma, e acabou tendo que usar a bateria de Terry, que ficava se desmontando enquanto ele tocava. Ele tinha que parar o tempo todo para consertá-la de novo. Bom treino para trabalhar com Martin.

Enfim, estávamos sentados na casa dele, em silêncio total para não acordar seu pai, arrumando aqueles discos horrorosos. De vez em quando um de nós sugeria que devíamos ir até o Pennine e dar uma surra no engenheiro, porque não havia a menor dúvida, a culpa era dele; ele sabia que não tínhamos experiência. Só dá para colocar três ou quatro minutos de música com um bom som de cada lado de um *single* de 7 polegadas. Era por isso que, quando eu escutava "Sebastian", do Cockney Rebel, todos aqueles anos atrás, eu tinha que virar o disco na metade da música. Eu sempre tinha pensado que era algum tipo de truque, mas de repente descobri o porquê – e por que a maioria das músicas dos *singles* tinha três minutos de duração. É porque é a duração ideal para um áudio de boa qualidade em um disco de 7 polegadas. Se você passa disso, a qualidade do áudio vai ficando cada vez pior, até que você termina com um disco que soa como o nosso, que tinha mais de seis minutos de cada lado.

Sem outra opção, fomos em frente e tentamos vendê-lo. Debbie ia cortar fora as bolas de Ian se não recuperássemos o dinheiro, e assim fomos de loja em loja tentando desová-lo o mais rápido que pudéssemos antes que corresse a informação sobre o som pavoroso. Sabendo que os produtores de eventos raramente tocavam as fitas e os discos que recebiam, costumávamos deixar os discos como cartões de visita, torcendo para que ao menos ficassem impressionados com a capa. Nossa capa nazista. Sabendo que, se chegassem a tocá-lo, não nos faria bem algum.

No final, acabamos apenas dando-o de presente para as pessoas, e semanas depois da entrega ainda tínhamos centenas deles. Sabe Deus que destino eles tiveram. Hoje em dia valem uma fortuna, claro. O EP *An Ideal for Living* deve ser nosso item mais pirateado. O tempo todo a garotada vem atrás de mim com uma versão em 12 polegadas, com a capa do disco de 7 polegadas, jurando que é original.

"Não, cara, esse disco nunca saiu como 12 polegadas, não com essa capa", digo-lhes. "Pode acreditar, eu bem queria que tivesse saído."

Se ainda insistem para que eu autografe, escrevo "Este disco é um *bootleg*. Amor, Peter Hook".

"EU DISSE A ELE ONDE É QUE PODIA ENFIAR SEUS VIBRADORES"

No intervalo entre a gravação do EP e Barney fazer a capa, decidimos mudar nosso nome.

Ainda estávamos dividindo as funções de empresário na época. Quando era minha vez, eu costumava sentar-me no trabalho com a *NME*, lendo a lista dos shows e telefonando para tentar marcar alguma apresentação – tipo "Alô, é do Elephant & Castle? Somos uma banda de Manchester e estamos querendo marcar apresentações."

"Qual o nome da banda?"

"Warsaw."

"Warsaw Pakt? Ah, sim, já ouvimos falar de vocês..."

"Não, só Warsaw."

Aí eles diziam:

"Hã? Só Warsaw? Não é Warsaw Pakt? Ah, certo, não temos interesse, amigo..."

A ligação terminava e eu ficava pensando *Quem diabos são Warsaw Pakt?* Nosso grupo não estava conseguindo apresentações porque não éramos o Warsaw Pakt. Isso era um mistério. Não muito tempo depois, saiu uma grande matéria sobre eles na *NME*, e parecia que era uma banda punk bem fuleira com um bom truque: tinham gravado um álbum direto para disco. Acho que eles gravaram em um só *take* no estúdio de corte de vinil; a ideia era pular a etapa da fita ou fazer tudo ao vivo, algo assim. Sei lá. Quem ligava? Tudo o que eu sabia era que eles estavam nos impedindo de conseguir shows.

O Warsaw Pakt tinha ligações com o Pink Fairies e o Motörhead, e seu álbum Needle Time *era notável por ter sido registrado direto no acetato, nos Trident Studios, lançado depois de 24 horas e então deletado depois de uma semana. Apesar da publicidade, a banda se separou pouco depois – mas para a banda Warsaw, de Manchester, o dano já estava feito.*

Embora já estivéssemos usando o nome Warsaw por mais tempo, eles o haviam efetivamente usurpado. Durante o costumeiro encontro da banda no pub, decidimos mudar nosso nome, e assim começamos longas conversas sobre qual seria o novo. Obviamente Ian havia lido *A Casa das Bonecas*. Ele já o havia saqueado para o trecho falado de "No Lost Love", e agora também tirara Joy Division de lá – e graças a Deus que o fez, porque isso nos salvou da vergonha de nos chamarmos Boys of Bondage ou Slaves of Venus. Barney começou a testar coisas tipográficas interessantes com o nome. Ele colocou caligrafia alemã nele, para o EP *An Ideal for Living*, e um ponto de exclamação. E pronto, éramos o Joy Division.

Agora, claro, é um trabalho de tempo integral preservar o nome. Há até uma Joy Division na Alemanha que produz brinquedos sexuais, vibradores e coisas assim: *joy sticks*. O que é bem esquisito quando se considera a origem do nome. Liguei para o sujeito. Faço isso quando vejo as pessoas tirando proveito de nós: *bootleggers*, fotógrafos, o que for. Em geral, eles desistem, ficam mansos como gatinhos. Eu os faço realizar uma doação para a NSPCC,[25] me enviar o recibo junto com uma camiseta ou o que quer que seja, e nos despedimos de modo cordial. Mas esse sujeito não queria saber. Terminamos tendo uma violenta discussão, e antes que eu batesse o telefone na cara dele, disse a ele onde é que podia enfiar seus vibradores. Que eu saiba, ele ainda os está vendendo. Punheteiro.

Bem engraçado, mesmo: lembro-me de ter tido uma discussão com Barry White sobre pirataria. O que ele entendia como *bootlegs* era alguém copiando seu LP, vendendo e não lhe pagando os direitos autorais, enquanto eu pensava na pirataria como alguém gravando você ao vivo e vendendo como um LP ao vivo. Assim, eu estava argumentando de um ponto de vista, dizendo "Bem, é um elogio, e é bom que os fãs façam isso", e ele dizia "Cala essa boca, cuzão, você não sabe o que está dizendo", porque, claro, estávamos falando de coisas totalmente distintas.

---

[25] National Society for the Prevention of Cruelty to Children, organização britânica de prevenção da violência contra crianças. [N. T.]

"EU DISSE A ELE ONDE É QUE PODIA ENFIAR SEUS VIBRADORES"

Acho que tudo vem da época em que fomos investigados pelos fiscais de renda, por conta do Haçienda, e tolamente fomos nos reunir com eles. Não seria necessário ir, mas nosso contador deixou que fôssemos. Não foi uma reunião legal. O fiscal nos esculachou. Rob tremia. Uma coisa que aconteceu no encontro foi o cara dizendo "Analisamos toda a sua contabilidade e não encontramos nenhum recibo pelos lucros com as camisetas do Joy Division. Por que isso?".

Nós nos esforçamos para explicar que não acreditávamos em autopromoção; não acreditávamos em arrancar dinheiro de nossos fãs; não fazíamos *merchandising* porque achávamos que isso era lucrar de forma acintosa, obra do demônio etc. Ele escutou paciente, e então disse:

"Então como é que em todo lugar que vou vejo camisetas do Joy Division?"

Ficamos perplexos, atordoados, e depois do que pareceu uma eternidade ele disse:

"Não acredito em vocês e vou multá-los da forma apropriada."

A única banda que já foi multada por não fazer suas próprias camisetas. £ 20.000. Bam!

De qualquer forma, depois da mudança de nome, claro, a merda nazista bateu no ventilador. Mudando nosso nome para Joy Division, chamando o EP de *An Ideal for Living* e tendo na capa um desenho de um garoto da Juventude Hitlerista tocando um tambor... Bem, olhando para isso agora, posso ver o problema. Quer dizer, *An Ideal for Living*?[26] Isso até soa nazista. Sem falar no jeito como nos vestíamos, e Barney gritando sobre Rudolf Hess no disco *Short Circuit*. Temos que reconhecer, havia um bocado de evidências contra nós.

Mas nós não passávamos de um bando de garotos – Barney e Ian em particular – que eram um pouco obcecados com a Segunda Guerra. Naquela época, todo mundo era. Tínhamos crescido com crateras de bombas atrás de nossas casas. Era a época de filmes épicos de guerra, como *Uma Ponte Longe Demais*, e de quadrinhos como *Warlord* e *Commando*. Garotinhos brincavam com soldadinhos de brinquedo e os meninos liam os livros de Sven Hassell. Todo mundo tinha fixação pela guerra, e os

---

[26] Um ideal de vida. [N. T.]

punks, sendo punks, fixavam-se no lado mais desagradável e chocante dela. Isso começou com os Sex Pistols, que muitas vezes tinham suásticas em suas roupas.

Mas isso era para chocar, e não por ideologia. Não tínhamos nenhum interesse em política – nenhum de nós, nem mesmo Ian. O lance dele era arte, não política. Sim, éramos ingênuos e tolos, e talvez nos empenhássemos demais em incomodar a geração mais velha, mas não éramos nazistas. Nunca fomos e nunca seremos.

O Rock contra o Racismo foi formado em agosto de 1976, no rastro dos comentários embriagados de Eric Clapton apoiando o National Front e o ressurgimento do interesse na extrema direita. A Liga Antinazista era outra organização formada em oposição, e iria organizar concertos para promover a percepção da questão, apresentando os Buzzcocks, entre muitos outros. Assim, o flerte do Joy Division com os símbolos nazistas ia contra a maré política, e a banda não só se viu questionada sobre isso em muitas entrevistas, mas também começou a perder a popularidade local. A simbologia nazista afastou Tosh Ryan, da Rabid Records, bem como Bob Last, da Fast Product, que descartaram o Joy Division, e em junho a Sounds *resenhou o EP* An Ideal for Living *com o título "Mais um grupo da vertente 'Fascismo para Curtir e Lucrar'".*

Isso nos seguiu por anos. Eu e Steve demos uma entrevista para a televisão francesa em 2004 e a primeira pergunta foi "Por que vocês glorificaram o nazismo com o nome Joy Division?".

E nós pensamos "Puta merda, cara, você está falando de 26 anos atrás".

Tudo isso ainda estava por vir, claro, e no meio-tempo tentamos superar o fiasco do disco de merda e concentramo-nos em ensaiar e compor. Steve era tão criativo na bateria que suas improvisações serviam como base para criarmos, e pela primeira vez sentimos que o grupo era formado por quatro pessoas de habilidade e visão equivalentes.

Apesar disso, Ian, que agora era nossa força motriz, passou por uma fase de insatisfação com Bernard e pediu uma reunião do grupo quando ele estava viajando. De acordo com Ian, Barney não estava tocando o

"EU DISSE A ELE ONDE É QUE PODIA ENFIAR SEUS VIBRADORES"

suficiente a guitarra rítmica – era tudo material melódico, coisa de guitarra solo – e o grupo estava sendo prejudicado. Ian queria algo mais próximo do *wall of sound* de Iggy Pop, enquanto Barney curtia leveza e separação de sons, como fazia o Velvet Underground. Embora na época todos concordássemos em procurar outro guitarrista rítmico, em algum momento devemos ter recobrado a razão e percebido que a banda não dependia de um só instrumento, mas de todos nós, e que mexer nessa fórmula iria ferrar tudo. E graças a Deus que fizemos isso. Bernard é um guitarrista brilhante. Ele sabia exatamente o que estava fazendo, e o comedimento e o espaçamento de suas linhas de guitarra eram coisas que tornavam o Joy Division especial.

De qualquer forma, fui eu quem acabou fornecendo a ele a guitarra rítmica, porque foi mais ou menos nessa época que comecei a tocar agudos no baixo, tudo por causa de um novo alto-falante que eu havia comprado. Eu já tinha meu amplificador Sound City (para o qual, minha mãe, abençoada seja, pegara um empréstimo no A1, na Oxford Road), mas eu ainda precisava de um alto-falante. Toda noite eu lia a coluna "Artigos para venda: Instrumentos Musicais" no *MEN*, e finalmente encontrei um anúncio de "alto-falantes para baixo £ 10" com um número de telefone. Então pensei "Genial, é em Salford", e liguei para dizer que estava interessado.

"Que tipo de alto-falante é, cara?"

"Ah, é um Celestion 18, de 200 watts."

Eu não sabia do que ele estava falando, então respondi:

"Parece bom, fico com ele. Estou indo aí."

Fui até lá, bati na porta e meu antigo professor de Artes atendeu.

"Ah, olá, senhor Hubbard, como o senhor está?", eu disse.

"Peter, como vai? E não precisa me chamar de 'senhor'."

Então ele me convidou para entrar.

"Eu não sabia que o senhor era baixista", disse eu. É um hábito curioso; ainda hoje eu o chamo de "senhor".

"Ah, sim, sou o baixista dos Salford Jets."

Eles eram uma banda bem conhecida em Salford e Manchester – a primeira banda que vi ao vivo, curiosamente, com o nome de Smiffy, na fase *glam* rock deles, no Willows. Mike Sweeney, o vocalista, é um sujeito adorável. De qualquer forma, eu não podia testar o aparelho. Ele disse que tinha um ótimo som com o equipamento dele, então eu lhe dei as £ 10, fui para casa, conectei-o ao meu amplificador Sound City e o som foi horroroso, absolutamente péssimo. Quando toquei uma nota grave, ele peidou. Ouvir aquilo me fez sentir fisicamente mal. Durante algum tempo, lutei com ele, tocando minhas notas graves flatulentas, mas era horrível. Eu sequer podia ouvi-lo acima do amplificador de Barney, a não ser que eu tocasse notas altas no braço do baixo, e foi Ian que disse "Ah, Hooky, quando você toca notas mais altas, o som fica muito bom. Vamos trabalhar isso. Barney, você toca os acordes. Hooky, você toca notas altas e Steve faz alguns sons tribais...".

E foi assim que chegamos a ele – o som do Joy Division. Nós o desenvolvemos em nossa nova sala de ensaio, no T. J. Davidson's. O TJ de fato se transformou em *nosso* canto; fomos uma das primeiras bandas lá, e praticamente todas as bandas de Manchester vieram atrás. Ficamos lá até o final do grupo. Foi onde várias das famosas fotos do Joy Division foram tiradas. Também foi lá que o vídeo de "Love Will Tear Us Apart" foi filmado. Um antigo moinho abandonado na Little Peter Street, foi dividido em muitas salas, cada banda ocupando uma. O Sad Café estava lá. Os Buzzcocks também. Tinha um astral ótimo – perfeito para nossa música – porque tudo tinha sido saqueado e depois abandonado. Havia prateleiras vazias por toda parte, canos expostos; o chão de tábuas era imundo e coberto com bitucas de cigarro, e em uma das extremidades de nossa sala havia até um colchão velho.

Quando chegamos lá era ótimo porque a caldeira estava funcionando e o lugar estava aquecido e, como as outras bandas, a gente chegava lá e dizia "Ah, isto é sensacional. Vamos pegar uma sala por três semanas... não, um mês...". Mas então o óleo na caldeira acabou e nunca foi substituído, e daí em diante era absolutamente congelante. Tivemos que comprar um aquecedorzinho em uma loja de segunda mão; Ian costumava sentar-se em cima dele o tempo todo, mas isso lhe deu hemorroidas, porque sua bunda ficava quente, mas o resto estava congelando. O resto de nós não podia nunca chegar perto dele, claro, porque estávamos tocando, e então ele abusava – e pagou em hemorroidas por seu egoísmo.

"EU DISSE A ELE ONDE É QUE PODIA ENFIAR SEUS VIBRADORES"

Também usávamos uma sala de depósito no TJ, que estava decorada com latas de nosso xixi, porque o banheiro ficava a quilômetros de distância; assim, costumávamos mijar em latas vazias e então guardá-las nas prateleiras, de onde sempre eram derrubadas. Era engraçado quando algum pobre-diabo que não sabia de nada derrubava nossas latas de mijo. Dividíamos nosso depósito com uma banda chamada The Inadequates, a banda de Gillian – Gillian Gilbert, claro, que depois se juntou a nós quando criamos o New Order e acabou se casando com Steve –, e às vezes pegávamos emprestado o PA deles, como na noite em que tocamos no Oldham Tower Club.

É um show que nunca aparece em nenhuma listagem, em livros ou websites, mas nunca vou me esquecer dele. O Sad Café tinha tocado lá no mês anterior e a casa havia lotado, e isso nos pareceu encorajador. Além do mais, iam nos pagar trinta paus pelo show, o que não era nada mau. Assim, pegamos emprestado o PA dos Inadequates, levamos para Oldham, demos uma volta pela casa, gostamos, passamos o som, o tempo todo realmente ansiosos pelo show, pensando que seria uma noite e tanto.

Não veio ninguém. Nem uma alma. Às dez da noite ainda não havia ninguém, nem o pessoal que trabalhava no bar, só o gerente, um homem negro já de idade que nos disse:

"Vocês precisam começar. Precisam começar agora. Vão ter que tocar."

"Mas não tem ninguém aqui."

"Bem, azar. Se quiserem a grana, vão ter que tocar."

Se ele estava sacaneando a gente ou não, não sei, mas depois de nossa terceira música, ele começou a varrer, e quando a música seguinte terminou, ele disse:

"Vocês sabem tocar algo do Hendrix?"

"Não, cara", respondeu Ian. "Desculpa, cara."

"Que pena, cara. Que pena", ele disse, sacudindo a cabeça.

Tocamos a próxima música. Terminamos.

"Tem certeza de que vocês não sabem tocar nada do Hendrix?"

"Não, cara. Desculpa, cara."

"Que pena, cara. Que pena."

De qualquer forma, chegamos até mais ou menos a metade do programa, quando duas garotas entraram, bem gatinhas, e nos animamos um pouco. Oba. Garotas bonitas no pedaço. Tocamos outra música, terminamos e uma das garotas chamou:

"Ei?"

"Sim?", disse Ian.

"Vocês são os Frantic Elevators?"

Os Frantic Elevators. *A porra da banda de Mick Hucknall.*

Ian disse:

"Não. Nós não somos os Frantic Elevators. Somos o Joy Division."

Ela virou para a amiga e disse:

"Viu? Eu te falei que estávamos no clube errado."

E as duas foram embora. E foi isso. Tocamos as últimas três músicas para uma sala vazia, terminamos, desmontamos o equipamento, recebemos as £ 30 do cara e fomos para casa.

Por causa daquilo, o que sempre faço é: se tiver uma pessoa que for, eu faço a apresentação. Não havia ninguém no Oldham Tower, e havia 125 mil pessoas em Glastonbury; e qualquer coisa entre os dois me deixa feliz. Um tempo atrás, aceitei uma apresentação como DJ em Reading, mas no meio-tempo me ofereceram uma miniturnê na Grécia que teria pagado muito bem mesmo, e então liguei para o produtor de eventos em Reading e disse:

"Olha, me ofereceram uma turnê, mas as datas estão batendo. Tem algum modo de adiar a apresentação?"

Ele disse:

"Ah, desculpa, Hooky. Não posso. Já foi anunciado e tudo. Todo mundo está se interessando, muita gente vindo."

Grr.

Então cancelei a turnê grega, peguei a estrada, cheguei ao hotel, que era uma pensão, e quando tentei falar com o produtor sobre o horário em que ele queria que eu chegasse ao clube, ele estava realmente reticente. Primeiro, eu teria que tocar por apenas meia hora, ele disse.

"Bem, isso não é muito tempo, cara", respondi. "Eu preferiria um pouco mais. Já são oito e meia. A que horas vocês abrem?"

Então ele começou a fazer *hum* e *hã* e a desviar da questão.

Até que no fim quase perdi as estribeiras com ele:

"Olha, por que você não me diz o que está rolando?"

"EU DISSE A ELE ONDE É QUE PODIA ENFIAR SEUS VIBRADORES"

"Tenho que fazer uma confissão, Hooky."

"O quê?"

"Não tem ninguém aqui. Mas eu vou te pagar do mesmo jeito, cara, eu pago do mesmo jeito."

Eu disse:

"Olha, são só oito e meia, por que não damos mais um tempinho e vemos se aparece alguém?"

Assim, fomos até o clube, e fiquei esperando no estacionamento enquanto ele entrava e dava uma olhada. Então ele voltou meio envergonhado.

"Não tem ninguém lá. Olha, te dou a grana e levo você de volta para a pensão."

"O quê?", eu disse. "Não tem ninguém? Ninguém mesmo? Nem uma alma sequer?"

"Bem, não, tem umas oito pessoas."

"Ah, porra", disse eu. "Se tem oito pessoas, vamos lá. Pelo menos essas oito pessoas tiveram o trabalho de aparecer. Vamos lá."

E, assim, fomos e eu toquei e todos os oito subiram ao palco comigo, tocando as músicas e dançando. Eram todos fãs do New Order e foi uma noite incrível, muito boa, de verdade.

"Uau!", disse o produtor. "Não posso crer. Não achei que você tocaria."

"Escuta, amigo", disse eu. "Já toquei para uma sala vazia antes. Qualquer coisa mais do que isso é lucro."

Enfim, de volta a 1977. Ao menos a perspectiva parecia boa para nosso show seguinte, que era uma festa de Ano-Novo no Swinging Apple, em Liverpool. Tirei os assentos de meu Mark 10 Jag para colocar o PA dos Inadequates (de novo "emprestado") e levá-lo a Liverpool, onde descobrimos que a Swinging Apple não era bem uma casa noturna, era mais um clube; mas por algum motivo eles decidiram trazer uma banda como algo especial de Ano-Novo, e nós éramos aquela banda. Mas foi ótimo, na verdade. Todo mundo dançou a noite toda e estávamos num astral ótimo, primeiro porque naquela fase estava sendo difícil conseguir apresentações, e estávamos felizes por finalmente estar tocando, e segundo porque tínhamos ganhado um engradado de cerveja. Eu estava dirigindo, como sempre naquela época, mas ainda assim... *Um engradado de cerveja.*

Também recebemos bem pela apresentação – acho que uns sessenta, se me recordo bem. Acho até que tocamos duas vezes nosso programa.

Portanto, foi um bom final para o que tinha sido um ano turbulento. Colocamos a banda para funcionar, conseguimos um baterista e começamos de fato a refinar nosso estilo. Ainda assim, estávamos esperando que algo acontecesse. E sentíamos que algo *precisava* acontecer. Algo grande.

LINHA DO TEMPO DOIS:
JUNHO DE 1976 – DEZEMBRO DE 1977

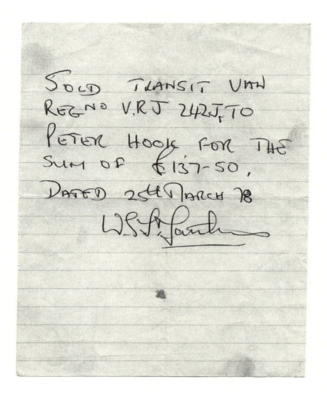

4 DE JUNHO DE 1976

Os Sex Pistols tocam no Lesser Free Trade Hall, em Manchester. Peter Hook, Bernard Sumner e Terry Mason decidem formar uma banda.

20 DE JULHO DE 1976

Os Sex Pistols fazem seu segundo show no Lesser Free Trade Hall, em Manchester, com abertura dos Buzzcocks e de Slaughter & the Dogs.

4 DE SETEMBRO DE 1976
Os Sex Pistols têm uma infame participação no programa de Tony Wilson, *So It Goes*, na Granada TV. Peter Hook, Bernard Sumner e Terry Mason fazem contato com Ian Curtis, que se junta à banda.

> "Uma de nossas primeiras salas de ensaio ficava em cima do pub Swan, na Eccles New Road, em Salford. Muito mais tarde, por volta da época em que o Haçienda estava decolando, Twinny começou a beber no Swan, e eu terminei voltando – voltando para nossa antiga sala de ensaio. Isso mexeu com minha cabeça e realmente me abalou. Era exatamente a mesma, fora o fato de que estavam faltando os quadros das paredes, e você podia ver o papel de parede que tinha desbotado ao redor deles. Vou dizer uma coisa, chorei como um bebê naquela noite. Trouxe tudo de volta. Ian. O Joy Division. Não costumávamos falar sobre aquilo nunca. Os anos que se seguiram à morte de Ian foram para prosseguir com o New Order e com o Haçienda, e não para lamentações e sentimentos de culpa, mas, a cada tanto, algo como aquilo te pegava desprevenido. Você entrava em um lugar que associava com Ian e de repente levava uma cacetada."

10 DE DEZEMBRO DE 1976
Os Sex Pistols fazem sua notória participação no programa *Today*, de Bill Grundy. Depois disso, fazem sua turnê *Anarchy*. A indignação pública no rastro da entrevista de Bill Grundy faz com que a maioria dos shows seja cancelada. No entanto eles conseguem tocar em Manchester duas vezes, no Electric Circus, na Collyhurst Street.

29 DE JANEIRO DE 1977
Lançamento do EP dos Buzzcocks, *Spiral Scratch*. Produzido por Martin Hannett, torna-se o terceiro *single* punk mais vendido de todos os tempos no Reino Unido (depois de *New Rose*, do The Damned, e *Anarchy in the UK*, dos Sex Pistols).

ABRIL DE 1977
O Electric Circus passa a ter noites punks regulares aos domingos.

29 DE MAIO DE 1977

Citado no programa como Stiff Kittens, o Warsaw (depois Joy Division) faz sua primeira apresentação no Electric Circus, em Manchester, abrindo o show dos Buzzcocks e do Penetration. Entrada: £ 1.

> Stiff Kittens, aliás Warsaw, aliás o que quer que se chamem na semana que vem, têm zero mesmo em meu odômetro Mary Whitehouse. O guitarrista deve ser algum refugiado de uma escola pública, a melhor parte do baixista é o chapéu e o vocalista não tem qualquer impacto. Até a quinta música eles mal conseguiram tocar um *riff* coerente, mas acho que nem o *headbanger* mais demente poderia curtir isso. Alguém me disse que é sua primeira apresentação. Então vamos deixar passar o resto. O próximo, por favor.
>
> Provavelmente a primeira resenha da banda; de uma fonte não identificada, transcrito em *Joy Division and New Order – A History in Cuttings 1977–1983*.

"Tony Wilson estava na plateia. Nunca consigo me lembrar das coisas quando estou nervoso, e eu devia estar me cagando naquela apresentação, porque não consigo me lembrar de nada!"

31 DE MAIO DE 1977

O Warsaw toca no Rafters, em Manchester, abrindo para os Heartbreakers. Entrada: £ 1 na porta, ou 75 pence com antecedência, na recepção do Fagins.

JUNHO DE 1977

Lançamento do disco *Cranked Up Really High*, do Slaughter & the Dogs, pela Rabid Records. Produzido por Hannett e financiado em parte por Rob Gretton, que produzia o fanzine do Slaughter & the Dogs.

3 DE JUNHO DE 1977

O Warsaw toca no Squat, em Manchester. Parte do festival Stuff the Jubilee; o programa inclui também The Fall, The Drones, o Worst e The

Negatives, além de uma balada *new wave*/punk. John the Postman se junta ao Warsaw para cantar "Louie Louie". Entrada: 50 pence.

6 DE JUNHO DE 1977

O Warsaw toca no Guild Hall, em Newcastle, abrindo o show de The Adverts, Penetration e Harry Hack & the Big G. Entrada: 75 pence.

> "Esta foi a primeira aparição do saco de dormir de Barney. Ter hemorroidas era uma característica dos integrantes do Joy Division. As de Ian surgiram porque ele ficava sentado em cima do aquecedor no T. J. Davidson's, e tanto Twinny quanto eu ganhamos as nossas na van, durante a turnê europeia em 1980. As de Terry Mason explodiam regularmente. Mas quer saber? Até onde sei, Bernard nunca teve hemorroidas, só dor na bunda."

16 DE JUNHO DE 1977

O Warsaw toca no Squat, em Manchester, aparecendo em último no programa, depois de Harpoon Gags, Bicycle Thieves e Split Beans. O evento teve o nome de "Time's Up" (em homenagem ao *bootleg* dos Buzzcocks) e foi realizado para ajudar o "Windscale Festival", de acordo com os *flyers*. Entrada: 50 pence.

25 DE JUNHO DE 1977

O Warsaw toca no Squat, em Manchester.

> "Esse foi o último show de Tony Tabac. Tínhamos sido apresentados ao Squat por Pete Shelley. Ele havia dito 'Ah, tem um lugar em Manchester onde você pode simplesmente aparecer e tocar', o que parecia ótimo, porque era mesmo muito difícil conseguir apresentações; os clubes normais não estavam nada a fim de shows punks. No Squat havia mais gente das bandas do que público. Era um pardieiro. Não havia luzes e o frio era de rachar. Mas todos que frequentavam se lembram de lá."

30 DE JUNHO DE 1977

O Warsaw toca no Rafters, em Manchester.

"Esse foi o primeiro show de Steve Brotherdale. Uma discussão com o Fast Breeder sobre a ordem das apresentações levou-nos a conhecer Alan Erasmus, antes da Factory, e também a conversar por telefone com Martin Hannett."

JULHO DE 1977

O Warsaw entra em um concurso de talentos do Stocks, em Walkden.

"O concurso era organizado por uma agência de Bolton, e o Stocks não era longe de onde eu morava. A ideia era que você chegasse e tocasse, e se fosse bom, a agência assinava com você.
Perfeito, pensamos. *Não tem como dar errado.*
As coisas começaram a dar errado logo de cara, porém, quando o mestre de cerimônia à moda antiga perguntou como gostaríamos de ser apresentados. Resultado: rostos com expressões vazias por todo lado.
Depois de lutar para conseguir algo de quatro punks desarticulados, ele soltou 'Vocês gostam de Deep Purple?'.
E com isso ele partiu para seu clímax, diante de um monte de velhinhas do Clube de Arranjos Florais de Farnworth, durante o qual ele disse a frase imortal: 'Se vocês gostam de Deep Purple, vão adorar esses caras! Palmas para o Warsaw!'.
Entramos e tocamos, mas o som estava alto demais: nosso volume ficava cortando o decibelímetro do palco, que então cortava a corrente para nossos amplificadores. Caos. As velhinhas todas com as mãos nos ouvidos. Nós nos esforçamos por duas músicas até que Ian saiu pisando duro, irritado. Quando voltamos ao camarim para nos lamentarmos, ele estava eufórico.
"A cantora que veio antes de nós estava se trocando quando entrei", disse. "Vi os peitos dela!"
Depois disso, juntamos nossas coisas e fomos de carro até o Ranch, onde Foo Foo nós deixou montar nosso equipamento e tocar. Ótimo show: aplaudido com entusiasmo. Bons tempos. Frequentamos o Ranch regularmente por muito tempo, e o único problema eram os Teddy Boys[27]

---

[27] Subcultura britânica, inspirada nos dândis do século XIX; usavam grande topetes e estavam ligados ao rock and roll e ao *rockabilly*. [N. T.]

que nos perseguiam de vez em quando. Mas chegou ao fim de repente; numa noite a chapelaria deu a jaqueta de couro de Barney para alguém; ele ficou furioso e nós fomos barrados."

18 DE JULHO DE 1977

Sessão demo do Warsaw, no Pennine Sound Studios, em Oldham. Faixas gravadas: "Inside the Line", "Gutz for Garters", "At a Later Date", "The Kill" e "You're No Good for Me". São as únicas gravações com Steve Brotherdale na bateria.

20 DE JULHO DE 1977

O Warsaw toca no Tiffany's, em Leicester, abrindo o show do Slaughter & the Dogs.

16 DE AGOSTO DE 1977

Os Buzzcocks assinam com a United Artists no bar do Electric Circus. Morre Elvis Presley.

27 DE AGOSTO DE 1977

O Warsaw toca no Eric's, em Liverpool, abrindo o show X-Ray Spex. Essa foi a primeira apresentação da banda com Steve Morris, compreendendo dois horários na lendária casa em Liverpool: uma matinê à tarde para as crianças, e a seguir um show à noite.

> "Roger Eagle era um cara simpático de verdade. Ficava evidente, assim que você o conhecia, que ele era diferente de outras pessoas. Ele era só um cara realmente legal que adorava música e tomava conta das pessoas."

14 DE SETEMBRO DE 1977

O Warsaw toca no Rock Garden, em Middlesbrough. *Setlist*: "Reaction", "Inside the Line", "Leaders of Men", "Novelty", "At a Later Date", "Tension", "The Kill", "Lost".

"Bob Last, o produtor do evento, veio até o camarim depois do show. 'Alguém quer uma fita?', disse. Ninguém respondeu, além de mim, e aquele foi o começo do que iria se tornar uma coleção obsessiva. A fita que ele me deu é a única gravação ao vivo do Warsaw, e foi a primeira vez que pude ouvir o grupo. Que revelação enorme... éramos realmente bons. Warsaw 'Live in Middlesboro' era a chamada: guardei-a como um tesouro por trinta anos, até que foi roubada e pirateada muito recentemente."

24 DE SETEMBRO DE 1977
O Warsaw toca no Electric Circus, em Manchester, abrindo o show dos Rezillos.

O roadie/empresário dos Rezillos, Bob Last, foi um dos primeiros apoiadores do Warsaw, mas acabaria desistindo de assinar com eles por seu influente selo Fast Product – diz a lenda que foi por causa das associações com o nazismo que eram então atribuídas à banda.

2 DE OUTUBRO DE 1977
O Warsaw toca no Electric Circus, em Manchester, na segunda noite do último fim de semana do clube. O show é gravado pela Virgin para o álbum *Short Circuit*, a ser lançado no ano seguinte. O disco inclui "At a Later Date", e mais tarde recebe um selo que diz "Incluindo Joy Division".

7 DE OUTUBRO DE 1977
O Warsaw toca no Salford College of Technology, abrindo o show de Slaughter & the Dogs, The Drones, Fast Breeder e V2.

8 DE OUTUBRO DE 1977
O Warsaw toca no Politécnico de Manchester, abrindo o show de Slaughter & the Dogs.

13 DE OUTUBRO DE 1977
O Warsaw toca no Rafters, em Manchester, abrindo o show dos Yachts.

19 DE OUTUBRO DE 1977
O Warsaw toca no Pipers, em Manchester, com The Distractions, Snyde e Nervous Breakdown.

NOVEMBRO DE 1977
Lançamento do EP do The Panik, *It Won't Sell*, pela Rainy Days Records, de Rob Gretton – único lançamento tanto da banda quanto do selo.

24 DE NOVEMBRO DE 1977
O Warsaw toca no Rafters, em Manchester, abrindo para The Heat e Accelerator.

14 DE DEZEMBRO DE 1977
Sessões de gravação do EP *An Ideal for Living*, no Pennine Sound Studios, em Oldham. Faixas gravadas: "Warsaw", "No Love Lost", "Leaders of Men", "Failures (of the Modern Man)".

> "Não faz muito tempo, eu estava tocando como DJ no Eden, em Ibiza, com um cara chamado Dave Booth, de Garlands, Liverpool. No avião de volta, começamos a conversar sobre lugares em Manchester e ele mencionou que tinha sido DJ na Pips. Eu disse 'Pips? Está brincando! Eu e Barney levamos nosso primeiro disco à Pips, para que o DJ tocasse...'.
> 'Sim, era eu', ele disse. 'Fui eu quem toquei o disco. Ele conseguiu esvaziar a pista.'
> Mundo pequeno..."

31 DE DEZEMBRO DE 1977
O Warsaw toca no Swingin' Apple, em Liverpool. Esse show de Ano-Novo foi o último que a banda fez usando o nome Warsaw.

PARTE TRÊS:

"TRANSMISSION"
TRANSMISSÃO

"ERA TIPO *THE X FACTOR* PARA PUNKS"

Fizemos nosso primeiro show como Joy Division na Pips, como já contei. Depois daquilo... Nada. Por dois longos meses.

Era minha vez de agenciar a banda. Eu ainda trabalhava na Ship Canal e ligava para, vamos dizer, Dougie James, responsável pelo Rafters, na Oxford Street, esperando conseguir abrir algum show, *desesperado* para conseguir algo. Para nós, naquela época, cada minuto sem uma apresentação parecia uma semana, tipo uma eternidade. Assim, eu estava enchendo o saco dos produtores de eventos, especialmente de Dougie, de quem era um pesadelo conseguir uma resposta.

Eu conseguia falar com ele ao telefone e ele dizia "Falo com você mais tarde, cara. Venha aqui falar comigo. Me traga uma fita...". Só tentando se livrar de mim. Sempre tinha uma desculpa para não me escutar. Duas vezes peguei o ônibus e fui até a cidade para tentar encontrá-lo e falar com ele em pessoa. Mas não conseguia vê-lo. Uma vez, fui na hora do jantar e tive que voltar para casa a pé porque não tinha grana para pagar a passagem de ida e de volta. Mas no fim consegui ver Dougie, quando o segui para dentro de sua sala e meio que o encurralei.

"Tudo bem, Dougie? Sou Peter Hook. Nós nos falamos pelo telefone. Eu estava querendo ver se tem algum show de abertura para a minha banda."

Ele suspirava como se já tivesse ouvido aquilo mil vezes antes, e para ser justo, devia mesmo ter ouvido.

"Não temos nenhuma apresentação. Não temos apresentações. Temos dúzias de bandas para fazer shows de abertura. Estamos lotados."

Blá, blá, blá. É bem curioso, porque naturalmente sou um tanto tímido, mas quando se tratava da banda eu nunca era. Eu estava tão determinado e tão desesperado para que o grupo fosse bem que era sempre muito insistente, como fui então na sala de Dougie James.

"Bom, e quanto ao show de Siouxsie & the Banshees? Ainda não foi nem anunciado. Você precisa de alguém para abrir esse."

Ele suspirou de novo.

"Ah, deixe-me ver. Deixe-me ver." E ele folheou seu caderno, fingindo que olhava. "Ah, desculpa, cara", disse ele, por fim. "Não posso te dar esse. Já tem outro grupo que vai abrir."

Fiquei decepcionado.

"Quem?"

"Joy Division", ele disse. "Um grupo chamado Joy Division vai abrir; vocês estão sem sorte."

"Isso é ótimo, porque *nós* somos o Joy Division."

Nunca se viu ninguém voltar atrás tão depressa.

"Ah, não, não, não. Quer dizer, quer dizer... Vai ser outro grupo. Olha, vai à merda, não me enche o saco, tá bem? Cai fora daqui."

Ele me expulsou. Então era isso. Voltei a pé para meu trabalho, me sentindo para baixo e desmoralizado, e essa é uma sensação com a qual você tem que se acostumar quando está agenciando uma banda, qualquer banda, mas com certeza a nossa naquela época. Estávamos desesperados atrás de shows e precisávamos de um empresário para nos ajudar.

O Teste Stiff/Desafio Chiswick, um show de talentos itinerante organizado pelos dois selos, veio ao Rafters de Manchester em 14 de abril de 1978. Grupos locais fingiram desprezar a iniciativa, por seu ar Londrescêntrico, mas de qualquer modo doze ou treze bandas apareceram para tocar, na esperança de impressionar os responsáveis pelos selos. Elas incluíam um impaciente Joy Division, bem como uma banda "de gozação", The Negatives, formada pelo jornalista Paul Morley e o fotógrafo Kevin Cummins. Enquanto isso, Ian Curtis vociferava contra Tony Wilson por deixar de incluir o Joy Division em So It Goes.

A noite Stiff/Chiswick era como *The X Factor*. Só que era tipo *The X Factor* para punks, portanto era meio que um vale-tudo e uma noite bem tensa. A visão de nosso *roadie*, Platty, perseguindo Kevin Cummins para fora do Rafters, com ele agarrado a sua bateria e gritando como um bebê, vai ficar comigo pelo resto de meus dias – espero.

"ERA TIPO THE X FACTOR PARA PUNKS"

Era Stiff que queríamos impressionar. Eles eram *a* gravadora. Tinham Wreckless Eric e Kilburn & the High Roads – que depois viriam a ser Ian Dury & the Blockheads – e eram gerenciados por um cara chamado Jake Riviera, que também era uma lenda no mercado musical e que poderia assinar com uma banda, caso gostasse dela. Não preciso dizer que estávamos doidos para entrar na programação, mas a concorrência era feroz. Como na última noite do Electric Circus, todo mundo apareceu e todo mundo queria tocar.

Já tendo sido trapaceados pelo Fast Breeder, sabíamos que se tocássemos muito tarde toda a plateia já teria ido embora, então estávamos tentando desesperadamente nos apresentar quanto antes. O problema era que todas as outras bandas também estavam. Já era uma briga de foice no escuro, com todo mundo achando que aquela podia ser sua grande chance e discutindo quem é que ia se apresentar, quando Morley apareceu com Kevin Cummins e mais alguns outros atrás, tirando um barato com seu grupo punk de mentira. Eles acharam que ia ser engraçadíssimo fazer o teste como uma banda que não conseguia tocar. Que divertido. Talvez tivesse sido engraçado – quer dizer, não vamos perder todo o senso de humor – e talvez a gente tivesse visto o lado divertido se não fôssemos um grupo que podia tocar, se não estivéssemos levando aquilo tudo muito a sério, desesperados para conseguir um show e um contrato. Não éramos escritores ou fotógrafos pregando uma peça para demonstrar alguma obscura opinião cabeça que de qualquer forma ninguém entendia. Aquilo era sério para nós. Vida ou morte.

Morley começou dizendo a todos que tocariam primeiro. E respondemos:

"Ah, vai à merda, vocês não vão ficar zoando por aí e irritando os juízes antes que a gente toque; vocês podem ir à merda."

"Não, a gente vai tocar, porra"

"O caralho que vão."

Ian estava puto. Uma coisa de que me lembro sobre aquela noite era que Ian ficou irritado e furioso a noite *inteira*. E foi por isso que se levantou e foi tentar falar com Tony Wilson, claro. Eu não testemunhei nada disso, mas sei que, no livro, Debbie diz que ele antes tinha mandado um bilhete a Tony, chamando-o de babaca e outras coisas, e então foi até lá

Porém era tarde demais para recuar, e acabamos gravando um álbum com John Anderson. E que fiasco foi. Tudo que ele sugeria acabava parecendo música de cabaré, e estávamos ficando mais e mais frustrados, especialmente Ian, claro, que estivera pensando RCA: *Lou Reed, Velvet Underground, Iggy Pop*... apenas para ouvir um resultado que era o rock 'n' roll mais horroroso, antipunk, o som mais convencional e mainstream que se pode imaginar. Nada como Iggy Pop. Nem mesmo como o Velvet. Estávamos fazendo, digamos, "Ice Age" e dávamos a sugestão de que tivesse uns *feedbacks* nervosos da guitarra, mas John Anderson coçava o queixo e dizia "Eu estava pensando mais em tipo conseguir umas garotas para fazer os *backing vocals*…" O que, todos nós sabemos, é o fim da picada. Puta merda. Foi horrível. Terminamos gravando onze ou doze músicas com ele, e todas elas terminaram no álbum, o qual – embora estivéssemos torcendo para que nunca vissem à luz do dia, por favor, Senhor – desde então tem sido pirateado *ad exaustão*. Então saímos do estúdio com o rabo entre as pernas, sentindo-nos pior do que nunca.

Não conseguíamos shows. Todos os outros grupos de Manchester estavam tentando ser um pouco cabeça, como os Buzzcocks, mas nós não. Éramos somente a classe trabalhadora e não tínhamos nenhuma pretensão. Ian, acho, era o mais pretensioso de nós, com seu amor por Burroughs e Kafka e sei lá mais o quê, mas acho que os outros grupos viam a gente como um bando de toscos. Assim, estávamos sendo deixados de fora; nós nos sentíamos como excluídos, e ninguém queria que tocássemos.

Não muito tempo depois, lembro-me de ser de novo o empresário. Um dia, liguei do trabalho para o Elephant & Castle, com minha melhor voz de telefone, e disse:

"Posso falar com o *booker*, por favor?"

E a recepcionista:

"Tudo bem, querido, vou passar você para o *booker*." E então ela mesma continuou. "Olá, *booker* do Elephant & Castle."

E eu:

"Ah, olá. Meu nome é Peter Hook. Toco em uma banda chamada Joy Division e estamos tentando abrir shows em Londres…"

Ela me interrompeu:

tirar satisfação por não ter nos colocado na TV. Tony aparentemente era bastante competente, mas acho que não sabia muita coisa sobre nós até aquele momento. Ele disse no filme *Joy Division* que éramos os próximos em sua lista, mas não tenho certeza disso. Não acho que estivéssemos em seu radar na época – não até aquela noite, na verdade.

Enfim. Nosso bate-boca com os Negatives foi subindo de tom. Eu estava ameaçando Paul Morley, Ian estava ameaçando Paul Morley, Barney estava embaixo de um piano e Steve tinha se escondido em um canto, e no fim nós simplesmente expulsamos os Negatives de lá, de modo que eles acabaram não se apresentando, enquanto fomos os últimos, mais de duas da manhã, tocamos quatro ou cinco músicas e tocamos com garra. Estar com tanta raiva nos deu uma pegada e tanto – como sempre – e talvez tenha sido uma de nossas melhores apresentações. Mas nunca tivemos uma resposta do sr. Stiff, e tampouco do sr. Chiswick.

O colaborador da Sounds, *Mick Wall, chamou a banda de "imitadores de Iggy", enquanto Paul Morley, da* NME, *evidentemente colocando de lado a rivalidade da noite, escreveu que, "com paciência, poderiam se desenvolver muito e fazer uma música instigante e que valeria a pena".*

Ainda mais impressionado ficou Tony Wilson, da Granada TV, que depois diria "Foram precisos apenas vinte segundos de Joy Division no palco para me convencer de que era uma banda na qual valeria a pena investir". Da mesma forma o DJ residente do Rafters, Rob Gretton, que, depois de suas experiências com The Panik, estava procurando uma nova banda para agenciar. Naquela noite ele decidiu que já tinha encontrado.

"[O Joy Division] eram doidos furiosos", diria Gretton, mais tarde. "A melhor banda que eu já tinha visto. Senti um arrepio na espinha. Dancei o tempo todo [...] Fui lá contar isso a eles no final, e disse como eu achava que tinha sido brilhante [...] Não parei de falar naquilo durante todo o dia seguinte."

Houve mais consequências. Já fazia algum tempo que Ian Curtis era um rosto conhecido no escritório de promoção da RCA Records na região, onde tornara-se amigo do gerente Derek Brandwood e de seu assistente Richard Searling, este um afamado DJ do estilo northern soul. *Curtis dera a Brandwood uma cópia do EP* An Ideal for Living; *embora Brandwood não tivesse ficado impressionado, seu filho adolescente havia gostado. ~ muito depois, o dono do selo estadunidense Swan Records, Bernie Binnick, perguntou a Brandwood e Searling se conheciam alguma banda inglesa de punk que estivesse disponível para fazer um cover da faixa de* northern soul *de N. F. Porter, "Keep On Keepin' On".*

Acho que ele entrou em contato com a RCA graças a um trabalho de meio período que tinha na Rare Records – o que é bem curioso, porque, quando eu trabalhava na prefeitura, eu comprava discos lá, e provavelmente devo ter comprado algum dele. De qualquer modo, ele havia começado a frequentar o escritório deles em Piccadilly Plaza. Os caras que trabalhavam lá costumavam dar-lhe discos: Iggy Pop e Lou Reed. O problema é que o outro disco que lhe deram foi o dessa música de N. F. Porter chamada "Keep On Keepin' On", da qual queriam que fizéssemos o cover – mas um estilo punk. Sabe Deus por quê. Acho que eles achavam que a RCA estava fora da cena punk de Manchester e talvez achassem que nós podíamos ser a porta de entrada deles. De onde a conexão *northern soul* tinha aparecido, não consigo nem imaginar.

Escutamos o disco e odiamos. Tentamos aprender a música, mas ela virou algo completamente diferente, que depois se tornou nossa música "Interzone", mas desenhamos a ideia de fazer um *cover*. Então, em uma reunião com os caras da RCA e John Anderson, que ia ser o produtor, Ian e Steve receberam uma proposta. Começaram então a ouvir coisas como "adiantamento de £ 20 mil", "fazer a gravação em Paris" e "turnê americana", o que se fez dar pulos, e até fez Steve guinchar "Paris" duas oitavas acima do normal, de acordo com Ian. No fim tudo era uma grande bobagem, porque embora tivéssemos ficado impressionados o suficiente para aceitar a proposta, não tivemos adiantamento e o estúdio não era em Paris. Era o Arrow Studios, em Deansgate, em Manchester, e no dia em que chegamos lá havia um locutor fazendo uma propaganda para as Loterias Littlewoods da qual ainda me lembro: "Loterias Littlewoods. As coisas ficam melhor com Littlewoods..." O sujeito ficou bravo quando Ian o interrompeu, e então o repreendeu: "Que falta de profissionalismo!" Nós nos entreolhamos – eu, Barney e Steve – e pensamos *No que é que nos metemos?*

"Como? Como é o nome de vocês?"

"Joy Division."

"Escute, querido. Vocês nunca vão conseguir um show em Londres com um nome como Joy Division", e desligou.

Eu não sabia o que ela queria dizer, mas não importava. Fiquei olhando para o telefone, pensando *Típico. Álbum de merda. Single de merda. Sem shows*. Estávamos no fundo do poço.

Tudo que posso dizer é: ainda bem que Rob Gretton apareceu.

e recuperar as fitas. (Você pode perguntar "Como o disco apareceu depois em versão pirata se compramos as fitas *master*?" É uma pergunta muito boa, mas que não posso responder aqui, porque já dei grana suficiente para os advogados e não tenho nenhum desejo de dar a eles ainda mais, muito obrigado.)

Naquela época, eu havia vendido o Jag e economizado dinheiro suficiente para comprar uma velha van Transit azul-petróleo. Sentia-me radiante com isso, porque estava cansado de ter que espremer o equipamento em meu carro, ou ter que alugar uma van quando precisávamos transportar nosso próprio PA, o que era um completo pé no saco. Eu tinha batido a van Bedford alugada quando tocamos na Pips. Só um pouquinho. Ela tinha uma dobradiça lateral que se projetava um pouco além da porta, e eu tinha batido em outro carro, tirando um pouco da pintura e entortando-a um pouquinho. Por causa disso a locadora embolsou meu depósito de £ 20, mas o resto do grupo disse que tinha sido culpa minha e se recusou a rachar o prejuízo. Assim, ter minha própria van era um tremendo alívio. Daí em diante, eu a dirigia e todo o equipamento, Terry e Twinny vinham comigo, enquanto o resto do grupo ia no carro de Steve. Ter a van nos tornava mais autossuficientes e significava que, enquanto Rob conseguisse shows para nós, poderíamos ganhar dinheiro. E ele era bom em conseguir shows.

De fato, a partir do instante em que ele subiu a bordo, as coisas mudaram para nós: porque não conseguíamos organizar bosta nenhuma e ele conseguia. Quando você assiste *Control*, o personagem entra em nossas vidas como um furacão, com uma grande personalidade desde o começo, mas na vida real não foi assim. No começo, ele era calmo, racional, falava baixo e era muito lógico, sempre fazendo anotações em seus cadernos. Depois ele ficou mais como o personagem em *Control*, quando se tornou muito dominador, com uma personalidade quase intimidante — ele era um sujeito grande, e usava isso. Ele podia te ignorar completamente, e com frequência o fazia. Tinha uma língua afiada. Mas para nós era alguém que compartilhava nossa visão e tinha os mesmos ideais, que não ia sugerir que contratássemos *backing vocals* ou gravássemos covers de *northern soul*. Ele era como nós, mas uma versão nossa com personalidade muito exuberante, e ele era muito mais direto.

"PRECISAMOS NOS LIVRAR DESSA ARTE NAZISTA"

Barney tinha saído do trabalho e estava em uma das cabines telefônicas junto à Agência de Correios de Spring Gardens, falando com Steve, quando de repente um cara abriu a porta. Um sujeito grande, de barba, usando uns óculos que ele empurrava mais para o alto do nariz antes de falar.

"Puta que o pariu. Você é do Joy Division, não é?"

Era Rob.

"Vi vocês na noite do Stiff/Chiswick", ele continuou. "Quero ser o empresário de vocês."

Caramba, e como precisávamos de um empresário... Barney desligou na cara de Steve, conversou com Rob e convidou-o para ir nos ver no T. J. Davidson's.

Claro, Barney então esqueceu tudo na mesma hora e não nos disse nada, disse? Estávamos lá tocando quando Rob chegou, empoleirou-se na beirada de um degrau e lá ficou, acompanhando a música com a cabeça.

Eu, Steve e Ian olhávamos um para o outro, tipo *Quem é esse?* – com Barney longe, em seu próprio mundinho, obviamente. Então a música terminou e houve um silêncio desconfortável enquanto voltávamos nossa atenção para Rob, que nos olhou, ainda balançando a cabeça, como se o que tinha ouvido lhe agradasse. Até que por fim Barney disse "Ah, caras, esqueci de mencionar. Esse é Rob Gretton. Ele é DJ no Rafters. Ele viu a gente tocando na noite do Stiff/Chiswick. Ele quer ser nosso empresário".

Houve um suspiro coletivo de alívio. Eu não era o único que odiava as tarefas de empresário: Ian não conseguia fazê-las; Steve não conseguia fazê-las; Barney não conseguia fazê-las; Terry com certeza não conseguia fazê-las. Mas, sem um empresário, estávamos fodidos, de forma que aquilo era como estender a mão para alguém que estava se afogando. Além do mais, claro, nós gostamos de Rob logo de cara; ele parecia saber do que estava falando, provavelmente porque já tinha sido empresário do

The Panik, e tinha muita experiência de banda por trabalhar com a Rabid e o Slaughter & the Dogs. E, mesmo que odiássemos o Slaughter & the Dogs, e Rob tivesse tido exatamente zero de sucesso com The Panik, e na verdade tivesse a mesma experiência de empresário que todos nós, ele parecia dizer as coisas certas.

A primeira foi "Este disco é uma merda!" (Falar de forma direta se tornaria o seu forte.)

Ele ergueu uma cópia de nosso EP *An Ideal for Living*.

"É...", murmuramos.

Ele empurrou os óculos para o alto do nariz.

"O que precisamos é remasterizá-lo. Precisamos transformá-lo em um 12 polegadas."

Ele já estava usando a palavra nós, e gostei disso. Este era um cara que estava do nosso lado.

A seguir ele apontou para o desenho do garoto da Juventude Hitlerista com o tambor.

"Precisamos nos livrar dessa arte nazista, também."

Música para nossos ouvidos, e sobretudo os de Ian; ele estava desesperado para recuperar o dinheiro que tinha emprestado do banco para sua mobília não existente – e para tirar Debbie de cima dele, mais que tudo.

Assim, uma das primeiras coisas que Rob fez foi recuperar a fita master e pensar novamente *An Ideal for Living* como um disco de 12 polegadas com uma capa diferente, uma foto de andaimes na King Street, resolvendo tanto o problema do som quanto o da impressão nazista. A seguir ele convenceu Tosh Ryan, da Rabid Records, que era o selo de Slaughter & the Dogs, a comprar e distribuir o resto dos discos de 7 polegadas junto com os de 12. Pagando-nos adiantado. O disco de 7 polegadas terminou tendo um lançamento oficial em junho, o de 12 polegadas em outubro, e num único golpe Ian recebeu toda a grana.

Bem, é *assim* que você começa a agenciar um grupo. Contamos a ele tudo sobre o desastre do Arrows Studios, e ele negociou com John Anderson, oferecendo-lhe £ 1.000 pelas fitas *master*. Daí em diante, qualquer grana que entrasse como pagamento por shows ia para um fundo administrado por Rob, até termos o suficiente para pagar a John Anderson

"PRECISAMOS NOS LIVRAR DESSA ARTE NAZISTA"

As coisas começaram a acontecer quase na mesma hora. Quer dizer, fora o que já mencionei, veja só o modo como começamos a nos desenvolver quando ele se tornou nosso empresário: teve início a relação com Tony Wilson, e todos nós sabemos onde isso deu; ele nos levou ao envolvimento com o coletivo de músicos, de modo que começamos a nos apresentar regularmente; e começamos a ficar conhecidos entre os produtores de shows. Tudo isso nos deu confiança para crescer, deixar que Rob seguisse adiante e fizesse aquelas merdas que não gostávamos de fazer e concentrar-nos em fazer as coisas que fazíamos (compor músicas).

Ficamos melhores e melhores – conseguíamos perceber, porque uma música como "Transmission" de repente estava parando o trânsito. Lembro-me da primeira vez. Foi no clube Mayflower, em Belle Vue, em 20 de maio de 1978, um show que demos com o Emergency e The Risk. O Mayflower era um buraco horrível com uma poça de água de chuva na frente do palco, onde o teto havia cedido e deixava entrar aquela água toda, como se fosse o fosso de um castelo. Em condições normais, não chegaríamos nem perto do lugar, mas fizemos isso como um favor para o Emergency, que conhecíamos muito bem. Era um acordo meio que coce-nossas-costas-que-coçamos-as-suas: costumávamos pegar emprestado o PA deles para shows fora da cidade, e em troca os ajudávamos sempre que podíamos. Naquele show em particular no Mayflower, eles estavam promovendo a si mesmos como banda principal, portanto queriam uma abertura decente; perguntaram-nos se o faríamos, sabendo que podíamos atrair algumas pessoas para o evento.

Rob estava lá conosco naquela noite – era o primeiro show com ele no comando –, e foi também quando conhecemos Oz McCormick e Ed, da Oz PA, que trabalharam no show daquela noite e acabaram sendo nossos técnicos de som durante anos. Com o Joy Division e o New Order, som da frente e monitor de palco, respectivamente. Não só isso, mas tivemos tempo de sobra para a passagem de som, durante a qual tocamos "Transmission". Tínhamos gravado essa música para o horrível álbum Arrow, mas odiávamos aquela versão, e desde então havíamos trabalhado muito nela; seria a primeira vez que alguém fora de nosso círculo a ouviria como queríamos que fosse ouvida. A coisa curiosa quanto a compor uma música – qualquer música – é que, enquanto a compõe, você nunca sabe se é boa de verdade. A última sempre parece a melhor. Tivemos sorte no Joy Division por termos composto várias músicas consideradas clássicos absolutos: "Digital", "Disorder", "Transmission", "Love Will Tear Us Apart", "Atmosphere", "Shadowplay", "She's Lost Control". Mas nunca pensávamos *Isto é um clássico*. Isso não é você quem decide. Nós sabíamos que eram boas, veja bem. Mas o máximo que esperávamos é que fizessem jus à qualidade de outras, as outras das quais sabíamos que as pessoas gostavam. Só quando tocávamos ao vivo e víamos a reação é que começávamos a ter uma ideia de como elas eram boas.

Tocando "Transmission" lá foi talvez a primeira vez em que tivemos um momento "parem as rotativas!". Lembro-me perfeitamente de estar tocando na passagem de som e todo o pessoal se virando para olhar, os caras do Emergency e a outra banda de apoio, The Risk, vindo para a frente do palco para assistir; os caras do PA também, estavam nos assistindo em vez de continuar com seu trabalho.

Ficamos nos entreolhando, tipo *Que porra está rolando?* Porque nunca tínhamos visto aquele tipo de reação antes. Entreolhando-nos, pensamos que talvez, apenas talvez, pudéssemos ser capazes de fazer sucesso, de conseguir viver daquilo. Talvez conseguíssemos chegar a algum lugar. Foi um grande momento para a banda. Algo que nos deu uma tremenda confiança.

O show em si, bom, tudo correu bem, fora o baixista do Risk levar uma surra de alguns caras da plateia. O pobre sujeito estava usando uma camiseta que dizia "Meus punhos são minhas armas", e lembro claramente de estar lá durante a passagem de som, olhando aquela camiseta e pensando *É uma afirmação ousada*. Você tem que ser um bocado confiante para usar uma camiseta daquelas.

A banda dele era um pé no saco, para ser sincero: passaram a noite toda discutindo conosco e com o Emergency. Assim, devo dizer – e que Deus me castigue por isso – que não fiquei muito triste quando parte da plateia se sentiu ofendida com a camiseta dele, arrancou-o do palco e o encheu de porrada. Engraçado, mas os punhos dele não eram suas armas.

Fora isso, foi um show ótimo, e como banda nós demos um longo suspiro, gigante, por Rob ter caído de paraquedas, para tirar uma pressão imensa de cima de nós. Antes, quando Terry e cada um de nós eram os empresários, nós estávamos sempre olhando por cima do ombro de quem estava na função, para ter certeza de que tudo estava sendo bem feito e então gemer do modo mais apropriado. Era estranho: quando alguém estava fazendo aquilo, você tinha certeza de que podia fazer melhor, mas quando era você, tudo dava errado. Com Rob, não fazíamos isso. Se ousássemos, ele nos mandaria à merda e nos chutaria.

Outra das tarefas de Gretton como empresário envolvia corresponder-se com Tony Wilson sobre seus novos protegidos. Em 19 de abril de 1978, Wilson respondeu à carta dele dizendo que a banda era a melhor coisa que ele tinha ouvido em Manchester "mais ou menos nos últimos seis meses". No entanto o desejo de Ian de que o Joy Division aparecesse no So It Goes não iria se concretizar. O programa musical de Wilson havia terminado, e como resultado ele estava atrás de novos meios de permanecer envolvido no mundo musical. Na mesma época, seu amigo Alan Erasmus terminou sua associação com o Fast Breeder, e os dois estavam em busca de ideias, assumindo como empresários do Durutti Column, que começava a despontar. Eles examinavam as casas noturnas na esperança de fazerem apresentações da banda e acabaram decidindo pelo Russell Club, no qual reservaram quatro sextas-feiras ao longo de dois meses. Situado na Royce Road, em Hulme, e gerenciado pelo pitoresco personagem local Don Tonay, o Russell Club tinha sido usado por motoristas da companhia de ônibus SELNEC e estava bem localizado para atender a população estudantil dos arredores. Erasmus viu uma placa que dizia "Factory Clearance"[28] e sugeriu "Factory" como um nome para o clube. Para fazer um cartaz, Wilson contratou os serviços do designer gráfico Peter Saville, que tinha se apresentado a Wilson durante um show de Patti Smith. Saville recebeu £ 20 pelo design, *que usava o mesmo esquema de cores da National Car Parks, companhia de estacionamentos do Reino Unido, e incluía um sinal de "alerta" da oficina de artes de sua faculdade; ele também escreveu errado o nome do clube como "Russel" (o equívoco foi repetido, talvez de propósito, nos dois cartazes seguintes do clube Factory). Tornou-se notório o fato de que Saville entregou o cartaz – que depois recebeu o número de*

---

[28] Liquidação de fábrica. [N. T.]

catálogo FAC 1 – quando já haviam transcorrido duas das quatro semanas da temporada.

Nesse meio-tempo, Tony Wilson havia escrito a Gretton pela segunda vez, em 9 de maio, reiterando quanto ele havia gostado do EP An Ideal for Living *e convidando o Joy Division a tocar no novo clube. Eles tocaram, na quarta noite da temporada inicial, em 9 de junho de 1978, abrindo o show do The Tiller Boys.*

Os Tiller Boys eram bem doidos. Eles empilhavam cadeiras na frente deles no palco, de modo que não dava para ver o que estavam fazendo, e tocavam *loops* de fitas, provavelmente inspirados por The Pop Group e Throbbing Gristle. Cabaret Voltaire sem as músicas, sério, e acho que isso diz muita coisa. Acho que isso é tudo que me lembro daquele show, curiosamente, a despeito do fato de ter sido o primeiro evento Factory que nos envolveu e de ter marcado o início de um período em que começamos a tocar com maior regularidade, de fato refinando nosso som e conseguindo transmitir nossa mensagem.

Rob fez com que entrássemos para o Coletivo de Músicos de Manchester, que costumava reunir-se em uma sala em cima do pub Sawyer's Arms, no centro da cidade. Dick Witts, do The Passage, era o presidente, e a ideia era que todos os músicos de Manchester se unissem e apoiassem uns aos outros, para colocar um fim nas intrigas e traições que em geral existiam entre as bandas locais. Para ser sincero, a gente se esbaldava com as intrigas e traições (Será que teríamos sido tão bons na noite do Stiff/Chiswick se os Negatives não nos tivessem irritado? Provavelmente não.), mas queríamos conseguir shows. Assim, apesar disso, e do fato de, secretamente, acharmos que tudo aquilo era meio pretensioso, a gente participava e prestava atenção. Tínhamos ouvido dizer que eles iam fazer um show por mês no Band on the Wall e queríamos desesperadamente tocar.

O coletivo sacava qual era a deles. Nas notas do encarte do álbum Messthetics #106: The Manchester Musicians' Collective 1977–1982, *Kevin Eden, do The Elite, diz "O Joy Division entrou e no começo houve alguns protestos de que eles estavam tentando conseguir shows, mas eles permitiam que o MMC usasse seu equipamento sempre que possível".*

"PRECISAMOS NOS LIVRAR DESSA ARTE NAZISTA"

Assim, por um lado, conseguíamos tocar mais, porém isso queria dizer que de vez em quando a gente precisava se reunir para discutir música; eu achava isso um saco, porque eles eram tão sérios e tão cabeça com tudo aquilo e, francamente, era como estar de volta à escola – tipo em uma sociedade, ou algo assim. Steve não ia, pelo que me lembro, mas eu, Ian e Bernard tínhamos que ir. Ian achava que estava tudo bem, repare. Ele gostava de qualquer coisa cabeça.

Enquanto isso, o EP de 12 polegadas *An Ideal for Living* foi lançado, e por fim tínhamos um disco do qual podíamos nos orgulhar. Então saiu o álbum *Short Circuit*, e de repente parecia que éramos parte de um movimento. Nessa época, além de fazermos muitos shows, tentamos produzir um pouco de divulgação; uma dessas oportunidades foi no Band on the Wall, onde tivemos um pouco mais de "insight" sobre a personalidade de Rob.

O que ele fez foi usar todo o nosso dinheiro em um PA grande, porque ele achava que precisávamos ter o melhor som possível, e apresentar-nos da melhor forma possível. Não era uma má filosofia, claro, ninguém ia discutir com aquilo. Conseguimos um show, casa lotada, um belo lucro? Vamos investir tudo em um PA maior e mais luzes. Ninguém que eu tenha conhecido tinha mais talento para gastar dinheiro do que Rob Gretton: ele era o proverbial gastador – e aquele show no Band on the Wall viu as sementes de sua filosofia sendo plantadas.

Só um de nós notou isso na época, no entanto: Ian. Antes que Rob subisse a bordo, era ele quem tinha as ideias. Musicalmente, ele tinha nos apresentado a montes de coisas novas: Kraftwerk, Throbbing Gristle, Velvet Underground, The Doors, Can e Faust – e quanto à direção a ser tomada pela banda, ele sempre era o mais direto. Ele tinha o plano e o resto de nós era o instrumental para realizá-lo, se quiser colocar dessa forma. A chegada de uma nova pessoa com planos próprios – cadernos cheios deles, na verdade – bom, problemas eram inevitáveis. O resto de nós dizia "Tá, tá, o que você quiser, Rob". Era como se ele tivesse colocado argolas no nariz da gente, de tão fácil que nos conduzia. Mas não Ian. Não demorou muito para que ambos se chocassem de frente, as duas personalidades dominantes do grupo lutando pelo controle.

A outra coisa com que Ian tinha que lidar era o fato de Debbie estar grávida. Ian nunca anunciou isso abertamente; a notícia apenas foi vazando aos poucos, mas era aquilo – logo ele teria outra boca para alimentar. Assim, havia ainda mais uma razão pela qual o gesto grandioso de Rob não desceu muito bem. Ian provavelmente pensava *Minha parte no PA teria dado para comprar um carrinho de bebê.*

Mas digo uma coisa. Era um PA excelente, e o som era incrível. Assim, Rob tinha razão, acho – sobretudo porque acabou sendo um daqueles concertos que fez maravilhas por nosso perfil. Tivemos duas boas resenhas do show, uma na *Sounds* e uma na *NME*, de Paul Morley, nosso antigo inimigo mortal, que nos comparava com o Magazine e The Fall, os dois grandes grupos pós-punk. Então, finalmente, aparecemos na TV.

A primeira aparição do Joy Division na TV foi no Granada Reports What's On, *que na época tinha o hábito de pré-gravar bandas locais para levar ao ar quando o horário reservado para notícias de repente ficava vago. Assim, foi em 20 de setembro de 1978 que o apresentador Bob Greaves, falando ao vivo, apresentou o Joy Division dizendo "A gente espera lançá-los em 'viagem alegre',*[29] *como já fizemos com tantos outros, não é, Tony?". E então cortaram para Tony Wilson, pré-gravado, que disse "Uma vez que este é o programa que já trouxe a vocês a primeira aparição televisiva de tudo desde os Beatles até os Buzzcocks, gostamos de nos manter em forma e manter vocês informados sobre os mais interessantes sons novos no Noroeste. Este, o Joy Division, é o som mais interessante que encontramos nos últimos seis meses. É uma banda de Manchester (com exceção do guitarrista, que é de Salford – um detalhe importante). Eles se chamam Joy Division e esta música é 'Shadowplay'!".*

Inútil de merda – "o guitarrista que é de Salford"? Éramos dois de Salford. Fiquei contrariado de verdade. Eu tinha orgulho de minhas raízes, enquanto Bernard sempre fazia pouco delas.

Mas foi um dia de importância extraordinária. Rob de novo decidiu que devíamos investir em nós e nos levou para a cidade, para fazer compras. Todos nós compramos camisas novas para usar no *Granada Reports*. Custaram £ 2,50 cada, e nos sentimos mimados, como cachorros

---

[29] Em inglês, *Joy ride*. [N. T.]

"PRECISAMOS NOS LIVRAR DESSA ARTE NAZISTA"

sendo coçados na barriga: fantástico. Mas também outro exemplo do estilo empresarial – como dizer? – "peculiar" de Rob, porque ele nunca te dava o dinheiro para você ir comprar a camisa sozinho; ah, não, ele tinha que ir comprar com você. Eu, Barney e Steve, tudo bem. Todos nós morávamos com nossos pais; estávamos acostumados a ter uma mãe cuidando de nós (descobrimos que, de qualquer modo, era a mãe quem comprava todas as roupas de Steve) e estávamos extasiados com nossas camisas novas. Para Ian não estava tudo bem. Fosse Debbie buzinando em sua orelha ou sei lá o quê, ele sempre foi contra coisas assim.

Mais tarde, no New Order, Rob iria se comportar exatamente do mesmo modo, só que agora numa escala muito maior, e ele diria "Olha, toma dois mil, faça uma viagem". Ou "Tome aqui uma grana para comprar um carro". Mas tudo começou com aquela camisa azul que eu usei para tocar "Shadowplay" no *Granada Reports*.

Outra coisa naquela apresentação é que eu tinha cabelo loiro. O motivo para isso foi que, depois que mudamos nosso nome para Joy Division, achamos que precisávamos de algum estratagema; e, durante uma reunião do grupo em um bar em Piccadilly, foi decidido que todos íamos descolorir o cabelo. No dia seguinte, comprei um *kit* para o cabelo chamado "Born Blonde". Custou £ 1,25, caríssimo. Cheguei em casa, coloquei a touca de plástico, descolori o cabelo e levei de minha mãe um cascudo na orelha por causa daquilo. Ela odiou – ela odiava qualquer coisa daquele tipo, que Deus tenha sua alma. Ela me deu uma puta bronca quando fiz minha primeira tatuagem e não falou comigo por três semanas. Eu tinha 32 anos!

De qualquer forma, eu tinha tingido o cabelo, e no ensaio seguinte eu estava ansioso para ver todo mundo loiro. Só que, quando cheguei lá, eu era o único que havia feito aquilo – e eles estavam se matando de tanto rir de mim.

Aqueles filhos da puta.

Eu disse: "Pensei que todos íamos tingir o cabelo de loiro".

E eles só riram. Eles tinham me sacaneado, os filhos da mãe.

Fora isso, foi uma boa apresentação, e eu me lembro de ter curtido aquele dia; fiquei impressionado por estar nos estúdios da Granada. Eu, o grande fã de Corrie. Então me lembro de gravar a apresentação e gostar de verdade do resultado, porque era uma boa amostra do que fazíamos, de fato. Quer dizer, aparece Ian dançando. Não com a intensidade de quando tocávamos ao vivo, mas está lá; Bernard com sua guitarra alta, tocando aqueles acordes de guitarra *dead-brittle*; Steve como uma máquina; eu começando a segurar meu baixo cada vez mais baixo.

O baixo lá embaixo foi uma ideia que tive quando vi The Clash no Belle Vue e fiquei fascinado com Paul Simonon, que parecia o máximo – um dos caras mais fodões de todos os tempos. De olhos grudados nele, pensei *Como ele pode parecer tão legal comparado com outros baixistas?* Então percebi que era a correia. Ele tocava com o baixo bem baixo mesmo. Na mesma hora, decidi que dali em diante eu ia usar uma correia longa.

Ah, mas o que descobri quando cheguei em casa era que meu estilo não tinha nada a ver com o de Paul Simonon, que era fácil de tocar com uma correia longa. Meu estilo de baixo? Bem difícil de tocar com correia longa.

Mas isso não me impediu. Foda-se; alonguei minha correia uns quinze centímetros e – típico meu, sempre levando tudo a níveis obsessivos – continuei baixando até ficar quase dobrado em dois. Tudo isso significava que terminei tocando baixo com notas altas, que é meu som, mas com a correia mais longa, porque o que acontece é que quanto mais para baixo fica o instrumento, mais você tem que torcer a mão para tocar as notas, e essa torção é um bocado difícil. E também é por isso que toco tantas notas fora da escala. Acabei ganhando renome por elas.

Em termos de som, fui mais influenciado por Jean-Jacques Burnel, dos Stranglers. Eu costumava ouvir seu baixo em "Peaches" e "5 Minutes" e pensar *É esse o som que quero tocar.* Quando fui vê-los no Bingley Hall, em Stafford, anotei o equipamento que ele usava, um gabinete Vox 2x15 e um amplificador Hi-Watt, e então fui e comprei igual, e foi magnífico, o som era maravilhoso. Assim, peguei meu som de Jean-Jacques e minha correia de Paul Simonon. Fico muito feliz por nunca ter sido fã do Level 42.

Foi mais ou menos naquela época que demos um show no qual só uma pessoa apareceu. O Coach House, em Huddersfield, em 28 de setembro de 1978. Pegamos emprestado um PA naquela noite, ou dos Inadequates ou do Emergency – uma das duas coisas, ou ambas – e subimos com tudo aquilo por uma escada realmente íngreme e curva só para ter uma única pessoa na plateia.

"PRECISAMOS NOS LIVRAR DESSA ARTE NAZISTA"

Um cara que ficou durante meio show e depois foi embora. Mencionei isso em uma entrevista para um jornal e todos os fãs on-line ficaram perguntando "Do que Hooky está falando? Que show em Huddersfield?". Ele não tinha sido bem divulgado, e foi por essa razão que passou despercebido. Então, não muito depois de a matéria sair no jornal, um cara veio falar comigo em algum lugar e disse:

"Oi. Você se lembra de mim?"

"Não, desculpa", – respondi.

"Sou o cara que foi ver vocês em Huddersfield. Era eu."

"Fala sério!"

A relação do Joy Division com Roger Eagle, do Eric's, em Liverpool, foi parcialmente responsável por Eagle sugerir a Tony Wilson que unissem forças e lançassem um álbum de compilação. Nomes sugeridos para a união Manchester-Liverpool incluíam Joy Division, Durutti Column e Pink Military, mas o projeto tropeçou na fase de negociação quando Eagle preferiu um formato convencional de 12 polegadas, enquanto Wilson, tendo viajado com ácido, havia conjurado a imagem de um pacote com dois discos de 7 polegadas. Ele tinha o dinheiro: uma herança de £ 5 mil, de sua mãe, que morrera em 1975; a ideia foi bem recebida por Saville, Erasmus e Hannett; e assim o EP A Factory Sample *foi concebido e lançado com contribuições de Joy Division, Durutti Column, John Dowie e Cabaret Voltaire. Deixando de ser apenas uma casa noturna, a Factory tornou-se a quarta gravadora independente de Manchester, depois de Rabid, New Hormones e Object (o selo iniciado por Steve Solamar, DJ do Electric Circus) e a vanguarda dos selos independentes no Reino Unido.*

Não tínhamos contrato e não tínhamos um acordo de gravação, de modo que, quando Rob nos contou que Tony Wilson queria nos encontrar, e talvez colocar uma de nossas músicas no EP, dissemos algo como "Uau, puxa, parece ótimo".

Bem, quando digo isso, o que quero dizer é que eu, Barney e Steve ficamos lá coçando a cabeça enquanto Rob e Ian discutiam – e como era um EP de bandas que Tony Wilson, *Mister Granada*, gostava, as bandas que ele tinha escolhido e estava divulgando, também era um pacto de lealdade entre nós e a Factory, tanto quanto qualquer outra coisa.

Nunca se falou de grana, claro. Isso era algo sobre o qual nunca se falava naqueles primeiros tempos. "Quanto vamos receber para fazer isso?" "Qual o acordo para o disco?" "Como vai ser a divisão, cara?" Não havia nada disso, o que era maravilhoso porque o lance era simplesmente seguir em frente, trabalhando com pessoas de quem você gostava e tendo certeza de que a recompensa viria. Agora, tendo mais experiência, sei que devíamos ter feito um acordo. Ou com certeza Tony devia ter feito um acordo. As músicas no disco da Factory pertenciam a nós, mesmo que ele tivesse pagado para que fossem gravadas. De forma alguma aquilo aconteceria hoje, e tudo aconteceu só porque ambos os lados eram jovens e ingênuos e um pouco idealistas demais. Quer dizer, olhando em retrospecto, tínhamos "Digital" no disco, uma das melhores músicas entre as primeiras que compusemos, e que poderia ser um hit por si só. E apesar disso a colocamos no disco da Factory, limitado a 5 mil cópias. Estávamos dando de graça a chance de ter um *single* de sucesso: com certeza não era a decisão mais esperta do mundo.

Mas estávamos todos no mesmo barco, e Tony era tão ingênuo e idealista quanto nós. Nós nos encontramos com ele pela primeira vez em um pub, acho que de novo o Sawyer's Arms, e ficamos surpresos com seu entusiasmo. Por algum motivo, não tivemos muito contato com ele quando fizemos a gravação para o *Granada Reports*, de modo que esta era nossa primeira oportunidade de saber como ele era. Tínhamos a sensação de que estávamos em companhia muito importante. Ele se vestia como se fosse muito mais velho do que nós. Ainda usava todo o aparato da fase final do *glam*: paletós de veludo, colarinhos grandes, gravatas largas e coloridas. Ele sempre usava terno, por conta de seu trabalho, enquanto nós éramos todos punks, mas gostei dele de imediato. Ele nos fazia sentir bem-vindos e à vontade. Não era nada intimidante ou ameaçador; mesmo que intelectualmente estivesse a anos-luz de distância de nós, nunca nos fez sentir desse jeito. Ele não era uma dessas pessoas que você fica conhecendo muito bem – ele nunca foi um amigo chegado –, mas era um colega e com certeza tinha uma aura e uma presença, e estávamos deslumbrados com ele desde o princípio. Quero dizer, ele estava na TV, e isso é algo que não dá para subestimar. Eu o via pela televisão toda noite às seis, de modo que estar de repente sentado do lado dele era muito louco. Parecia ser uma faceta incrível do que estávamos fazendo, poder conhecer gente como Tony Wilson. O Tony Wilson. Que gostava de nossa banda, gostava do que estávamos fazendo, queria fazer um disco e colocar-nos nele.

Ele e Ian foram os que se entenderam melhor, claro, talvez porque Ian fosse mais do seu nível intelectual e também conhecesse mais sobre música. O lance sobre Ian é que ele era fã das bandas de que aprendemos a gostar; foi ele quem as curtiu primeiro. Não só isso, mas ele podia falar com conhecimento sobre elas de um modo que cativava Tony. Dava para perceber que ele gostava de ter por perto aquele cara que sabia tanto e dava para ver que Tony sentia o mesmo. Duvido que houvesse muita gente trabalhando na Granada que soubesse sobre Throbbing Gristle.

Então era isso: estava decidido que faríamos o EP com Tony; iríamos ao Cargo Studios, em Rochdale, e o gravaríamos com Martin Hannett.

O que me leva a Martin. Acho que tínhamos ouvido falar do Cargo Studios – era o mais famoso estúdio punk no Norte. Acho que o Gang of Four tinha gravado seu disco lá, e era um ótimo disco, e John Brierley era tido como um excelente engenheiro/produtor. [Esse foi o *single* "Damaged Goods"/"Love Like Anthrax"/"Armalite Rifle", gravado no Cargo para Fast Product, com John Brierley como engenheiro.]

Depois descobri que John originalmente deveria ter sido membro da Factory. Assim, quando começou, eram Tony, Alan Erasmus, Peter Saville, Martin Hannett e John Brierley, com John colocando o estúdio na parceria. A ideia era que Martin iria produzir as bandas, Saville faria as capas, Tony seria o porta-voz e Alan Erasmus faria tudo funcionar. Fora isso, acho que até os dias de hoje ninguém soube exatamente o que Alan Erasmus fazia na Factory – ele simplesmente tinha uma importância tremenda de alguma forma que ninguém consegue entender. Ele sempre foi, e permanece, um mistério completo, um verdadeiro enigma. A coisa curiosa sobre Alan é que ele sempre reclama de sua falta de presença no legado da Factory, mas tente tirar ele da toca para participar. Ele estava reclamando comigo sobre o documentário de Grant Gee sobre o Joy

Division, dizendo "Como é possível eu não estar nele? Os filhos da puta nunca me chamaram!".

Então eu disse "Olha, estou fazendo um documentário sobre a Factory; por que você não vem e me encontra e aparece nele?". Ele concordou e veio me ver. Coloquei o microfone na cara dele e fiz a primeira pergunta. De repente ele começou a gaguejar, ficou vermelho e então se lembrou de outro compromisso e saiu correndo. Literalmente saiu correndo. Assim, ele é seu pior inimigo, sem a menor sombra de dúvida. Mas tem um coração enorme.

Enfim. De volta a John Brierley. John percebeu bem depressa que o pessoal da Factory era um bando de amadores, lunáticos desorganizados, e então caiu fora. Decisão bem esperta. Ele só disse "Paguem-me pelo estúdio, como sempre", e foi ser o engenheiro para o disco da Factory, com Martin como produtor. Entramos com nossas duas músicas, que eram "Digital" e "Glass", que acho que eram as duas músicas recentes de que mais gostávamos – como eu já disse, é sempre seu material mais recente que você acha que é o melhor. Então fomos e nos encontramos pela primeira vez com Martin Hannett. Eu já o tinha visto antes; eu o vira tocar baixo no Greasy Bear uma vez, em uma loja de roupas em Manchester. Mas aquele era o primeiro encontro de verdade.

Antes de abrir o Cargo, John Brierley havia trabalhado na Granada. Ele tinha construído seu próprio caminhão móvel de gravação em uma antiga ambulância, que tinha sido usado para gravar bandas para o programa de Tony Wilson So It Goes, *e no fim de 1977 saiu da Granada para abrir o Cargo na Kenion Street, em Rochdale, onde atuou de 1978 até 1984. A chegada do Gang of Four em 1977 abriu caminho para as bandas pós-punk que gostavam de lá por seu som "ao vivo"; seu cliente mais famoso era Martin Hannett, que gravou lá, entre outros, Joy Division, Orchestral Manoeuvres in the Dark, Durutti Column, Crispy Ambulance, A Certain Ratio e Section 25. Hannett gostava do som do Cargo, enquanto os preços razoáveis de aluguel lhe davam liberdade para experimentar.*

"Sempre que ele vinha para uma sessão, ele trazia um monte de equipamento extra", escreve Brierley em cargostudios.co.uk, *"seus AMS Digital Delays, AMS Digital Reverbs, vários sintetizadores, e isso, junto com todos*

"PRECISAMOS NOS LIVRAR DESSA ARTE NAZISTA"

os meus delays *e* noise gates *Rebis, compressores,* delays *MXR, harmonizadores e placas de eco MXR, unidades de* chorus *Roland, vários* delays *e efeitos analógicos [significavam] que ele tinha uma quantidade fenomenal de escolhas. Por ter tantas escolhas, era inevitável que sempre encontrasse alguns efeitos interessantes, e muitos de seus sons bons apareceram por acidente. Eu sempre ficava impressionado com seu uso de um* delay *muito rápido na caixa, era um som bom e muito vigoroso. As mixagens dele eram uma combinação de efeitos bem evidentes e um monte de efeitos muito sutis, uma sugestão de* delay *aqui ou um toque de* reverb *ali. O resultado era sempre impressionante."*

Hannett, enquanto isso, estava percebendo a sorte que tinha. Ele amava o "espaço" no som do Joy Division e estava impressionado sobretudo com o modo como Steve Morris tocava a bateria – sem mencionar que a banda nunca discutia com ele. "Eles eram um presente para um produtor", ele disse, "porque não sabiam absolutamente nada!"

O Cargo era ótimo. Era um galpão reaproveitado, que por fora parecia uma fábrica, mas por dentro estava repleto de equipamentos. Tinha paredes de pedra seca e tijolos e grossos cortinados que pendiam por toda parte, e quando chegamos, encontramos Martin já acomodado em uma enorme cadeira de couro preto, por trás da mesa, John Brierley correndo de um lado para o outro, e virtualmente não havia espaço para mais ninguém.

Acho que todos nós achávamos que Martin era um pouco doido, porque era um personagem estranho, intenso, sem qualquer dúvida, mesmo naquele momento antes que as drogas o dominassem. Pensando em retrospectiva, minha primeira impressão dele foi seu cabelão encaracolado e a aparência meio *hippie* que ele tinha. Isso e o fato de fumar sem parar – maconha e cigarros –, de modo que o ar na sala de controle era como o de um feiticeiro cercado de fumaça e no controle de máquinas estranhas – um feiticeiro lunático que nunca usava uma palavra se podia usar vinte e uma, dezenove das quais você não conseguia entender.

John Brierley, por outro lado, era o oposto: um cara direto, muito eficiente e bastante formal. Talvez até um pouco brusco, mas me dei bem com ele.

Não percebemos na época, claro, sendo tão inexperientes, mas Martin e John eram dois dos melhores com certeza na região, provavelmente no país, e o Cargo, apesar do tamanho, era um excelente estúdio. Para começar, estávamos gravando em dezesseis canais, o que para nós – quando você tem em mente que nossas demos foram feitas em quatro canais, e o EP *An Ideal for Living* em oito – era um grande salto. Cargo tinha uma máquina Cadey de dezesseis canais usando fitas de duas polegadas. Era um gravador a válvula, com um som realmente cálido e robusto, e francamente o melhor meio de gravação que se poderia usar. Tem um som fantástico. Estávamos encantados com aquilo. Tudo isso fez com que a sessão fosse realmente fácil. Tony e Alan estiveram por ali o dia inteiro, de forma que o pessoal da Factory ficou o tempo todo à disposição e o clima era bom. Tudo, de fato, era muito, muito direto, nada da perda de tempo com Martin, como seria depois. Ele adicionou alguns efeitos sonoros. Dá para ouvi-los em "Digital" e "Glass", ambos com um som incrível – *de longe* nossas melhores gravações até então –, mas não me lembro dele fazendo aquilo enquanto estávamos lá. Minha sensação principal era apenas *sim*, porque a minha parte soava muito boa. Você somente se irrita quando seu trabalho começa a desaparecer. Portanto, se você o escutar hoje, vai ouvir um eu feliz, porque o baixo em "Digital" está vigoroso. Como músico, seu ego e sua autoconfiança realmente crescem se sua parte está sendo usada, mas podem sofrer um grande golpe se ela for diminuída, como aconteceu comigo em "Atmosphere" mais tarde. Naquele disco, a mixagem de Martin diminuiu o volume do baixo, mas quando o tocamos ao vivo ele estava forte na mixagem. Durante a sessão eu dizia "Não, não, põe mais forte", mas Martin só sorria e dizia que eu tinha perdido na votação. Hoje eu ouço "Atmosphere" e penso que está... *ok*. Mas acho que ele ficou com birra de mim, porque em *Closer* ele mixou o baixo bem baixo. A guitarra também, na verdade. Tanto Barney quanto eu brigamos com ele por causa de *Closer*.

De qualquer forma, tudo isso ainda estava por vir. Durante aquela sessão em especial, eu estava me sentindo muito bem quanto a minha contribuição, mas, fora isso, só fiquei na minha. Lembre-se de que estávamos na presença de pessoas importantes: Rob, Tony, Alan, Martin, e assim nós só ficamos em um canto tremendo.

"PRECISAMOS NOS LIVRAR DESSA ARTE NAZISTA"

Depois da sessão, fizemos as capas. Era um duplo de 7 polegadas, e fomos pagos para montá-los. Acho que fomos até o apartamento de Alan, na Palatine Road. Acho que foi em sua cozinha desleixada e *hippie* que o fizemos. Tony na verdade não tinha que nos pagar, mas eu, Ian e Barney recebemos 50 pence para cada 100 que dobrávamos e colocávamos nas capas, no total de 5 mil. E também não foi a última vez. Mais tarde, quando a Factory lançou o disco de estreia do Durutti Column, *The Return of the Durutti Column*, que vinha com uma capa de lixa, fui pago para colar folhas de lixa em 2 mil álbuns do Durutti Column.

Inspirado em parte pelas embalagens dos discos do Extremo Oriente, e em parte pelos designs *artísticos dos lançamentos da Fast Product, Tony Wilson sugeriu que a capa fosse num formato* gatefold *selado a quente para a embalagem do EP* A Factory Sample. *O design de Peter Saville ecoava seu cartaz FAC 1, e o EP incluía um conjunto de adesivos, um representando cada banda, com o Joy Division sendo uma marionete de marinheiro. Suas complexidades, porém, tornavam-no mais difícil de montar do que tinha sido imaginado, e o lançamento da véspera de Natal teve de ser adiado. Tony havia marcado o lançamento de* A Factory Sample *para dezembro de 1978, mas Peter Saville perdeu o prazo para entregar a arte, empurrando a data para janeiro de 1979. No entanto Wilson estava determinado a distribuir cópias do EP como presente de Natal para todos os músicos que tinham tocado nele. Então, na véspera de Natal, ele fotocopiou a arte de Peter Saville e fez suas próprias capas, com o uso cuidadoso de papel e cola, colocando nelas os discos que já estavam prensados e entregando-os pessoalmente, como um Papai Noel punk, na casa dos vinte músicos, incluindo Ian Curtis, Stephen Morris, Bernard Albrecht e Peter Hook. A* Factory Sample *por fim apareceu em duas levas, em janeiro e fevereiro.*

Nesse meio-tempo, voltamos a tocar ao vivo, ainda no Noroeste e, sobretudo, em Manchester, mas em outros lugares também. Em 24 de outubro tocamos no Fan Club, do Brannigan's, em Leeds, uma casa noturna muito boa, em uma área duvidosa, na zona da cidade. Foi um bom show. Não pensei muito sobre ele durante um bom tempo, até certa vez em que atendi à porta numa noite e lá estavam dois policiais à paisana, com rostos duros.

"Sim?", eu disse.

"Podemos falar com o proprietário de uma Transit azul, VRJ 242J?", disse um deles.

(E mais uma vez, aliás, esse é o número *real* da placa da van. Como é que ainda consigo me lembrar dele, depois de tantos anos, é um mistério para mim, mas consigo. Quando contei esse detalhe a Anton[30], para *Control*, ele riu; ele achou que eu era doido.)

"Ah, sim, sou eu", respondi. "Sou o proprietário." Pensando *Ai, não, o que será? Impostos? Seguro? Excesso de velocidade?*

Muito pior, como vim a descobrir.

"Bem, precisamos falar com você."

Eles entraram. Eu ainda achava que tinha a ver com a inspeção do veículo. Eu tinha um certificado MOT falsificado na van. Eu o tinha comprado por £ 10, não tinha dinheiro para consertá-la...

"Muito bem", ele disse quando estávamos todos sentados. "Temos relatos de que sua van foi vista nas zonas de meretrício de Bradford, Huddersfiled, Leeds, Moss Side...", ele me olhou. "Quer me dizer por que, filho?"

Por um momento, deu um branco em minha mente. Tudo o que eu podia pensar era: *O Estripador de Yorkshire*. Naquela época, estavam procurando por ele. Ele atacava prostitutas em Leeds, Bradford, Manchester...

"Ei, espere um minuto", respondi. "Estou em uma banda. Sou baixista da banda. Esses lugares que vocês mencionaram... foram shows que demos."

Eles se entreolharam, duvidando.

"Como se chama o grupo?"

"Joy Division."

"Nunca ouvi falar."

Deviam ser fãs do Level 42.

"Sério", insisti. "Eu toco baixo, e todos os shows que damos são em zonas de prostituição."

---

[30] Anton Corbijn, fotógrafo e cineasta holandês que dirigiu *Control* (2007), a cinebiografia de Ian Curtis. [N.R.]

"PRECISAMOS NOS LIVRAR DESSA ARTE NAZISTA"

"E por que isso?"

"Bom, a banda é meio punk, e esses são os tipos de lugar onde bandas punks tocam."

"Você pode provar, então?" ele disse.

"O quê? Que somos uma banda punk?"

"Não, que sua banda tocou nesses lugares."

"Ah, sim, sim, claro", eu disse. "Nosso empresário tem todas as datas anotadas. E provar não é problema. Tinha gente assistindo na plateia, sabe? E escreveram resenhas sobre a gente e tudo o mais."

Eles pareceram satisfeitos.

"Bom, nesse caso, não vamos pedir que você venha à delegacia nem nada, mas tenha em mente que você esteve em todas essas áreas onde o Estripador cometeu assassinatos, portanto pode ser considerado suspeito."

Eu concordava com a cabeça como um idiota, feliz por ter me livrado.

"Sim, sim, eu ajudarei no que for preciso, qualquer coisa que quiserem."

E ele:

"Certo, tudo bem, vamos deixar assim por enquanto."

Eles se foram. E, embora eu desse um suspiro de alívio, também dei risada daquilo.

No dia seguinte, recebi uma ligação de Steve.

"Oi, Hooky. A polícia esteve aí?", ele disse, a voz tremendo.

"Esteve. Eles vieram e me perguntaram sobre a zona e tudo isso. Eles te visitaram também?"

"Sim. Eles vieram e eu entrei em pânico e eles me prenderam."

Ai, caramba. Ele tinha ficado tão nervoso que eles acharam que tinham encontrado o culpado, arrastaram-no para a delegacia, algemaram-no, trancaram-no e o interrogaram. A mãe dele teve que ir lá resgatá-lo.

Ah, como rimos. Não que aquilo fosse uma grande surpresa. Pobre Steve. Costumávamos chamá-lo Shakin' Steve,[31] ele era nervoso assim o tempo todo. Os policiais devem ter olhado para ele e pensado *Pegamos o cara. Nossa promoção está garantida.*

---

[31] "Steve Trêmulo". [N. T.]

"A MAIOR CHUVA DE CUSPE QUE JÁ VI NA VIDA"

Em novembro, nos juntamos a uma turnê com The Rezillos e The Undertones. Foi uma turnê malfadada, porque os Rezillos caíram fora depois da primeira apresentação, e depois disso foi só uma questão de tempo até eles se separarem.

E mais, os Undertones eram todos muito jovens, com 14 e 15 anos, e essa era a primeira vez que viajavam para longe de casa, então estavam realmente com saudades. Mas nós, Joy Division? Nós estávamos bem. Quer dizer, achávamos que era uma programação estranha, porque eles eram bandas de *power pop* e nós éramos... o que éramos. Mas estávamos felizes por tocar, por conseguir shows, por viajar. E pela primeira vez estávamos nos hospedando em hotéis e pensões, o que era bastante empolgante. Era a primeira vez que ficávamos longe de casa para dar shows.

Mas então, claro, os Rezillos tiveram aquela briga violenta. Tocamos em Brunel na noite seguinte, e lembro-me bem disso por dois motivos. Primeiro porque a vocalista dos Rezillos, Faye, se trocou na nossa frente, e nossos olhos estavam saltando para fora enquanto tentávamos desesperadamente não olhar. Ela não devia ter muita escolha, já que o camarim era compartilhado, e estando em uma banda tenho certeza de que ela estava acostumada a tirar a roupa na frente dos outros caras, mas ainda assim ficamos chocados. O segundo motivo foi que a galera não parava de cuspir. Havia um espaço entre o palco e a multidão, como uma terra de ninguém, e de vez em quando algum babaca corria até ali e cuspia em Ian enquanto estávamos tocando. Então comecei a bater neles com meu baixo. Meu Hondo tinha um gancho no alto da cabeça, e toda vez que um daqueles merdinhas corria em meio à multidão para cuspir em Ian, eu o acertava na orelha com a parte de cima do baixo. Peguei uns dez desse jeito, idiotinhas. Havia uma caixa acústica no caminho, e eles não podiam me ver quando vinham correndo. Tinham uma bela surpresa.

"A MAIOR CHUVA DE CUSPE QUE JÁ VI NA VIDA"

Mesmo assim, eles eram muitos, e nos demos por satisfeitos depois de sete músicas e caímos fora. Isso é horrível, cuspir. Eu me lembro de uma noite quando estavam cuspindo nos Buzzcocks no Electric Circus, e estava tão intenso que Pete Shelley terminou antes uma música.

"Parem o show, parem o show, parem o show!", ele guinchou. "Escutem aqui, se vocês não pararem de cuspir, não vamos tocar."

A multidão parou. Durou uns três segundos antes que ele recebesse a maior chuva de cuspe que já vi na vida. Todo mundo cuspiu nele ao mesmo tempo – e ele encolheu os ombros e continuou tocando. Devia ter ido embora. Foi assim que Joe Strummer pegou hepatite, engolindo a saliva de outra pessoa. Nojento.

De qualquer forma, alguns shows foram cancelados porque os Rezillos tinham abandonado a turnê. Então, quando chegamos ao Locarno, em Bristol, para tocar, nos disseram que *nós* estávamos fora da turnê. Fizemos a passagem de som só para nos dizerem, de repente, que tinham trazido o Chelsea e John Otway para tocarem em vez de nós. Puta que pariu! Tivemos uma tremenda discussão com eles. Gene October, o vocalista do Chelsea, era um babaca tão grande e estava sendo tão arrogante que Ian queria matá-lo, quebrar uma garrafa na cara dele. Rob também estava surtando. Foi como qualquer briga entre Cockneys invocados e Mancs invocados.

"Seus malditos Manc filhos da puta, eu vou pegar vocês."

"Cambada de cuzões Cockney. A gente vai acabar com vocês."

Ian começou a dar porradas, e os caras do Chelsea revidaram. Nós estávamos putos porque realmente queríamos tocar. Quer dizer, ainda não sei por que a saída dos Rezillos da turnê significava que nós também tínhamos que sair; por que eles simplesmente não colocaram a nós e aos Undertones juntos? Mas no fim fomos fisicamente expulsos, colocados para fora do prédio.

Foi pouco depois disso que fizemos nossa primeira apresentação em Londres, no Hope & Anchor. O saco de dormir de Bernard fez outra aparição. Naquela noite, descobrimos que havia algo errado com Ian. Algo muito errado.

Antes de tudo, era realmente incrível para nós tocar em Londres. Estávamos para lá de ansiosos e nervosos quanto àquilo, como se toda a cidade de Londres fosse nos ver. Na verdade, o show era no porão do pub. O Hope & Anchor é um lugar lendário, não me entenda mal, mas ainda assim não era nenhum Marquee. Foi uma viagem de pesadelo por Londres para chegar lá. Os demais ainda não tinham chegado, então tivemos, Twinny e eu, que descarregar e montar todo o equipamento. Tivemos que embarcá-lo no duto usado para subir e descer os engradados de cerveja, entre o pub e o porão, que era frio e úmido, bem horroroso, para ser sincero. Enquanto isso, os outros integrantes da banda – Steve, Ian, Bernard, Rob e acho que Gillian também – estavam perdidos porque Steve era um motorista péssimo, terrível. Hoje em dia ele coleciona tanques de guerra, e tudo que posso dizer é que espero que ele nunca saia para dar uma volta com eles, porque ele é o pior do mundo. Ele tinha uma espécie de recorde, em Macclesfield, como a pessoa com o maior número de aulas e exames de motorista. Algo como 400 aulas e 25 exames. Ele ficava muito nervoso. Insistia em dirigir segurando um cigarro, e assim ficava só com uma das mãos no volante.

"Bote as duas mãos no volante!", gritavam para ele. Quando ele ia atrás da van com seu Cortina, sempre guiava perto demais. Tão perto que eu tinha que parar e dizer "Steve, escuta, você está dirigindo perto demais, cara! Você tem que manter distância, porque, se eu tiver que brecar, você vai matar todo mundo!".

E também nós tínhamos uma regra meio vaga, "nada de namoradas", uma das ideias de Rob: tudo bem levar sua namorada junto para um show em Manchester, mas não em shows fora da cidade. Não havia nenhum motivo torpe por trás disso, era só uma questão de logística, na verdade. Tínhamos a banda, os *roadies*, o equipamento. Não havia, de fato, espaço para namoradas; fazia sentido. Mas não para Steve – Steve sempre levava a namorada. Primeiro foi Stephanie, e como não havia lugar para ela, ela tinha que se sentar no colo de alguém por todo o caminho até Sheffield ou Aberdeen ou onde quer que fosse. Então, claro, quando começou a sair com Gillian, ele passou a levá-la para todos os shows também.

Não posso dizer com certeza que ela estava com ele naquela noite. Eu me lembro de todos eles aparecendo, na esperança de se esquentarem, e então descendo ao porão do Hope & Anchor e ficando passados ao descobrir que estava gelado lá embaixo. Isso foi especialmente péssimo para

"A MAIOR CHUVA DE CUSPE QUE JÁ VI NA VIDA"

Bernard, claro, que estava gripado. Nós tivemos que literalmente arrancá-lo de seu leito de enfermo para podermos tocar em nosso primeiro grande show em Londres, só para descobrir que era naquele porão frio – sem aquecedores nem radiadores. Não devia nem ter banheiro. Honestamente, os garotos das bandas hoje em dia não sabem como a vida deles é fácil (e, sim, eu sei que estou falando como um velho rabugento, mas foda-se, o livro é meu). Eles não sabem. Com seus técnicos de som e diretores de palco, e pais superorgulhosos, caindo de paraquedas e achando que vão ter tudo à sua disposição. Você vai a um show hoje, tipo no Academy ou um lugar assim, e lá tem banheiro com papel, e calefação central e todo mundo ganha bebida de graça e café e toalhas limpas e tudo mais. Mas em 1978 não tinha nada disso. A maioria dos shows era como aquele: um caos completo: "O palco está ali; monta o equipamento e cala a boca!".

Na maioria das vezes você conseguia se virar, com uma mistura de sorte, boa música e paixão por tudo aquilo, que magicamente criavam um ótimo show. Mas a sorte não estava do nosso lado naquela noite; tínhamos acabado de perder a paixão por tudo aquilo, e até as músicas soavam terríveis e não havia ninguém por lá. Mentira: havia vinte pessoas. Ainda nos rendeu nossa primeira resenha ruim: "O Joy Division era sombrio, mas eu sorria". Babaca engraçadinho. Depois fizemos as contas: tinha nos custado £ 28,50 em combustível para fazer o show, e a bilheteria rendeu £ 27,50, portanto perdemos dinheiro. Quando tudo terminou, carregamos todo o nosso equipamento na van e fomos para casa.

Estávamos indo pela autoestrada juntos, eu checando o retrovisor de vez em quando. Claro que eu tinha avisado Steve para manter distância, porque ele estava me matando do coração; fiquei feliz ao perceber que ele tinha me ouvido, por fim, quando de repente eles desapareceram. Com o coração apertado, fui para o acostamento e esperamos... e esperamos.

Não se esqueça de que naquela época não havia trânsito. Dava para ficar parado no acostamento por uma hora e não ver outro carro. Então ficamos lá sentados, congelando. Não podíamos deixar o motor ligado, claro, porque iria consumir gasolina, e assim só ficamos lá tremendo na cabine da van, esfregando as mãos para manter o calor, reclamando deles. Tipo, quem sabe o carro quebrou. Talvez tenham parado para comer. Seria bem a cara deles, parar para fazer uma boquinha. Mas por outro lado, não. Quando vi Bernard pela última vez ele parecia ter saído do filme *A Noite dos Mortos-Vivos*, de tão derrubado pela gripe. Eles não tinham grana, de qualquer modo, e, além disso, eu não tinha visto nenhum posto de gasolina aberto ao longo da estrada. Não, eles não podiam ter parado.

Então talvez o carro tivesse quebrado. Bom, se fosse isso, eles iam ficar bem, porque Steve estava no AA. Eu não tinha nem certeza de ter gasolina suficiente para voltar até eles *e* conseguir chegar em casa. E não tínhamos lugar na van. No fim, tomamos uma decisão: iríamos para casa. E foi o que fizemos, e só no dia seguinte, no trabalho, foi que telefonei para alguém e me contaram o que tinha acontecido. Eu só me lembro de ter pensado. *Ah, merda. Tem algo errado com Ian.*

Durante a viagem de volta do show houve uma pequena discussão no carro. Desconsolado com a apresentação daquela noite, Ian estava falando em sair da banda, e então arrancou de Bernard, gripado, o saco de dormir. Depois de envolver a cabeça com ele, Ian começou a se debater contra as portas e janelas: estava tendo um ataque. Os demais pararam o carro à beira da autoestrada e deitaram Ian no acostamento, para conseguir segurá-lo. Esse evento culminou com Steve Morris, abalado, tirando os cigarros do bolso de Ian, como foi imortalizado em A Festa Nunca Termina. *Então foram até o hospital mais próximo, Luton & Dunstable, onde o medicaram e disseram que consultasse seu médico. Ian foi entregue em casa, a uma Debbie muito preocupada, por Steve e Gillian, e marcou consulta com um especialista. Nesse meio-tempo, ele começou a ter mais ataques – três ou quatro por semana –, até que em 23 de janeiro de 1979, no Hospital Geral e Distrital de Macclesfield, ele foi oficialmente diagnosticado como epiléptico e receitaram-lhe mais medicamentos.*

LINHA DO TEMPO TRÊS:
JANEIRO DE 1978 – DEZEMBRO DE 1978

```
VIRGIN RECORDS LIMITED

A R T I S T   R O Y A L T Y   S T A T E M E N T        ARTIST    Joy Division

Period 1st January 1979 to 30th June 1979

Balance at 31st December 1978                    £ .......... 74.86 ........ £X/CR

Add Advances to date          £


28.2.79     De Cross-Collateralisation
            of Publishing Royalties      136.19




                                         £        ...... 136.19 ...........

Less Royalties for period


28.2.79     Publishing Royalties for
            period ended 31.12.78          36.19
30.6.79     Recording Royalties            17.44
30.6.79     Publishing Royalties           28.50


                                         £              82.13
                                         BALANCE DUE/OWED
                                                  £     20.80
```

24 DE JANEIRO DE 1978

Tony Wilson e Alan Erasmus elaboram seu "projeto empresarial", o Movimento de 24 de Janeiro (ou M24J), formado para administrar a carreira do Durutti Column. Mais tarde, eles inauguram o clube Factory para que a banda tenha um lugar onde tocar, e em seguida criam a gravadora Factory.

25 DE JANEIRO DE 1978

O Joy Division toca na Pips Discotheque, em Manchester. É a primeira apresentação da banda com o novo nome.

14 DE ABRIL DE 1978

Teste Stiff/Desafio Chiswick Batalha das Bandas, no Rafters, em Manchester.

Tendo sido confrontado por Ian Curtis pouco antes, naquela mesma noite, Tony Wilson ficou impressionado com o Joy Division quando eles tocaram às 2h15 da manhã, depois de uma discussão com os Negatives, e fizeram uma apresentação simplesmente de arrasar. Rob Gretton também viu a luz naquela noite; em pouco tempo, ele e Wilson, que tinham ficado amigos no Rafters, começaram a comparar notas.

MAIO DE 1978

Rob Gretton visita a banda, que aceita sua oferta de se tornar seu empresário.

3/4 DE MAIO DE 1978

Sessões de gravação do álbum não lançado, no Arrow Studios, em Manchester. Faixas gravadas: "The Drawback (All of This for You)", "Leaders of Men", "They Walked in Line", "Failures", "Novelty", "No Love Lost", "Transmission", "Ice Age", "Interzone", "Warsaw", "Shadowplay".

20 DE MAIO DE 1978

O Joy Division toca no Mayflower Club, em Manchester, com o Emergency e The Risk.

3 DE JUNHO DE 1978

O EP de 7 polegadas *An Ideal for Living* é lançado oficialmente como parte de um acordo de distribuição com a Rabid (Enigma PSS 139). Foto de Gareth Davy. *Design* da capa de Bernard Albrecht. Faixas: "Warsaw", "No Love Lost", "Leaders of Men", "Failures".

9 DE JUNHO DE 1978

O LP de 10 polegadas *Short Circuit – Live at the Electric Circus* (Virgin Records VCL 5003) é lançado, incluindo "At a Later Date", creditado ao Joy Division (embora a banda se chamasse Warsaw quando ele foi gravado, em 2 de outubro de 1977). Outras bandas incluídas são The Fall, Steel Pulse, The Drones, John Cooper Clarke e Buzzcocks. Produção de Mike Howlett. Design/arte e tipografia de Russell Mills.

9 DE JUNHO DE 1978

O Joy Division toca no Factory, Russell Club, em Manchester, abrindo o show do The Tiller Boys, como parte dos concertos de inauguração do clube Factory. Entrada: £ 1.

12 DE JULHO DE 1978

O Joy Division toca no Band on the Wall, em Manchester, um show do Coletivo dos Músicos de Manchester.

15 DE JULHO DE 1978

O Joy Division toca no Eric's, em Liverpool (matinê e à noite), abrindo o show do The Rich Kids.

> "Eles não falavam conosco, e nem nos deixavam entrar no camarim. O único deles que era simpático era Midge Ure. Ele até falou com a gente."

27 DE JULHO DE 1978

O Joy Division toca no Roots Club, Leeds, abrindo o show do Durutti Column.

"Saímos para comer antes do show e foi quando notamos a aparência doentia e delicada de Vini Reilly. Sabe quando você olha para alguém e pensa 'Puta merda, vai ser dureza para você, cara'? Fomos a um restaurante indiano em Leeds; lembro-me que Vini pediu uma sopa de tomate Heinz. Em um restaurante indiano em Leeds. Por conta de sua constituição, ele não podia comer nada além disso.

E tem mais, não posso afirmar com certeza, mas creio que a terceira banda de abertura eram os irmãos Fairbrass, que depois se tornariam o Right Said Fred. Anos depois, eu estava numa festa fetichista no Skin Two, em Londres, que terminou numa história que não dá para contar, envolvendo eles, um monte de fetichistas e Cleo Rocos. Pouco antes, naquela mesma noite, um deles tinha me dito 'Nós abrimos para vocês em Leeds em 1978 como Joy Division' e me deu um grande abraço carinhoso. A vez seguinte que o vi foi através do teto de uma daquelas enormes limusines e ele estava... Bem, vamos parar por aqui."

28 DE JULHO DE 1978

O Joy Division toca no Factory, Russell Club, em Manchester, abrindo o show do Suicide com The Actors. Entrada: "Uma libra na porta".

"Ian e Steve estavam realmente encantados com esse show, porque o Suicide era um grupo bem *avant-garde*, e eles, sendo musicalmente os mais progressistas de nós, os adoravam. Conheci muito de música por intermédio de Ian, e o Suicide era uma das bandas a quem ele tinha me apresentado. Adoro o modo como todas as músicas deles soam como introduções."

29 DE AGOSTO DE 1978

O Joy Division toca no Band on the Wall, em Manchester, com o Stage 2 e The Elite.

4 DE SETEMBRO DE 1978

O Joy Division toca no Band on the Wall, em Manchester. O show é produzido por Rob Gretton, que também fez o *design* do cartaz.

9 DE SETEMBRO DE 1978

O Joy Division toca no Eric's, em Liverpool, abrindo o show de Tanz Der Youth (Andy Colquhoun, do Warsaw Pakt, foi integrante do Tanz Der Youth por algum tempo). Entrada: membros, 60 pence; convidados, 90 pence.

10 DE SETEMBRO DE 1978

O Joy Division toca no Royal Standard, em Bradford, com o Emergency "e *disco*" abrindo o show. Entrada: 80 pence com antecedência; £ 1 na porta.

> "Estava lotado de *skinheads* do National Front. Foi uma noite aterrorizante. Tivemos que fingir que éramos nazistas para sairmos vivos de lá. Que irônico."

20 DE SETEMBRO DE 1978

O Joy Division aparece no *Granada Reports*, apresentado por Tony Wilson; toca "Shadowplay", com trechos de *World in Action* sobrepostos, em negativo.

> "Eles puseram aqueles carros porque acharam que nós éramos chatos no palco, mas foi disso que Tony gostou em nós – que éramos reservados. Talvez Ian tenha levado aquilo a sério, não sei, mas foi mais ou menos naquela época em que ele começou a dançar mais, daquela forma que se tornaria sua marca registrada."

22 DE SETEMBRO DE 1978

O Joy Division toca no Coach House, em Huddersfield.

> "Só uma pessoa apareceu. Foi horrível."

26 DE SETEMBRO DE 1978

O Joy Division toca no Band on the Wall, em Manchester, com Dust e A Certain Ratio.

> "O ACR tinha um guitarrista cujo cabelo parecia um pedaço de queijo. Por isso costumávamos chamá-lo de Cheesehead."[32]

2 DE OUTUBRO DE 1978

O Joy Division toca no Instituto de Tecnologia, em Bolton, com The Curbs abrindo o show.

> "Eu me lembro de ter ido a esse show porque me recordo de ter estacionado na porta (o que sempre é conveniente). Mas não me lembro de mais nada sobre ele."

10 DE OUTUBRO DE 1978

Lançamento do EP de 12 polegadas *An Ideal for Living* (Anônimos ANON1). Esta é uma reimpressão em 12 polegadas, apenas duas mil cópias. Gravado no Pennine Sound Studios, em dezembro de 1977. *Design* da capa de Steve McGarry. Fotografia de D. B. Glen. Faixas: "Warsaw", "No Love Lost", "Leaders of Men", "Failures".

11 DE OUTUBRO DE 1978

Sessão de gravação de *A Factory Sample*, no Cargo Studios, em Rochdale. Produção de Martin Hannett. Engenheiro de som, John Brierley. Faixas gravadas: "Digital", "Glass".

12 DE OUTUBRO DE 1978

O Joy Division toca no Kelly's, em Manchester, com The Risk, durante o Rock Contra o Racismo. Entrada: £ 1 na porta.

> "Foi para ajudar uma causa importante. Ficamos orgulhosos por apoiá-la."

---

[32] "Cabeça de Queijo." [N. T.]

20 DE OUTUBRO DE 1978

O Joy Division toca no Factory, em Manchester, abrindo o show para Cabaret Voltaire e The Tiller Boys. Entrada: £ 1.

> A intensidade e a paixão da música deles se sobrepuseram a qualquer coisa que a plateia tinha visto em um longo, longo tempo.
> Mick Middlehurst, em artigo na *Face*, 1980

O cartaz para o evento recebeu o número de catálogo FAC 3 (o FAC 1 foi o cartaz de Peter Saville para o clube Factory e o FAC 2 foi o EP A Factory Sample, *ainda não lançado).*

"Da primeira vez que tocamos no Factory havia tipo quinze ou vinte pessoas lá, mas a essa altura tínhamos um público de duzentas ou trezentas pessoas. Também foi ótimo tocar com o Cabaret Voltaire. Mal e Richard, uns sujeitos adoráveis. E foi um cartaz genial. Ainda tenho várias cópias, mas as pessoas pegam emprestadas para exposições e coisas assim e nunca devolvem. Já perdi um monte."

24 DE OUTUBRO DE 1978

O Joy Division toca no Fan Club, do Brannigan's, em Leeds, abrindo o show do Cabaret Voltaire.

"Pensando bem, não sei se algum dos Cabs estava sendo investigado como suspeito de ser o Estripador de Yorkshire. Hum..."

26 DE OUTUBRO DE 1978

O Joy Division toca no Band on the Wall, em Manchester (possivelmente um show do Coletivo de Músicos de Manchester).

4 DE NOVEMBRO DE 1978

O Joy Division toca no Eric's, em Liverpool (matinê e à noite), abrindo o show de Ded Byrds e John Cooper Clarke.

"O Ded Byrds tinha uma saxofonista mulher, e Terry e Ian fizeram algo com a palheta do saxofone dela que não posso dizer aqui. Desculpe, mas só digo que vou ter de deixar para sua imaginação – mas a julgar pela cara dela o gosto era nojento! Enquanto isso, Barney e Twinny também estavam fazendo algo inominável nos fundos do estacionamento. Foi um show movimentado aquele, no palco e fora dele."

14 DE NOVEMBRO DE 1978

O Joy Division toca no Odeon, em Canterbury, como parte de sua turnê com The Rezillos e The Undertones.

"The Undertones – eles eram tão novinhos. Tinham comprado uma pistola de ar e estavam praticando tiro ao alvo nos bastidores, atirando em latas e derrubando-as das escadas. Então alguém trouxe cartas mandadas por suas famílias, pois já fazia algum tempo que eles estavam longe, em turnê, e dali a pouco estavam todos chorando no camarim, lendo cartas de suas mamães. Eu e Ian ficamos olhando um para o outro, tipo, *Ah, oooh, não é uma graça?*"

15 DE NOVEMBRO DE 1978

O Joy Division toca na Brunel University, em Uxbridge.

Infelizmente o show foi encerrado logo no início; não devem ter sido tocadas mais do que quatro ou cinco músicas. O motivo foi que uma parte da plateia ainda estava naquela de cuspir e antipatizou com Ian. Eles cobriram o pobre homem da cabeça aos pés. No fim de "Digital", Ian claramente já tinha chegado ao limite e disse, muito polido, para a plateia "Vejo que aqui no Sul vocês não têm educação", e de imediato se retirou. Foi seguido de perto por Sumner e Hook. Steve Morris percebeu que tudo estava acabado e conseguiu sair de detrás da bateria; infelizmente tinha que passar diante deles para sair do palco e tropeçou em um fio das caixas de som, a multidão vaiou e gritou, ele se endireitou, lançou algumas obscenidades e saiu.

Martin (fã), em *joydiv.org*

19 DE NOVEMBRO DE 1978
O Joy Division passa o som, mas não toca no Locarno, em Bristol.

A última vez que vi o Joy Division foi no Locarno, em Bristol. Eles tinham vindo de Manchester só para descobrir que os Rezillos tinham se separado e que no lugar deles John Otway e Chelsea iriam ser as bandas principais, e nós subiríamos ao palco primeiro. Não havia lugar no programa para o Joy Division. Assim é a indústria do entretenimento, bem isso.
Mickey Bradley, baixista, The Undertones

20 DE NOVEMBRO DE 1978
O Joy Division toca no Check Inn, em Altrincham, com Surgical Supports e Bidet Boys abrindo. Entrada: £ 1.

O Joy Division estava bem e pode muito bem mostrar ser, no ano que vem, o que The Fall tem sido para Manchester este ano, e o que os Buzzcocks foram no ano passado.
Record Mirror

"Tinham nos contado que todas as garotas chiques viviam em Altrincham e Hale, e nós pensamos *Uau! Yeah!* por esse motivo. Fora isso, nós tínhamos a sensação de que o Check Inn não ia ser o máximo (e adivinha só), quando tocamos, não foi. Foi um show horroroso, e uma plateia horrorosa, sem nenhuma garota. A única coisa boa foi que não tivemos que ir muito longe de casa."

26 DE NOVEMBRO DE 1978
O Joy Division toca no New Electric Circus, em Manchester, com The Passage abrindo.

"Essa foi uma produção de Alan Wise, acho, mas não me lembro do show. No entanto é importante dizer que já tínhamos ultrapassado The Passage naquela época."

10 DE DEZEMBRO DE 1978

O Joy Division toca no Salford College of Technology; é a segunda banda no programa, com Ed Banger (Ed Garrity) como banda principal e Fast Cars (com Steve Brotherdale na bateria). Entrada: £ 1.

22 DE DEZEMBRO DE 1978

O Joy Division toca no Revolution Club, em York, com o Cabaret Voltaire abrindo.

27 DE DEZEMBRO DE 1978

O Joy Division toca no Hope & Anchor, em Londres. Entrada: 60 pence.

"Acho que essa foi a primeira vez que pensamos *Não é tudo perfeito.*"

A resenha de Nick Tester para a Sounds, *sobre o show do Hope & Anchor, foi mordaz:*

O Joy Division tentava ser um grupo sombrio, mas eu apenas sorria. Esse aspecto sombrio e retraído é alienante, mas não pelos motivos provocadores ou criativos pretendidos. Para mim, o "tédio" do Joy Division é um meio tosco e vazio, cômico em sua angústia supérflua [...] Eles podem ter reunido seguidores fiéis em sua Manchester natal, mas falham em causar a mesma impressão diante de uma nova (embora não necessariamente mais objetiva) plateia. Talvez estivessem em uma noite ruim, mas a falta de uma abordagem mais animada pelo Joy Division poderia ser melhorada por uma postura articulada e um método musical no todo mais apurados. O Joy Division poderia ser uma boa banda se pusesse mais ênfase no equilíbrio do que na pose.

Uma de minhas fotos favoritas de nós quatro. A turnê europeia, eu acho.

Ah, que lindo! Minha primeira foto, com 3 anos, em Salford.

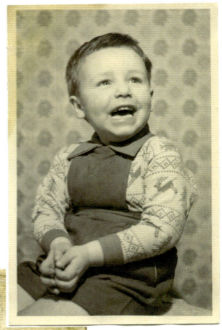

Cartão-postal de minha mãe para minha avó, de 1961.

O belo navio *Ascania*, hoje uma discoteca?

No jardim da Phoenix Avenue, com nosso vizinho da casa ao lado. Eu costumava cuidar das galinhas dele e recebia o pagamento em batatas cozidas com manteiga.

Eu, Chris e Bill na Jamaica, em 1962.

Foto da escola. Para usar como alvo de dardos? Reconheço Crazy Mike Thomas (que logo se tornaria bombeiro), Daley (meu colega de carteira), Nidder (louco como sempre), Barney e então eu!

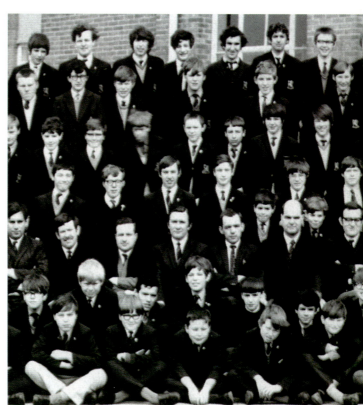

Os rapazes prontos para ir para o Butlin's. Danny McQueeney estava tirando a foto. Da esquerda para a direita: a namorada dele, Greg Wood, Gordon Benbow, Pete Houghton (ele veio se despedir de nós), Deano e eu. Na frente do terminal de ônibus de Chorlton Street. Por incrível que pareça, ele ainda está lá!

Garotos são garotos. Reconhece alguém?

Deano tirou a foto dessa vez. Da esquerda para a direita: eu, Danny McQueeney, Greg Wood e Benny no chalé no Butlin's. Felizes, apesar de tudo.

Meu irmão Paul e minha amada *scooter* – eu a empurrei por quilômetros! Salford, 1973.

Em meu quarto na Rothwell Street, pronto para ir para a Pips. Vestindo o velho jaquetão de vovô Hook. Hoje em dia é chamado de *vintage*!

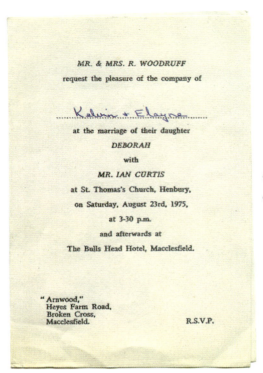

Cortesia de Kelvin Briggs. Seu convite para o casamento de Ian.

O casal feliz. Tão jovens... Assustador!

Kelvin, o padrinho, e Ian, se divertindo. Belos ternos!

Os Sex Pistols no Lesser Free Trade Hall... Obrigado, caras!

Meu ingresso para o show dos Sex Pistols.

Prefeitura de Bury. Twinny sendo chutado.

Twinny depois dos chutes... usando minha melhor camisa!

Mais ou menos na época de nossos primeiros shows. Elas voltam para te assombrar, hein?

Bowdown Vale Youth Club. Nós definitivamente estávamos encontrando nosso caminho, agora.

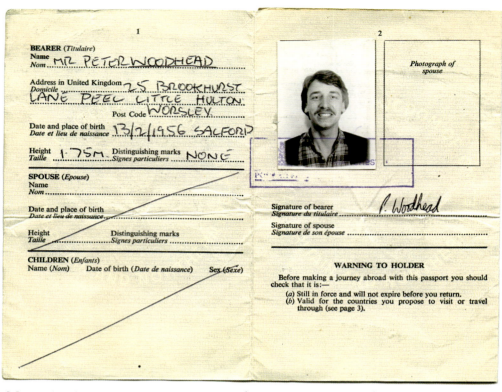

Meu primeiro passaporte, para que pudéssemos tocar na Bélgica.

Eu e a van, durante viagem de férias para Benidorm, na Espanha. Roupas nada adequadas!

Puta que pariu! É isso que muitos anos em uma banda de rock faz com a gente. Adoro a camiseta velha de *glam* rock.

A manhã seguinte da noite anterior... que caos!

Entrevista antiga na *Sounds*. A primeira, eu acho.

A turnê europeia de novo. Só fazendo nada por aí.

Estas seriam nossas acomodações naquela noite. Da esquerda para a direita: Steve, Ian, Rob, eu, Mark Reeder (um velho amigo) e Harry De Mac, nosso técnico de som inglês, escondido no canto.

O Poderoso Sarge.
VOCÊ NÃO VAI ENTRAR, BUNDÃO! CAI FORA!

Dave Pils, de Walthamstow, ganha seu relógio de ouro por serviços prestados ao New Order. Um *roadie* incrível!

Eu e Terry Mason, na Tractor Music, na reinaguração da Rochdale.

A prova de que costumávamos nos dar bem! Acho que era o YMCA de Londres. Muito elegantes! Steve tinha ido atrás de cigarros.

Não é de admirar que o diretor tenha corrido atrás de nós e nos expulsado. Ele está atrás de você!

No T.J. Davidson's. Irados e no clima. Grande foto, Kevin.

PARTE QUATRO

"LOVE WILL TEAR US APART"
O AMOR VAI NOS SEPARAR

"PETER CAIU DA CADEIRA DE NOVO"

Eu odiava ser o motorista da van. Além de tornar-me suspeito de ser um *serial killer*, isso significava que eu tinha que carregar e descarregar o equipamento o tempo todo. E o que os integrantes das bandas fazem depois dos shows? Ficam bêbados e correm atrás de garotas. Eu não. Quando um show terminava e todo mundo corria para o bar, eu ficava para guardar o maldito equipamento. Twinny e Terry podiam me ajudar se eu conseguisse pegá-los antes que pusessem a mão em uma cerveja, mas eles não estavam sendo pagos, e por isso eu não podia insistir. Quanto ao resto da banda, bom, Steve às vezes ajudava, abençoado seja, mas Barney e Ian estavam sempre ocupados demais indo atrás de saias ou falando com os fãs. Eu literalmente tinha que arrastá-los. Ah, meu Deus, isso costumava me irritar tanto... me deixava maluco! Eu estava sempre lhes dizendo "Vamos só guardar o equipamento e *depois* ir para o bar", mas nunca me ouviam.

Um grupo deve ter responsabilidade com seu equipamento: a verdade é que sem ele os músicos são inúteis. No entanto aqueles dois não conseguiam entender isso. Até Ian tinha um PA que precisava ser carregado. Tenho certeza de que eles achavam que ele entrava na van com um passe de mágica.

"Bem, é por isso que temos *roadies*, não é?", dizia Bernard, com desprezo.

"Escuta, eles são meus amigos. Eles não são pagos para carregar a sua merda de equipamento. Eles não são pagos para porra nenhuma. Você carrega a porra do seu equipamento ou pede para a porra dos seus amigos carregarem."

O fato era que Terry e Twinny faziam isso à tarde, sem problema. Instalavam tudo, faziam a passagem de som, cuidavam do equipamento até as portas abrirem, sem problema. Mas isso porque não havia distrações à tarde. À noite? Esquece. Ninguém quer cuidar do equipamento no fim da noite. O único que fazia isso era aquele babaca idiota que dirigia a van, este que vos escreve.

Havia manhãs em que eu chegava de um show, trocava de roupa e colocava meu terno e então pegava a van e ia direto para o trabalho. Havia um semáforo para pedestres do lado de fora das docas, bem na frente de onde eu trabalhava, onde eu sempre costumava cochilar. Havia alguma coisa no fato de chegar àquele ponto, às oito da manhã, sentindo-me exausto, mas confortável e aquecido na van, e apenas... me sentindo... sonolento... Era meu lugarzinho da soneca.

Meus colegas de trabalho costumavam bater na janela para me acordar, rindo. Eu chegava ao trabalho e tentava ir em frente, mas depois de uma noitada realmente longa eu tinha que ir me esconder na sala de arquivos e dormir no chão. Ou arriscar dormir na minha mesa, mas eu ia simplesmente apagar e...

Tump.

"Ah, olha só, Peter caiu da cadeira de novo."

É, eu ficava cansado. Exausto, na verdade.

E eu não tinha epilepsia.

Tem muita coisa escrita a respeito do efeito que aquilo tinha sobre Ian. Como ele sentia vergonha por sua condição e como os remédios o afetavam. Víamos fragmentos daquilo: o humor dele mudou; ele ficava mais calado, menos disposto a rir e mais introvertido do que antes, o que era compreensível. Apesar disso, nós simplesmente seguimos em frente. E assim, em vez de dar um tempo para que Ian descansasse, e em vez de nos reunirmos e discutirmos uma forma de nos adaptarmos à epilepsia de nosso vocalista, nós enterramos a cabeça na areia, todos nós, Ian inclusive, e – você vai ouvir muito isto pelo resto do livro – apenas fomos em frente.

Enquanto isso, em vez de diminuir, o ritmo começou a aumentar.

Rob tinha largado seu emprego na Eagle Star Insurance, na Princess Street. Sua base era seu apartamento, um sótão em Chorlton, e com tempo de sobra para devotar-se ao trabalho de empresário ele nos oferecia shows o tempo todo. Nunca recusávamos. Onde quer que fosse, o que quer que fosse, topávamos.

"PETER CAIU DA CADEIRA DE NOVO"

Jesus, deve ter sido exaustivo para Ian (depois que descobrimos, eu parei de incomodá-lo por não carregar seu amplificador, e assim essa era ao menos uma vantagem de ser epiléptico – sempre tem um lado bom e coisa e tal).

Mas falando sério... Quero dizer, se eu estava tão exausto a ponto de cochilar no cruzamento de pedestres e despencar da cadeira no trabalho, como ele se sentia? Entretanto, sendo Ian, e não querendo nos deixar na mão, ele permitiu que fôssemos em frente como se nada tivesse acontecido, e ninguém – nem nós, Tony, Rob, Debbie, os pais dele, médicos ou especialistas – veio e disse que ele devia agir de forma diferente. O que para nós estava perfeito, eu detesto admitir, porque a descoberta da epilepsia de Ian coincidiu com o período em que a banda estava começando a decolar.

Tendo o EP *An Ideal for Living* sido lançado em 12 polegadas, a propaganda se tornou muito mais fácil. Não precisávamos nos desculpar por ele, do jeito que fizéramos com o 7 polegadas. Com o 12 polegadas lançado, tanto Rob quanto a banda tínhamos algo ótimo com que trabalhar – algo que nos representava muito bem.

Só Deus sabe quanto tempo Rob gastou em cabines telefônicas. Ele deve tê-las usado como escritório, telefonando em busca de shows e reações aos discos e telefonando para nós. Era fácil encontrar-nos, e Rob só pegava um monte de moedas, ia até a cabine e nos ligava. Eu atendia ao telefone no trabalho, provavelmente exausto de um show na noite anterior.

"Oi, Hooky, é Rob."

"Oi, Rob."

"John Peel gostou do disco. Ele quer gravar a gente para o programa."

Eu desligava o telefone e não pensava *Ai, vai ser dureza para o coitado do Ian*; eu pensava *Puta que pariu, vamos fazer uma gravação para o John Peel!* – e ia dar uma corrida.

Nós idolatrávamos John Peel e seu programa, e ele já tinha tocado músicas do EP. Em algum lugar ainda tenho a fita, com os pontos marcados com esferográfica onde John apresenta nossas músicas, ainda me lembro de ouvi-lo no carro, congelando, gravando do rádio do carro com um daqueles gravadores cassete portáteis. Fazer a sessão foi sensacional.

Para começar, quando se trabalha para a BBC, o pagamento é feito para a pessoa; o dinheiro vem para você, não para o grupo (mais tarde, no New Order, eu costumava adorar ir ao *Top of the Pops*, porque eu recebia um cheque de £ 280, enquanto do grupo eu não recebia nada). Mas também era maluco porque John Peel era um herói, um verdadeiro herói musical. O programa dele era o único no rádio que pessoas como nós podiam ouvir; e receber o convite para gravar, bem, naquela época, era como entrar na lista dos mais vendidos, só que melhor. Não dávamos a mínima para as paradas. Naquele momento, o sucesso, para nós, era poder tocar as músicas que queríamos tocar: era só isso. Para nós, no Joy Division e no New Order, o lance sempre foi tocar sem trair a nossa música. Fazer isso era o único sucesso.

Durante a gravação para o programa de Peel não havia enrolação. Começava às duas, terminava às quatro, sem prorrogação. Horas fazendo *overdubbing*? Esquece. "Ei, por que não tentamos um sintetizador aqui?" Nada disso. Você entrava e saía.

E para mim estava perfeito. Um jeito ótimo de fazer as coisas, se quer saber. Hoje em dia nos acostumamos tanto com a tecnologia que a gente pode passar horas e dias e meses ao computador aperfeiçoando cada detalhe minúsculo. Claro que tem músicas ótimas sendo feitas desse jeito. Mas são melhores que as músicas daquela época? Não.

"CARAMBA! MARTIN ESTÁ COM UM PORTA-MALAS CHEIO DE RÁDIOS DE CARRO ROUBADOS"

Ainda usávamos o T. J. Davidson's, onde estávamos sendo bem produtivos. A partir de dois ensaios – um ensaio durante a semana à noite, por uma hora ou uma hora e meia, custava £ 1,50, e então três horas aos domingos, que custavam £ 3 –, tínhamos uma ideia por semana, e compúnhamos duas ou três músicas por mês; e eu diria que, de quando fizemos "Transmission" em diante, elas fluíam como água. Quer dizer, compor música é fácil quando você está começando. Fica muito mais difícil e leva muito mais tempo quando você já escreveu duzentas ou trezentas. Você entra no cheque especial do banco de *riffs*. Mas naquela época não conseguíamos parar de compor.

Todos nós tínhamos ideias. Um de nós podia ouvir Kraftwerk e sugerir usar aquele som como base para uma música. Todos nós dávamos uma contribuição e, quando a música estava terminada, mesmo que a semente tivesse sido Kraftwerk, não soava nada como Kraftwerk. Essa era a arte. Soava como Joy Division. Nesse caso em particular, soava como "Digital", de fato.

"Shadowplay" aconteceu de uma forma parecida: Bernard estivera escutando "Ocean", do Velvet Underground, e queria compor uma música como aquela, com o som da arrebatação, uma sensação do rolar das ondas. Então começamos a improvisar e foi assim que criamos "Shadowplay". Ninguém diz que soa sequer parecido com Velvet Underground, mas, uma vez que você sabe, dá para ouvir a raiz.

Esse era o lance do Joy Division: compor as músicas era muito fácil porque o grupo estava realmente equilibrado; tínhamos um grande guitarrista, um grande baterista, um grande baixista, um grande vocalista. Quando Ian morreu, ficou difícil. Ele tinha um bom ouvido para o conjunto, realmente bom, e todas as bandas precisam de um. Dava para perceber que ele teria sido um grande guitarrista. Suas guitarras preferidas eram a Vox Peardrop e a Vox Teardrop, muito idiossincráticas; a Teardrop já vinha com alguns efeitos que ele amava. Ele começou tarde a tocar guitarra, iniciando mais ou menos quando estávamos compondo as músicas que se tornariam o disco *Closer*. Talvez ainda estivesse incomodado com Barney tocando, mas uma explicação mais plausível era que estávamos colocando mais teclados, e Barney estava alternando entre os dois. Talvez Ian achasse que ele poderia preencher a lacuna. Ele tocou no vídeo de "Love Will Tear Us Apart" e obviamente era um guitarrista bem rudimentar, mas dava para perceber que ficaria muito melhor, porque tinha aquele ouvido – ele pensava como um músico. A forma como funcionava era que ele nos escutava improvisando e então dirigia a música até que ela virava... uma música. Ele ficava lá como um regente e pegava as melhores partes.

E foi por isso que, quando o perdemos, tudo ficou tão difícil. Era como dirigir um carro ótimo que só tinha três rodas. A perda de Ian abriu um buraco em nós e tivemos que aprender a compor de uma forma diferente. Foi difícil aquele período, no comecinho do New Order, e de repente nos pareceu muito difícil ajustar-nos. Sentíamos como se nos tivessem trapaceado. Tinha sido tão fácil, tão bom quando éramos nós quatro. Éramos tão coesos como grupo que metade do tempo sequer usávamos um gravador. Não precisávamos. Tivemos um ou outro, mas eles nunca duravam e tinham qualidade tão ruim que eram praticamente inúteis. Mas não importava, porque podíamos fazer a maior parte das coisas de cabeça. Tudo até *Unknown Pleasures*, inclusive, realmente só existia quando nós quatro estávamos juntos em uma sala tocando. Não estava escrito, não estava gravado, só na memória.

Peter Saville tem uma teoria maravilhosa de que os músicos param de compor música boa quando aprendem o processo formal de composição. Por quê? Porque eles não querem se arriscar. Quando você é jovem, você diz "G, B. Ah, nossa, cara, isso aqui é de pirar. Esquisito, mas o som é genial".

No entanto, quando você fica mais velho e sabe muito mais sobre como a música *deve* soar, você diz "Ah, esse G, B, isso conflita um pouco, não é? Ah, não, tente um E bemol. É melhor", e a pegada some. Concordo com ele. Quanto mais proficiente você se torna compondo, menos se arrisca, porque você passa a saber todas as regras e teorias que bem podem

"CARAMBA! MARTIN ESTÁ COM UM PORTA-MALAS CHEIO DE RÁDIOS DE CARRO ROUBADOS"

ser o caminho certo de fazer as coisas, mas que terminam restringindo você, deixando vazar toda a criatividade do que você está fazendo. Nada mais de se arriscar. Naquela época, não conhecíamos regras nem teorias. Tínhamos nosso ouvido, Ian, que ouvia e escolhia as melodias. Então, em algum momento, as letras dele iam aparecer. Ele sempre tinha as folhas de papel com suas anotações, em um saco plástico que ele costumava vasculhar. "Ah, tenho algo aqui que pode servir." E daí a pouco ele estava com um papel na mão, enroscado ao redor do pedestal do microfone, de cabeça baixa, fazendo a melodia funcionar.

Nunca ouvíamos o que ele cantava nos ensaios, porque o equipamento era uma merda. No caso dele, não importava, porque ele executava os vocais com uma intensidade tremenda de paixão e agressão, como se estivesse de fato sentindo aquilo. Era fantástico. O que importava o que ele estava dizendo, desde que dissesse daquele jeito? Quando estávamos mixando, Rob Gretton sempre costumava dizer "Faça soar INTENSO!" e Ian sempre fazia.

Mais tarde, claro, prestei atenção nas letras e tentei dissecá-las, mas durante dois anos na sala de ensaios tudo o que eu de fato ouvia eram gritos e isso era o importante para mim. Eu só pensava "O cara sente isso mesmo". Não importava o que você estivesse tocando, desde que realmente sentisse.

Foi só depois que gravamos *Unknown Pleasures* que pude ouvir e comecei a prestar atenção nas letras, e fiquei muito surpreso ao perceber como tinham mudado entre esse álbum, em que ainda eram bem indiferentes e agressivas, e *Closer*, que era ainda mais sombrio, e nem um pouco indiferente, mas muito introspectivo e bem assustador – sobretudo, lógico, quando você o ouvia à luz do que aconteceu mais tarde.

E nós nem sequer tínhamos feito um álbum, mas, como estávamos sendo muito produtivos, começamos a pensar em fazer um. Havia uma sensação de que tínhamos material suficiente – e material *bom* – para fazê-lo, e, para ser bem sincero, não estávamos ligando muito para saber com quem iríamos fazer isso. Até onde sabíamos, havia um monte de gravadoras por aí, e todas faziam mais ou menos a mesma coisa, que era lançar discos.

Embora nenhum de nós tivesse grande carinho por Londres – como lugar ou por causa dos selos musicais –, todos nós achávamos que seguiríamos aquela trilha bem batida e iríamos parar lá. O que parecia perfeitamente natural para nós – e até desejável –, porque estávamos em uma banda. Ninguém cria uma banda para poder ficar em sua cidade natal. Você anseia por Londres e Paris e Estados Unidos e tudo mais, toda a liberdade que vem junto com isso. Nós não éramos de fato leais a qualquer cena de Manchester. Sempre estivemos um pouco excluídos, de qualquer forma.

Rob pensava diferente de nós, claro, e era muito mais pró-Manchester. Todos os lugares eram importantes, não apenas Londres, ele dizia. "Foda-se Londres", era um de seus bordões favoritos. Vamos continuar o que estamos fazendo, construindo uma base de fãs em Manchester. No começo resistimos à ideia, mas ele conseguiu nos convencer (isto é, ele nos infernizou tanto que a gente disse qualquer coisa para fazê-lo parar), e a ideia passou a fazer cada vez mais sentido. E ainda bem, porque, vendo em retrospectiva, ele estava certo – absolutamente certo.

Então Rob foi conversar com Tony sobre fazermos o disco com ele. O trato foi uma divisão meio a meio com a gravadora para pagar pela gravação e pela manufatura. (Esse trato foi um erro para Tony e a Factory. Ele havia oferecido, inadvertidamente, pagar os *royalties* de gravação a partir de seus 50%, e assim 8% dos custos do disco iam direto para o BPI,[33] pelos royalties – e então eram devolvidos para nós. Como Tony protestou durante anos, isso significava que o trato era de 58% a 42% a nosso favor: um pomo da discórdia entre eles até o fim, e que também lançou as sementes para quando a Factory não pôde nos pagar tudo que nos devia.) O trato era ótimo por um lado, mas tinha seu lado ruim: não haveria adiantamento, de modo que não podíamos deixar nossos empregos. Rob não tinha emprego, claro, mas ele sabia que seria melhor para a banda se largássemos os nossos, o que nos daria tempo para concentrar-nos em compor música. Assim, com a oferta da Factory na mão, ele começou a buscar outras opções. Uma das propostas que obteve foi da Genetic, parte da Radar Records, por sua vez parte da Stiff Records. Tinham uma boa reputação. Eles ofereceram um acordo de álbuns múltiplos e um adiantamento de £ 70 mil. Era tanto dinheiro que não dava para conceber.

---

[33] British Phonographic Industry, hoje British Recorded Music Industry, é o sindicato britânico da indústria da música gravada. [N. T.]

"CARAMBA! MARTIN ESTÁ COM UM PORTA-MALAS CHEIO DE RÁDIOS DE CARRO ROUBADOS"

A gente disse "Opa, opa, opa, sim!".

Tudo bem, eu, Bernard e Steve dissemos "Opa, sim!". Rob, não sendo nada mais do que um homem de contradições, de repente mudou de opinião e decidiu que não gostava da ideia de um adiantamento. Era como um empréstimo, disse. Fodam-se os empréstimos.

"Se vocês aceitam o adiantamento, vocês vão assinar um contrato para cinco álbuns e, se vocês não gostarem dos caras e a coisa não der certo, vai ser um problema durante os próximos quatro discos, não é?"

Isso era absolutamente verdade, e as £ 70 mil teriam incluído também os custos de gravação; divididos entre nós cinco, talvez não fosse de fato um negócio tão bom assim. Ele nos convenceu disso, provavelmente com seu jeito intimidante de sempre, e fez isso toda vez que estávamos para fechar acordos de gravação, insistindo: sem adiantamentos. Ian gritava com ele, e eu e Barney gritávamos com ele, e Steve provavelmente também murmurava alguma coisa, mas Rob nunca cedia. Ele empurrava os óculos para o alto do nariz e dizia "Vai ser melhor conseguirmos um acordo melhor no lucro final".

E é claro que ele odiava Londres. Do dia em que nasceu ao dia em que morreu, ele odiou Londres. Assim, naturalmente ele preferia de fato permanecer em Manchester e ter o controle, porque Tony oferecia uma liberdade musical mais ou menos completa. Podíamos fazer o que quiséssemos.

Portanto, naquela época, a cabeça do pobre Rob devia estar assim: a Genetic ficava em Londres e oferecia um adiantamento, e ele detestava Londres e não confiava no adiantamento, *mas...* a banda dele poderia abrir mão dos empregos. A Factory ficava em Manchester e oferecia divisão nos lucros, e ele amava Manchester e achava que a divisão era melhor em longo prazo, *mas...* a banda dele teria que continuar trabalhando.

A banda dele, não se esqueça, tinha um vocalista que sofria de epilepsia e precisava descansar o máximo que podia.

Por isso, havia um bocado de indecisão e dúvidas. Nesse meio-tempo, Martin Rushent nos convidou para ir ao estúdio gravar algumas demos, só para ver se íamos nos dar bem. Ele havia produzido os Buzzcocks e The Stranglers àquela altura, de modo que ficamos bem empolgados com a perspectiva e fomos até lá.

JOY DIVISION

Rushent tinha sua base nas salas comerciais acima do clube Blitz, na Great Queen Street, em Londres, de onde ele monitorava o surgimento dos maiores nomes da florescente cena New Romantic. *Sua assistente, Anne Roseberry, tinha visto o Joy Division em Manchester e contado a Rushent; Rushent, por sua vez, foi vê-los e disse "Meu queixo caiu e bateu no chão". Ansioso por ver se conseguiria trazê-los para seu próprio selo, Genetic, ele os convidou para ir até seu estúdio em Berkshire, Eden.*

Quando chegamos lá, vimos que Martin Rushent tinha um Jaguar XJS novo em folha — e por acaso tínhamos lido um artigo que dizia que nove entre dez donos de Jag não trancavam o porta-malas de seus carros.

Então eu pensei *Será que é verdade?* — tentei seu porta-malas e, *voilà*, estava destrancado. Quando olhei dentro, estava cheio de rádios de carro roubados; dava para saber que eram roubados por causa dos fios pendurados.

Eu e Terry ficamos olhando um para o outro, pensando, *Caramba! Martin está com um porta-malas cheio de rádios de carro roubados.* E então: *Será que ele vai sentir falta de alguns...*

O dia inteiro, sempre que havia uma pausa na gravação, ficávamos desafiando um ao outro para voltar lá e surrupiar um para cada um de nossos carros — porque eles eram estéreos de primeira —, mas eu dizia "Ah, não, a gente não deve fazer isso, porque ele pode acabar fazendo nossas gravações. Não podemos roubar toca-fitas de nossa própria gravadora". Por isso, não pegamos nenhum. Mas sabe Deus o que ele ia fazer com eles. Nunca perguntamos, e de qualquer forma ele estava ocupado demais reclamando de um furúnculo na bunda. Aquilo doía muito e ele estava sofrendo de verdade. Tanto que não podia dormir na cama e tinha que dormir no carro, pois de outro modo não conseguia ficar confortável.

Ele falou um bocado sobre o furúnculo, e por causa dele tinha que ficar se levantando para caminhar um pouco e aliviar a dor, mas fora isso a sessão de gravação foi ótima. Era um estúdio muito bom e ele trabalhou bem com Ian nos vocais, fez alguns *overdubs* e coisas assim, nada muito doido, bem discreto. As faixas foram "Glass", "Transmission", "Ice Age", "Insight" e "Digital". Ele era um cara agradável; a gente se deu bem. Ele era muito melhor que Martin Hannett em um aspecto: ele falava inglês e dava

"CARAMBA! MARTIN ESTÁ COM UM PORTA-MALAS CHEIO DE RÁDIOS DE CARRO ROUBADOS"

para entender o que ele dizia. Mas nem de perto era tão empolgante ou imprevisível e, para ser sincero, tendo ouvido o resultado, achei que a produção de Hannett era muito melhor que a dele.

Recentemente me ofereceram a fita daquela sessão. O estúdio Eden foi assumido por uma empresa de advocacia e, abandonadas em um depósito, escondidas nas entranhas dele, estavam as fitas *master* do Joy Division. Um funcionário as encontrou. Ele entrou em contato comigo por intermédio de terceiros para me oferecer a fita. Queria £ 50 mil por ela, e eu só pensei *Ah, vá se foder.* Isso foi em 2006 ou algo assim. Nessa época não havia nenhum modo de fazer um disco e recuperar essa grana. Ofereci uma recompensa a ele por ter encontrado a fita, duas mil libras, porém nunca mais ouvi falar dele depois disso; a fita nunca apareceu, e não sei o que aconteceu com ela. Foram usadas mixagens de monitor para as versões da Eden no box *Heart and Soul*, mas o que me ofereceram foram as fitas *master* de 24 canais, de modo que poderiam ser remixadas. Uma pena, porque, até onde sei, a única gravação de canais múltiplos do Joy Division que ainda existe é de "Love Will Tear Us Apart".

Enfim. É uma coisa estranha as pessoas tentando vender a você partes de seu próprio passado, mas estou ficando acostumado com isso, para ser sincero. Temos o mesmo problema até com funcionários de estúdios. Quando o Strawberry Studios fechou, uns caras desviaram um carregamento de fitas *master* direto da caçamba para o apartamento dos pais. Peguei-os tentando vender as fitas para alguns colecionadores do Joy Division. Queriam £ 20 mil. Pacientemente, expliquei que não dá para ganhar dinheiro com isso hoje em dia, tem o lance dos downloads ilegais etc., e ofereci as duas mil libras de sempre como recompensa. A pessoa fez pouco, "Prefiro negociar com Steve e Gillian". Entrei com um processo legal. Mas, a-há, um dia, enquanto estavam negociando, o carro da pessoa foi arrombado e todas as fitas e cópias digitais foram roubadas. Ela apareceu até com o número do B.O. Que fazer? Alguns conseguem se safar. Se bem que, nos dias de hoje, desafio qualquer ladrão a sequer reconhecer as fitas de trinta anos atrás, quanto mais saber o que fazer com elas. Elas são enormes. O mais estranho foi que, uns meses depois, estavam tentando vender as mesmas fitas. O ladrão deve ter devolvido.

"PARECE UM MALDITO HELICÓPTERO"

Satisfeito com as demos que havia gravado com o Joy Division, Rushent levou-as ao conhecimento da proprietária da Genetic, a Warner, que não se impressionou muito e disse a ele para se esquecer do Joy Division e dos grupos New Romantic e em vez disso concentrar-se em descobrir os novos Angelic Upstarts. A história provaria que Rushent estava certo não apenas no caso do Joy Division, mas também com Visage, Ultravox e Spandau Ballet, e ele iria em breve produzir a obra-prima do Human League, Dare. *De qualquer modo, o Joy Division havia decidido não gravar com a Genetic, preferindo a maior liberdade artística da relação com a Factory, e preferindo também os termos financeiros oferecidos por esta. Durante o show do Joy Division no Band on the Wall de 13 de março, Gretton e Wilson fizeram um acordo de que o Joy Division iria gravar seu álbum de estreia com a Factory, com todos os envolvidos supondo que a banda faria apenas um álbum com o selo, antes de mudar para um maior.*

Assim, o que na verdade aconteceu foi que nos ofereceram dois cenários muito diferentes: Londres mais um adiantamento e uma parte pequena nos lucros, ou Manchester, sem adiantamento, com uma parte grande nos lucros. Todos nós apoiamos o segundo. Consideramos que poder ficar em casa e tocar as músicas que estávamos escrevendo já era suficiente. Todo o resto seria lucro. No fim, foi uma decisão fácil de tomar. Nós nos encontramos com Tony e comunicamos nossa decisão. Ele adorou e deve ter pensado *Porra, essa é uma banda sensacional, precisamos gravar o álbum deles e lançar quanto antes*. Ele estava absolutamente correto.

    Ainda assim, era meio que um golpe porque ainda tínhamos na cabeça a ideia de que, se tivéssemos um contrato com um adiantamento, e pudéssemos abrir mão de nossos empregos diários, tudo estaria lindo e maravilhoso. Poderíamos seguir a estrada para a felicidade. Mas o que

"PARECE UM MALDITO HELICÓPTERO"

Rob e Tony sugeriam era *não* sair de nossos empregos e aceitar a proposta de um selo independente, o que implicava precisar trabalhar muito mais e não ter nenhum mecanismo de proteção; e mais, todas as coisas que normalmente faríamos em uma banda em tempo integral teríamos que fazer ao mesmo tempo que trabalhávamos. Ainda estaríamos dando shows, voltando para casa às seis da manhã e então tendo que ir trabalhar às sete. E isso, como eu já disse, era exaustivo.

No entanto Rob nos convenceu de que era a melhor coisa a fazer. O acordo era ótimo – provavelmente o melhor que qualquer banda já teve, na verdade. Mas, para ganhar algum dinheiro, tínhamos que fazer um disco sensacional, que vendesse bem. Por isso, havia muita pressão. Nós nos preparamos para as sessões de gravação com dois shows de arrasar. O primeiro foi no Bowdon Vale Youth Club, onde estávamos sendo filmados por Malcolm Whitehead como parte de seu curta sobre o Joy Division. Foi um show excelente, e do qual realmente me lembro, porque senti então que éramos praticamente o produto acabado. Para começar, passávamos a imagem de uma grande banda. Se você assiste ao filme, já estou cheio de atitude, e Bernard está mais na dele, naquele lance dele de "cara que não se mexe", que faz um contraste bacana. Também estávamos tocando bem. Pessoalmente falando, eu estava realmente satisfeito com o som do baixo dali em diante. Estou certo de que Ian não se incomodaria se eu dissesse que muitas linhas da voz estavam sendo conduzidas pelo baixo, e que eu estava criando alguns *riffs* bons. Quer dizer, vendo a *setlist* do show do Bowdon Vale, olha só as linhas do baixo: "Exercise One", "She's Lost Control", "Shadowplay", "Insight", "Disorder", "Glass", "Digital", "Transmission", "I Remember Nothing". Seu sucesso ou fracasso depende de seus *riffs*, e eu estava tendo uma sorte incrível, extraordinária, por estar conseguindo criá-los. Compor algo como "She's Lost Control" e ter toda a música sendo criada ao redor disso... É uma de nossas músicas mais famosas, muito pessoal para Ian, e saber que ele criou a letra em cima de meu *riff* é demais. Como instrumentista eu estava sendo mostrado com destaque, era parte integrante do som da banda, o que era ótimo para mim, uma plataforma excelente. Ser parte de algo como aquilo, sendo que a) eu não tinha ouvido musical e b) tinha aprendido tudo, sozinho era fantástico.

Mas nem tudo eram rosas, porém. Eu ainda tinha que guiar a maldita van. Isso mantinha meus pés bem firmes no chão e ao mesmo tempo me causava um sem-fim de problemas, e o não menos importante era que eu pagava por toda a manutenção. Talvez você ache que, se algo acontecesse com a van, eu seria pago com a grana da banda. Você pode achar. Mas estaria errado. Qualquer coisa tipo câmbio quebrado, pneu furado ou murcho, eu tinha que pagar. Eu ia até Rob e dizia "Escuta, tive que pagar pelo pneu".

E ele dizia "E daí? Que é que eu tenho com isso? Não estou pagando pela merda da sua van, pague você!".

A caminho do show seguinte, em Walthamstow, estávamos rodando pela autoestrada quando a mangueira superior do radiador da van estourou e espirrou água na tampa do distribuidor. Com isso, houve uma explosão e o escapamento arrebentou como uma banana descascada.

Parei a van.

"Que vamos fazer?"

"Temos que continuar", disse Rob. "Temos essa porra desse show."

Eu disse:

"Foda-se. Não posso atravessar Londres desse jeito, sem escapamento. Parece um maldito helicóptero."

Ele:

"Não, não, está tudo bem, tudo bem... A gente conserta quando chegarmos à casa de Dave Pils."

Todos eles se enfiaram de volta no Cortina e tivemos que continuar pela autoestrada, e na verdade não foi tão ruim assim, a não ser pelo fato de que eu, Terry e Twinny estávamos completamente surdos quando chegamos lá. Cruzamos o norte de Londres até Walthamstow, estacionamos e eu disse para Dave:

"Escuta, vamos precisar consertar a van."

"Tem o Kwik Fit virando a esquina", ele disse.

Eu não tinha grana nenhuma, claro, e olhei para Rob, que disse:

"A gente te empresta dinheiro para consertar a van."

"*Emprestar* dinheiro? Eu não tenho grana para pagar isso."

Assim, ele me deu dinheiro e fui até Kwik Fit e resolvi tudo – £ 13 por um escapamento novo – e enquanto eu estava fora eles fizeram uma

"PARECE UM MALDITO HELICÓPTERO"

reunião na casa de Dave Pils. Esperaram até que eu saísse, os malditos babacas, e fizeram uma votação.

"Decidimos que não vamos pagar pelo conserto", disse Rob, quando voltei. "Vamos emprestar, mas você vai ter que devolver o dinheiro."

Eu disse:

"Tudo bem, de agora em diante, vocês podem alugar uma van porque não vou pagar para transportar um bando de babacas, enquanto vocês ficam com o dinheiro dos shows e eu tenho que morrer com o prejuízo. Fodam-se, vocês todos."

Saí de lá furioso. Fui dar uma volta no quarteirão, me acalmei e, quando voltei à casa de Dave Pils, estavam todos sentados na sala de estar. Rob disse:

"Está tudo bem, Hooky. Nós vamos pagar."

Então a situação foi resolvida. Não tive que devolver o dinheiro. Eu ainda estava puto, e puto ficaria até 13 de agosto, quando... Bom, já vamos chegar lá.

Nesse meio-tempo, tínhamos um álbum para gravar. Putz!

"ELE ESTAVA PROCURANDO AQUELA FAGULHA"

O Strawberry Studios, em Stockport, hoje é um prédio de escritórios, mas por muitos anos foi o principal estúdio do Noroeste. Se você for até lá, na Waterloo Road, vai encontrar uma daquelas placas azuis com uma lista de todos os artistas lendários que gravaram lá: Paul McCartney, Neil Sedaka, Stone Roses e Syd Lawrence Orchestra.

Nenhuma menção a nós, malditos. Mesmo tendo sido lá que, em abril de 1979, gravamos nosso álbum de estreia (e, mais tarde, "Transmission" e "Love Will Tear Us Apart", entre outras). Tony Wilson sempre deu um tremendo crédito ao 10cc por terem instalado o Strawberry em Stockport. Da forma como ele via, eles tinham reinvestido em Manchester o dinheiro ganho com sua música. Ele estava certo. Graças a eles, tínhamos um dos melhores estúdios do país bem no nosso quintal e estávamos entusiasmados com isso: nossa primeira incursão na gravação em 24 canais, com capacidade para *overdub*, num luxo quatro estrelas. Estávamos novamente sendo produzidos por Martin, que usava um monte de equipamentos fantásticos. O MAS, claro, bem como os Moduladores de Tempo Marshall ("Desperdiçadores de Tempo Marshall", os engenheiros os chamavam), que ele usava muito na guitarra, especialmente em alguns momentos em que Bernard tocava de forma mais... *econômica*, vamos dizer. Assim, para ser sincero, parecia bem emocionante. Como se estivéssemos dando o próximo grande passo. Estávamos todos doidos para ir, e felizes, e com entusiasmo de sobra.

Se eu soubesse então o que sei hoje, teria saboreado fazer nosso primeiro álbum, porque na época em que chegamos ao segundo as divisões já estavam começando a se formar e estávamos muito preocupados com Ian. Martin estava tendo problemas com drogas, de forma que foi tudo muito pesado e estressante. Então, em *Movement*, o primeiro álbum do New Order... Bem, estávamos fodidos daquele álbum em diante, no que me diz respeito. Em todos os discos que nós fizemos, daquele ponto em diante, sempre havia algum fantasma nos assombrando. Fosse a morte de Ian, ou assuntos de negócios, brigas pessoais, o Haçienda sugando nossas vidas, ou a Factory indo para o brejo, sempre havia algo. Sempre algum fantasma. Devia ser catalogado e receber um número.

Não havia fantasmas em *Unknown Pleasures*, porém. Acabou sendo o único álbum que fizemos enquanto estávamos focados e relaxados, e desfrutamos a maravilha de ser jovens e formar uma banda e gravar seu álbum de estreia, em sua nova gravadora com um produtor que tinha cabelo desgrenhado e parecia um feiticeiro e falava por enigmas.

Ele nos disse que precisávamos de quarenta minutos de música utilizável para o álbum, e então nós lhe apresentamos uma batelada de músicas. Dessas, gravamos dezesseis, dez das quais usadas no álbum, todas gravadas num fim de semana. Todos nós tínhamos que trabalhar durante a semana. Sem adiantamento, lembre-se. E era mais barato nos fins de semana. Mais barato ainda se trabalhássemos à noite, o que estava perfeito para Martin, claro, porque ele gostava de trabalhar à noite. Assim, a banda chegava ao estúdio direto do trabalho na sexta-feira, gravava até as sete da manhã, então voltava no fim da tarde no sábado e trabalhava até as sete da manhã. Íamos para casa às sete da manhã de segunda-feira, tentando escapar antes que o faxineiro chegasse e começasse a passar o aspirador de pó. Até hoje o som do aspirador de pó penetra em mim. Nós gravamos nos primeiros dois fins de semana e Martin mixou no terceiro. Assim, foram dois dias para gravar *Unknown Pleasures*. *Closer* levou três semanas. *Movement* levou cerca de dois meses e *Waiting for the Siren's Call*, o último do New Order, levou três anos.

Em geral, quando uma banda entrava no estúdio, ao menos no final dos anos 1970, você tinha que ficar com um olho no relógio e concentrar-se em não perder tempo. A forma consagrada de fazer isso era colocar a banda no estúdio e fazer com que tocassem o mais parecido possível com o som ao vivo. Não havia nada semelhante com metrônomos ou *backing tracks* naqueles dias. Era tudo gravado ao vivo. Assim, em geral, o que costumávamos fazer era entrar e gravar todos os canais de uma vez, com Ian na sala. Ele gravava os vocais mais tarde, isolado, quando já tínhamos o *take*. Agora, normalmente, quando você grava uma banda, você tem um microfone para cada instrumento, e cada um grava em um canal na fita *master*, mas você tem um pouco de vazamento de um microfone para outro, de forma que você tem um pouco do baixo no microfone da guitarra e assim por diante. Quando você quer dar mais destaque, por exemplo, à guitarra, então você aumenta o canal da guitarra, mas por causa do vazamento de som, os outros instrumentos também aumentam. Martin odiava isso.

Martin, sendo Martin, queria a sensação da banda tocando ao vivo, mas sem sacrificar a nitidez dos instrumentos. Então ele organizou tudo de forma a obter a máxima separação entre nós, e a forma como fez isso foi nos gravar separadamente, especialmente a bateria. Martin queria os instrumentos da bateria isolados, para que pudesse trabalhar no som do bumbo, o que no fim, é claro, ele fez muito, criando aquele som de bumbo muito limpo, preciso, quase clínico, que se tornou sua marca registrada.

Claro, foi só muito mais tarde, quando ouvimos o produto final, que soubemos o que ele estivera planejando. Na época, o que ouvíamos era Martin e Chris Nagle, seu engenheiro, insistindo e insistindo em manter tudo limpo e separado, desde o começo, bem o contrário do que queríamos. A primeira música que tocamos para ele foi "She's Lost Control". Ele amou a bateria, então disse que seria ótimo se os instrumentos estivessem separados. Quando vimos, ele estava fazendo Steve desmontar o conjunto. Saíram a caixa e os tom-tons. Martin queria vazamento zero dos microfones, então tinha que gravar cada uma das caixas individualmente. Claro que isso significava que Steve raramente estava tocando o conjunto todo. Ele só podia tocar uma caixa por vez, e fingia o resto. Assim, o que aconteceu foi que tocamos "She's Lost Control" ao vivo, então Martin gravou o canal da bateria, desmontamos o conjunto e Steve tocou sua parte de novo, uma caixa por vez. Isso tornou tudo muito trabalhoso e realmente difícil para Steve, porque ele não tinha um metrônomo para manter o seu tempo, de forma que ele ficava acelerando e desacelerando. Steve teve que aprender como tocar o conjunto, mas tocá-lo para que soasse como uma *drum machine*. Ele uma vez disse que sua ambição não era se tornar uma *drum machine*, mas Martin exigiu a separação. Chegou a um ponto em que Martin estava desmontando as próprias caixas, removendo as molas que as mantinham firmes, dizendo que elas rangiam. Só ele conseguia ouvir.

"ELE ESTAVA PROCURANDO AQUELA FAGULHA"

Tudo tinha que ser feito em uma questão de horas, claro. Se você entrasse no estúdio e quisesse recriar o som de *Unknown Pleasures*, você provavelmente levaria anos. Mas éramos jovens, e Martin estava nos pressionando, e tudo tinha que ser feito super-rápido, e assim era uma batalha constante entre o desejo de experimentação de Martin e o tempo que ainda tínhamos de estúdio. Trabalhamos muito rápido. Nada de enrolação – isso ia acontecer mais tarde. Para *Unknown Pleasures* entrávamos com nossa lista de músicas. Preparávamos os instrumentos, passávamos o som.

"Certo. 'Disorder'."

Tocávamos "Disorder"

"Está tudo bem, Martin?"

"Não, não gostei. Tentem mais devagar, mas mais depressa. Mais violento, porém mais suave."

Olhávamos uns para os outros, tipo, *Ah, vai à merda*.

Tocávamos "Disorder" de novo.

"E aí, como foi, Martin?"

"Foi melhor, é... meio amanteigado, mas tudo bem; vamos usar esse."

E assim tínhamos nossa *master*. Dez *backing tracks*, prontas para serem editadas, manipuladas e passarem por adições. A seguir Martin iria gravar a bateria, e com frequência ele faria Barney colocar por cima uma guitarra mais pesada, também; ele era fã de camadas nas gravações. Ele faria os vocais por último, bem no final, de forma que eles ficariam limpos, sem qualquer vazamento dos instrumentos. Quando chegou aos vocais, Tony de repente começou a dar palpites, sugerindo com insistência que Ian ouvisse os *Greatest Hits* de Frank Sinatra, para poder incorporar algo do estilo *crooner* de Frank nas linhas vocais. Isso nos fez rir a todos e, ainda que eu não escute nenhuma influência direta no estilo vocal de Ian, fiquei muito surpreso ao ver algumas referências líricas de Frank na letra. Em especial em "I Remember Nothing", com seu refrão "We were strangers". "Strangers in the night", sacou?

A banda teve seu primeiro desentendimento de estúdio, na verdade o primeiro de muitos ao longo dos anos, porque Barney insistia em usar fones de ouvido infravermelhos e em ajustar os níveis para se adequarem a eles, embora isso ferrasse os níveis para os demais de nós, e além do mais tivemos algumas discussões sobre as músicas das quais ele não gostava e estava relutante em tocar. Martin havia nos incentivado a compor duas músicas a mais no estúdio para termos mais escolhas para o LP. Eu e Steve improvisamos "From Safety to Where" e "Candidate". Ian então trabalhou nos vocais. Barney também não gostou daquela música e demonstrou grande relutância em tocar. Martin teve que virar a fita ao contrário de forma que as músicas ficaram de trás para a frente. Ele gostou delas então e tocou. Martin "atravessava" de modo que as faixas tinham guitarras de trás para diante e alguns EEEKS bem nervosos! Fora isso, era uma atmosfera bem pacífica, o que se devia principalmente a Martin, claro, porque ele ainda não era o tirano que mais tarde se tornaria.

Naquela época, ele fumava um pouco de erva, mas não usava heroína, até onde eu sabia. Para ser honesto, não acho que ele tivesse grana para isso. Seu problema com as drogas só se tornou um problema para nós quando chegou a *Movement* e ele se recusou a começar a sessão de gravação até que lhe trouxéssemos um grama de coca.

"Onde diabos nós vamos conseguir um grama de coca?"

Nós nunca tínhamos sequer visto cocaína (Ao menos até então. Com certeza foi algo que conhecemos mais tarde.).

"Não vou começar até que vocês me tragam um grama da melhor de Colúmbia", ele insistiu e então ficou sentado durante horas, de braços cruzados, enquanto todos nós tentávamos convencê-lo a começar a sessão.

Depois de telefonar para não sei quanta gente, Rob conseguiu pôr as mãos numa certa quantidade e trouxe para o estúdio.

"Ok", disse Martin, passando os controles para Chris Nagle. "Você organiza tudo aí, Christopher, e então eu começo."

Que babaca, pensamos. Tanto tempo desperdiçado. O ditado "tempo é dinheiro" nunca é mais verdadeiro do que quando você está no estúdio. O custo médio naquela época era de £ 1 por canal de gravação por hora (assim, por exemplo, 24 canais: £ 24 por hora). Mas era justo, suponho; ele estava com dificuldades. É um fato bem sabido que a morte de Ian o abalou muito. Quer dizer, gravar "Ceremony" e "In a Lonely Place" foi mais fácil porque Ian tinha deixado as letras e as linhas vocais para as duas, de modo que eram apenas nossos esforços vocais que o divertiam e frustravam. Mas, trabalhando em *Movement*, ele teve dificuldade desde o início e deixou isso bem claro para nós. Era como aquele carro bacana com uma roda bamba. Martin estava constantemente tendo que consertar o New Order, e sua forma física ou mental não estava boa o suficiente para fazer isso. Ele não estava em seu melhor momento. Nenhum de nós estava.

Ele detestava que costumássemos encher o saco dele, sobretudo eu e Bernard. Um de cada lado. Sempre no pé dele. Questionando tudo. "Por que você está fazendo isso?" "Não está baixo demais?" "Não está alto demais?" "Mais som do baixo!" "Mais guitarra!" "Mais tudo!" Ian sempre foi de trato mais fácil, e talvez por isso ele fosse o favorito de Martin. Mas talvez Ian fosse mais fácil porque havia muito pouco que Martin podia fazer quanto aos vocais, enquanto podia fazer muito com os instrumentos. E ele fazia muito. E, no final das contas, era por isso que estava ali. Como um manipulador de som, Martin estava em uma categoria à parte, e o clima, a nitidez e a profundidade que ele dava às músicas ainda são assombrosos.

Ele tinha sorte, no entanto. Como eu bem sei, quando você está produzindo uma banda e os integrantes trazem músicas sensacionais, você esfrega as mãos de felicidade, porque você pode se divertir muito com uma música sensacional. Mas quando alguém te traz uma música ruim ou média, você tem que começar modificando-a e você pensa *A gente poderia escrever uma ponte melhor? Daria para melhorar o coro?* Isso não é tão divertido. Pode ser um trabalho duro de verdade.

Martin se divertia com o Joy Division porque as músicas eram fantásticas. Ele não curtiu tanto *Movement* porque, mesmo a música sendo fantástica, não tínhamos confiança na letra e nos vocais. Lutávamos para conseguir satisfazê-lo. Tateávamos nosso caminho no escuro. Ele sabia disso e isso o irritava. E, assim como incêndios e infestações de ratos, a coisa que você menos deseja em um estúdio é um Martin Hannett puto da vida, porque ele era impiedoso, às vezes um verdadeiro ditador. Derek Brandwood, que terminou agenciando Martin no fim de sua carreira, uma vez disse que Martin podia entrar em um estúdio com uma banda cujos integrantes foram grandes amigos por quarenta anos e em cinco minutos ele faria com que um pulasse na garganta do outro. É a pura verdade.

A praia dele era provocar as pessoas. Lembro-me de que ele fez Bernard cantar "Cries & Whispers", do New Order, 43 vezes. Ele queria um *take* completo, e se houvesse um erro, ou algo que Martin *achasse* que era um erro, ele fazia Bernard repetir. Barney estava totalmente puto com aquilo, e com razão, mas Martin dava corda. Dava para ver o brilho em seus olhos, tipo *Agora vai*. Ele estava procurando por aquela fagulha, algo intangível. Mas para ele sempre havia uma fagulha catalítica.

Ele conseguiu? Seria ótimo se essa historinha em particular terminasse com Bernard fazendo a performance de sua vida, e "Cries & Whispers" se tornasse uma de nossas melhores músicas, mas não termina assim, porque mandamos Martin à merda e saímos putos de lá. Assim, não, ele não conseguiu. O que ele conseguiu foi uma banda e um produtor pulando na garganta uns dos outros, o que era tudo parte de sua ética "divida e conquiste". E se você quisesse encontrar algum apoio de Chris Nagle, podia esquecer: o principal para Martin era que o grupo fizesse sua parte e caísse fora, e Chris era seu braço direito nisso. Mesmo sendo da mesma idade que nós, ele sempre ficava do lado de Martin e contra o grupo, e os dois claramente se uniam contra você, dando risadinhas um com o outro, como garotinhas na escola, se você fizesse alguma sugestão.

Eu dizia "Daria para colocar mais alto o chimbal, Martin, por favor?", e os dois se entreolhavam e se desmanchavam em risadinhas.

E eu, tipo "Que porra de graça tem nisso? Qual a graça de colocar mais alto o chimbal?". Mas eles ficavam ali cheios de risinhos, como dois babacas. Irritante.

Se aquilo falhasse, eles tentavam congelar a gente. Eles se sentavam à mesa no meio da sala, onde era quente, enquanto ficávamos na parte de trás, debaixo do ar-condicionado que eles ligavam no máximo para se livrarem da gente. Barney teve que usar de novo seu saco de dormir. Não teria sido tão ruim se o 10cc tivesse deixado a calefação ligada à noite, os muquiranas. Mas a gente ficava com o nariz congelado.

Quando terminamos de gravar, tivemos que decidir quais músicas entrariam no álbum e em que ordem. Hoje, olhando em retrospectiva para as faixas que gravamos, eu diria que "Exercise One", "Only Mistake", "They Walked in Line" e "The Kill" eram um pouco mais punks que as faixas que acabamos escolhendo, e talvez não tivessem se encaixado bem no álbum. "Exercise One" é a melhor. "Only Mistake" também é uma boa música. "They Walked in Line" e "The Kill" são um pouco punks demais, um pouco descartáveis.

Uma vez decidido o que entraria no disco, Martin harmonizou-o para que houvesse uma coerência tonal entre as músicas, de forma que não conflitassem e soassem como uma progressão suave, agradável ao ouvido, não como uma transição abrupta, como numa mixagem harmônica – assim de "Disorder" para "Day of the Lords" havia uma harmonia, e assim por diante. Martin ensinou-nos tudo isso. Muito, muito hábil.

Então pudemos ouvi-lo, claro.

Não me lembro se estávamos lá para a mixagem. Talvez não. Como eu disse, Martin odiava que ficássemos por perto quando não estávamos tocando, e isso o irritava. "Tirem esses malditos músicos daqui", ele gritava.

Ele costumava dizer "músicos" como se fosse um palavrão. Não sei que diferença faria para o produto final se tivéssemos ficado por perto enquanto ele mixava. Naquela época, não sabíamos o suficiente sobre o processo para ter muita opinião. Tudo o que víamos era ele apertando botões. Ele podia estar libertando esquadrões de morcegos, pelo que sabíamos. Assim, estivéssemos ou não por lá, Martin mixou *Unknown Pleasures* da forma que quis.

Ian e Steve amaram. Eu e Barney odiamos. Achávamos que estava muito fraco. Queríamos que o som fosse toneladas mais pesado. Queríamos que fosse *RARRGH!* E em vez disso era *ptish*. Todas as coisas que hoje adoro no álbum – os espaços, o som com um ambiente ecoante – eram as coisas que odiei nele quando o ouvi pela primeira vez.

Fiquei devidamente aborrecido com ele, também. O tipo de aborrecimento que você tem quando está em minoria – porque quando Tony e Rob ouviram, eles também amaram, então era caso encerrado, cara. E ponto-final.

Para mim, foi quase como um momento *An Ideal for Living*, quando levei o disco para casa e coloquei para tocar e descobri que era uma merda total. *Unknown Pleasures* teve mais ou menos o mesmo efeito. Ele nos fazia soar tão... fraquinhos. Fez com que me sentisse mal. *Ah, meu Deus, ele tirou todas as vísceras da música. Tirou os culhões. Como foi fazer isso?*

Hoje, claro, posso ver como eu estava errado. Hoje posso ver o que Martin nos deu, que foi o maior presente que um produtor pode dar a uma banda. Ele nos deu atemporalidade. Porque *Unknown Pleasures* é simplesmente uma dessas coisas: é um disco sem idade. Pense nos milhões de álbuns influenciados por *Unknown Pleasures* que *envelheceram*, enquanto *Unknown Pleasures* não o fez. Este foi o presente dele para nós. Nós lhe demos as músicas brilhantes e ele as colocou em pequenas cápsulas para que ficassem brilhantes para sempre.

    Bernard tinha, com certeza, feito um grande trabalho na capa de *An Ideal for a Living*. E não estou sendo sarcástico: eu realmente acho que fez. Ele estava sempre em busca de imagens para colocar em nossas coisas, e folheando um livro, *A Enciclopédia Cambridge de Astronomia*, ele viu o diagrama de um *pulsar*, mostrou-o a Peter Saville e pronto. Bernard deve levar todo o crédito, porque não poderia ter feito melhor escolha: aquela imagem está agora associada para sempre com o Joy Division e o disco *Unknown Pleasures*. Falando nisso, não consigo me lembrar de quem foi que sugeriu o título. De novo Ian? De qualquer modo, Peter pegou a ideia, aplicou sua mágica e transformou-a em *Unknown Pleasures*, colocando todos os seus pequenos grandes toques: o papel texturizado, o texto no reverso e a luz e a sombra de ter a capa externa preta e a interna branca. Para ser sincero, eu não estava tão interessado na arte. Eu só estava satisfeito por eles não pretenderem colocar a banda na capa. Já tínhamos visto muitas bandas punks paradas lá, fazendo cara feia em branco e preto, o nome deles pichado no muro por trás. Todos nós achávamos que as personalidades deviam ficar em segundo plano. Nossa imagem era tipo uma anti-imagem, um lance de anonimato e de ser gelado e cinzento e abotoados até o pescoço por causa do frio. Em muitas de nossas fotos estávamos encurvados ou de costas, o que era uma mistura de estar com frio e não dar a mínima para toda essa merda de imagem. Não queríamos que a atenção estivesse em nós. Com certeza, não queríamos que fosse nossa aparência, porque éramos um bando de sujeitos feios. Queríamos que a música fosse tudo.

    Era a mesma coisa com os jornalistas. Desde os primeiros dias, Rob tinha sido totalmente contra darmos entrevistas – especialmente eu e Bernard, porque costumávamos só ficar lá sentados e dizer coisas idiotas. Zoando.

"ELE ESTAVA PROCURANDO AQUELA FAGULHA"

A resposta de Rob era "E vocês dois... Vocês não falam. Nada. Só fiquem lá sentados, parecendo ameaçadores". Ele não fazia isso para criar uma mística ao redor da banda, mas porque ele achava que éramos uma dupla de cretinos. O resultado foi que isso criou uma mística ao redor da banda. Gênio absoluto.

De qualquer forma, terminamos o álbum em abril e, embora eu e Barney reclamássemos que a gente queria soar como os Sex Pistols, a fita *master* foi para a fábrica de prensagem e prensaram 10 mil cópias.

Uma noite Rob me ligou e disse:

"Vamos, temos que ir pegar os discos."

"Puta que pariu!", respondi. "São 10 mil. Vai mais alguém?"

"Não, só eu e você."

Aluguei uma van da Salford Van Hire e tive que dizer a eles que estava me mudando (eles tinham um cartaz na parede recusando-se a alugar para "músicos, camelôs e ciganos"). Então fomos até Londres para pegar os discos na fábrica. Carregar a van levou uma eternidade, e então voltamos com eles para Manchester, pensando que o eixo ia se quebrar a qualquer segundo, indo devagar para não ferrar com a van. Em Manchester, fomos direto para a Palatine Road e começamos a carregar os discos pelos três lanços de escada até o apartamento de Alan. Margox estava lá. Refiro-me a Margi Clarke, a atriz de *Letter to Brezhnev* e *Corrie*, claro, mas naquela época ela era chamada de Margox e costumava cantar e ser apresentadora de TV, e estava lá no 86A com o colega de apartamento de Alan.

Eram mais ou menos sete da noite e ela disse:

"Ah, o que é isso aí, amor? É o seu disco? Posso ficar com um?"

Nós a ignoramos e os dois desapareceram no quarto. E, sério, enquanto trazíamos para dentro pilhas de discos, tivemos o som de fundo deles tendo orgasmos muito barulhentos e pensávamos *Puta merda, será que dava para ser pior?*

Ela apareceu flutuando, muito tempo depois, quando Rob e eu estávamos lá sentados, pingando de suor por ter carregado 10 mil cópias de *Unknown Pleasures* escadas acima.

"Posso ficar com um disco?", ela disse.

Hoje parece meio mesquinho, mas aquele era o auge de um mau dia; tenho vergonha de dizer que Rob mandou-a ir à merda.

Bem curioso, na verdade, porque no nosso show seguinte, no Eric's, em maio, quem estava lá para abrir nosso show? A própria Margox. Ela fez a apresentação dela, na qual cantava por cima das gravações de outros – do tipo Kraftwerk e Sex Pistols –, só guinchando mais alto que eles. Era absolutamente horrível, e tenho certeza de que ela seria a primeira a concordar. Mas nós a amávamos. Como pode alguém não amar Margi Clarke? Aquela personagem sincera, rude, que você vê na tela é como uma versão atenuada da verdadeira. Ela é o que você vê, sem disfarces, deixe-me dizer. É maravilhosa. Estávamos no camarim antes do show, e Twinny piscou para nós antes de dizer a ela "Mostra pra gente seus peitos, querida". Não sei por que ficamos surpresos quando ela disse "Lá vai, cara", ergueu a blusa e mostrou-os em toda a sua glória.

Ficamos vermelhos como pimentões e continuamos vermelhos como pimentões, porque ela não voltou a cobri-los. Esperou até que nosso desconforto fosse máximo, nossos rostos tão quentes que daria para fritar um ovo, arquitetando em silêncio a vingança contra Twinny e sua boca grande, até que pôs um fim em nosso sofrimento dizendo "Isso serviu de lição, meninos?".

"Sim", murmuramos como garotinhos malcomportados.

Abaixando a blusa, ela saiu da sala mijando de tanto rir. Ela nos enfrentara em nosso próprio jogo e vencera com a mão nas costas. Ela era o máximo – uma grande mulher – e fiquei muito feliz quando começou a trabalhar em *Coronation Street*, anos depois. Como eu disse, é um desses programas que sempre sinto estar entrelaçado com minha vida, desde quando eu e Chris ouvíamos a música tema no alto da escada, até Margi Clarke, e depois até Tony Wilson nos contando como ele tinha apresentado a atriz mais famosa do programa, Pat Phoenix, às drogas. Ele fez com que ela começasse a usar maconha, ou ao menos era o que dizia, e depois ela não parava de incomodá-lo. Virou uma doidona de verdade.

"Onde está aquele Tony Wilson com minhas drogas?", ela costumava gritar no escritório. "Vamos lá, onde está ele? Tony! Cadê a merda da minha droga?" Tony se escondia debaixo da escrivaninha, tentando escapar dela. Havia criado um monstro. É engraçado, porque me lembro de quando, logo antes de formar a banda, eu estava na loja de departamentos

"ELE ESTAVA PROCURANDO AQUELA FAGULHA"

Kendal, no centro, e ergui os olhos e lá estava ela, Elsie Tanner,[34] e eu disse "Ah, oi", e ela me deu um olhar mortífero e respondeu "Ah, vai à merda, vai", e passou batida por mim. Meu primeiro encontro com uma celebridade.

Uma das atrizes mais famosas de Manchester me mandando à merda. Dois anos mais tarde, Margi Clarke também me mandou ir à merda – a maldição Peter Hook de *Coronation Street*.

---

[34] O personagem interpretado por Patricia Phoenix na novela *Coronation Street*. [N. T.]

"NÃO QUE EU MUDARIA QUALQUER COISA"

Unknown Pleasures *foi lançado com grande aclamação da crítica, com a* NME *saudando-o como "Uma obra-prima do rock inglês" e a* Melody Maker *como uma das melhores estreias do ano. Embora as vendas iniciais não estivessem à altura dos elogios, as notícias começaram a se espalhar, e a Factory logo vendeu cerca de 15 mil cópias, que renderam ao selo entre £ 40 mil e £ 50 mil nos primeiros seis meses.*

Nosso trabalho seguinte foi uma sessão de gravação para a Piccadilly Radio, na qual gravamos a primeira versão de "Atmosphere", que naquele momento se chamava "Chance", junto com "Atrocity Exhibition"; esta depois seria a faixa de abertura de nosso álbum seguinte, *Closer*, só que em uma versão Hannett, mais lenta, despojada e carregada de efeitos.

Para ser sincero, sempre preferi essa música soando como na primeira versão que gravamos, ou, melhor ainda, como quando a tocávamos ao vivo. "Chance", por outro lado, melhorou muito ao ser regravada. A versão que gravamos naquela sessão tinha um órgão, um instrumento antigo que Barney pegou emprestado de sua avó. Ela o comprara na Woolworths na década de 1950, e ele era feito de plástico velho, duro, que já estava quebradiço na época em que chegou a nossas mãos. Tinha um som genial, porém. Gostamos dele logo de cara, achávamos que tinha um som poderoso e seria ótimo em "Chance". Satisfeitos com a forma como ele soava, decidimos tocar essa música em nosso show seguinte, no F Club, em Leeds, com o Durutti Column, e levamos o órgão conosco. Não havia um estojo para ele, mas o pusemos por cima do equipamento, até que Vini veio, colocou sua guitarra no alto da pilha e derrubou o órgão Woolies. Todo aquele plástico quebradiço se espatifou quando bateu no chão. Destruído. Nós amávamos aquele órgão.

"NÃO QUE EU MUDARIA QUALQUER COISA"

Pois é, para o alto e avante. *Unknown Pleasures* saiu em junho e conseguiu resenhas fantásticas. A distribuição não era boa, claro – isso é o que você consegue sendo independente – mas nossas ações estavam em alta; as pessoas nos queriam. Viramos uma máquina de turnês.

Eu, Bernard e Steve achávamos exaustivo compatibilizar as noitadas com o trabalho, e não éramos casados. Para nós, o lar era um santuário. Mas no caso de Ian, assim que saía do Cortina de Steve no fim da noite, ele caía direto em outro mundo de problemas: uma esposa que não tinha certeza de como se encaixava na nova vida do marido e que se sentia excluída dela, vítima da política "nada de namoradas" de Rob. Uma esposa infeliz, em outras palavras. E, claro, um bebê recém-nascido...

Natalie nasceu enquanto estávamos gravando *Unknown Pleasures*, e o fato de me lembrar tão pouco disso deve-se menos a minha memória do que ao fato de que Ian mal mencionou o assunto. Não houve nenhum grande anúncio. Nenhuma reunião no pub para molhar a cabeça do bebê. Acho que ele não contou nada, fora o fato de ter desmaiado diante da visão de Debbie dando à luz; ele caiu, cortou a cabeça e deixou Debbie dando à luz sozinha enquanto as enfermeiras cuidavam dele. Perguntamos mais a ele sobre o corte. Em *Tocando a Distância*,[35] Debbie disse que Ian teve um ataque, caiu e cortou a cabeça, no entanto não estou totalmente certo disso. Tudo que sei é que foi assim que descobrimos que Ian tinha se tornado pai.

Por que ele não disse nada? Não sei. Uma mistura de coisas, eu suponho. Um desejo de manter a banda e a família separadas, o que sempre foi a filosofia de Rob, e um sinal dos tempos, pois os homens não costumavam ficar bobões com as crianças do jeito que ficamos hoje. Tudo errado, claro, e deve ter dificultado ainda mais para ele tentar manter felizes a esposa, a filha *e* o grupo. Tentando ao mesmo tempo seguir seus sonhos. Com o benefício da visão em retrospectiva, dá para ver, hoje, como aquilo deve ter sido prejudicial, e me alegro em dizer que aprendi com isso: desde que o New Order se separou, em 1993, sempre me desdobrei para garantir que a família e os amigos de todos os membros da banda não fossem excluídos, mas *in*cluídos.

---

[35] Em inglês, *Touching from a Distance*, livro escrito por Deborah Curtis. [N. T.]

Uma boa coisa, não é, a visão em retrospectiva?

Em julho, fomos ao Central Sound Studios, em Manchester, para a primeira sessão de gravação de "Transmission". As músicas jorravam com abundância e rapidez. "Atmosphere", "Dead Souls" e "Atrocity Exhibition", todas surgiram nesse período. Acho que se não fosse pela recepção calorosa no Mayflower, nem teríamos nos incomodado em produzir "Transmission" como um *single*, para ser honesto. No entanto o Mayflower tinha sido o primeiro, em uma série de ocasiões, em que "Transmission" tinha feito, ao vivo, as pessoas pirarem. Tínhamos começado a pensar que talvez tivéssemos em mãos algo um tanto especial – tão especial que talvez devêssemos deixá-lo de fora do álbum e lançar como um *single*.

Se alguma de nossas músicas devia ter sido um *hit*, era essa – e provavelmente teria sido se estivéssemos em uma das grandes gravadoras, ou mesmo se a Factory tivesse feito as coisas de modo diferente. Em outras palavras, se tivéssemos feito do jeito que grupos normais fazem, e lançado "Digital" como um *single*, que teria feito sucesso. Então "Disorder" devia ter sido um *single* e feito ainda mais sucesso. Àquela altura, teríamos o tipo de base que precisávamos para fazer de "Transmission" um monstro, e quando chegássemos a "Love Will Tear Us Apart" estaríamos prontos para dominar o mundo.

Mas não fizemos a coisa de modo normal, claro. Fizemos do modo da Factory.

Não que eu mudaria qualquer coisa, veja bem. Eu impediria Ian de se enforcar, claro. Mas, fora isso, eu de fato não mudaria nada. Não mudaria nada o fato de termos menosprezado os *singles*, ou de termos deixado fora dos álbuns os *singles* que não promovemos. Porque, de muitas formas, isso tudo nos fez ser o que somos. Além do mais, o modo como fizemos parece melhor do que fazer o que um monte de bandas fez. Siouxsie & the Banshees, por exemplo, assinaram contrato com uma das grandes e tiveram que vender por volta de cinquenta vezes mais discos para ganhar o mesmo do que nós, e ainda tinham menos liberdade e controle e precisavam jogar o jogo, aquele jogo horrível, em que só importa vender discos. Para nós, a ética punk que nos fez criar a banda moldou todo o modo como nos comportávamos, e tínhamos um empresário que acreditava com fervor nos mesmos ideais, que nos deixou crescer e nos desenvolver em nosso próprio ritmo, sem o povo do A&R fungando na nossa nuca, sem ter que dar montes de entrevistas que não queríamos dar. Teríamos que ter passado por isso se estivéssemos nas temidas grandes.

Assim, a primeira sessão de gravação para o *single* "Transmission" foi no Central Sound Studios, bem ao lado do Odeon, no centro de Manchester, e bem ao lado da melhor casa de *kebabs* da cidade. Tivemos o choque de nossas vidas quando percebemos onde ficava o estúdio. Fazia anos que íamos àquela casa de *kebabs*, e nunca soubemos que havia um estúdio de gravação na porta ao lado. Que bônus. A casa de *kebabs*, eu quero dizer.

Era um estúdio mais barato, nada a ver com o Strawberry, mas era bom para gravar demos das músicas antes de gravá-las a sério. Fizemos "Transmission", obviamente, e foi um bom ensaio. E mais "Novelty", a despeito do fato de ser uma de nossas primeiras músicas, ainda cruas, uma das que eu tinha composto, na verdade, e que Ian foi generoso o bastante para pegar e moldar e transformar em música. Mas, por algum motivo, Rob realmente gostou dela, então entramos em acordo e a gravamos. Talvez tenha ficado meio deslocada, porque comparando com as outras ela soava muito jovem – uma música jovem de uma banda jovem aprendendo seu ofício. "Something Must Break" foi deixada de fora do *single* porque não havia lugar para ela, e Rob não queria comprometer a qualidade do som de "Novelty", que ele tinha adorado. Foi uma música interessante para nós, no entanto, por ser a primeira vez que a banda usou um sintetizador. Martin os usara, claro, mas uma coisa sobre nós no Joy Division – em especial eu, Bernard e Steve – era que éramos esponjas, constantemente aprendendo com Martin. Assim, você tem uma situação em que, em *Unknown Pleasures*, eu e Barney reclamamos de que Martin usou um sintetizador, e duas sessões de estúdio depois nós mesmos o usamos. Bernard abraçava tudo mais do que eu, e em "Something Must Break" ele usou um sintetizador em vez de uma guitarra; não há guitarra nela. É a mesma técnica que usamos para escrever "Love Will Tear Us Apart", na verdade; quando a compusemos, não tinha guitarra, só Bernard no sintetizador, eu no baixo, Steve na bateria e os vocais de Ian. Mesmo quando tocávamos ao vivo não havia guitarra, o que lhe dava um som diferente, fora do comum. Ainda assim era uma música fantástica, e a melodia era ótima. Depois, quando Ian aprendeu a tocar um pouco de guitarra, ele tocou em ambas.

Com *Unknown Pleasures* lançado e "Transmission" em produção, parecia que realmente estávamos decolando: passando um pouco à frente da concorrência. Isso significava que precisávamos dar mais entrevistas, claro, o que era um aspecto negativo. Mas, ainda assim, o fato de estarmos em um selo independente queria dizer que podíamos ser babacas antipáticos, se quiséssemos. Na verdade, Tony e Rob nos encorajavam a isso – e, pode crer, nós queríamos ser babacas antipáticos. Quer dizer, fazia anos que nós líamos a *NME* e a *Melody Maker*, mas, sendo o tipo de caras do contra que éramos, em vez de abraçar a mídia da música, nós nos revoltávamos contra ela. Da forma como víamos, quando olhávamos para a maioria das entrevistas de bandas, se você tirasse o nome da banda, elas eram exatamente iguais. Incrível que a *NME* e a *Melody Maker* conseguissem fazer isso, uma semana após a outra, porque a maioria das pessoas dizia a mesma coisa. E também tinha o fato de que as pessoas ficavam trazendo de volta o lance nazista. Uma vez que já tínhamos respondido àquilo, mas continuavam nos perguntando, e uma vez que já havia ficado bem claro que não tínhamos simpatia pelo nazismo, mas as pessoas ainda estavam naquilo, bem, começamos a ficar putos. Assim, nós nos protegemos sendo babacas antipáticos desde o começo de uma entrevista.

"Falem-nos sobre seu novo álbum."

"Não."

Eu adorava aquilo. Uma vez, fiz uma entrevista com um produtor de John Peel, John Waters. Foi para a primeira sessão de gravação para Peel, e ele disse:

"Então, conte-nos como está indo a sessão."

"Está indo bem."

E ele:

"Ah, certo. Você gostaria de nos contar sobre seus planos?"

"Não."

"Ah, certo."

Depois, ele disse que foi a entrevista mais difícil que ele já tinha feito, o que, claro, achei hilariante. Mas na verdade não havia um plano. Eu só achava divertido ser emburrado – e quando se tornou parte de nossa *persona*, e uma das coisas pelas quais as pessoas se lembravam de nós, achamos legal. Tínhamos sorte. Podíamos nos dar ao luxo de sermos desagradáveis porque estávamos produzindo música de qualidade. A gente não ligava se deixasse puto algum jornalista. A forma como olhávamos para eles era *Onde vocês estavam quando nós estávamos tocando para uma sala vazia?* É uma das eternas frustrações de estar em uma banda. Num minuto, você está tocando para um punhado de pessoas morrendo de sono, e daí a seis ou oito meses você está tocando exatamente o mesmo material para uma plateia lotada e enlouquecida, e você pensa *Onde caralho vocês estavam quando tocamos no Oldham Tower Club?*

O que foi bom em nossa ascensão foi que éramos bem agenciados por Rob, que mantinha nossos pés no chão, mantinha-nos com a cabeça no lugar e focados na música; porque, mesmo quando já tínhamos lançado *Unknown Pleasures* e a *NME* dizia que éramos brilhantes, e tínhamos "Transmission" saindo, e todo um bochicho à nossa volta, shows saindo pelo ladrão, mantivemos os pés bem firmes no chão. A beleza do Joy Division era que nunca ganhamos muito dinheiro enquanto o grupo existiu, de modo que não havia nada para maculá-lo – nem montes de drogas, nem engradados de bebida no camarim. Íamos a toda parte em um comboio de uma van velha e no Cortina de Steve, e ficávamos na casa de amigos – nada de hotéis para nós, apenas uma pensão de vez em quando. Mesmo quando fomos a Londres para gravar *Closer*, ficamos em dois apartamentos velhos, com uma diária de £ 1,50: podíamos gastar no que quiséssemos – o jantar ou algumas cervejas, mas não os dois. Ainda não tínhamos recebido grana nenhuma do disco. (A questão da autoria, tipo quem compôs o quê na música, destrói qualquer banda. Lembro-me da citação imortal dos Happy Mondays: "Por que o tocador de maracas ganha tanto quanto quem compõe as músicas?". Ironicamente, Bez é agora tão importante quanto todos os compositores, se não mais. Como o mundo dá voltas...)

Houve uma ocasião memorável, com Ian colocando um estojo de tambor sobre a cabeça e marchando pelo TJ, gritando com Rob por causa de dinheiro; assim que a gente tinha uma ou outra discussão, mas nada importante. Os shows que fazíamos também não rendiam muita grana, de qualquer forma. Nós simplesmente continuávamos fazendo nossas coisas, que eram tocar, gravar, provocar jornalistas e, no fim de julho, aparecer no programa *What's On*, da Granada TV.

Nessa época, isso era excelente, e estávamos muito animados para fazê-lo, ainda mais quando fomos até a cantina, por conta da casa, e a encontramos cheia de soldados romanos. Rob vinha atrás de mim e Twinny e dizia "Não vão roubar nada. Não vão roubar porra nenhuma, seus dois filhos da puta!".

Naqueles dias, havia forte presença do sindicato na Granada. Era um sindicato muito à moda antiga; era preciso ser membro para poder trabalhar lá. Era muito poderoso. Você tinha que acatar regras muito estritas. Quando estávamos montando o equipamento, havia uma luz que alguém tinha baixado do teto e colocado no meio do palco, e dissemos para os caras do som:

"Vocês se importam se eu mudar essa luz de lugar, amigos?"

Todos sacudiram a cabeça.

"Não toque nela. É da Iluminação. Nós somos do Som. Eles são de Câmeras. Isso é da Iluminação. Você não pode tocar nela."

"Certo, mas nós precisamos mudar isso de lugar, amigo, para tocar."

"Você não pode encostar nela."

E então dissemos algo tipo:

"O quê? Do que você está falando? Precisamos fazer a passagem de som."

E eles:

"Não ponha a mão nela."

Eles demarcaram com fita adesiva nosso limite ao redor dela.

Ficamos de queixo caído.

"Não podemos fazer a passagem de som."

"Vocês vão ter que esperar."

Rob não ia deixar daquele jeito. Ele foi pegar a luz e um dos caras começou a gritar com ele.

"Ah, não, não toque nisso. Se você tocar, todos nós vamos fazer greve. Essa luz pertence ao Sindicato de Iluminação."

Rob foi para cima dele.

"Vocês vão fazer o quê, cara?"

Mas eles estavam irredutíveis.

"NÃO QUE EU MUDARIA QUALQUER COISA"

Um cara chamou a Iluminação, que disse que mandariam alguém, e ficamos olhando uns para os outros, sem poder acreditar, então nos sentamos para esperar, Rob soltando fogo pelas ventas. Finalmente, uma hora e meia depois, um sujeito da Iluminação entrou no estúdio e pegou a luz. "Desculpem por isso. Acho que esqueci aqui quando fiz o *Granada Reports*." E se mandou de novo.

Lindo. Nós nos colocamos em pé de um salto, prontos para a passagem de som – *finalmente* – só para assistirmos, estupefatos, todos eles virando nos calcanhares e marchando para fora dali. Não em greve, louvadas sejam essas porras de pequenas bênçãos, mas para jantar. Quando voltaram, foi só para baterem nos relógios e dizerem "Bem, vocês têm meia hora para filmar. Vamos lá, rapazes!".

Eles foram recompensados com uma interpretação um tanto irritada e chocante de "She's Lost Control", que foi ao ar junto com os créditos finais de *What's On*. A melhor coisa foi que eu estava com a camisa azul que usara no programa de Tony. Eu gostava muito, muito daquela camisa, até o dia em que ela foi rasgada quando estávamos tocando com o Dexy's Midnight Runners.

"PARA DE RECLAMAR, HOOKY!"

Falando de Mick Hucknall (coisa que não estávamos fazendo), a banda dele, The Frantic Elevators, costumava ensaiar no T. J. Davidson's. Eles também tinham lançado pelo selo dele, T. J. M. Records. Pensando bem, ele também foi alvo de algumas de nossas brincadeiras, assim como muitas das bandas que havia por lá também foram. Acho que atingimos nosso auge com uma privada fedorenta que encontramos solta em algum lugar, amarramos com uma corda e descemos com cuidado de nossa janela no piso superior, balançando-a de um lado para o outro até que ela arrebentou a vidraça e caiu dentro da sala de ensaio do V2. Quando a turnê dos Buzzcocks foi marcada, Rob nos deu de presente *cases* de transporte novinhos, cortesia da Bulldog Cases, em Londres, e nós aterrorizamos todo o lugar, trancando gente dentro deles – em geral alguns dos jovens fãs da cidade de Chorley, que eram liderados por nosso futuro *roadie* Rex Sargeant, que costumavam ficar por ali assistindo a nossos ensaios. Nós os empurrávamos escadas abaixo, muitas vezes seguidas, dentro dos *cases*. Era um bom campo de provas. Às vezes, Ian também descia, mas só com o capacete de Barney e luvas, porque ele era alérgico à espuma. Também costumávamos levá-lo para dar uma volta pelo estacionamento.

Na verdade, gostávamos de Tony Davidson. Havíamos pedido a ele que fosse nosso empresário, antes que Rob entrasse em cena, e ele recusou. Ele já era o empresário de The Distractions, V2, The Frantic Elevators – quase todo mundo que usava suas salas de ensaios –, mas ele não aceitou o Joy Division; acho que ele não entendia nossa música. Mais tarde, ele ficou totalmente arrasado com isso. Assim que começamos a fazer sucesso, Tony disse "Voltem, eu vou ser o empresário de vocês agora!", mas Rob mandou-o passear. Um pequeno cabo de guerra entre empresários. Mas, de novo, era uma daquelas coisas curiosas que começam a acontecer quando você faz um pouquinho de sucesso, como a imprensa de repente ficar interessada. Um empresário que recusou você de repente batendo à sua porta.

É isso o que acontece. Ainda éramos a mesma banda, ainda fazendo as mesmas coisas que sempre fizemos: Ian dançava daquele jeito praticamente desde o início; a música sempre havia estado lá. Talvez tivéssemos um pouco mais de atitude agora – falando por mim mesmo: sim, definitivamente, claro –, mas fora isso nosso visual não havia mudado. Acontece que éramos confiantes e acreditávamos. Ficar em Manchester e na Factory significava que estávamos com as pessoas que tinham acreditado em nós desde o começo – gente que não gostava de nós só porque estávamos fazendo algum sucesso, mas que teria gostado de nós fôssemos ou não bem-sucedidos –, e isso nos tornava diferentes e os tornava especiais. Depois de nosso show seguinte, que foi na YMCA Tottenham Court Road, o cara da *NME* escreveu que "não estávamos amarrados pela pressão comercial", e ele acertou na mosca. Graças a Tony e Rob não havia pressão: não havia pressão para publicidade, para vender, para puxar os sacos certos. A única condição era continuar compondo músicas boas. Estávamos mais do que felizes em atendê-la. Se tivéssemos ido por um caminho diferente, nós definitivamente seríamos pressionados. Como eu disse, os Banshees estavam sendo pressionados; o Psychedelic Furs, The Cure, todos estavam. Nós não.

Mas aquele show em Tottenham Court Road, no qual tocamos com Echo & the Bunnymen e Teardrop Explodes... Eu me lembro de que estava guiando a van, como sempre (e, sim, lá vem mais uma história coitadinho-de-mim-na-van, mas o livro é meu), e estacionamos no centro de Londres.

"Ok, você espera aqui para o caso de o organizador aparecer", disse-me Rob. "Nós vamos comer alguma coisa."

"Nós" significava ele, Bernard, Ian, Steve, Dave, Terry e Twinny, que sempre me deixavam sozinho na van.

"Ei, e eu não vou comer nada, seu bando de babacas?", eu perguntei.

E eles: "Para de reclamar, Hooky!". E então eles se mandaram, e eu fiquei sentado atrás do volante da van estacionada, furioso, pensando *Que bando de filhos da puta escrotos. Por que eu dirijo a van? Por que sempre me deixam para trás?* O de sempre. Então olhei do outro lado da rua e vi outra van estacionada, uma Transit com um cara no banco do motorista, sentado lá resmungando sozinho. Era de uma banda, dava para perceber.

Atravessei a rua até ele e perguntei:

"Tudo bem, amigo?"

"Tudo bem, cara", ele respondeu.

"De que banda você é?"

"Oh. Sou Les. Sou o baixista da Echo & the Bunnymen."

"Sério? E você também dirige a van?"

"É."

"Eles se mandaram e deixaram você para descarregar?"

"É."

Nós nos tornamos grandes amigos depois disso, eu e Les, ambos baixistas e motoristas de van para nossas bandas. Mas eu tinha inveja porque ele tinha uma Transit de rodado duplo: maior capacidade de carga e um motor mais potente. Por outro lado, minha van de rodado simples tinha manutenção mais barata, e a banda estava economizando um monte em viagens e custos de aluguel por causa disso. Eu ainda odiava aquilo, porque era eu quem tinha que dirigir e manter a maldita coisa – e até pagar por ela. Tinha horas em que eu desejava que nunca a tivéssemos.

Bem, dizem que você deve ter cuidado com o que deseja...

"EU SÓ FUI DAR UMA MIJADA"

Londres ainda era um lugar importante e *sexy* para nós, e sempre era meio emocionante tocar lá, e conseguir um show no Nashville Rooms era superespecial. Afinal de contas, foi lá que os Pistols deram o famoso concerto por meio do qual foram parar na *NME* que vi no estacionamento em Newquay, que me inspirou a ir vê-los etc. etc.

Terminou sendo um daqueles shows maravilhosos, porque esta foi a primeira vez que me lembro de ver a plateia cantando junto as letras – e este é de fato um momento *Uau* quando a gente está em uma banda. Uma sensação estranha, mesmo, pensar de onde a música veio – nós quatro congelando no T. J. Davidson's – e ver que ela viajou toda aquela distância. É algo do tipo que emociona e envergonha ao mesmo tempo.

Assim, foi um show de arrasar, fora o fato de que lá pela metade um cara da plateia de repente subiu ao palco – um punk. Pensamos *Esse cara subiu para dançar, ou sei lá*, e continuamos tocando, mas ele passou correndo por nós e foi para os fundos, onde ficava o camarim. Ficamos olhando uns para os outros, tipo *Que porra esse cara está fazendo?*, mas continuamos tocando, até que alguns minutos depois ele reapareceu e fez menção de descer do palco de novo para a plateia. Eu o detive. Ainda tocando, perguntei "Que porra você foi fazer?".

"Ah, eu só fui dar uma mijada", ele respondeu.

"No nosso camarim? Seu folgado de merda!", e chutei-o para fora do palco.

Avanço rápido para cerca de vinte anos depois, e um cara vem até mim, não me lembro de onde, e diz: "Oi!".

"Oi, amigo."

Ele disse:

"Eu vi vocês quando eram o Joy Division, no Nashville Rooms, em Londres. Eu estava com um amigo, que subiu no palco e foi mijar no camarim, e você o chutou para fora do palco."

"É, eu me lembro disso", respondi. "Um babaca folgado."

E ele:

"É, bom, ele acabou se enforcando."

"Puta merda! Ele não se enforcou por causa daquilo, não é?"

"Ah, não, não foi por causa daquilo. Foi uns anos depois."

"Puxa, que alívio!" O que, percebi, não era a resposta mais sensível, mas era a imagem que eu tinha, sabe?

Enfim, de volta ao show. O que costumava acontecer quando carregávamos a van depois de um show era que Twinny acomodava o equipamento de forma que ele pudesse deitar em cima do gabinete do baixo em um saco de dormir (não era o de Barney), e dormia todo o caminho de volta. Ele não tinha ido àquele show em particular, o que o deixara muito chateado porque era um dos poucos shows que perdia. Mas conseguimos nos virar sem ele e, depois do show, carregamos a van e partimos, eu na frente de Steve, que tinha instruções estritas de ficar atrás de mim, porque eu temia que a van não conseguisse terminar a viagem. A van estava um bagaço. Tínhamos perdido a tampa do combustível e alguém – não eu – a substituíra com um trapo para impedir que a gasolina evaporasse. O problema era que o trapo estava alegremente se desintegrando, e de vez em quando entupia o filtro do carburador, que parava de funcionar. Eu quase podia prever quando ia acontecer, porque a van começava aos poucos a perder velocidade, que foi o que tinha acontecido na ida para Londres, naquele dia. Ela não tinha potência alguma. E eu sabia que, quando chegasse em casa, teria que tirar o filtro de ar, tirar o carburador, desmontá-lo, trocar todas as juntas, limpar o giclê, montar de novo, colocar tudo de volta e então ele funcionaria bem por algum tempo. Que trabalheira...

Mas primeiro eu precisava chegar em casa, e eu não sabia se a van conseguiria fazer a viagem. Eu ia devagar de verdade, cerca de 50 quilômetros por hora no máximo. Estávamos nos arrastando para casa. A meu lado, Terry caiu no sono. Eu olhava pelo retrovisor e podia ver Steve, mas ele havia ficado bem para trás; éramos somente eu e ele na autoestrada, como acontecia com frequência naqueles dias, especialmente de madrugada.

"EU SÓ FUI DAR UMA MIJADA"

Tínhamos acabado de entrar na M5 quando comecei a sentir sono. Terry estava roncando a meu lado e eu não podia mais ver Steve no retrovisor. Só o que sei é que daí a pouco escutei um estrondo violento e a van de repente disparou para a frente com tanta força que bati a cabeça na divisória e por um segundo só vi estrelas, vagamente ciente de estar pensando que o carburador devia ter se limpado de repente, por causa da aceleração, e ao mesmo tempo sentindo a van rodopiar e a dor. Isso, e muito barulho de pneus.

Devo ter ficado atordoado porque, quando voltei a enxergar, estávamos parados no acostamento, virados na direção certa, e eu achei que estava sonhando, porque uma carreta de doze metros estava deslizando pela autoestrada, de lado, passando por mim, os pneus cantando até que ela parou de atravessado na autoestrada, bloqueando as três pistas. A próxima coisa que vi foi Ian Curtis correndo pela estrada atrás de uma caixa que rodava para longe – que devia estar na parte de trás de minha van.

Minha cabeça ainda estava clareando quando Ian chegou à janela, carregando o tom-tom.

"Você está bem, Hooky? Você está bem?"

"O que aconteceu?", eu perguntei, completamente confuso com tudo aquilo.

Terry estava do mesmo jeito, olhando ao redor atordoado. Acontece que a carreta tinha batido em nós a 110 quilômetros por hora, empurrando a van para o lado e fazendo-a rodopiar 360 graus duas vezes; ela havia arrancado a parte de trás da van, partindo o eixo traseiro e achatando as portas de trás. O gabinete de meu baixo tinha sido arremessado pela parte de trás como um caixão em uma comédia, direto para baixo das rodas da carreta.

Graças a Deus que Twinny não estava dormindo sobre ele.

Passei o resto da noite sendo contido para não socar o motorista da carreta, que era de Manchester, mas não quis nos dar uma carona de volta. Tiramos nosso equipamento da autoestrada, preocupados com a possibilidade de a polícia descobrir meu certificado MOT falsificado. Fiquei olhando enquanto a van era guinchada. Na manhã seguinte – bem, já era de tarde na hora em que acordei – a realidade da coisa me atingiu: a van já era. Era uma ex-van. Ela havia deixado de existir. Pra mim, nada mais de dirigir van. Daí em diante, ou Terry, ou Twinny ou Dave Pils passaram a dirigir uma van alugada, e depois de cada show eu ia me esbaldar com o resto da banda no bar, enchendo a cara e tentando ganhar garotas.

Por um lado, foi absolutamente magnífico. Por outro, acabei me tornando um alcoólatra.

"VOCÊ NÃO DEVE CONFIAR EM UMA PALAVRA DO QUE EU DIGO"

Foi na apresentação no Nashville Rooms que Annik Honoré entrou na órbita do Joy Division. Ela e sua amiga Isabelle, que viajou da Bélgica para ver a banda, primeiro se aproximaram do engenheiro de som da casa e então falaram com Rob Gretton, que concordou com uma entrevista para o fanzine belga En Attendant *(À Espera), em 22 de agosto, depois do show da banda no Walthamstow Youth Club.*

Não me lembro de Annik no Nashville Rooms, e me recordo apenas vagamente da entrevista no dia 22. Mas, olhando para as datas, e sabendo como as coisas aconteceram, e da relação que ela e Ian tiveram, bem, deve ter sido um lance que começou lentamente. No início, havia o detalhe da distância entre eles. Sem mencionar o fato de que ele era casado e provavelmente não queria a complicação de se apaixonar de novo. Afinal de contas, já tinha muito com que se preocupar.

Eu gostava de Annik, porém, e ainda gosto. Anos depois, conversamos sobre aquela entrevista que demos a ela no apartamento de Dave Pils. O episódio apareceu em *Control*, e meu personagem está sentado lá dizendo coisas bobas sobre o nome "Buzzcocks", que odiei quando vi. Isso me fez parecer um babaca completo. Eu disse a Annik que eu nunca diria nada tão idiota, e ela me disse "Ah, mas eu tenho a fita, 'Ooky', e isso foi exatamente o que você disse".

Então veja só. Você não deve confiar em uma palavra do que eu digo. Tanto eu quanto Bernard tentamos conquistar Annik, na verdade, mas logo de cara ela sacou qual era a nossa, e nós dois ficamos um pouco putos quando Ian a ganhou. Acho que eles não foram amantes. Acho que ele não podia, por causa de todos os medicamentos que tomava, ou talvez não quisesse... Muito romântico. Era só mais uma daquelas coisas – alguma outra coisa que talvez ficasse incomodando no fundo de sua mente.

Ainda assim, ele costumava trocar uns beijos por aí. Ele foi pego com uma garota em um dos trailers dos trabalhadores no festival Futurama, em Leeds (li que Annik também estava lá naquele dia, o que sugere que eles ainda não estivessem juntos então). Mas ele sempre reclamava de que não conseguia ter uma ereção. Não era surpreendente que não conseguisse, na verdade; ele tomava tantos comprimidos que era incrível que não soasse como um chocalho. Costumávamos sacaneá-lo: "Como é que você ainda consegue ficar com as meninas se não consegue nem ficar duro? Está roubando elas da gente?". Mas acho que ele só fazia isso porque era possível. Quer dizer, lá está você, você é o vocalista de uma banda, e as garotas sempre querem o vocalista. Durante séculos, ninguém ligou a mínima para nós e nenhuma menina queria dormir com a gente. Mas de repente elas começaram a ligar e queriam dormir conosco. Esse tipo de coisa em geral não se comenta, porque é um pouco desagradável e não é uma parte da personalidade de Ian que as pessoas queiram explorar, mas ele não era nenhum anjo nesse aspecto. Nenhuma virgem inocente. Ele era poético e romântico e sensível – claro que sim –, mas ainda era um cara de uma banda e ele gostava de fazer o que os caras de bandas fazem. Que é dar uns amassos com as garotas e se divertir. Acho que é por isso que Deus nos deu bandas – para que caras feios como a gente consigam umas garotas.

O que às vezes me irrita no endeusamento de Ian é que ele sugere uma separação completa entre Ian e o resto de nós, que na verdade não existiu. Não tenho dúvida de que ele era diferente quando estava conosco do que era quando estava com Debbie e Annik, porque ele tinha aquele lado dele que desejava agradar as pessoas. O Ian que estava com Debbie é aquele de quem ela fala em seu livro; é o que está em *Control*, e ali você vê o Ian de Annik também. Mas o que você não vê – e algo de que nunca se fala – é o Ian que víamos na banda. Isso porque ele não se encaixa bem no mito, que prefere a ideia de que Ian existia em um plano diferente do resto de nós. Mas não era assim. Ele amava aquele estilo de vida, e teria se divertido muito, muito mais, se não fosse por sua epilepsia. Ele amava a música, e ele amava o grupo. Ele era nosso amigo. Quando Terry descobriu aquele barro bizarro que alguém havia largado nos banheiros do Leigh Open Air Festival, e chamou todo mundo para ver, porque era tão enorme – parecia uma pilha de rocamboles, o cocô mais inacreditável que já vi na vida –, Ian não saiu correndo para enfiar a cabeça em um Dostoiévski, por mais que ele tivesse gostado que Annik ou Debbie acreditassem que seria essa sua reação. Não, ele estava rindo tanto quanto nós e com tanto nojo quanto. Como qualquer um dos caras.

Acho que por esse lado nós com certeza tínhamos o melhor dele, e temos que dedicar nossos pensamentos a Debbie por um instante. Deixávamos Ian em casa e ele sempre estava acabado. É o que se faz como um grupo: a gente pega as pessoas, leva-as embora, devolve e deixa que os outros juntem os cacos. Com Ian sendo casado, epiléptico e um pai novato, não era fácil. Eles brigavam. Ian e Debbie brigavam como cão e gato, na verdade. Eles tinham um carro, um Morris Traveller, aquele com um painel de madeira na lateral. Só Debbie o dirigia, e, para ser honesto, nós sempre evitávamos entrar nele, porque os dois estavam sempre gritando um com o outro. Quando os seguíamos no Cortina de Steve, nós os víamos discutindo um com o outro, todos os movimentos de mão, o carro dançando de um lado para o outro da rua: os dois gritando, um tão alto quanto o outro. É preciso ver o lado dos dois. Deve ter sido duro para ambos. Para ele, o cara que sempre procurava agradar os outros, tentando compatibilizar suas duas vidas. Para ela, sempre tendo que juntar os pedaços, e provavelmente sem receber nada em troca. Afinal de contas, ele não estava sequer trazendo muita grana para casa, como compensação.

Ele escondia de nós boa parte das coisas ruins. Os problemas domésticos, os ataques – ele tinha muito mais ataques em casa do que na banda, pelo visto, e isso era outra coisa com que tinha de lidar. Eu de fato sentia pena de Debbie, tendo que aguentar tudo aquilo. Sobretudo quando nós ficávamos com o cara legal, o Ian gente boa, que estava crescendo a olhos vistos, a confiança cada vez mais forte, a adulação aumentando, e ela ficava com o Ian exausto, de ressaca, que provavelmente não queria saber de fraldas, contas a pagar e nem nada disso. Que só queria voltar para a estrada com seu grupo, tocando música e se embriagando com toda a adoração.

Dá para perceber como estávamos progredindo quando você vê o vídeo do programa *Something Else*. Estávamos nos sentindo muito confiantes naquele momento, e até tínhamos um pano de fundo. Rob tinha pagado cem paus por ele, pois queria que ficássemos bem em nossa primeira aparição de televisão nacional. The Jam também estava lá naquele dia, e lembro-me de estar esperando para tocar, quando Paul Weller chegou e disse "Vocês são a banda que vai abrir o nosso show?".

Pensei *Seu babaca arrogante.*

Eu já contei aquela história que aconteceu em uma cerimônia de premiação, curiosamente, e aquilo caiu como um tijolo, mas era verdade: era exatamente o que ele fazia – ele simplesmente supunha que qualquer banda que tocasse com The Jam seria uma "banda de apoio". Errado, cara, nós somos o Joy Division.

Eles fizeram uma entrevista curta com Tony e Steve. Eu e Barney queríamos aparecer, mas Rob não deixou. As palavras "dois bastardos grosseiros" foram usadas. Então tocamos "She's Lost Control" e "Transmission" e dá para ver como já estávamos mais fortes. Ian parece estar canalizando a música. Não posso nem imaginar o que devia ser para os telespectadores ligar a TV e ver aquele dervixe dançando em suas telas. A impressão que ele deve ter causado.

Barney tinha um amigo chamado Doutor Silk, e acho que trabalhavam juntos, ou tinham se conhecido por meio do trabalho, ou sei lá. Um garoto estranho. Ele era mágico. Enquanto você conversava com ele, ele ficava fazendo coisas com as mãos e de repente fazia uma mágica. Era de fato muito impressionante nas primeiras vezes, mas logo ficava cansativo; na quarta ou quinta vez, você só queria que ele sumisse. Ele tinha um corte de cabelo estranho e não bebia, e isso por algum motivo irritava a mim e a Twinny. Talvez eu irrite as pessoas, agora que não bebo. Não sei. Talvez ele só tivesse um jeito irritante de não beber.

Mas, de qualquer modo, por causa dos truques idiotas que ele vivia fazendo, e desse lance irritante de não beber, eu e Twinny assumimos a missão de embebedá-lo. Íamos dar um show no Factory, e depois de passarmos o som, à tarde, levamos o Doutor Silk para o pub e começamos a enchê-lo de álcool.

"Vamos lá, cara, toma mais um suco de tomate! Toma mais um!"

Naquela altura, estávamos pondo vodcas duplas em seu Bloody Mary, mas nenhuma nos nossos, pensando *Rá, agora ele cai.*

"VOCÊ NÃO DEVE CONFIAR EM UMA PALAVRA DO QUE EU DIGO"

Parecia que ele não estava ficando bêbado, então começamos a colocar doses triplas e quádruplas de vodca na bebida dele. Até que, depois de um tempo, estávamos bêbados como gambás e o Doutor Silk estava sóbrio como um mágico que tinha sacado tudo logo de cara; ele sabia exatamente o que planejávamos e trocou as bebidas a noite toda – dando-nos as batizadas e tomando ele mesmo as que não tinham álcool –, o que era exatamente o que merecíamos.

Ah, nossa... Quando cambaleamos de volta ao Factory para o show, estávamos trêbados. Descobri depois que Ian tivera um ataque no camarim, antes do show, mas se me contaram isso naquela noite então não registrei – desculpa, Ian –, por estar tão embriagado. O resto da banda me lançava olhares mortíferos, tipo *Olhe só para você, você está muito bêbado*, e eu não estava nem aí, tipo *Bêbado? Nunca me senti melhor. Vamos lá, cara, vamos lá.*

Então fomos tocar. Eu prá lá de bêbado, os outros três sóbrios como juízes. Enquanto a gente tocava, todos no lugar ficaram absolutamente malucos, e no meio da música eu dizia para Steve "Mais rápido, cara, mais rápido".

Steve só me olhou por baixo de sua franja e disse "Vai à merda, Hooky, não posso ir mais rápido". Mas eu o forçava a me acompanhar, realmente acelerando as músicas, que passavam voando uma depois da outra, e estávamos fazendo a plateia ficar alucinada. Uma imensa e confusa roda de pogo se formou na frente do palco, uma verdadeira batalha, ainda mais violenta que o normal. E havia um garoto que era um fã de verdade – dava para sacar porque ele estava sozinho e cantava junto as músicas e tinha muitos *patches* na jaqueta – que, de repente, *bok*.

Alguém deu uma cabeçada por trás da cabeça dele. Sem nenhum motivo que eu pudesse ver. Sem provocação. O cara tinha simplesmente chegado, agarrado o fã pelo cabelo e golpeado. Violento de verdade, e o fã caiu como se tivesse esvaziado.

Na mesma hora, vi tudo vermelho, então tirei meu baixo, segurei-o pelo braço e rodopiei-o na direção do *skinhead*, em um só movimento. O problema era que eu estava bêbado. Acho que nem cheguei a acertar. Em vez disso, o que aconteceu foi que o peso do baixo me puxou para fora do palco, para a plateia, onde o mesmo cara e seus amigos caíram em cima de mim. Vieram em bando, como aqueles dinossaurinhos de *Jurassic Park*, e me seguraram no chão. E então começaram a me chutar.

Pensei: *Acabou. Vou morrer.*

E a banda, parou? Barney, Steve e Ian vieram ajudar o colega que estava sendo surrado pelos *skinheads*? Não. Eles continuaram tocando. Foi Twinny quem pulou do palco, socou um dos garotos, me agarrou, me ergueu, bateu em outro cara e então pegou o agressor original pelo colarinho e juntos o levamos até o fundo do salão, junto à mesa de mixagem e começamos a espancá-lo.

De repente, o garoto começou "Sou um fã! Sou um fã!". Olhamos para baixo e ele estava cheio de *patches* do Joy Division: era só algum pobre carinha que tínhamos agarrado pelo caminho; estávamos surrando o sujeito errado. A essa altura, as pessoas já estavam nos puxando para longe, e mal tive tempo de pedir desculpas antes que ele se fosse. A banda ainda estava tocando e eu os xingava. Subi de volta no palco e comecei a chamá-los de malditos imprestáveis por não terem me ajudado – "Estavam chutando minha cabeça, seus filhos da puta!" – chamando-os de todos os nomes possíveis, enquanto eles tocavam "Atrocity Exhibition" como se nada tivesse acontecido. Como se eu não tivesse quase sido esquartejado pela plateia. Então saí furioso para o camarim, peguei uma garrafa e atirei-a contra a parede... bem na hora em que Ian entrou.

Não o atingi por pouco, felizmente.

"Você é um babaca", ele disse.

"E você é uma bichinha de merda!", gritei de volta. Bernard, Steve e Rob chegaram. "Eu só desci para ajudar um de nossos fãs. Não vi nenhum de vocês indo lá dar uma mão."

(Claro, não mencionei que acidentalmente tínhamos surrado um fã. A gente não pode deixar uma coisinha assim atrapalhar nossa justa indignação, não é?)

"Vou dizer uma coisa", eu ainda estava gritando. "Se algum dia vocês estiverem sendo estraçalhados a pontapés, eu vou deixar vocês lá."

Twinny pediu demissão na hora, xingando-os de tudo o que existe, e saiu pisando duro, mas foi imediatamente agarrado por Mike Nolan, o diretor de turnês dos Buzzcocks, que tinha ficado impressionado com a atuação dele e perguntou se ele podia fazer um bico de segurança de palco, na turnê que estava para começar. Twinny voltou direto para o camarim e retirou seu pedido de demissão.

No dia seguinte, tivemos uma reunião da banda. Claro que eu já estava sóbrio.

"Por que você fez aquilo, Hooky?"

"Você magoou Ian, de verdade."

"Desculpa, Ian."

"Você quase acertou Ian com aquela garrafa."

"Putz, me desculpa, Ian."

"Ele havia tido um ataque antes do show."

"Ah, que merda, me desculpa mesmo, Ian."

"Olha, tudo bem, não vai acontecer de novo."

Por sorte minha, o baixo era importante em muitas músicas; de outro modo, eles teriam me expulsado com certeza. No fim, ficaram satisfeitos com uma bronca dada por Rob; no fundo, porém, ele deve ter ficado secretamente satisfeito, porque conseguimos muita publicidade com aquilo. De minha parte, era o começo de uma reputação pesada que eu venho tentando atenuar desde então. Todo mundo começou a mirar em mim dali em diante: "Vamos pegar o babacão do Hooky porque ele compra a briga!".

E por muito tempo, claro, eu tive prazer em corresponder às expectativas.

"PODE MANDAR VER"

A seguir, o Joy Division embarcou em uma turnê pela Grã-Bretanha, abrindo os shows dos Buzzcocks, que estavam divulgando seu terceiro álbum, A Different Kind of Tension, e, pelo que se dizia, tentando manter seu pique. Além do prestígio da turnê – e do fato de que se considera que o Joy Division, em plena forma, tenha eclipsado os Buzzcocks em praticamente todas as noites –, isso significava que os membros da banda finalmente deixaram seus empregos para se tornarem profissionais.

Agora a coisa estava muito melhor. Éramos uma banda de verdade. Ganhando £ 12 por semana – £ 15 para Ian, recebendo com uma semana de retenção,[36] porque ele tinha uma família para alimentar e Debbie tinha armado o devido barraco. Rob mantinha a contabilidade para poder pagar o excedente mais tarde. A diária ainda era de apenas £ 1,50, mas não importava. Éramos músicos profissionais. A primeira coisa que fizemos quando chegamos para o show de abertura em Liverpool foi ir atrás de nossos velhos amigos, os Buzzcocks, que não víamos fazia cerca de um ano.

Nosso camarim era o tipo de camarim que você esperaria de uma banda pé de chinelo: algumas cadeiras de plástico e um par de cabides de arame. Mas o camarim dos Buzzcocks tinha uma proposta completamente diferente. Eles tinham a versão luxo, e, vendo a atividade que rolava ali, ficamos esfregando as mãos de contentamento. Um monte de engradados e carrinhos estava sendo levado para lá: cerveja, doces, sanduíches, pilhas de toalhas limpas, serviço completo. Um pouco antes, um cara da equipe deles havia mostrado um pacote de comprimidos de

---

[36] "A week in hand", sistema usado na Grã-Bretanha em que os pagamentos semanais começam a ser feitos apenas 15 dias após o início do trabalho; assim, o empregador sempre retém uma semana de pagamento, como garantia de que o empregado não deixará o trabalho sem ao menos uma semana de aviso prévio. [N. T.]

"PODE MANDAR VER"

aparência bem interessante, uma cor para colocar para cima, outra cor para colocar para baixo, bem como em *Quadrophenia*, sem mencionar um tijolão de maconha, como se dissesse *Este, caras, é o estilo de vida rock and roll. Preparem-se para a festa...*

Estávamos mais prontos do que nunca. Pode mandar ver. Eles tinham até um sujeito tatuado enorme com grossas correntes no pescoço montando guarda na porta do camarim para impedir a entrada de indesejáveis. Perfeito.

"Onde vocês estão indo, seus bundões?", ele disse, quando chegamos, prontos para reencontrar os Buzzcocks e compartilhar a cerveja, os doces e os sanduíches.

"Viemos ver nossos amigos, os Buzzcocks", respondi. "Começamos a tocar com eles em 1976. Somos muito amigos deles."

"Caiam fora!", ele disse, e ficou na frente da porta, de braços cruzados.

"Opa, você não pode fazer isso!", eu disse.

Ele podia, e fez. Aquele era Sarge, e ele se tornaria um de meus melhores amigos – e ainda é. E se Sarge diz que você não vai entrar em um camarim, você não entra.

Então saímos de fininho porque fomos impedidos de entrar. Sempre guardado por Sarge, o camarim se tornou uma fonte de fascínio para nós, a porta de um umbral para outro mundo, uma Nárnia repleta de toalhas limpas, batatas fritas e *groupies*. Quando os Buzzcocks estavam no palco e Sarge saía para mijar, nós íamos direto para lá e nos servíamos de cerveja e biscoitos. Ou ficávamos rondando até o fim da noite, quando todos se mandavam, e então entrávamos e devorávamos os restos.

Fora isso, eles ficavam lá dentro, e as únicas ocasiões em que os víamos, durante a turnê, era nas noites em que havia show, em que um deles, em geral Pete Shelley, nos contava como estavam passando bem em fosse lá qual hotel cinco estrelas em que estivessem.

"Pedi lagosta à Thermidor", ele nos disse uma noite, como o Pequeno Lorde.

Em nosso camarim, com suas cadeiras quebradas e cabides de arame, nós os chamávamos de bando de filhos da puta que tinham esquecido suas raízes. Dizíamos "Lagosta à Thermidor? Que merda é lagosta à Thermidor?". Achei que era alguma banda local.

Acho que os Buzzcocks pensavam em nós como seus primos caipiras, a quem não podiam dizer não para evitar que criassem problemas, e suponho que de fato éramos um pouco isso. Pode parecer estranho agora, mas na época eles eram os caras da classe média cabeça, e nos éramos os toscos da classe trabalhadora. Quer dizer, eles tinham um novo baixista, Steve Garvey, que costumava trocar suas cordas toda noite. *Toda noite?* Troquei as minhas quando uma arrebentou, e às vezes eu as fervia em vinagre para tirar a gordura dos dedos. Esse era o tamanho da diferença entre nós na época.

O fato é que eles tinham uma vida boa demais. Estavam tentando fazer algo novo com o álbum da turnê, *A Different Kind of Tension*, que tinha um som de rock mais orientado para adultos, e eles tinham ficado gordos e inchados – musical e fisicamente. Enquanto isso, estávamos no auge da forma, tocando mais ou menos meia hora de música incrível toda noite, e toda noite, exceto em Manchester, onde eles tinham um público fiel, nós arrasávamos com eles no palco. Tem uma lição aí: nunca tenha uma banda no auge da forma abrindo seus shows. Como New Order, tivemos o OutKast abrindo nosso show uma vez. Aquilo foi um grande erro.

Então isso era bom, de qualquer forma; dava satisfação sentir que estávamos com tudo, e até eclipsando os poderosos Buzzcocks. Além do mais, era um luxo para nós não ter que levantar para trabalhar de manhã. Eu estava morando com Iris e ela costumava ficar aborrecida porque eu ainda estava na cama quando ela saía para trabalhar. Ela odiava tanto que costumava perder de propósito o ônibus, para que eu tivesse que me levantar e levá-la de carro até a Co-Op, na cidade. Em geral eu chegava às três da manhã, uma coisa estúpida, mas ela insistia que eu a levasse. Descobri anos depois que ela nunca tinha de fato perdido o ônibus, ela apenas deixava que ele passasse. Mulheres. Mas ainda era melhor do que ter de ir trabalhar. Tudo o que eu precisava era fazer hora até à tarde, esperar que Steve viesse me pegar, e então seguir até o local do show, onde quer que fosse, encontrar com Twinny, Terry e Dave Pils, e ouvir enquanto eles me divertiam com as histórias do que quer que tivessem feito na noite anterior.

O motivo? Nossos *roadies* estavam viajando com os *roadies* dos Buzzcocks, no ônibus da turnê, ficando nos mesmos hotéis da banda.

"PODE MANDAR VER"

Sempre eram boas histórias. Filhos da mãe sortudos. Eles tinham que estar lá para instalar nosso equipamento para as primeiras passagens de som.

"E aí, rapazes, o que vocês fizeram na noite passada?"

"Puta noite legal, cara! Ficamos até as cinco e meia bebendo com a banda, todo mundo fumando um e xavecando umas garotas. Foi bom pra caralho, cara!"

Eles contavam vantagem. Deus, e como. Nós éramos a banda e estávamos quietinhos na cama de noite enquanto nossos *roadies* estavam vivendo o estilo de vida rock and roll. Que droga. Eu, Steve e Bernard estávamos mortos de inveja.

Mas não Ian, claro. Por fora, era o mesmo de sempre. Um dos caras. Mas, usufruindo da vantagem da visão em retrospectiva, pode-se começar a vislumbrar um pouco da pressão que ele sofria: sua atração por Annik e os efeitos colaterais dos comprimidos; a responsabilidade que sentia pela banda e pela casa. Esse foi o período em que Debbie mais pegou no pé dele por causa de dinheiro (e isso era compreensível, note bem: eles tinham um bebê recém-nascido); sabíamos que Debbie estava pegando no pé de Ian porque ela também estava pegando no pé de Rob. Debbie foi a que mais se rebelou contra a regra de Rob de "nada de namoradas", e ela aparecia nos ensaios para discutir com ele, em geral por causa de dinheiro. Não há dúvida de que era uma adversária de peso e, se era daquele jeito conosco, devia ser pelo menos duas vezes mais violenta em casa. Talvez por causa dessa pressão, ou quem sabe apenas por uma piora geral de sua condição, ou pelo fato de estar passando cada vez mais tempo com a banda e ser menos capaz de esconder, Ian começou a ter mais ataques, às vezes durante os próprios shows. Rob costumava ter discussões homéricas com os caras da iluminação nos locais onde nos apresentávamos, dizendo-lhes que não piscassem as luzes; isso sempre desencadeava ataques em Ian. Porém os caras ou deviam pensar *Vá se foder, seu babaca Manc, querendo mandar em mim*, ou se empolgavam, ou esqueciam, porque começavam a piscar a luz sobre a caixa, depois nos lados. Percebíamos tarde demais: àquela altura, Ian já tinha parado de cantar e entrado em transe, e então ele caía por cima da bateria ou enlouquecia no palco. Começamos a usar fachos de luzes, que se tornaram nossa marca registrada – mais uma dessas coisas que terminaram nos definindo sem querer — e que continuamos usando no New Order. Mas às vezes ele tinha um ataque mesmo assim. Ele tinha uma excelente técnica de microfone. Basta olhar as fotos e ver como ele ficava natural ao microfone — e, claro, ele também tinha a dança. Hipnótica. O problema era que ela desencadeava o ataque. Ele mesmo se colocava em um estado de frenesi e pronto. Era como se não conseguisse se conter, e no fim acabávamos tendo que carregá-lo para fora do palco.

Ele teve um ataque muito ruim na segunda apresentação da turnê, em Leeds, quando tive que contê-lo no chão, nos bastidores. Segurei a língua dele e achei que ele não fosse voltar — que ele fosse morrer. Depois daquilo, ele devia ter descansado, claro. (E por que nós não insistimos? Porque ele disse que estava bem, eis o motivo. E porque era conveniente para nós acreditarmos no que ele dizia.) Mas na noite seguinte nós tocamos em Newcastle, e na noite depois dessa estávamos na Escócia, onde ficamos longe de casa, comportando-nos como porcos numa pocilga.

Tenho uma história. Tudo começou no Hilton, em Glasgow, a primeira vez que passamos a noite fora, com os Buzzcocks. As bandas e os *roadies* estavam todos nesse hotel, bebendo no bar. Entornando como doidos, colocando as bebidas na conta de outros hóspedes, ficando absolutamente bêbados. Nós estávamos ao redor de Sarge, que era de grande interesse para nós porque tinha estado nos Hell's Angels — um ex-sargento de armas, o que explicava seu apelido. O sargento de armas é o cara que garante todo o cumprimento das regras. Ele policia os Angels, e uma das tarefas de Sarge era supervisionar as iniciações, sobre as quais ele estava nos contando, uma delas sendo que os novatos têm que tomar um caneco de mijo.

A gente disse:

"Mas isso é muito nojento!", E Sarge só encolheu os ombros.

Então Ian disse:

"Então vai, toma você um caneco de mijo."

"Tudo bem", disse Sarge. "Você me consegue um caneco de mijo e eu tomo. Mas isso vai te custar cincão."

Opa. Saímos correndo, arrancando grana das pessoas para pagar a ele para beber o mijo, e, assim que conseguimos o bastante, nos esforçamos para encher o caneco — principalmente Terry, cujo mijo parecia melado de tão espesso e marrom.

"PODE MANDAR VER"

Passamos para Sarge o caneco de mijo espesso e escuro e o pusemos na mesa, observando enquanto ele enfiava a mão nele e então colocava na boca.
Ele disse:
"Está quente. Quero dez."
Levantamos mais fundos, entregamos a ele e assistimos enquanto ele tomou tudo de uma vez, bateu o caneco na mesa e disse.
"Certo, sanduíche de merda por vinte paus."
Sanduíche de merda. Precisávamos de pão para um sanduíche de merda.
Desastre – não conseguimos achar nenhum pão. Dali a pouco todos nós estávamos correndo pelo hotel tentando encontrar pão. Eu e Dave Pils percorremos um corredor e encontramos um carrinho de café da manhã que tinha tudo quanto era coisa que alguém pudesse querer, e começamos a rodar por todo lado nele e então, por nenhum motivo – a não ser que eu estava bêbado e aquilo pareceu uma boa ideia no momento –, virei o carrinho em cima de Dave e o imobilizei no chão. Caído lá, coberto de facas e garfos, e potinhos de geleia, e sachês de molho inglês, ele ria, me xingava de filho da puta, e então atirou longe o carrinho e avançou na minha direção, arrancou uma planta enorme de um vaso e brandiu-a contra mim.
Depois de uma batalha suja de vasos de plantas, voltamos para o bar e descobrimos que tinha sido fechado porque estávamos virando baderneiros. Não aceitamos aquilo. Eles deveriam ficar abertos a noite toda se os clientes quisessem. Assim, embora fosse quatro da manhã e estivéssemos bêbados como gambás – ou mais provavelmente *porque* era quatro da manhã e estávamos bêbados como gambás –, um dos técnicos de iluminação dos Buzzcocks arrancou as venezianas do bar e nós entramos. No meio daquela confusão, alguém gritou que a polícia estava vindo – não estava, era só alguém sendo um filho da puta – e todos fugimos. Nunca um bar ficou vazio tão de repente. Então todos nós desmaiamos em nossas camas.
Acordei na manhã seguinte e descobri duas coisas: primeiro, eu tinha dormido com o braço fora da cama; e, segundo, que a polícia realmente estava vindo. O roubo/vandalismo/como queira chamar no bar tinha sido

descoberto, e estavam jogando a culpa no Joy Division. Por cerca de meia hora, corremos como galinhas degoladas, Rob pegando nossas roupas para nós e enfiando-as em sacolas, desesperadamente tentando nos tirar do hotel antes que a polícia chegasse. O empresário dos Buzzcocks podia resolver aquilo mais tarde. Só precisávamos nos concentrar em não sermos presos, e correr o risco de perder o show daquela noite em Edimburgo.

Conseguimos. Por pouco. Deixamos um rastro de destroços atrás de nós e seguimos viagem para Edimburgo, todos nós exceto Steve, que estava numa ressaca terrível, e eu pensando no meu braço caído para fora da cama daquele jeito – e essa é a parte engraçada, porque desde aquela noite eu sempre tive que dormir com um braço pendurado para fora da cama.

Conseguimos ficar afastados de problemas até chegarmos a Dundee, onde concluímos que Twinny estava extrapolando, porque ele ficava o tempo todo dando suas escapadinhas com os Buzzcocks, e então decidimos aprontar em seu quarto.

A primeira coisa foi pegar todas as roupas dele e amarrá-las a um mastro do lado de fora do hotel. Então tiramos a cama do quarto dele e a substituímos por um berço de bebê que encontramos no corredor, e então, como Twinny é muito supersticioso, tiramos todas as lâmpadas, amarramos um barbante comprido ao redor dos cabides de casacos do quarto dele e o passamos através da porta de comunicação, onde esperamos, rindo.

E esperamos. Às cinco da manhã, quando Twinny finalmente voltou ao quarto, bêbado como uma esponja, já fazia tempo que tínhamos parado de rir. Mas, ainda assim, sentimo-nos mais do que justificados porque ele tinha passado a noite toda de farra com os Buzzcocks de novo! Assim, quando ele chegou ao quarto e percebemos que ele tentava acender a luz, sem êxito, começamos a chacoalhar os cabides de casaco. Ele se apavorou. Gritou algo sobre o quarto estar assombrado e tentou fugir. Mas, como estava bêbado, e o quarto completamente às escuras, ele caiu bem em cima do berço, que se despedaçou.

Ele desmaiou, e na manhã seguinte estava furioso, exigindo que lhe déssemos suas roupas. Apenas apontamos na direção do mastro e lhe dissemos que era bem-feito.

"NO FIM ERA CARNE DE CAVALO"

Tivemos uma folga na turnê dos Buzzcocks para fazer nosso próximo show, que foi no Plan K, em Bruxelas, um grande *happening* cabeça, com uma leitura de William Burroughs, apresentação de filmes, Joy Division e Cabaret Voltaire. Quase chegamos tarde, porque Terry estava dirigindo a van. A questão era que Terry, Twinny e Dave Pils se desentendiam realmente às vezes, sempre batendo boca, e era só eu que conseguia evitar que se pegassem no tapa. Mas agora que éramos uma banda profissional de verdade, com *roadies* pagos (isto é, eles), eu não dirigia mais a van, e não viajava mais com o pessoal de apoio; eu ia no Cortina de Steve. Luxo. Mas isso significava que os Três Patetas não tinham ninguém para apartá-los; e, no dia em que saímos para Bruxelas, eles devem ter tido algum desentendimento gigantesco, porque Terry estava de mau humor, e por estar de mau humor ele dirigia a uma velocidade de Miss Daisy pela autoestrada e ficava parando o tempo todo. Ele nunca foi o mais competente dos motoristas, e me dizia que não estava conseguindo ir a mais de 50 quilômetros por hora; no fim, acabei ficando no lugar dele como motorista e pisei fundo pela autoestrada afora, para não correr o risco de perder o *ferry*. Acelerei a 130 por hora e conseguimos chegar a Bruxelas, o que era superemocionante – era a primeira vez que saíamos do Reino Unido.

De algum modo, conseguimos encontrar Michel Duval, que nos levou para o hotel, e estávamos ansiosos – ainda mais pensando no luxuoso hotel que ele devia ter escolhido para nós.

Acontece que, quando chegamos lá, não era um hotel. Não era sequer uma pensão. Era um albergue da juventude. Em vez de quartos para duas pessoas, que era o que costumávamos ter, tivemos que dormir em um dormitório enorme. Pegamos as melhores camas. Steve, que era lento demais, pegou uma com um grande calombo onde as molas tinham quebrado, e quando ele se deitou ficou todo torto; Barney já estava reclamando que não ia conseguir dormir, pois tinha o sono leve, embora aparentemente isso nunca o tivesse incomodado antes; enquanto Ian passou o olhar pelo aposento e saiu para tentar conseguir uma cama em outro lugar – e de fato conseguiu, com o Cabaret Voltaire, em seu quarto normal e agradável, antes de voltar para esfregar isso em nossos narizes.

Com nossas acomodações já acertadas, fomos para o show, que era em um lugar enorme, incrível, um espaço de artes, acho. Fizemos nossa parte e foi um show bom de verdade, e depois eu, Ian e Barney fomos ver William Burroughs e então ficamos por ali enquanto ele estava sentado a uma mesa autografando seus livros.

Ian estava um tanto deslumbrado, mas sem grana, e não tinha dinheiro para comprar um dos livros que William Burroughs autografava.

"Vou lá pedir a ele se pode me dar um livro", disse, depois de ficar lá parado por uma eternidade, olhando para a mesa como um garoto diante de uma bandeja de tortas quentes.

Eu e Barney achamos aquilo hilariante. Quer dizer, olhando para William Burroughs, que parecia tão grisalho e cansado do mundo, ele não tinha jeito de quem distribuía livros de graça para pobretões de Macclesfield. Mas Ian havia entornado um monte de cervejas Duvel e estava se sentindo corajoso, e a gente deu a maior corda. Assim, quando houve uma trégua das pessoas que chegavam até a mesa de William Burroughs, ele foi até lá, ignorando nós dois, que nos escondemos atrás de uma pilastra próxima, nos divertindo.

"Oh, olá, senhor Burroughs", ele disse. "Sou um grande fã seu, e..."

William Burroughs olhou para ele e grunhiu.

"Tá, garoto, tá. Tudo bem."

Ele provavelmente tinha ouvido aquilo a noite toda – de pessoas que ao menos compravam o livro dele.

"Bom, eu faço parte da banda Joy Division, que tocou esta noite..."

"Tá, garoto, tá. Tudo bem", grunhiu William Burroughs.

"Bom, eu queria saber se o senhor podia me dar um livro."

"*Dar* um livro?", atalhou William Burroughs.

"É."

Ele olhou para Ian.

"Vai à merda, garoto!", ele disse, e Ian se afastou desapontado, com o rabo entre as pernas, enquanto nos mijávamos de rir.

Então passamos o resto da noite grunhindo "Vai à merda, garoto" para Ian, cuja reação foi ficar muito, muito bêbado.

Ele não foi o único. Twinny também ficou absolutamente bêbado. Encontrei-o do lado de fora e, em vez de colocar nosso equipamento na traseira da van, ele tinha invadido o bar e enchido a van de cerveja roubada. Nós o fizemos devolver tudo, para podermos carregar o equipamento e voltar para o albergue da juventude. Quando chegamos lá, foi uma verdadeira carnificina. De volta ao dormitório, Twinny descobriu um sujeito belga dormindo na cama dele.

"Ei, você, vai à merda!", ele estava gritando, uivando para o sujeito, que por sua vez parecia aterrorizado, como um coelho ofuscado por faróis. Twinny avançou sobre ele e provavelmente teria agarrado o sujeito se eu não tivesse me colocado entre eles.

"Twinny, ele não consegue te entender, seu idiota", eu disse. "Ele é belga, você tem que falar francês com ele."

Twinny me olhou, assentiu com a cabeça e disse para o cara:

"Ei, você, vai a *la merdá*!"

O pobre sujeito saiu da cama e deu no pé, e por essa altura todos nós estávamos absolutamente histéricos, não havia como nos segurar. Ian estava rindo porque ia ter uma boa noite de sono no quarto do Cabaret Voltaire, e estava evidente que as coisas em nosso dormitório só iam sair mais e mais de controle. Barney estava resmungando algo e então começou a discutir com Twinny, mas Twinny se exaltou e virou a cama de Barney, com ele nela, de modo que Barney saiu voando e bateu com a cabeça em um aquecedor. Isso o deixou totalmente furioso, e ele pegou uma garrafa de concentrado de laranja, quebrou seu gargalo no aquecedor e esvaziou-a na cama de Twinny. A resposta de Twinny foi abrir da mesma forma duas garrafas de Duvel e despejá-las na cama de Barney, e nesse ponto nós já estávamos dizendo aos dois que se acalmassem antes que alguém saísse machucado. Foi aí que Ian botou o pinto para fora e começou a mijar em nosso cinzeiro – era um daqueles cinzeiros altos, de pedestal –, o que lhe pareceu hilariante, e olhando para trás por cima do ombro, dizendo "Rá, seus punheteiros, estou mijando no quarto de vocês! Rá, rá, mijando no quarto de vocês!".

Foi uma daquelas mijadas que não terminam nunca, como a de um jumento, e nós o xingávamos de babaca nojento quando um zelador entrou no quarto, acompanhado de dois seguranças.

O cara ficou descontrolado. Ian já não sorria mais. Ele estava tentando guardar o pau de volta nas calças e ao mesmo tempo acalmar o zelador, que estava ficando de todos os tons de roxo, xingando Ian em francês da mesma coisa que nós o tínhamos xingado em inglês, só que agora Ian não estava achando graça nenhuma.

"Eu não entendo francês", ele dizia. "Desculpa. Eu não entendo francês. Só me diga o que quer que eu faça, e eu faço."

Não sei o que ele fez para acalmar o zelador, mas conseguiu, e a festança continuou e só sei que desmaiei, com um braço pendurado para fora da cama.

Na manhã seguinte, acordamos no dormitório destruído, com laranja e Duvel e mijo de Ian por todo canto, uma ressaca da porra, precisando desesperadamente de algo para comer e terminando no que achávamos que fosse uma lanchonete. Lá gastamos o resto de nossa grana em sete hambúrgueres, que nos entregaram crus. No fim, era carne de cavalo, e nenhum de nós conseguiu comer aquilo, então ficamos com fome.

O que era bem-feito para nós, eu acho.

Essa foi nossa viagem à Bélgica. Na volta para casa, fomos direto para a turnê com os Buzzcocks, mas em algum ponto no meio de toda aquela loucura encontramos tempo para gravar a que iria se tornar uma de nossas músicas mais conhecidas, "Atmosphere", que fizemos para *Licht und Blindheit*, um EP que seria comercializado apenas em território francês. Quem é que põe uma de suas melhores músicas em um *single* de edição limitada disponível apenas na França? Nós, eis quem.

"Atmosphere" é uma música densa. Muita gente diz que é sua música favorita do Joy Division, mas não é a minha; ela me faz lembrar demais de Ian, como se fosse sua marcha fúnebre, ou coisa parecida, e acho que faz sentido que seja uma das músicas mais populares para serem tocadas em funerais: Robbie Williams tem "Angels", que é tocada em casamentos, e nós temos "Atmosphere", que é tocada em funerais. Becky diz que vai tocar "Atmosphere" em meu funeral – mas a de Russ Abbot. Obrigado, amor.

Por isso, não, "Atmosphere" não é minha favorita. Se você me perguntasse qual seria, eu diria que é "Insight", neste momento, porque é tão simples e tão forte... e não tem um refrão. Essa era uma das coisas que eu realmente gostava no Joy Division, que as músicas não precisavam ter um refrão ou uma ponte. Eu costumava adorar isso no New Order também, até que começamos a ficar todos formais quanto à composição, e no fim todas as músicas tinham estrofe, refrão e ponte, o que para mim deixou tudo insípido.

No entanto, "Insight" não tem tudo isso. Para mim é o som de um grupo de jovens músicos trabalhando as possibilidades do que podem fazer, e fazendo isso juntos. Mudando o mundo. Ela me faz lembrar de uma época em que compor música era fácil, mas acima de tudo divertido.

O lançamento do 7 polegadas "Transmission", em outubro, revelou-se uma decepção para Tony Wilson, que tinha a expectativa de que o coro de "Dance, dance, dance to the radio" conquistasse para a música espaço no rádio. Planos de contratar alguém para promover a música nas rádios foram arquivados por insistência de Rob Gretton e Martin Hannett, que achavam que promover um single *ia contra a filosofia da Factory. Como resultado, apesar do sucesso de crítica, apenas 3 mil das 10 mil cópias encomendadas por Wilson foram vendidas. Rob iria orquestrar a próxima ação de desafio comercial da banda, fazendo um acordo com o selo francês Sordide Sentimental. Fundado na França, em 1978, por Jean-Pierre Turmel e Yves Von Bontee, ele tinha chamado sua atenção com o lançamento, numa embalagem belíssima, de "We Hate You (Little Girls)", do Throbbing Gristle, e um acordo foi feito para lançar duas músicas do Joy Division de forma semelhante: "Atmosphere" e "Dead*

Souls", produzidas por Martin Hannett durante as sessões de gravação no Cargo, em outubro. Finalmente lançado em março de 1980, o EP Licht und Blindheit *estava limitado a apenas 1.578 cópias, compradas apenas pelo correio, com a maioria dos fãs tendo que se contentar em gravá-lo do programa de John Peel.*

As músicas que o Throbbing Gristle colocou em Sordide Sentimental nunca iriam aparecer em nenhum outro lugar. Quero dizer, elas eram desagradáveis até para os padrões do Throbbing Gristle. Sempre que eu punha aquele EP, meu gato costumava sair correndo da sala. E nós? Colocamos lá duas de nossas melhores músicas. Em uma edição limitada que nunca nos rendeu grana alguma. A tiragem foi de 1.578 cópias; descobri mais tarde que 1578 foi o último ano em que os franceses derrotaram os ingleses em uma guerra.

Apesar de tudo, aquilo não nos incomodou na época – isso aconteceu durante um período em que estávamos constantemente escrevendo músicas excelentes, e então não parecia grande coisa, para ser sincero. E encarando isso em termos da história do Joy Division como um todo, bem, é a cara da gente, não é? Aquela atitude especial defendida por Rob e aceita por Tony, que era ou ingenuidade total, completa estupidez, incrível antevisão ou uma estranha mistura das três coisas. Eu sinceramente não sei. Bem, as pessoas na época diziam que éramos loucos – as outras bandas e seus empresários, digo. Mas Rob adorava isso. Ele adorava ser teimoso e do contra, e gostava mais do que tudo de provocar Tony.

"Atmosphere" foi escrita originalmente em duas metades. O baixo e a bateria eram uma ideia – eu e Steve a desenvolvemos juntos. Os vocais e os teclados eram outra. Tínhamos trabalhado nelas separadamente, só fazendo experimentos com elas, na verdade, e então as colocamos juntas e obtivemos a música que chamamos de "Chance", incluindo nosso órgão Woolies emprestado da avó de Barney.

Não seria senão daí a alguns anos que entraríamos no cheque especial do banco de *riffs*. Foi nessa época, afinal, que também compusemos "Love Will Tear Us Apart" e terminamos gravando-a pela primeira vez como parte de uma sessão de gravação com John Peel, em novembro. Foi uma música composta durante ensaios no TJ. Eu tinha o *riff*, Steve construiu a parte da bateria e Ian resmungou algumas palavras e então disse que ia para casa escrever uma letra para ela, coisa que ele fez, usando o *riff* do baixo como a melodia para o refrão. Mas, meu Deus, se ele tivesse escrito aquela música sobre mim, eu ficaria desolado. Não sei ao certo sobre quem ele escreveu. Nunca perguntei. Mas quem quer que tenha sido merece todo o dinheiro dele por conta disso.

"ELE ESTÁ POSSUÍDO PELO DEMÔNIO, AQUELE BABACA"

Ainda com a turnê dos Buzzcocks, estávamos percorrendo o Reino Unido, e Ian começou a ter mais ataques. Teve um muito forte em Bournemouth. Ele estava muito cansado quando chegamos lá. Todos nós estávamos, claro – absolutamente acabados –, mas o resto da banda não estava sob medicação pesada. Não tínhamos esposa e filha, e nossos assuntos de coração não eram tão complicados.

Depois de um show em Guildford, na noite anterior, Rob tinha cortado o cabelo da banda com tesoura de poda. Ian, Bernard e Steve foram tosados; só eu escapei. Estávamos ficando em uma pensão, onde Bernard teve de ir dormir no banheiro para escapar dos roncos de Rob – o início de um hábito regular para ele –, havia muito mais bebida envolvida e era tudo um caos, de um modo ou de outro. O resultado foi que, quando chegamos a Bournemouth, estávamos um bagaço, sobretudo Ian. A maioria dos ataques ocorria no final da apresentação, mas esse foi logo no começo do show, que tivemos que interromper. Durou cerca de uma hora e meia, durante a qual eu e Rob tivemos que nos revezar para segurá-lo; uma vez mais tive que segurar a língua em sua boca para impedir que ele a engolisse. Jesus, foi assustador.

Ele voltou a si e ficou olhando para nós, com o olhar vidrado.

"Ian, você está me ouvindo, cara?", eu perguntei a ele. "Vamos ter que te levar para o hospital."

Ele sacudiu a cabeça; tinha entendido, mas não queria ir para o hospital. Nunca quis; não queria atrapalhar ninguém. Era bem a cara dele.

"Olha, Ian, cara; não está tudo bem; o seu ataque durou muito tempo. Vamos te levar, quer você queira, quer não."

Ele ainda estava relutante em ir, e no fundo estava certo. Você leva para o pronto-socorro um cara que acabou de ter um ataque epilético e a enfermeira te olha como se você tivesse acabado de chegar de Vênus. E foi

"ELE ESTÁ POSSUÍDO PELO DEMÔNIO, AQUELE BABACA"

exatamente o que aconteceu quando enfiamos Ian no carro, o levamos até o hospital mais próximo e esperamos horas para sermos atendidos.

Eles ao menos tiveram a gentileza de fazê-lo passar em consulta, enquanto aguardávamos na sala de espera. Depois de um instante, ele saiu. Um pouco pálido, um pouco abatido. Fora isso, ok.

"Você está bem, Ian?"

"É, é, estou sim. Não se preocupem."

Voltamos para o show, onde os Buzzcocks só então tinham começado a tocar, e não havia sinal de Twinny em lugar nenhum. Depois de procurar por um tempo, nós o achamos dentro de um armário, todo encolhido como se estivesse se escondendo de algo.

"Que porra você está fazendo aí?", perguntei.

"Ele está possuído pelo demônio, aquele babaca."

"Levanta, seu bobalhão!", disse eu, arrastando-o para fora. "Deixa de babaquice. Vai lá ver ele. Ele já está normal de novo."

O que quer que "normal" significasse. Para Ian, "normal" era quase não descansar, comer comida de merda, ficar bêbado, viajar o tempo todo, indo de cidade em cidade. Bem o contrário de tudo que devia estar fazendo. Olho para trás e fico vendo em que ponto nós devíamos ter parado. É a parte mais difícil de escrever este livro. Ao pôr tudo no papel, posso identificar os momentos onde devíamos ter dito "chega!" – porque hoje tudo parece tão óbvio... Mas na época ele simplesmente foi em frente, e nós também. Egoísmo, estupidez, ignorância teimosa e a recusa em aceitar o que acontecia bem na nossa cara – fomos todos culpados, até mesmo Ian. Porque era por aquilo que tínhamos trabalhado e esperado. Todo o frio que passamos no TJ, e as brigas com os Drones, e nos sentirmos ignorados e desprezados, por fim, essas coisas estavam sendo compensadas. Às vezes, tenho vontade de dizer ao eu mais jovem "Vai mais devagar, cara, para que tanta pressa? Você vai ter mais trinta ou quarenta anos disso", sabendo que o eu de 22 anos ia franzir o cenho e mandar o eu velho à merda, porque quando a gente tem 22 parece que, se não fizer na hora, tudo vai virar fumaça de repente.

Mesmo assim, acho incrível que ninguém tenha dado uma surra em Rob Gretton e em todos nós, e arrastado Ian para casa e para a cama. Mas ninguém fez isso. As coisas foram ficando mais e mais frenéticas.

Na turnê dos Buzzcocks, as sacanagens continuaram. Vítimas distraídas abriam a porta e tomavam na cabeça latas cheias de lixo ou de água. Ou se sentavam numa cadeira equilibrada em latinhas de refrigerante, que então caía.

Claro que havia ocasiões em que a coisa saía do controle. Uma noite, mais ou menos por volta da noite dos fogos de artifício,[37] todos nós – eu, Terry, Dave Pils, Rob e Steve – invadimos o quarto de hotel de Ian e Barney, que estavam com duas garotas; Barney em uma cama, Ian na outra. Dave acendeu algumas bombinhas e jogou-as no quarto, uma das quais caiu na camisa de Barney, que pegou fogo.

Barney ficou furioso – completamente possesso. Depois de apagar o fogo, ele xingou, gritou e mandou a gente ir se foder, agitando a camisa queimada. Em resposta, fizemos gestos obscenos e mandamos ele ir se foder também, e dissemos que ele merecia (embora eu não tenha certeza de que merecia de fato; provavelmente era só inveja de nossa parte, mas fazer o quê?). Ian achou tudo hilariante, e as duas garotas, nuas em pelo, ficavam completamente aterrorizadas, coitadinhas, com o quarto de repente cheio de sujeitos grosseiros atirando bombinhas, incendiando roupas e xingando uns aos outros. Não era bem a festinha erótica que tinham imaginado.

Teríamos passado a noite toda gritando uns com os outros se o porteiro do hotel não tivesse aparecido e dado um esporro. Enquanto ele gritava conosco, Barney saiu furioso do quarto, berrando "Tudo bem, seus cuzões, vocês vão ver" como despedida, e nós respondemos "Ah, vai à merda" enquanto ele ia embora.

Tudo se acalmou. A maioria de nós foi para o bar, tomar algo, dando por fim um pouco de privacidade às garotas, e quando estávamos lá, Barney entrou, ainda furioso.

"Onde você estava?", perguntamos.

"Vocês vão ver", ele respondeu. "Vão ver mesmo, bando de filhos da puta."

---

[37] A noite de 5 de novembro, também chamada de noite de Guy Fawkes. [N. T.]

"ELE ESTÁ POSSUÍDO PELO DEMÔNIO, AQUELE BABACA"

E a gente, "Vai à merda, seu babaca!", enquanto terminávamos de beber. Mas descobrimos, na manhã seguinte, que o babaca idiota tinha esvaziado os quatro pneus do carro.

"Por que você fez isso?", eu perguntei.

"Vocês queimaram a porra da minha camisa."

"Mas você sacaneou com você mesmo. Você também está viajando nesse carro, seu burro."

Claro que levamos horas para conseguir encher os quatro pneus. Tivemos que comprar uma bomba de pé e então revezar-nos. Ficamos todos suando como condenados, inclusive Barney.

Um monte de sacanagens acontecia entre nós e os Buzzcocks e os *roadies* deles, e na reta final para a última apresentação da turnê, que seria no Rainbow, em Finsbury Park, os caras avisaram que iam aprontar algo bem grande com a gente, bem terrível, em nossa última noite.

"Ah, a gente vai pegar vocês. Vamos pegar vocês", diziam. "Quando estiverem no palco, caras, no meio do show. Planejamos algo bem especial para vocês."

Mas à merda com eles: estavam se metendo com os reis, e de imediato formamos um conselho de guerra para arquitetar nossa retaliação. O que bolamos envolvia adquirir doze camundongos vivos – queríamos ratos, mas não tínhamos condição de comprá-los –, cinco quilos de larvas vivas de insetos, usadas para pesca, dez tubos de espuma de barbear e cinco dúzias de ovos. Era tudo o que podíamos comprar. Uma fortuna foi gasta nessa sacanagem, mas ia valer a pena.

O plano era usar as larvas durante o show dos Buzzcocks. Eles achariam que era tudo o que tínhamos a oferecer, mas, enquanto isso, colocaríamos os camundongos dentro do ônibus deles e usaríamos a espuma de barbear nas portas e janelas. Eles iam ter de enfrentar a espuma de barbear, entrar no ônibus, ver os camundongos, sair correndo do ônibus gritando e então jogaríamos os ovos neles. Brilhante. Éramos tão bons planejando sacanagens como éramos compondo nossas músicas.

E aí chegou o show. Mesmo sabendo que tínhamos um plano, ainda assim estávamos preocupados com o que eles iam aprontar conosco. Os *roadies* deles estavam todos rindo. Tinham nos ameaçado com a mãe de todas as sacanagens. Durante toda a semana eles vinham se preparando para isso. Que teriam feito? Que horrores nos esperavam?

Eles tinham colocado talco na caixa da bateria.

Só isso. Essa era toda a sacanagem campeã do mundo. Um pouco de talco na caixa. Na hora, nem notei. Quando estávamos saindo, perguntei a Steve "E o que aconteceu com a sacanagem dos Buzzcocks?", e ele me contou que tinham colocado um pouco de talco na caixa e que, quando bateu nela, uma nuvenzinha tinha subido. E pronto.

Que tontos. Putz, nossa resposta ia parecer meio desproporcional. Mas que se danasse, idiotice deles fazerem uma brincadeira tão boba, pensamos, e ver como estavam rindo, achando que tinham sido hilariantes com o truquezinho de talco na bateria, só nos deixou ainda mais determinados a dar-lhes nossa resposta como planejado. Esperamos até eles começarem e lançamos a fase um do plano: as larvas.

Cinco quilos delas, nós tínhamos. Isso é muita larva. São cinco sacos de açúcar de larvas. Perto do fim da *setlist* deles, enquanto eles começavam a tocar "Boredom", nós animamos um pouco as coisas nos esgueirando por trás dos *roadies* com as larvas: cada um com dois sacos, esvaziando-os primeiro nas *cases* de viagem onde os *roadies* se sentavam para ver o show e então no pano de fundo dos Buzzcocks, que as larvas começaram a escalar, como tínhamos imaginado que fariam, e então na mesa de som.

Mal conseguindo nos conter, recuamos para observar a confusão de uma distância segura, vendo as larvas avançarem. Os *roadies* perceberam algo primeiro. Uma onda de larvas tinha subido das *cases* pelas costas deles, e então entraram entre os cabelos. Ficamos olhando enquanto primeiro um, depois outro, começava a se coçar e uma terrível compreensão os invadia. A próxima onda de larvas já havia então subido pelo pano de fundo e estava caindo em cima do baterista dos Buzzcocks, John Maher. Agora os caras da mesa de som corriam de um lado para outro gritando. O resto da equipe também. John Maher terminou "Boredom" debaixo de uma chuva de larvas, e a banda terminou o show furiosa conosco.

Pronto, pensaram. Sacanagem terminada. Como estavam enganados... Eles tinham dois ônibus do lado de fora, um para a banda e suas namoradas, e outro para a equipe. Forçamos as janelas para abrir, jogamos os camundongos, cobrimos todas as maçanetas com espuma de barbear e voltamos para o Rainbow para a festa de fim de turnê.

Sarge nos deixou entrar no camarim. Finalmente. Admitidos no sacrossanto camarim. E que baderna virou... todos bêbados. Eles se divertiam com o talco na bateria – ho ho ho, que engraçado –, e nós nos divertíamos com as larvas, fazendo-os pensarem que era só aquilo, mas saboreando a carnificina que tínhamos preparado para quando entrassem nos ônibus.

Uma guerra de comida depois, era hora de partir, e nós nos escafedemos e nos amontoamos no Cortina de Steve, estacionando debaixo de um viaduto, ou uma ponte ferroviária, sei lá, transversal ao ponto onde os ônibus estavam, e do outro lado da rua, cada ônibus preparado com seus camundongos vivos no interior e com janelas e maçanetas revestidas de espuma de barbear.

Assim, ficamos esperando... E lá vieram os Buzzcocks e suas namoradas e, às gargalhadas, ficamos assistindo enquanto nos xingavam e limpavam a espuma. Eles nos viram do outro lado da estrada e começaram a gritar para nós, mas nem tentaram nos pegar, a gente teria caído fora enquanto ainda estivessem seguindo o Green Cross Code.[38] Ficamos acariciando os ovos enquanto eles limpavam os últimos restos de espuma e embarcavam nos ônibus, e então esperamos que saíssem correndo assim que vissem os camundongos.

Mas eles não saíram. O ônibus partiu. Nós nos entreolhamos. Merda. Mas ainda faltava a equipe, pelo menos. E de fato, um pouquinho depois, eles vieram; viram o ônibus com espuma de barbear por todo lado, começaram a limpar, nos localizaram e começaram a gritar palavrões enquanto nós estávamos lá nos contendo e segurando os ovos, observando-os limpar o ônibus e embarcar.

Dessa vez funcionou perfeitamente. Segundos depois de fechar-se, a porta se abriu de novo e os caras saíram correndo, caindo pelos degraus, gritando "Ratos! Ratos!".

---

[38] "Código verde do cruzamento", conjunto de regras de segurança para as crianças atravessarem a rua, na Grã-Bretanha. [N. T.]

Brilhante. Já estávamos fora do carro, atravessamos a rua correndo e começamos a bombardear todos com os ovos. Terminou em segundos. Cobrimos todos com ovos e corremos de volta ao Cortina, nos arrebentando de tanto rir – mas demos de cara com dois policiais parados lá.

Atrás de nós, do outro lado da estrada, havia um caos total, com a equipe começando a se recuperar da ovada, o ônibus deles coberto de ovo e espuma de barbear, e praguejando sobre os ratos lá dentro. Um dos policiais falou "Percebem que isso é vandalismo?".

Então, por algum motivo, Dave Pils disse:

"Isso é porque eu sou negro?"

O que era engraçado, porque ele não é negro.

"Mas você não é negro, Dave."

"É porque minha namorada é negra."

Jasmine era negra – nisso ele estava certo.

"Dave..."

"É isso, não é, seu maldito racista?"

"*Dave.*"

Conseguimos acalmar a polícia, mas levamos uns quinze minutos, e então a equipe dos Buzzcocks já tinha conseguido se livrar dos camundongos, entrado no ônibus e ido embora para o hotel, para encontrar-se com a banda.

"Os cuzões do Joy Division colocaram ratos em nosso ônibus. Eles também fizeram isso com vocês?"

"Não", disse a banda. "Eles não iam ter coragem de colocar ratos em nosso ônibus."

Mas Sarge nos contou depois que ele estivera no ônibus, e Steve Diggle estava lá conversando com a namorada quando Sarge olhou para baixo e viu um camundongo na bolsa dela.

"Achei que estivesse delirando", ele nos contou mais tarde. Olhando ao redor, ele viu um monte de latas de cerveja num canto e outro camundongo. Então outro. E outro. Mas ele decidiu ficar quieto, imaginando o inferno que seria se alguém notasse. Em vez disso, ele apenas esperou até que a banda chegasse ao hotel e tirou todo mundo de lá o mais rápido possível, antes de cuidar dos camundongos pisando em cima deles. Nós não gostamos disso – a gente adorava animais –, mas não íamos discutir.

"ELE ESTÁ POSSUÍDO PELO DEMÔNIO, AQUELE BABACA"

Imaginar os Buzzcocks sem se tocarem de que o ônibus estava tomado por camundongos de algum modo era tão engraçado como imaginá-los descobrindo isso.

Foi um ótimo final para um ano que havia sido turbulento, para dizer o mínimo. No começo de dezembro, tocamos no Eric's, e foi um show muito marcante, na verdade, porque foi a primeira vez que Gillian subiu ao palco conosco. Houve as brincadeiras brutas de sempre, e ficamos por ali entre a passagem de som e a hora de abertura, dando cabo de uma caixa de cerveja que Roger nos dera. Barney e Rob estavam lutando de brincadeira, usando garrafas vazias, e um deles fez um corte no dedo. Para nosso azar foi Barney, que não poderia tocar no show por causa daquilo. Acho que foi Rob quem sugeriu que Gillian se juntasse a nós na guitarra, porque ela havia sido guitarrista no The Inadequates – ele sempre teve uma quedinha por ela, para ser sincero.

Por sorte, Barney já estava bem para nosso show seguinte, no Les Bains Douches, em Paris, onde Steve nos disse que não teríamos problemas de comunicação, uma vez que ele tinha um O-Level em Francês.

"Ah, eu adorava falar francês", ele disse. "Eu era bem bom nisso."

Ele não disse uma palavra de francês na viagem toda. Nem no posto de gasolina, a frase que tinha praticado. "Encha o tanque, amigo", em inglês, foi só o que saiu.

Enfim, então, entramos no *ferry* e, que merda, as ondas estavam enormes. Eram tão grandes que fizeram o barco girar; o capitão o deixara à deriva. Como um bando de otários, eu, Dave Pils e Twinny fomos até o tombadilho dar uma olhada. Éramos os únicos passageiros idiotas o suficiente – o vento uivava, havia ondas imensas batendo no costado do navio e caía um temporal.

Fomos até a proa, segurando-nos nos corrimãos, com sorrisos alucinados. A coisa começou a ficar difícil até para nós, então voltamos, chegamos até a porta e entramos – enquanto a maior onda que eu já tinha visto na vida engolia toda a proa onde havíamos estado, carregando tudo o que não estava preso com parafusos. Só ficamos ali, tremendo, sabendo que, se tivéssemos ficado um segundo mais, poderia ter sido nós.

Rob, enquanto isso, estava lá embaixo, no cassino, bêbado e jogando, jurando que não estava apostando dinheiro da banda; porque, como ele sempre dizia, "Coloco o dinheiro da banda neste bolso, e o meu dinheiro neste outro".

Mas no fim da noite eu tinha a impressão de que os dois bolsos estavam vazios, puxados para fora como orelhas de elefante. As coisas ficaram ainda mais interessantes depois disso. Quando chegamos ao lugar do show, descobrimos que uma ex-namorada de Steve tinha nos seguido, tentando reconquistá-lo e tirá-lo de Gillian. O lugar do show era um antigo banho turco, e o edifício era na verdade um dos primeiros projetos de Philippe Starck, bem maluco: todos os banhos ainda estavam no lugar, e alguns ainda tinham água, de modo que as pessoas podiam, sei lá, jogar moedas neles, fazer um desejo ou entrar na água, ou algo assim.

Bem, de qualquer forma, estávamos dando o show, já tínhamos tocado duas músicas quando de repente a porta dos bastidores se abriu e a ex de Steve, Stephanie, apareceu. Ela colocou a cabeça para fora e começou a chamá-lo "Steve! Steve!".

Ah, nossa... ele quase morreu. Ficou todo vermelho e manteve a cabeça baixa e então, como ela continuava chamando – "Steve! Steve, eu te amo!" –, ele começou a tocar mais e mais depressa.

Como se acompanhar o ritmo de Steve não fosse exaustivo o suficiente, depois tivemos que sair correndo para evitá-la. No fim, acabamos procurando por uma tal rue St. Denis, que tínhamos ouvido dizer que era cheia de prostitutas. Não era para desfrutar, só para olhar. E esta é uma de minhas impressões mais duradouras de Ian – uma imagem dele que tenho na cabeça, como a imagem dele correndo atrás da caixa pela autoestrada, ou mijando no cinzeiro. É a imagem de Ian que gostava de ler Burroughs e Kafka e discutir arte com Annik, perguntando a um cara francês onde estavam todas as garotas. "Garotas. Onde estão todas as garotas?", ele dizia, pondo as mãos na frente do corpo e sacudindo-as para cima e para baixo como peitos balançando. "Onde estão as garotas?"

UNKNOWN PLEASURES
FAIXA POR FAIXA

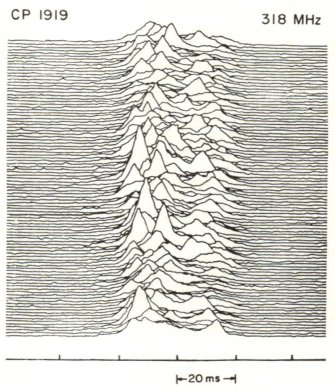

Fig. 2. – 100 consecutive pulses from the pulsar CP 1919. Time increases from bottom to top. Pulsar period is 1.34 seconds.

Eu recomendo mesmo que você escute o disco enquanto lê.

"DISORDER"
I've got the spirit, but lose the feeling...

Por termos gravado *Unknown Pleasures* tão rápido, não houve tempo para regravar muita coisa (com exceção da bateria de Steve, claro), de forma que há alguns acordes dissonantes no álbum, a maioria cortesia deste que vos fala. Os mais notáveis – e esses são os únicos que vou mencionar – estão em "Disorder", onde pode parecer que é a guitarra de Bernard, mas sou eu. O curioso, porém, é que agora eles são parte da música, mesmo sendo acordes dissonantes. É onde eu estava tocando a corda inferior e pegava a A e a D com a palheta, o que criou aquele som de guitarra. Tocando mais uma vez, não consigo imaginar "Disorder" sem esses sons. Algumas das notas baixas são um pouco estranhas também, mas, ei, nós éramos jovens. Como a teoria de Peter Saville, hoje pararíamos e diríamos "Parem, Hooky tocou uma nota errada. A palheta pegou a corda errada, vamos ter que consertar!". Foi um erro, mas no fim foi um erro do bem; para mim soa realmente interessante.

"DAY OF THE LORDS"
This is the room, the start of it all...

Antes, nós só tínhamos tocado essas músicas ao vivo, e nunca tínhamos feito demo delas. Acho que as únicas das quais tínhamos gravado demos eram "She's Lost Control" e "Insight". "Day of the Lords" é uma música lenta, mas é uma grande música. A guitarra está alta e o baixo desliza com ela, com facilidade. Martin adicionou os teclados depois. Na época, todos nós ficamos "O quê? Teclados? Se quiséssemos a porra dos teclados teríamos a porra de um tecladista!". Por isso ele os adicionou quando não estávamos lá. Nós nem sequer ouvimos até que ele terminou a mixagem. Ele tocou para nós a música mixada e eu e Barney ficamos fazendo caretas por trás dele, porque ele ficava colocando teclados nas coisas. Martin estava certo, no entanto. Os teclados suavizam e melhoram a música. Malditos teclados, que logo seriam a ruína de minha vida. Ótimo som da caixa da bateria.

"CANDIDATE"
I campaigned for nothing, I worked hard for this...

Martin precisava de mais duas músicas, então disse para mim e para Steve "Vocês não têm músicas suficientes. Precisam se reunir e compor mais músicas", e a gente, "'Se reunir e compor?' Não podemos 'nos reunir e compor'! O que você quer dizer?". Esse simplesmente não era o jeito que criávamos as músicas. Nós íamos improvisando juntos, a banda toda; não compúnhamos daquele jeito.

"Vão ali vocês dois e façam mais duas músicas."

"Ai, meu saco!"

Assim, fomos os dois para um canto e começamos a "compor" – bom, improvisar. Fizemos "Candidate" logo de cara – e também "From Safety to Where", que acabou não entrando no álbum. Se você escuta com atenção, "Candidate" dá a sensação de não estar terminada – bem, eu tenho essa sensação, de qualquer modo, porque sei que é um improviso que Ian pegou e no qual colocou os vocais. Uma ótima música, sim; mas, como eu disse, não totalmente trabalhada. Mas por isso mesmo é ótima.

Assim, nós tínhamos essas duas músicas e Martin disse "Certo, Bernard, vai e coloca um pouco de guitarra nessas músicas; elas são realmente muito boas". Então Bernard foi e ficou lá sentado com sua guitarra um tempão, sem tocar por cima da música – bem, sem tocar quase nada – porque ele não gostava delas. Esse era o equivalente, para um guitarrista, de um chilique de adolescente emburrado. Como quando você pede a um garoto para arrumar o quarto e dois minutos depois ele diz "Tá feliz agora?". É a isso que me refiro quando falo sobre sua guitarra "econômica". Ele é um guitarrista brilhante, mas ai se ele não gosta da música... ou ele se recusa por completo a colocar a guitarra nela, ou toca com tanta má vontade que você prefere que não tivesse tocado.

Martin decidiu virar a fita de 24 canais e tocar a música de trás para diante, insistindo para que ele tocasse, e Barney pareceu gostar disso; ele se animou e conseguimos de fato uma boa guitarra. Martin então voltou a virar a fita, de modo que a guitarra ficava de trás para diante. E aquilo funcionou. "From Safety to Where" é a guitarra econômica de Barney em seu melhor.

"INSIGHT"
Reflects a moment in time, a special moment in time...

"Insight" é uma de minhas músicas favoritas, e também um de meus *riffs* de baixo favoritos. Quer dizer, uma das coisas incríveis sobre o Joy Division era que usávamos o baixo para compor as músicas. Em geral, os baixistas são usados só para dar apoio para uma música, para lhe dar corpo: para "seguir as notas tônicas" como dizem. Eu não faço isso. Eu me lembro, logo no início de nossa carreira, Barney se virando para mim e dizendo:

"Você não pode simplesmente seguir a guitarra?"

"Não, não posso. Você me segue. Rá."

A letra é maravilhosa e não há refrão. Há repetição na letra, mas não há refrão. Aquele som no começo é o velho elevador de carga barulhento no Strawberry, que Martin gravou, adicionando uma atmosfera fantástica à faixa. A caixa de Steve tem uma presença incrível. É bem sabido que Martin usou um bocado de placa de eco e de *delays* digitais em *Unknown Pleasures*, o que resulta em um som bem particular. O mesmo som que eu e Barney odiamos por anos – esse era o dom DELE. Houve um boato de que ele teria gravado os vocais pelo telefone para conseguir a distorção correta, mas duvido que seja verdade; naqueles dias, isso seria muito difícil de conseguir. Reconheço que ele pode ter bombado os vocais. Ele foi pioneiro nessa técnica, em que você usa um alto-falante externo em um "very ambient room". Usando um *fader* na mesa, você manda o sinal para a sala em um volume adequado e o traz de volta para a sala de controle através de um microfone, para mixá-lo na faixa original. Um truque ótimo. Martin usou-o no piano em "Transmission", colocando um alto-falante sob as cordas e gravando-o outra vez e então adicionando-o à faixa como ambiência. Também o usamos, com um efeito ótimo, no bumbo, em "Blue Monday", no Britannia Row.

"NEW DAWN FADES"
A change of speed, a change of style...

"New Dawn Fades" é a faixa que a maioria das pessoas diz que é sua favorita. Para mim parece uma escolha estranha, porque é uma música muito simples e muito econômica, certamente de meu ponto de vista, porque o baixo é bem constante, o tempo todo.

Esse *riff* me lembra de meu antigo amplificador. Eu tinha um Marshall Lead Amp de 100 watts, ajustado para o baixo. Não sei qual é a diferença – tem algo a ver com as frequências –, mas tinha um som fantástico, intenso, quente, especialmente quando você tocava alto. Todas as músicas em *Unknown Pleasures* foram compostas e tocadas com ele; o som era ótimo. Ele costumava cantar para mim, aquele amplificador: uma distorção tão gostosa... Era maravilhoso. Tive que vendê-lo porque precisava pagar a conta do gás. Rob disse que não tínhamos mais dinheiro, e eu o anunciei no *MEN* e um garoto respondeu. Eu até levei o amplificador até a casa dele, no *case* de viagem.

Ele perguntou:

"Você é de alguma banda?"

"É, sou do Joy Division."

"Nunca ouvi falar."

Eu:

"É, sabe, nós estamos começando a estourar agora."

"Eu estou em uma banda", ele disse, se exibindo. "Seiscentos paus por semana, em navios de cruzeiro. É genial. Cheio de velhinhas fofoqueiras; já estou enjoado de tanto sentir Lily of the Valley, amigo. Cento e sessenta e cinco, tá?"

E eu:

"Tudo bem."

Ele tirou de mim meu amplificador, meu adorado amplificador. Eu e Iris teríamos o gás cortado se não fosse assim.

Então fui até Rob e disse:

"Tá, agora você vai ter que me comprar um amplificador, com grana da banda, porque fiquei sem o meu. Tive que vender."

"Seu babaca idiota", ele disse. "Eu teria comprado de você. Teria te dado o dinheiro."

"Bom, eu pedi, e você não me deu."

"Ah, não seja tão banana, Hooky."

Por que diabos me chamou de "banana" eu não sei e nunca vou saber. Mas enfim. Essa foi a história do amplificador. Ele realmente contribuiu para o som do álbum, sem sombra de dúvida. Eu me pergunto onde ele andará agora. Enquanto estamos no tema dos amplificadores, uma menção deve ser feita à aquisição que Barney fez do Vox UL730, uma descoberta maravilhosa. Esse amplificador tem um som fantástico e foi o orgulho dele, e também acrescentou muito ao álbum. Até Martin o adorava. O aparelho uma vez assumiu o controle de um PA inteiro, no Eric's, em Liverpool. Todos nós estávamos reclamando que ele soava muito alto, e por isso Barney comprou um atenuador de potência Altair, que em teoria permitiria ter o mesmo som, porém mais baixo. Não quero entrar em muitos detalhes técnicos, mas a ideia era usar o Altair para atenuar o amplificador e então ligar este diretamente ao PA. Fizemos isso, mas o UL730 obviamente tinha ideias próprias e tomou conta de todo o sistema de som. Não dava para ouvir mais nada. Esse amplificador foi roubado com todo o equipamento nos Estados Unidos, na primeira turnê do New Order. Até eu lamentei.

"SHE'S LOST CONTROL"
She walked upon the edge of no escape...

O som de um aerossol foi usado para criar alguns dos efeitos da bateria – outra das muitas inovações de Martin. Ele gostava de gravar sons diferentes, que trabalhava para soarem como os instrumentos da bateria, mas estranhos. Para uma das faixas ele nos gravou chutando de forma ritmada um *case* de viagem. Também suspeito que ele tenha usado um Ring Modulator para deixar o som da caixa abafado. Outra coisa que se ouve nesta faixa é o Synare de Steve, que é um sintetizador de bateria com um gerador de ruído branco, que ele usou em "She's Lost Control" e "Insight". Ele foi um dos primeiros bateristas a usá-lo, que eu saiba. Essa era uma das coisas ótimas sobre ele – e sobre Barney, na verdade. Ambos eram muito experimentais, sempre querendo tentar coisas diferentes, às quais devo admitir que eu era resistente, porque eu sempre estava tipo "Vamos só tocar. Nós tocamos muito bem juntos. Por que vocês querem ficar colocando mais coisa?". No caso de Barney, era tipo uma espada de dois gumes porque, se por um lado era ótimo que ele sempre estivesse pronto para fazer coisas novas, dava a sensação de que ele não estava totalmente feliz com aquilo. Ele adorava toda essa tecnologia nova, e sempre gostou, desde que o conheci, mas a tecnologia estava reduzindo a necessidade de instrumentistas. Dizem que é por isso que a caixa de ritmos foi inventada, para que o vocalista não precise conversar com o baterista. Sintetizadores de baixo para que o vocalista não precise falar com o baixista. Você mesmo pode programá-los e então vai estar em seu próprio mundinho, enquanto todos nós ficamos à espera de uma morte melancólica. Nunca acreditei em nada dessas coisas. Sempre acreditei que, em uma banda, a força vem do companheirismo, da química, das pessoas tocando juntas. Não se deve nunca excluir ninguém; deve-se encorajar, e não excluir. Música alguma vale o preço de alienar um membro da banda.

Ian aparentemente foi levado a escrever esta letra depois de um incidente em seu trabalho. É sobre uma jovem epiléptica que estava tendo dificuldade em encontrar e manter um emprego, e que no fim morreu durante um ataque. Deve ter sido uma experiência aterrorizante para ele. A primeira vez que ouvi falar disso foi quando Bernard mencionou o fato em um documentário sobre o Joy Division. De novo, eu não estava realmente prestando muita atenção nas letras. Era um trabalho em equipe. Você só vê seu colega fazendo a parte dele; o jeito e o som dele estão ótimos, então legal, com isso você só precisa se concentrar na sua parte. Não há nenhuma análise sendo feita. Ninguém dizia "Vamos dar uma olhada na sua letra, Ian. Vamos conversar sobre elas. Vamos dissecar a letra". Ele provavelmente teria ficado furioso e mandado a gente à merda. Ele executava os vocais com a dose perfeita de paixão e espírito, exatamente o que queríamos. Apesar disso, lendo a letra agora, o uso que ele fez da repetição e de onomatopeias é assombroso.

Hoje, claro, Ian Curtis é tido como um dos maiores letristas da música, um fato que não era reconhecido enquanto estava vivo. Nas entrevistas, a única tecla em que pareciam bater eram aqueles aspectos nazistas. Isso costumava irritá-lo. É algo curioso, isso de entrevista. Quando a banda está começando, ninguém quer saber, e você simplesmente vive sem a imprensa. De uma hora para outra, você é popular e todos querem falar com você. Então parece vital.

"SHADOWPLAY"
As the assassins all grouped in four lines dancing on the floor...

Esta é a música que Barney queria que soasse como "The Ocean", do Velvet Underground. Outra vez, a letra não se repete até o final, e não há refrão, e isto é algo que, para mim, Ian fazia muito, muito bem – a forma como ele brincava com a estrutura da música, mas sem nunca perder de vista o tema que a torna forte. Você não escuta a música e pensa *Ah, mas que estrutura lírica interessante*. Mas está tudo na música. O amor que ele sentia pela arte transparece nela. A forma como ele queria subverter ligeiramente as convenções do rock e do pop.

"WILDERNESS"
I travelled far and wide to stations of the cross...

Estou enchendo minha própria bola aqui, mas esta é uma linha de baixo fantástica. Assisti a John Frusciante, do Red Hot Chilli Peppers, tocá-la em versão acústica no show deles na MEN Arena. Acho que posso dizer com segurança que, das 19 mil pessoas lá, 18.950 não a reconheceram – mas eu sim, e encheu meus olhos de água. Monstro de linha de baixo. Uma linha de baixo com a qual todo baixista sonha, e eu a criei, e por isso, muito obrigado.

É o ataque de Ian à religião, à futilidade da religião, as coisas que são feitas e perpetradas em nome dela. É poesia. Uma vez que você decifra o significado da letra, ou ao menos o que você acha que é o significado dela, dá para você se perder nela. Cada uma das letras dele é uma pequena e maravilhosa história em si. Rob não gostava desta faixa.

Ótima guitarra, também. Os dois instrumentos interagem muito bem. Acho que a habilidade de Bernard como guitarrista é subestimada. Ele é um guitarrista fantástico. Uma das coisas que me intrigava, quando comecei a trabalhar com Johnny Marr, é por que ele desistiu de tocar guitarra. Eu prefiro a forma como ele toca. Talvez seja aquele lance de estar sempre querendo mudar para alguma outra coisa, enquanto eu sempre me contentei em capitalizar o que havia conseguido. Isso me faz lembrar de quando pedi para Donald Johnson, do A Certain Ratio, me ensinar como executar um *slap* no baixo. Todo mundo estava fazendo *slapping* e eu estava sentindo a pressão, vamos dizer assim. Tentei uma vez, uma aula: ele só riu, apertou meu braço e disse "Hooky, fica naquilo em que você é um mestre!". Cara bacana.

"INTERZONE"
Four twelve windows, ten in a row...

Eu canto o vocal principal enquanto Ian faz o *backing vocal* baixo. Ian era muito legal nesse aspecto; parecia não ter ego nenhum. Ele ficava perfeitamente feliz em deixar a gente cantar, deixar qualquer um cantar. Na verdade, ele nos encorajava a fazer isso; era muito, muito generoso nisso. Curiosamente, estávamos sempre tentando fazer Barney cantar, mas ele nunca teve interesse.

Essa foi a música que tentaram nos fazer gravar na RCA. O cover de "Keep On Keepin' On" – bom, não a música em si, mas a inspiração para ela –, e você pode ouvir o *riff* nela, um pouquinho.

"I REMEMBER NOTHING"
Violent more violent his hand cracks the chair...

Fazia algum tempo que estávamos tocando esta música de um jeito muito solto; ela não tinha uma ordem real. Assim, nós a improvisamos no estúdio e Martin acrescentou o vidro se quebrando e outros efeitos. Esta também foi a primeira vez que Barney usou o Transcendent 2000. Ele comprava a revista *Sound Engineer*, ou *Sound International* ou sei lá, e junto vinha um kit eletrônico, uma peça gratuita por semana – a ideia era você construir seu próprio sintetizador, que foi o que ele fez; ele mesmo soldou e montou o Transcendent 2000. Ele o construiu sozinho: uma proeza e tanto. Ele foi bastante usado nesta faixa. Uma das coisas interessantes sobre o Joy Division é que as pessoas nunca conseguem saber quem está tocando o quê; é guitarra ou baixo, teclado ou baixo ou guitarra? É a uma faixa ótima, cheia de clima, e foi criada muito rápido. Nos dias de New Order, especialmente mais para o final, nós trabalhávamos nossas faixas interminavelmente. Calculávamos a gravação em uma faixa por mês. Tentávamos tudo que se possa imaginar, e em geral voltávamos exatamente ao que era no começo. Então tudo perdia o brilho por causa do gasto imenso de tempo e dinheiro. Terminava com todo mundo no grupo odiando um ao outro. Devíamos apenas ter olhado para *Unknown Pleasures* e feito todos os álbuns daquele jeito. Nós provavelmente nunca teríamos nos separado. Mas as pessoas mudam. Ah, bem, uma última coisa é o uso notável da letra de Frank Sinatra "Strangers".

LINHA DO TEMPO QUATRO: JANEIRO – DEZEMBRO DE 1979

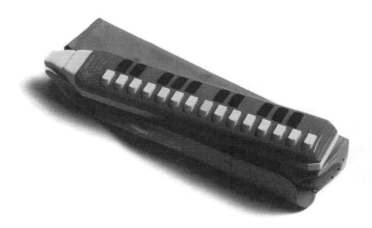

JANEIRO DE 1979

Lançado o EP *A Factory Sample* (FAC 2), com o preço de £ 1,50. Gravado no Cargo Studios, em Rochdale. Produção de Martin Hannett. Lista das faixas, Lado A (Aside): Joy Division, "Digital"; Joy Division, "Glass" (Inscrição no vinil: "EVERYTHING"). Lista das faixas, Lado B (Beside): The Durutti Column, "No Communication"; The Durutti Column, "Thin Ice (Detail)" (Inscrição no vinil: "IS REPAIRABLE"). Lista das faixas, Lado C (Seaside): John Dowie, "Acne"; John Dowie, "Idiot"; John Dowie, "Hitler's Liver" (Inscrição no vinil: "EVERYTHING"). Lista de faixas, Lado D (Decide): Cabaret Voltaire, "Baader Meinhof"; Cabaret Voltaire, "Sex in Secret" (Inscrição no vinil: "IS BROKEN").

6 DE JANEIRO DE 1979

Kevin Cummins faz as famosas fotos do Joy Division no Princess Parkway.

"Lembro-me de que fazia muito frio e que peguei emprestado o casaco com que apareço vestido. Acho que peguei de Steve, de fato. As fotos foram feitas bem depressa. Kevin admite abertamente que só fez sete fotos. Ele teve sorte. Também não tinha grana nenhuma – não tinha grana para comprar mais filme. Tinha um rolo e precisava fotografar quatro ou cinco bandas com ele. Bem punk mesmo. Quer dizer, hoje em dia você fica lá posando e os caras tiram milhares de fotos, e depois examinam todas para escolher uma. Mas nos velhos tempos você precisava tirar a foto já pronta e acabada. Você sabe o que eu vou dizer, não é? Pois é. Eu gostava muito mais daquele jeito."

12 DE JANEIRO DE 1979
O Joy Division toca no Wythenshawe College, em Manchester.

13 DE JANEIRO DE 1979
Ian Curtis aparece na capa da *NME*; a foto dele fumando foi feita durante a sessão com Kevin Cummins, em 6 de janeiro.

23 DE JANEIRO DE 1979
Ian Curtis é diagnosticado com epilepsia.

26 DE JANEIRO DE 1979
O Joy Division toca na festa de lançamento do EP *A Factory Sample*, no Factory, Russell Club, em Manchester, com o Cabaret Voltaire e John Dowie.

31 DE JANEIRO DE 1979
Primeira sessão de gravação do Joy Division com John Peel, com produção de Bob Sargeant, para a BBC. Faixas gravadas: "Exercise One", "Insight", "Transmission", "She's Lost Control".

"Já não éramos tão inexperientes como antes quanto a estarmos no estúdio, e assim, em vez de ficarmos só sentados olhando os outros fazendo as coisas, nos envolvemos um pouco mais, felizes por podermos usar aquele estúdio excelente e por estarmos sendo bem tratados, com uma ida à cantina por conta da casa. Adorei aquela sessão. Adoro trabalhar para a BBC, na verdade."

2 DE FEVEREIRO DE 1979

Sid Vicious é encontrado morto por *overdose* de drogas.

10 DE FEVEREIRO DE 1979

O Joy Division toca no Instituto de Tecnologia, em Bolton, com The Curbs abrindo o show.

"Little Hulton fica bem do lado de Bolton, de modo que tive que dirigir todo o caminho até Salford para pegar o equipamento, pegar todo mundo e então passar na frente de casa para ir ao local do show. No fim da noite, depois de terminarmos, tive que passar na frente de casa, levar todo mundo, ir até Salford e então voltar para casa. Puta que pariu. Que motorista faria isso, hein?"

16 DE FEVEREIRO DE 1979

O Joy Division toca no Eric's, em Liverpool, com o Cabaret Voltaire abrindo o show.

28 DE FEVEREIRO DE 1979

O Joy Division toca no Nottingham Playhouse, abrindo o show de John Cooper Clarke, sem ser mencionado no programa.

O Joy Division atrasou, e por isso John Cooper Clarke se apresentou, depois chamou o Joy Division (seu sotaque peculiar levando ao menos um fã, Dominic, que escreveu em joydiv.org, a esperar "Geordie Vision"); John Cooper Clarke então tocou uma segunda vez.

"Estávamos usando o PA do Sad Café, que era operado por meu primo, Chas Banks – a primeira pessoa que me deu uma guitarra para segurar, quando fui visitá-lo em Stretford. Eu tinha 14 anos. Um cara fantástico, realmente uma lenda. Estávamos esperando que o PA chegasse – não dá para fazer nada até que o PA chegue – e me lembro de estar à porta dos fundos quando Chas apareceu, todo machucado, e disse 'Acabei de escapar de um acidente na autoestrada; vamos fazer isso logo'. Saímos e a van estava arrebentada. Tinha sofrido uma tremenda batida na autoestrada. O equipamento estava todo ferrado e estavam todos desesperados, tentando consertá-lo. Rock and roll de verdade. Foi por isso que John terminou tendo que subir ao palco duas vezes: porque não estávamos prontos."

1º DE MARÇO DE 1979

O Joy Division toca no Hope & Anchor, em Londres. Entrada: 75 pence. "Reabertura do bar do porão. Agora com cerveja de verdade!"

"Foi neste show que Dave Pils e sua namorada, Jasmine, se apresentaram a nós. Eles administravam o Walthamstow Youth Centre, e foi por isso que acabamos tocando lá. Dave se tornaria uma parte importante de nossa vida. Ele se tornou nosso *roadie* e amigo e ficou conosco por anos. Sempre que tocávamos em Londres, eles nos hospedavam, o que nos fez economizar uma boa grana. Duas pessoas adoráveis. Eu me pergunto por onde andam agora..."

4 DE MARÇO DE 1979

Gravação da demo na Genetic Records, Eden Studios, em Londres. Produção de Martin Rushent. Faixas gravadas: "Glass", "Transmission", "Ice Age", "Insight", "Digital".

4 DE MARÇO DE 1979

O Joy Division toca no Marquee, em Londres, abrindo o show do The Cure. *Setlist*: "Soundtrack" ("Exercise One"), "She's Lost Control", "Shadowplay", "Leaders of Men", "Insight", "Glass", "Digital", "Ice Age", "Transmission".

"Tem uma *setlist* dessa apresentação ainda rolando por aí, escrita por Steve: ela começa com uma faixa chamada "Soundtrack", que depois se tornou "Exercise One"; achávamos que ela soava meio trilha sonora... Era emocionante estar no Marquee, por razões óbvias, e o lugar estava mesmo lotado, mas a noite foi arruinada pelo fato de que tivemos que pegar o carro e voltar para casa logo depois. The Cure nem sequer olhou para a gente. Estava todo mundo se divertindo, menos nós: só tocamos e fomos tirados de lá para ir embora, o que foi bem decepcionante."

13 DE MARÇO DE 1979

O Joy Division toca no Band on the Wall, em Manchester, com o Fireplace abrindo o show. Um evento do Coletivo de Músicos. Possível *setlist*: "Walked in Line", "She's Lost Control", "Shadowplay", "New Dawn Fades", "Day of the Lords", "Insight", "Disorder", "The Only Mistake", "I Remember Nothing", "Sister Ray".

"Uma banda com um nome como Fireplace só podia estar em um coletivo."

14 DE MARÇO DE 1979

O Joy Division toca no Bowdon Vale Youth Club, em Altrincham, com o Staff 9 abrindo o show (incluindo Paul e Steve Hanley e Craig Scanlon, que depois se juntariam ao The Fall). *Setlist*: "Exercise One", "She's Lost Control", "Shadowplay", "Leaders of Men", "Insight", "Disorder", "Glass", "Digital", "Ice Age", "Warsaw", "Transmission", "I Remember Nothing", "No Love Lost".

"Absolutamente incrível. Uma *setlist* sensacional, essa. Eu não colocaria 'Disorder' depois de 'Glass', veja bem; eu as inverteria. Mas é uma ótima *setlist*. Mas, pensando bem, talvez tenha um pouco de altos e baixos... Então quem sabe não seja tão sensacional assim. Mas as músicas são ótimas."

"She's Lost Control", "Shadowplay" e "Leaders of Men" foram filmadas por Malcolm Whitehead para seu curta sobre o Joy Division, que estreou no Scala London em 13 de setembro, como parte de The Factory Flick *(FAC 9). As cenas gravadas foram também usadas no vídeo de "Substance".*

"Foi muito emocionante ser filmado. Malcolm era um sujeito bacana. A ideia dele foi nos usar em um filme que ele estava fazendo, mas no final o filme acabou sendo mais sobre nós do que qualquer outra coisa. Há fotos daquela apresentação, também, tiradas por Martin Ocomin, ainda muito jovem, que começou a rastejar pelo palco enquanto estávamos tocando, e chegou até a bateria. Eu lhe dei um chute na bunda e falei para ele cair fora. Fotógrafos, eles se acham. Se você quer irritar um deles, diga 'direitos autorais compartilhados' – o cara vai sair correndo.

Eu o encontrei anos depois e rimos disso; ele queria um autógrafo, e eu escrevi 'Eu disse para você ir à merda'. 'Não' – ele respondeu. – 'Você me disse para cair fora!'."

30 DE MARÇO DE 1979

O Joy Division toca no Walthamstow Youth Centre.

"A namorada de Dave Pils, Jasmine, era uma assistente social que trabalhava com jovens em Walthamstow, presumivelmente tentando mantê-los na linha, ou sei lá o quê, e assim nosso público era meio estranho. Uma garotada nova, correndo de um lado para outro, ignorando-nos, como em um show no auditório da escola. Lembro-me de ter ficado horrorizado ao ver o cartaz, porém. Dave o criara: um monte de nazistas em um tanque de guerra. E nós que achávamos que aquilo tudo já tinha ficado para trás! Dave também era o vocalista do SX, o grupo que abriu o show."

31 DE MARÇO DE 1979

O Joy Division começa a gravar *Unknown Pleasures*, no Strawberry Studios, em Stockport. Faixas gravadas: "Disorder", "Day of the Lords", "Candidate", "Insight", "New Dawn Fades", "She's Lost Control", "Shadowplay", "Wilderness", "Interzone", "I Remember Nothing", "Autosuggestion", "From Safety to Where", "Exercise One", "The Kill", "Walked in Line".

16 DE ABRIL DE 1979

Natalie Curtis nasce, em Macclesfield.

2 DE MAIO DE 1979

Termina a sessão de gravação de *Unknown Pleasures*, no Strawberry Studios, em Stockport.

3 DE MAIO DE 1979

O Joy Division toca no show beneficente para a Anistia Internacional, no Eric's, em Liverpool, com The Passage e Fireplace. Entrada: 75 pence.

> Quando o Joy Division deixou o palco, eu me sentia emocionalmente esgotado. Eles são, sem nenhum exagero, uma Banda Importante.
> Ian Wood, *NME*

11 DE MAIO DE 1979

O Joy Division toca em uma noite da Factory Records, no Factory, Russell Club, em Manchester, com John Dowie, A Certain Ratio e Orchestral Manoeuvres in the Dark. Entrada: £ 1,20; ingressos disponíveis em Discount Records e Pandemonium.

> "Eu gostava muito do OMD como banda. Sempre achei que eram bons de verdade; e os caras eram simpáticos, também. Mas foram aqueles dois que me fizeram começar a usar cocaína, os malditos, na estreia de *A Garota de Rosa Shocking*. E, pensando bem, não foi um deles o responsável pelo Atomic Kitten?"

17 DE MAIO DE 1979

O Joy Division toca na noite *A Factory Sample*, no Acklam Hall, em Londres, com John Dowie, A Certain Ratio e Orchestral Manoeuvres in the Dark abrindo o show. Entrada: £ 1,50 na porta ou £ 1,25 com antecedência, nas lojas de discos Small Wonder, Rough Trade e Honky Tonk.

> "Este seria o primeiro show para a Final Solution, que eram Colin Faver – o qual viria a ser um importante DJ, um dos pioneiros da *house music* no sul da Inglaterra – e Kevin Millins, que iria administrar a Heaven para a Virgin e tornar-se grande amigo nosso. Isso levou a alguns shows

excelentes, mais para o New Order do que para o Joy Division. O Acklam Hall mais tarde se tornou um clube, e Davina McCall costumava ficar na porta. Tenho uma recordação maravilhosa dela se debruçando em cima da mesa de meu quarto de hotel, com seu traseiro empinado no ar, enfiado em uma calça prateada justa. Sempre a lembro disso quando a vejo. O OMD teve uma guitarra roubada, e os caras estavam bem aborrecidos."

23 DE MAIO DE 1979

O Joy Division toca no Bowdon Vale Youth Club, em Altrincham, com John Dowie e A Certain Ratio abrindo o show (o OMD cancelou).

4 DE JUNHO DE 1979

O Joy Division toca na sessão de gravação do Piccadilly Radio, no Pennine Sound Studios, em Oldham. Produção de Stuart James. Faixas gravadas: "These Days", "Candidate", "The Only Mistake", "Chance" ("Atmosphere"), "Atrocity Exhibition".

> "Stuart James iria se tornar *roadie* do New Order. Salvei a vida dele uma vez, no Texas."

7 DE JUNHO DE 1979

O Joy Division toca no F-Club, também conhecido como Fan Club, em Leeds, com o OMD.

14 DE JUNHO DE 1979

Lançamento de *Unknown Pleasures* (Factory Records FACT 10). Produção de Martin Hannett. Engenharia de Chris Nagle. Gravado no Strawberry Studios, em Stockport. *Design* da capa de Joy Division, Peter Saville, Chris Mathan. Lista de faixas: "Disorder", "Day of the Lords", "Candidate", "Insight", "New Dawn Fades", "She's Lost Control", "Shadowplay", "Wilderness", "Interzone", "I Remember Nothing".

16 DE JUNHO DE 1979

O Joy Division toca no Odeon, em Canterbury, abrindo o show do The Cure, junto com Back to Zero. *Setlist*: "Disorder", "She's Lost Control", "Shadowplay", "Wilderness", "New Dawn Fades", "Glass", "These Days", "Something Must Break", "Interzone", "Atrocity Exhibition".

> "Acho que o The Cure não gostava de nós. Acho que de certa forma se ressentiam porque nós conseguimos permanecer *cool*, confiáveis e independentes, e eles, bem, meio que tinham se vendido. O problema era do lado deles, não do nosso. Mas acho que eles pensavam *Queria que fôssemos o Joy Division*."

17 DE JUNHO DE 1979

O Joy Division toca no Royalty Theatre, em Kingsway, Londres, abrindo o show de John Cooper Clarke, com o Fashion. *Setlist*: "Atmosphere", "Disorder", "Digital", "I Remember Nothing", "Candidate", "New Dawn Fades", "These Days", "Interzone", "Transmission".

> "Fizemos uma série de três shows com o Fashion, em que abríamos o show de John Cooper Clarke, e a ideia era que nos revezássemos: o Fashion tocaria antes numa noite e nós tocaríamos antes na noite seguinte. Eles eram bem conhecidos na época, mas eu odiava a música deles. Era horrível. Eles deveriam ser os primeiros em Londres e nós em Manchester. Mas acabamos sendo passados para trás em Londres. Eles nos deixaram fora do programa e então insistiram para que tocássemos primeiro. Rolou um caos nos bastidores naquela noite. Rob ameaçou todo mundo. O resultado foi que terminamos tocando antes que as portas sequer tivessem se aberto. Era isso ou não tocar. Tocamos 'Atmosphere' e 'Disorder' para uma sala completamente vazia. Três pessoas entraram durante 'Digital'. O lugar estava começando a encher quando terminamos nossa apresentação."

19 DE JUNHO DE 1979

O Joy Division toca no Nuffield Theatre, na Universidade de Lancaster, em Lancaster, abrindo o show de John Cooper Clarke, com o Fashion.

"Um show horrível. Fashion cuzões. Eu os detestava."

22 DE JUNHO DE 1979

O Joy Division toca no Good Mood, em Halifax.

25 DE JUNHO DE 1979

O Joy Division toca no Free Trade Hall, em Manchester, abrindo o show de John Cooper Clarke, com o Fashion.

"Eles tocaram antes. Rá!"

1º DE JULHO DE 1979

Primeira sessão de gravação da demo "Transmission", no Central Sound Studios, em Manchester. Produção de Martin Hannett. Faixas gravadas: "Transmission", "Novelty", "Dead Souls", "Something Must Break".

"Essa foi uma sessão bem agradável. Lembro-me de Martin sendo muito gentil e prestativo."

5 DE JULHO DE 1979

O Joy Division toca no Limit Club, West Street, em Sheffield, com o OMD abrindo o show.

"Essa foi a primeira vez que cruzamos o passo Snake, e a van estava tão acabada que teve que lutar para subir as ladeiras. Twinny ficou realmente contrariado e disse que ele seria capaz de correr mais depressa. Assim, aceitamos seu desafio e ele saltou da van para apostar corrida conosco. Claro que chegamos muito antes dele ao alto do passo. Quando ele se encontrou conosco, estava bufando e sem fôlego, com o rosto vermelho e xingando-nos de filhos da puta por não termos parado. Eu e Terry comemos todos os doces dele enquanto esperávamos que ele chegasse. Ele não falou com a gente a noite toda por causa disso.

Se me lembro bem, Phil Oakey e os outros cara do Human League nos ajudaram a carregar o equipamento. Eles eram muito gentis. Conheci a baterista do Manicured Noise lá. Ela estava fazendo 21 anos. Stephanie. Linda garota. Tinha um rato de estimação."

11 DE JULHO DE 1979

O Joy Division toca no Roots Club (Cosmo Club), Chapeltown, em Leeds. *Setlist*: "Dead Souls", "Shadowplay", "She's Lost Control", "Candidate", "These Days", "Disorder", "Interzone", "Glass", "Transmission", "Atrocity Exhibition", "No Love Lost".

"Tenho quase certeza de que foi nessa noite que o Right Said Fred abriu nosso show."

13 DE JULHO DE 1979

O Joy Division toca no Factory, em Manchester.

20 DE JULHO DE 1979

O Joy Division aparece no *What's On*, da Granada TV, tocando "She's Lost Control".

27 DE JULHO DE 1979

O Joy Division toca no concerto em benefício do Ano da Criança, no Imperial Hotel, em Blackpool, com OMD, The Final Solution, Section 25, The Glass Torpedoes e Zyklon B. Evento promovido pelo Section 25. *Setlist*: "Dead Souls", "Glass", "Disorder", "Autosuggestion", "Transmission", "She's Lost Control", "Shadowplay", "Atrocity Exhibition".

"Lembro-me de olhar pela janela do camarim e ver um Ford Escort parado do lado de fora, com o logo de *Unknown Pleasures* no capô. Foi legal aquilo. Também foi nesse show que conhecemos o Section 25, e eles se tornaram grandes amigos nossos. Ian e Rob gostaram deles logo de cara, e acabaram produzindo o primeiro *single* deles, que foi lançado pela Factory. Deve ter sido muito divertido, e eu teria adorado estar lá, porque Rob e Ian eram ambos terríveis para esse tipo de coisa. A única orientação de Rob quando você estava gravando era 'Faça soar *intenso*'. E era só. 'Faça soar *intenso*.' E Ian, bem, ele tinha ouvido, mas era imprestável para qualquer coisa técnica.

Talvez você não saiba, mas Larry, do Section 25, morreu recentemente, em 2010. Muito triste. Vou lhe contar uma história sobre ele que me fez rir muito. Quer dizer, ele era uma figura, e desfrutou plenamente o estilo de vida rock' n' roll e alguns de seus pontos fracos, vamos dizer assim. Sua verdadeira paixão eram aqueles simuladores de voo que você instala em seu computador. O que ele gostava de fazer era ficar acordado a noite toda pilotando voos de longa duração em tempo real. Seu irmão Vinny me contou que ele tinha pilotado um em que passou a noite inteira, voando de Londres para Nova York, completamente doido, e o avião sofreu um desastre na aterrissagem. Ele tinha levado onze horas para chegar lá! Vou dizer uma coisa, o Céu deve ser um lugar muito mais divertido com essa turma lá. Ele, Ian, Tony, Rob e Martin. Que equipe!

Mas sim, a relação entre nós e o Section 25 era realmente sólida, muito mais do que com A Certain Ratio. Eles nunca fizeram o sucesso que fizemos, e acho que isso nunca incomodou o Section 25, enquanto me parece que o A Certain Ratio se sentia incomodado porque eles achavam que estavam em nossa sombra."

28 DE JULHO DE 1979

O Joy Division toca no Mayflower Club, em Manchester, um especial Stuff the Superstars, com The Fall, The Distractions, John the Postman, The Frantic Elevators, The Hamsters, Ludus, Armed Force, Foreign Press e Elti Fits. Entrada: £ 1,50.

É quase impossível combinar um disco tão bom quanto o deles com uma apresentação igualmente boa. O Joy Division conseguiu. ELES FORAM BRILHANTES, E QUERO DIZER BRILHANTES!

Fanzine *City Fun*

"Sempre houve uma rivalidade intensa entre nós e The Fall. Eles haviam começado ao mesmo tempo que nós, e se deram muito melhor que nós, e mais rápido. Assim, tínhamos um pouco de inveja. Sempre existe rivalidade entre as bandas. Nunca entre DJs, mas entre as bandas, sempre."

28 DE JULHO - 4 DE AGOSTO DE 1979

A segunda sessão de gravação de "Transmission", no Strawberry Studios, em Stockport. Produção de Martin Hannett. Faixas gravadas: "Transmission" (versão *single*), "Novelty" (versão *single*).

2 DE AGOSTO DE 1979

O Joy Division toca no YMCA, no Centro de Conferência Príncipe de Gales, em Londres, com Teardrop Explodes e Echo & the Bunnymen. Este é o primeiro show de um festival de rock alternativo de quatro noites, no Centro de Conferência Príncipe de Gales. *Setlist*: "Dead Souls", "Disorder", "Wilderness", "Autosuggestion", "Transmission", "Day of the Lords", "She's Lost Control", "Shadowplay", "Atrocity Exhibition", "Insight".

A verdade é que foram fenomenais – o grupo mais físico de *hard rock* que já vi, desde Gang of Four.

Adrian Thrills, *NME*

"Foi um grande show, aquele, e foi daí que vieram as famosas fotos nossas – em que estamos bebendo nos bastidores, depois da apresentação, com as latas de cerveja, e em que Ian está com o cigarro, e estamos sentados nos degraus. São todas dos bastidores no YMCA, fotos bonitas, bem famosas. Todos nós parecemos bem felizes."

8 DE AGOSTO DE 1979

O Joy Division toca no Romulus Club, em Birmingham, abrindo o show de Dexy's Midnight Runners.

"Os Dexys estavam vestidos de forma diabólica, como se tivessem saído de *Jornada nas Estrelas*. Isso foi muito antes de se transformarem em um grande nome, claro, mas Kevin Rowland já andava de um lado para outro como se fosse um deus. Entre as músicas, eles tocavam piadas, em um gravador de rolo: muito estranho. Foi nessa noite que rasguei minha camisa azul favorita, que Rob havia comprado para mim, no estojo de meu próprio baixo. Fiquei arrasado. Fiquei em uma pensão doida depois, com direito até a uma senhoria desbocada."

11 DE AGOSTO DE 1979

O Joy Division toca no Eric's, em Liverpool (na matinê e à noite), com o Swell Maps. Entrada: £ 1,10 para membros. *Setlist* (matinê): "Transmission", "Untitled", "Disorder", "New Dawn Fades", "Glass", "Shadowplay", "Colony", "Interzone", "Ice Age". *Setlist* (noite): "Insight", "Autosuggestion", "Digital", "She's Lost Control", "Day of the Lords", "Wilderness", "Atrocity Exhibition", "Transmission", "New Dawn Fades" (instrumental), "Interzone", "Dead Souls". Ian tem um ataque durante "New Dawn Fades" e é carregado para fora do palco. Ele retorna durante "Interzone".

13 DE AGOSTO DE 1979

O Joy Division toca no Nashville Rooms, em Londres, com OMD e A Certain Ratio. *Setlist*: "Atmosphere", "She's Lost Control", "Exercise One", "Disorder", "Colony", "Candidate", "Autosuggestion", "Ice Age".

"Annik Honoré viu a banda pela primeira vez e falou conosco rapidamente. Esta foi a noite do acidente com a van, claro. Mas foi um ótimo show. Dê uma olhada naquela *setlist*, começando com 'Atmosphere'. Na época, ela não tinha a conotação que tem hoje, em que é como a música fúnebre de Ian. Era uma boa música com a qual começar – bem, pelo menos nós achávamos isso, porque éramos uns babacas antipáticos. Gostávamos de chegar e frustrar as expectativas, começando com algo lento e reflexivo, antes de ir num crescendo até as músicas mais rápidas."

24 DE AGOSTO DE 1979

O Joy Division toca no Walthamstow Youth Centre, em Londres. Depois, Annik entrevista a banda no apartamento de Dave Pils e Jasmine.

27 DE AGOSTO DE 1979

O Joy Division toca no Leigh Open Air Festival, em Plank Lane, Leigh, com The Distractions, Echo & the Bunnymen, OMD, A Certain Ratio, Teardrop Explodes e Lori & the Chameleons. Com o nome de "Zoo Meets Factory Half Way", este é o último dia do festival. Entrada: £ 2. *Setlist*: "Disorder", "Leaders of Men", "Colony", "Insight", "Digital", "Dead Souls", "Shadowplay", "She's Lost Control", "Transmission", "Interzone".

> "Eu me lembro de estar realmente irritado com Martin Moscrop, do A Certain Ratio naquele show. Tocamos 'The Sound of Music' na passagem de som, e tinha um trecho da música em que eu cantava 'Hi, hi, hi, hi, higher'. Martin virou-se para mim no fim e disse 'Você parecia o policial risonho,[39] cara, hahaha'. Nunca mais fui capaz de pensar naquela música do mesmo jeito. Naquele instante, ele a arruinou para mim. 'The Sound of Music' era uma das músicas em que eu tocava guitarra e Bernard tocava baixo. Mas, sim, ele a arruinou para mim daí em diante."

31 DE AGOSTO DE 1979

O Joy Division toca no Electric Ballroom, em Londres, com A Certain Ratio, Scritti Politti e Monochrome Set. *Setlist*: "The Sound of Music", "Wilderness", "Colony", "Day of the Lords", "Shadowplay", "Transmission", "Interzone", "Disorder", "She's Lost Control", "Insight".

> "Um grande show, este. Fiquei muito impressionado em saber que o vocalista do Monochrome Set era um príncipe indiano."

---

[39] "The Laughing Policeman", música de Charles Jolly caracterizada por fortes risadas. Gravada em 1922, foi popular na Inglaterra até a década de 1970. [N. T.]

8 DE SETEMBRO DE 1979

O Joy Division toca no Queen's Hall, em Leeds, o terceiro na programação, com A Certain Ratio, Cabaret Voltaire e OMD, com o Public Image como banda principal. Esta é a abertura do Festival Futurama, com duração de três dias. *Setlist*: "I Remember Nothing", "Wilderness", "Transmission", "Colony", "Disorder", "Insight", "Shadowplay", "She's Lost Control", "Atrocity Exhibition", "Dead Souls".

> "Este também foi um grande concerto. Simplesmente arrasamos. Foi nosso primeiro show com John Keenan, que financeiramente era um cara muito interessante com quem trabalhar, e nosso primeiro festival em recinto fechado."

13 DE SETEMBRO DE 1979

Estreia de *The Factory Flick* (Factory FAC 9, 1979), no cine Scala, em Londres. Esse filme em 8 mm compreende: *No City Fun – Joy Division* (12 min), pelo estudante de cinema Charles Salem, apresentando três faixas da banda; *All Night Party – A Certain Ratio* (3 min); *Red Dress – Ludus* (3 min); *Joy Division* (17 min), de Malcolm Whitehead, apresentando filmagens de "Shadowplay" e "She's Lost Control", feitas por Malcolm Whitehead no Bowdon Vale Youth Club.

15 DE SETEMBRO DE 1979

O Joy Division aparece em *Something Else*, tocando "She's Lost Control" e "Transmission".

22 DE SETEMBRO DE 1979

O Joy Division toca no Nashville Rooms, em Londres, com The Distractions abrindo o show. Entrada: £ 1,25. *Setlist*: "Atmosphere", "Wilderness", "Shadowplay", "Leaders of Men", "Insight", "Colony", "Transmission", "Disorder", "She's Lost Control", "Atrocity Exhibition", "Glass", "Exercise One".

> "Terry não podia ir, então Twinny me disse 'Posso trazer meu amigo como *roadie*?', e eu respondi 'Sim, claro', pensando que aquilo seria legal.

Então o amigo dele apareceu e estava de muletas. Puxei Twinny para um canto.

'Olha, ele está de muletas. Como ele vai ajudar se não consegue andar?'

Twinny falou:

'Ah, qual é, Hooky, ele é um bom sujeito. Ele precisa sair por uma noite.'

Eu fiquei só sacudindo a cabeça. Quer dizer, que transtorno levar junto um cara de muletas. De qualquer modo, no fim da noite, não conseguíamos encontrá-lo – ele nos deixou esperando uma eternidade –, e quando finalmente conseguimos, ele estava aos beijos com uma garota. Ele não só tinha aparecido de muletas, feito porra nenhuma e tomado toda a nossa bebida de cortesia, mas no fim até uns amassos ele conseguiu, o filho da mãe sortudo."

28 DE SETEMBRO DE 1979

O Joy Division toca no Factory, Russell Club, em Manchester, com Teardrop Explodes e Foreign Press. *Setlist*: "Atmosphere", "Wilderness", "Shadowplay", "Insight", "Colony", "Twenty Four Hours", "Interzone", "She's Lost Control", "Transmission" (no bis, ocorre a briga), "Atrocity Exhibition" (bis, sem o baixo).

"A grande briga. Fiquei com vergonha."

29 DE SETEMBRO DE 1979

O Joy Division toca no Mayflower, em Manchester, com o Foreign Press (antes chamado Emergency).

OUTUBRO DE 1979

Lançamento da compilação *Earcom 2* (Fast Products FAST 9b). Ela inclui duas faixas do Joy Division, produzidas por Martin Hannett durante as sessões de gravação de *Unknown Pleasures*: "Autosuggestion" e "From Safety to Where".

OUTUBRO DE 1979

Lançamento do *single* de 7 polegadas "Transmission"/"Novelty" (Factory Records FAC 13). Produção de Martin Hannett. *Design* da capa de Peter Saville. Mais tarde, relançado como um 12 polegadas, com nova capa (FAC 13.12).

OUTUBRO – NOVEMBRO DE 1979

Sessão de gravação para a Sordide Sentimental, no Cargo Studios, em Rochdale. Produção de Martin Hannett. Faixas gravadas: "Atmosphere", "Dead Souls", "Ice Age".

2 DE OUTUBRO DE 1979

O Joy Division toca no Mountford Hall, na Universidade de Liverpool, como parte da turnê dos Buzzcocks. *Setlist*: "Wilderness", "Ice Age", "Candidate", "Shadowplay", "Insight", "She's Lost Control", "Twenty Four Hours", "Disorder", "Transmission", "Warsaw".

3 DE OUTUBRO DE 1979

O Joy Division toca na Leeds University, como parte da turnê dos Buzzcocks.

> O cantor atormentado conseguiu completa autoexpressão física ao chegar ao clímax de "She's Lost Control" e, tendo evidentemente perdido o controle, foi ajudado para deixar o palco na conclusão da apresentação que, por razões práticas, não pôde ter bis.
>
> Des Moines – *Sounds*

4 DE OUTUBRO DE 1979

O Joy Division toca no City Hall, em Newcastle, como parte da turnê dos Buzzcocks. *Setlist*: "Disorder", "Shadowplay", "Colony", "Day of the Lords", "Glass", "Transmission", "She's Lost Control", "Atrocity Exhibition".

5 DE OUTUBRO DE 1979

O Joy Division toca no Apollo, em Glasgow, como parte da turnê dos Buzzcocks.

"Lembro-me de ter ficado com medo da altura do palco: foi um dos mais altos em que já toquei."

6 DE OUTUBRO DE 1979

O Joy Division toca no Odeon, em Edimburgo, como parte da turnê dos Buzzcocks. *Setlist*: "Leaders of Men", "Digital", "Day of the Lords", "Transmission", "Shadowplay", "She's Lost Control", "New Dawn Fades", "Disorder", "Transmission".

7 DE OUTUBRO DE 1979

O Joy Division toca no Capitol, em Aberdeen, como parte da turnê dos Buzzcocks.

"Sarge expulsou um garoto da área dos bastidores por ter sotaque escocês. Ele estava tentando dizer que queria uma entrevista com Pete Shelley para um fanzine. 'Não consigo entender uma palavra do que você diz, bundão. FORA!'."

8 DE OUTUBRO DE 1979

O Joy Division toca no Caird Hall, em Dundee, como parte da turnê dos Buzzcocks. *Setlist*: "Atmosphere", "Wilderness", "Interzone", "Colony", "These Days", "New Dawn Fades", "Transmission", "Shadowplay", "She's Lost Control". Ian desmaia.

10 DE OUTUBRO DE 1979

O show do Joy Division no Ulster Hall, em Belfast, é cancelado. Parte da turnê dos Buzzcocks.

11 DE OUTUBRO DE 1979
O show do Joy Division no Kelly's, em Portrush, é cancelado. Parte da turnê dos Buzzcocks.

13 DE OUTUBRO DE 1979
O show do Joy Division no City Hall, em Cork, é cancelado. Parte da turnê dos Buzzcocks.

16 DE OUTUBRO DE 1979
O Joy Division toca no Plan K, em Bruxelas. *Setlist*: "Love Will Tear Us Apart", "Wilderness", "Disorder", "Colony", "Insight", "Twenty Four Hours", "New Dawn Fades", "Transmission", "Shadowplay", "She's Lost Control", "Atrocity Exhibition", "Interzone".

18 DE OUTUBRO DE 1979
O Joy Division toca na Bangor University, como parte da turnê dos Buzzcocks.

20 DE OUTUBRO DE 1979
O Joy Division toca na Loughborough University, como parte da turnê dos Buzzcocks.

21 DE OUTUBRO DE 1979
O Joy Division toca no Top Rank, em Arundel Gate, Sheffield, como parte da turnê dos Buzzcocks.

22 DE OUTUBRO DE 1979
O Joy Division toca no Assembly Rooms, em Derby, como parte da turnê dos Buzzcocks.

23 DE OUTUBRO DE 1979

O Joy Division toca no King George's Hall, em Blackburn, como parte da turnê dos Buzzcocks.

"Os Blackburn Lot acabaram se tornando grandes incentivadores tanto do New Order quanto do Haçienda. Malucos fãs de futebol."

24 DE OUTUBRO DE 1979

O Joy Division toca no Odeon Theatre, em Birmingham, como parte da turnê dos Buzzcocks.

25 DE OUTUBRO DE 1979

O Joy Division toca no St George's Hall, em Bradford, como parte da turnê dos Buzzcocks.

26 DE OUTUBRO DE 1979

O Joy Division toca no Electric Ballroom, em Londres, com The Distractions e A Certain Ratio abrindo o show, durante um intervalo na turnê dos Buzzcocks. *Setlist*: "I Remember Nothing", "Love Will Tear Us Apart", "Wilderness", "Colony", "Insight", "Day of the Lords", "Shadowplay", "She's Lost Control", "Transmission", "Disorder", "Atrocity Exhibition", "Interzone".

"Algo de que me lembro da turnê dos Buzzcocks é que eles tocavam o mesmo *set* de músicas todas as noites, enquanto nós sempre variávamos o nosso. Fazíamos isso para nos manter interessados, de modo que todas as músicas fossem tocadas e 'arejadas', para tentar descobrir aquele momento único e, outras vezes, só para contrariar. Se a plateia estava realmente agitada, começávamos com 'I Remember Nothing', só para dar corda neles. Uma coisa que o punk nos ensinou foi sermos desafiadores – sempre tentar romper as regras, abrir o próprio caminho. Estar na Factory reforçava esses ideais. Era tipo, qualquer que fosse o jogo, não iríamos jogar. O que quer que fosse esperado de nós, faríamos o oposto. O Throbbing Gristle realmente me inspirava naquela época. Genesis

P-Orridge, que homem! Eu adorava como eles eram inconvenientes – como tentavam afugentar sua plateia toda noite. Eu não teria me importado se fôssemos um pouco mais como o Throbbing Gristle, na verdade."

27 DE OUTUBRO DE 1979

O Joy Division toca no Apollo Theatre, em Manchester, como parte da turnê dos Buzzcocks. *Setlist*: "Dead Souls", "Wilderness", "Colony", "Autosuggestion", "Love Will Tear Us Apart", "Shadowplay", "She's Lost Control", "Transmission".

28 DE OUTUBRO DE 1979

O Joy Division toca no Apollo Theatre, em Manchester, como parte da turnê dos Buzzcocks. *Setlist*: "The Sound of Music", "Shadowplay", "Colony", "Day of the Lords", "Twenty Four Hours", "Disorder", "Walked in Line", "I Remember Nothing", "Transmission".

29 DE OUTUBRO DE 1979

O Joy Division toca no De Montfort Hall, em Leicester, como parte da turnê dos Buzzcocks.

30 DE OUTUBRO DE 1979

O Joy Division toca no New Theatre, em Oxford, como parte da turnê dos Buzzcocks. *Setlist*: "Walked in Line", "The Only Mistake", "Leaders of Men", "Insight", "Ice Age", "Love Will Tear Us Apart", "I Remember Nothing".

NOVEMBRO DE 1979

Uma sessão fotográfica com Anton Corbijn resulta em novas imagens icônicas da banda e marca o início de uma relação que irá culminar no multipremiado filme *Control*, a cinebiografia de Ian Curtis, dirigida por Corbijn.

"O que adorei em Anton foi que ele fez as fotos bem depressa, sem enrolação, sem perder tempo: bam, bam, bam e pronto. Na época, pensei

Puxa, é assim que uma sessão de fotos devia ser. As fotos que ele tirou de nós na estação de metrô: absolutamente brilhantes.

Da forma como trabalha, ele o faz quase com um gesto casual. Quando ele fotografou o New Order nos Estados Unidos, ele ficou conosco por quatro dias, bêbado como um gambá, divertindo-se muito; quando estávamos todos sentados na grama, do lado de fora de onde tínhamos nos apresentado na tarde do último dia, ele disse 'Ah, tenho certeza de que me esqueci de alguma coisa. O que foi que esqueci?', então a cor sumiu do rosto dele e ele falou: 'Ai, meu Deus, eu me esqueci de tirar fotos.'

Todo o equipamento dele já tinha ido para o aeroporto, e ele correu até um posto de gasolina ali perto, comprou duas câmeras automáticas e nos levou a um parque de diversões que ficava ali em frente, onde ele fez Steve usar uns óculos bobos e tirou as fotos. Tinha estado ali durante quatro dias e fez as fotos enquanto o carro estava esperando para levá-lo para o aeroporto. Classe. E esse é o lance – elas ficaram incríveis. O cara ou é um gênio ou alguém lá em cima gosta dele, sem sombra de dúvida. Ele é gente fina, também, de convivência fácil. É gentil e paciente – uma dessas pessoas com quem você se sente à vontade e feliz de estar junto –, o que é uma bênção em um fotógrafo. Ele fez um trabalho excelente com *Control*, eu sabia que o faria. Ele é um perfeccionista, porém, e nesse aspecto trabalhar com ele não era fácil. Fazer a trilha sonora foi o prego no caixão do New Order. Percebi depois que eu e Barney estávamos em polos separados, separados demais, e ninguém parecia ser capaz de aproximar-nos de novo. Para mim foi inútil e Steve parecia perdido. Foi horrível. A música ficou sensacional, porém. Típico: você sempre se sai melhor quando está furioso. Uma coisa que me deixou feliz foi que Natalie Curtis foi incluída na publicação das músicas. Os créditos são 'Curtis-Hook-Morris-Sumner'."

1º DE NOVEMBRO DE 1979

O Joy Division toca no Civic Hall, em Guildford, como parte da turnê dos Buzzcocks. *Setlist*: "No Love Lost", "These Days", "Disorder", "Candidate", "Shadowplay", "Autosuggestion", "Warsaw", "Transmission", "The Sound of Music".

"Foi nessa noite que Pete Shelley subornou Twinny (£ 3,50) para dar-lhe a chave de seu quarto para que pudesse pregar uma peça em Dave Pils. Dave foi acordado por um Buzzcock bêbado fazendo cócegas nos seus pés por baixo das cobertas. Dave fugiu gritando."

2 DE NOVEMBRO DE 1979

O Joy Division toca no Winter Gardens, em Bournemouth, como parte da turnê dos Buzzcocks. *Setlist*: "I Remember Nothing", "Love Will Tear Us Apart", "Interzone", "Colony", "Insight", "These Days", "Digital", "Transmission", "Atrocity Exhibition". O show é interrompido porque Ian tem um ataque e é levado para o hospital.

3 DE NOVEMBRO DE 1979

O show do Joy Division no Sophia Gardens, em Cardiff, é cancelado. Parte da turnê dos Buzzcocks.

4 DE NOVEMBRO DE 1979

O Joy Division toca no Colston Hall, em Bristol, como parte da turnê dos Buzzcocks.

5 DE NOVEMBRO DE 1979

O Joy Division toca no The Pavilion, em Hemel Hempstead, como parte da turnê dos Buzzcocks. *Setlist* (possivelmente incompleta): "Dead Souls", "Wilderness", "Twenty Four Hours", "New Dawn Fades", "Digital", "Disorder", "Interzone".

"As brincadeiras bobas atingiram um novo patamar nessa época. Os *roadies* dos Buzzcocks disseram a Terry que comer um pedaço de maconha ia lhe dar um leve barato. Ele ficou um trapo. Quando chegamos, nós o encontramos apoiado a uma parede do lado de fora do local do show, gemendo. Nós o colocamos com carinho no carro de Steve, para se recuperar e dormir até o efeito passar, e então Twinny, eu e Barney nos revezamos colocando bombinhas no escapamento do carro para lhe dar sustos mortais de vez em quando. Rob cuidou do som durante o show."

7 DE NOVEMBRO DE 1979
O Joy Division toca no The Pavilion, em West Runton, como parte da turnê dos Buzzcocks. *Setlist*: "Colony", "These Days", "Autosuggestion", "Twenty Four Hours", "Love Will Tear Us Apart", "The Sound of Music", "Atrocity Exhibition".

9 DE NOVEMBRO DE 1979
O Joy Division toca no The Rainbow Theatre, em Londres, como parte da turnê dos Buzzcocks. *Setlist*: "The Sound of Music", "Shadowplay", "New Dawn Fades", "Colony", "Insight", "Love Will Tear Us Apart", "She's Lost Control", "Transmission".

10 DE NOVEMBRO DE 1979
O Joy Division toca no The Rainbow Theatre, em Londres. Último show da turnê dos Buzzcocks. *Setlist*: "Dead Souls", "Wilderness", "Twenty Four Hours", "Day of the Lords", "These Days", "Interzone", "Disorder", "Atrocity Exhibition".

26 DE NOVEMBRO DE 1979
O Joy Division faz sua segunda sessão de gravação com John Peel, nos estúdios da BBC, em Maida Vale, Londres. Produção de Tony Wilson (não o mesmo). Faixas gravadas: "The Sound of Music", "Twenty Four Hours", "Colony", "Love Will Tear Us Apart".

8 DE DEZEMBRO DE 1979
O Joy Division toca no Eric's, em Liverpool (na matinê e à noite), com o Section 25.

18 DE DEZEMBRO DE 1979
O Joy Division toca no Les Bains Douches, em Paris. *Setlist*: "Passover", "Wilderness", "Disorder", "Love Will Tear Us Apart", "Insight", "Shadowplay", "Transmission", "Day of the Lords", "Twenty Four Hours", "Colony",

"These Days", "A Means to an End", "She's Lost Control", "Atrocity Exhibition", "Interzone", "Warsaw".

31 DE DEZEMBRO DE 1979
Festa do pessoal da Factory, em Oldham Street, Manchester.

"Rob comprou umas duzentas latas de cerveja a 25 pence cada – a ideia era vendê-las por 50 pence e recuperar a grana que havíamos gastado com o PA e a iluminação, e então ficaríamos quites. Foi uma ideia legal: bem avançada, na verdade. Rob disse 'Ok, vou vender a cerveja. Não posso confiar em vocês, seus putos. Eu faço isso'. Mas o que ele não fez foi providenciar troco, então, quando o primeiro garoto apareceu com uma nota de uma libra para comprar a bebida de 50 pence, Rob não tinha troco. Então disse 'leva duas latas'.

O garoto disse 'Eu não quero duas latas, eu quero uma.'

'Olha, eu não tenho troco.'

'Bom, então me dá a cerveja.'

'Volta mais tarde e te devolvo seus 50 pence.'

'Não, eu volto mais tarde e te pago os 50 pence.'

Rob disse:

"Ah, foda-se", e lhe deu a cerveja.

De qualquer forma, o garoto seguinte apareceu: a mesma história. Rob teve que ficar dando as cervejas de graça e no fim ficou tão de saco cheio que só disse:

'Vão todos se foder; podem ficar com tudo.'

E simplesmente foi embora e deixou o bar aberto.

Foi assim que descobrimos que é mais fácil dar bebida de graça do que fazer as pessoas pagarem por elas – uma lição importante, essa, da qual fizemos bom uso nos anos do Haçienda."

PARTE CINCO

"CEREMONY"
CERIMÔNIA

Failures of the Modern Man

Dont speak of the safe Messiah
Failure of the Modern Man
To the centre of all lifes desires
As a whole not an also ran

Love in a hollow field
break the image of your fathers son
drawn to an inner feel
he was thought of as the only one

He no longer denies
all the failures of the Modern Man
He no longer despises
No now he cant pick sides
sees the failures of the modern man

Wise words and sympathy
tell the story of our history
New strength gives a real tough
Sense and reason make it all too much

With a strange fatality
breaks the spirits of a lesser man
some other   could see
in his way he was the only one

now that its right to decide
in his time he was the total man
taken from Ceasars side
kept in silence just to prove us wrong.

I. Curtis (November, 1977).

"UMA VERDADEIRA GALINHA CHOCA"

O Joy Divison começou a nova década com uma turnê de dez shows, em onze dias, pela Europa, onde Annik se juntou a Ian.

Como já disse, eu gostava de Annik. Ela gostava de verdade de Ian e cuidava dele. Sendo belga, ela parecia incrivelmente exótica. Era forte, independente, muito interessada em música, inteligente e ainda por cima bonita.

Mas nada disso podia compensar o fato de que ela foi um tremendo pé no saco durante aquela turnê. Ela não gostava que nos comportássemos como moleques e ficava sempre pegando no pé por causa de nossos modos. Que Deus ajudasse quem peidasse no micro-ônibus ou algo assim. Ela não gostava que a gente paquerasse as garotas e agisse como cafajestes nojentos, e não gostava de nossa boca-suja. Era uma verdadeira galinha choca, cacarejando a nossa volta o tempo todo.

Ian parecia adorar aquilo, claro, mas isso era porque ele se transformava quando estava com ela – novamente aquela porção camaleão dele aparecia. Seria ele mais ele mesmo quando estava com Annik, ou mais ele mesmo quando estava de farra conosco? Eis a eterna questão. Tudo de que posso me lembrar era que, com ela, ele ficava um pouco... Bem, Barney provavelmente deu a melhor descrição quando disse que ele ficava "pedante". Conosco: correndo atrás das *groupies* e mijando em cinzeiros e olhando cocôs em privadas. Com ela: falando sobre Burroughs e Dostoiévski. O amigo perfeito ou a parceira perfeita para Ian teriam que combinar todas essas coisas, mas, se tal pessoa existe, não estava em nenhum lugar perto de nossa cena social, e assim ele tinha que ser o camaleão, mudando de um para o outro. E acho que ele era muito bom nisso. Em seu livro, Debbie diz que ele teria sido um bom ator, e acho que ela acertou na mosca.

A turnê foi difícil. Não só por causa de Annik, embora ela não tenha feito nada para ajudar, claro. Mas porque não tínhamos grana, passamos fome, o tempo estava frio e miserável, estávamos viajando em um micro-ônibus e um pulando no pescoço do outro, e os shows eram pequenos.

O pior é que nunca havia nenhuma privacidade. Em lugar algum dava para ficar sozinho por um instante. Eu nunca tinha ido para o exterior, tinha um pouco de minha mãe no que dizia respeito à comida, e não tocava em nada que não fosse "inglês". Por isso, no final de um show, quando o organizador trazia comida chinesa, eu ficava sem comer. Nunca tinha comido arroz, sabe? Eu tinha vinte e poucos e nunca tinha comido arroz. Bom, talvez arroz-doce. Então eu costumava ficar lá sentado, com o estômago roncando, olhando enquanto o resto do povo comia e eu passava fome. Se não era comida chinesa, eram lentilhas – a maioria dos organizadores eram hippies –, e só de olhar para as lentilhas meu estômago já revirava. Então mais uma vez eu não comia nada.

Além da fome, havia o frio. Era gelado no ônibus. A gente passava toda a viagem se contorcendo e virando, abraçando a si mesmo para tentar se manter aquecido, com todo mundo brigando e reclamando ao redor... Jesus. Eu só queria ir para casa. Para o calor, o gato e comida de verdade. Quando chegamos a Antuérpia, foi como o paraíso, porque estava previsto um hotel, e todos estávamos ansiosos para tomar um banho de verdade e ter uma cama decente para passar a noite, em vez de ter que dormir no chão da casa de algum organizador.

Mas, ao chegar ao hotel, qualquer sonho de luxo foi devidamente desfeito quando o organizador avisou que não poderíamos nos registrar antes da uma da manhã. Hein? Que tipo de hotel não deixa o hóspede entrar antes de uma da manhã? Annik estava reclamando disso, dessa vez com muita razão, porque Ian estava doente e ela tinha assumido o encargo de garantir que ele ficasse o mais confortável possível – o que deve ter sido especialmente difícil para ela, considerando a política dele de agir como se nada estivesse errado. Ela estava tentando limitar os danos, creio.

De qualquer modo, saímos, demos o show e voltamos ao hotel pouco depois da meia-noite. Talvez eles se apiedassem de nós e nos deixassem entrar antes da uma. Mas é claro que isso não aconteceu. Assim, tivemos

"UMA VERDADEIRA GALINHA CHOCA"

que esperar no frio de rachar, reclamando na van e vendo as pessoas entrarem e saírem do hotel. Vou falar uma coisa, a fauna que saía de lá era bizarra. Mulheres da vida e gordos esquisitões.

Então, de repente, Annik se endireitou e disse "Já sei o que é isso aí – é um puteiro!".

Eu e Barney exclamamos "*Sério*?", ainda mais ansiosos para entrar lá. Mas ela soltou os cachorros em cima de Rob.

"Seu porco!", ela dizia. "Seu porco! Você é nojento... trazer a gente para esse puteiro!" E o resto de nós começou a rir – até o momento em que ela declarou que de forma alguma podíamos ficar ali, de forma alguma.

Então paramos de rir. Porque nós estávamos mesmo ansiosos para dormir numa cama naquela noite. Não tinha importância se era um puteiro. Era pelo banho e pela cama que estávamos desesperados. Mas ela ficou mesmo irritada, gritando com Rob e chamando-o de imoral ou algo assim, e isso foi a coisa errada para dizer, porque Rob a encarou, empurrou os óculos para cima do nariz e disse: "Sou imoral? *Eu* sou imoral? Não sou eu que estou trepando com um homem que é casado e tem uma filha!".

O que não era verdade, estritamente falando, claro. A medicação de Ian significava que trepar com qualquer uma estava fora de questão; e como eu disse, é de conhecimento público que ele e Annik nunca – qual a forma gentil de dizer isso? – *consumaram* a relação. Ainda assim, o que Rob disse chegou perto o suficiente do alvo para calar a boca de Annik, e ela aceitou que entrássemos somente para descobrir que era de fato um puteiro. Tudo era néon, e havia tiras de néon por toda parte – até embaixo das mesas, e ficava bem legal (pensando bem, vou sugerir isso a Becky para nossa casa). E em cada quarto havia um alto-falante debaixo da cama, de modo que, quando estava tocando música, a cama vibrava (mas isso eu não vou sugerir).

Ah, e tinha água quente e um colchão. O quarto show na turnê e era a primeira vez que eu tinha um colchão de verdade. Um luxo do caramba.

Annik não gostou, porém. Ela e Ian terminaram na casa do organizador, e quando todos nos encontramos na manhã seguinte, rolou, vamos dizer, um clima no ônibus.

As coisas deram uma guinada estranha na noite seguinte, depois do show em Colônia, quando um cara deu a alguém de nosso grupo – tá legal, se você torcer meu braço, eu vou revelar que foi a Steve – uma cartela de ácido. Uma "red star", o cara disse que se chamava. Acho que, por causa de alguma entrevista, ele ficou com a impressão de que Steve curtia alucinógenos – o que obviamente não estava muito longe da verdade, porque Steve disse "Muito obrigado" e engoliu tudo.

Nesse momento, os olhos do holandês se arregalaram e ele disse:
"Ai, meu Deus, vocês de Manchester são mesmo muito doidos."
"O que você quis dizer?", perguntou Steve. "Por quê?"
"Você acaba de engolir *cinco* pontos de ácido de uma vez."
E o cara se foi, sacudindo a cabeça, admirado em ver como eram doidos esses caras de Manchester, enquanto Steve olhava para nós, a cor sumindo de seu rosto.

Parafraseando Hunter S. Thompson, estávamos na casa do organizador quando as drogas começaram a fazer efeito.

A casa tinha uma parte em mezanino, onde nós estávamos dormindo. A gente chegava lá subindo por uma escada de mão, e Steve estava ficando mais e mais doido a cada segundo que passava. Barney percebeu o que estava para acontecer, agarrou seu saco de dormir e escapou escada abaixo. Assim, ficamos eu, Twinny e Steve, que a essa altura estava muito louco e começava a dizer que iria arranjar um machado e picar eu e Twinny em pedacinhos pequenos.

Twinny, você deve se lembrar, é um cara medroso, para dizer o mínimo, e num instante também estava fora dali – só que ele estava tão apavorado com a história de Steve nos picar com um machado que tirou a escada, para que Steve não pudesse descer para a parte principal da casa. Só que aí eu também não podia.

Foi o início de uma noite muito longa. Preso ali, sozinho com Steve, que agora estava viajando atordoado, perdido em algum outro mundo, eu cochilava e, cada vez que acordava, ele estava me olhando fixamente, e eu dizia "Vai à merda, Steve. Para de me olhar!".

Ele ainda estava chapado na manhã seguinte. Para nosso grande alívio, ele podia tocar sem problemas, mas não falava – não disse uma palavra durante três dias –, e isso era bem esquisito. Estávamos no ônibus, aí você olhava e Steve estava lá, olhando fixo para você.

Daí a pouco você olhava e ele estava olhando fixo para Barney, e era a vez de Barney se sentir desconfortável. Graças a Deus que não tinha nenhum machado por ali à mão, é tudo que posso dizer.

Eu ainda não comia. Quando chegamos a Roterdã, eu poderia comer os quartos traseiros de um jumento podre, de tão esfomeado, e a comida era outra vez chinesa. Eles nos levaram a um restaurante chinês, onde fiquei lá sentado, sentindo pena de mim mesmo, quando uma garçonete que falava um inglês realmente muito bom veio me perguntar por que eu não estava comendo.

Virei um garotinho de novo, dizendo:

"Não consigo comer isso. Não gosto. Minha mãe diz que é sujo."

Evidentemente ela se apiedou de mim e disse:

"O que você *pode* comer?"

"Comida inglesa."

"Ah, é uma pena, porque só temos comida holandesa: filé com batata frita, ovo com batata frita, salsicha com batata frita..."

Ah, meu Deus, era como se eu tivesse morrido e ido para o céu. Minha profunda afinidade com os holandeses começou naquela noite, enquanto eu comia como um lorde – dois filés, duas refeições completas. Foi maravilhoso. Era tudo culpa de minha mãe, claro. É assim que funciona a doutrinação intensa. Mesmo que todos os demais estivessem devorando avidamente seus pratos chineses, e de algum modo ninguém caísse morto, e apesar de estar *morrendo* de fome, ainda assim eu não conseguia aceitar o que meus olhos viam e comer um arroz especial frito, ou sei lá o quê. Quando fiz isso – e eu devia estar às portas da morte para fazer, mas acabei fazendo –, descobri que o sabor era incrível. Adorei. Eu dizia "*Minha mãe...!*".

A mesma coisa aconteceu anos mais tarde, com o New Order, quando saímos para comer com o Cabaret Voltaire. Lá estava eu, o coração apertado, quando abrimos a porta para um restaurante especializado em *curry*, em Sheffield, sabendo que eu iria ter que pedir o único prato que havia para babacas pouco aventureiros como eu: frango Maryland, que tinha gosto de ter sido feito com raiva. Um dos caras do Cabaret pediu um *curry* com um aroma espetacular.

"Posso experimentar?", eu perguntei.

"Sim, claro..."
Era delicioso. Fabuloso.
"Minha mãe...!"
Mas aquele momento na Holanda acabou sendo um dos melhores da turnê. Foi curioso, porém, porque mais do que nunca – provavelmente por causa do desconforto – fizemos alguns de nossos melhores shows. Sempre gostamos muito de tocar, e durante aquele show em particular parecia que nosso único refúgio – do frio, da fome, da pentelhação de Annik, das brigas da banda – era no palco. Nós tocávamos e éramos brilhantes e realmente estávamos em sintonia como músicos, e então descíamos do palco e de imediato retomávamos nossas posições um enganando o outro.

Não tenho certeza de qual a raiz de tudo aquilo. Com certeza nos sentíamos um pouco frustrados porque, com nosso álbum indo tão bem (tinha aparecido em um monte de listas de "os melhores do ano" de 1979) e por nós sermos uma banda tão badalada, ainda assim estávamos sentindo muito frio, congelando em um micro-ônibus e dormindo no chão da casa das pessoas. Digo com sinceridade: nunca fiquei tão feliz em voltar para Manchester como daquela vez.

"NÓS FOMOS EM FRENTE"

Tocávamos muito com o Killing Joke naquela época. Era difícil trabalhar com eles, mas ficamos amigos, e anos mais tarde foi o único grupo que já me convidou para que me juntasse a eles. O Primal Scream quase o fez, mas no final mudaram de ideia: eles achavam que o som deles poderia ficar muito parecido com o do New Order. De qualquer modo, o Killing Joke estava se reunindo de novo, depois de um longo tempo separado, para fazer um álbum, *Pandemonium*, mas o baixista deles, Youth, estava participando na produção e não queria fazer a turnê, e assim recebi o convite: estaria a fim de tocar baixo na turnê do Killing Joke?

O New Order havia se dividido, e eu tinha parado de tocar no Revenge e estava meio à toa; assim, decidi que ao menos podia ouvir o álbum que eles queriam que eu tocasse. Além do mais, o pagamento que eles ofereciam era muito bom: mil por show. *Por show*.

Na verdade estávamos trabalhando juntos em um álbum conceitual alemão, *Freispiel*, no Stadgarten Studio, em Colônia; era uma colaboração entre músicos de rock e música *avant-garde*. Trabalhávamos com Rüdiger Elze (guitarra) e Rüdiger Braune (bateria), ambos da banda Kowalski. Mais tarde, acabei no hotel dos caras. Naquela época, eu bebia e ia na onda do que quer que estivesse rolando – e tinha muita coisa rolando naquela noite. No quarto, estávamos eu, Geordie e Jaz e duas garotas. Nós nos sentamos para ouvir o álbum novo deles, e quando terminou, eles pararam, olharam para mim e disseram "E aí? O que você acha?". Naquele momento, por estar completamente torto, eu respondi "Não posso tocar essa merda aí".

Mas eu não quis dizer "merda", tipo que a música era uma merda. Eu quis dizer merda, como em "essa merda", falando do baixo, que era o baixo normal, um som grave seguindo os acordes, que não é o que eu faço; não toco o baixo daquele jeito. Não que o álbum fosse uma merda. Nada disso. Só que eu não toco "aquela merda".

JOY DIVISION

Como eu estava chapado, porém, não conseguia me explicar. Mas Geordie e Jaz estavam tão malucos quanto eu e também não estavam entendendo. Eles acharam que eu estava falando do álbum. Eu não estava.

Quanto mais eu tentava me explicar, pior ficava, até que o clima esquentou de verdade e já estávamos ficando em pé. Se as garotas não tivessem colocado panos quentes, teríamos terminado em briga ali mesmo – e eles teriam me dado uma surra.

De qualquer forma, a situação foi controlada graças à intervenção feminina, e, umas semanas depois, eu fiquei surpreso ao descobrir que a oferta continuava em pé. A essa altura, eu já estava achando que mil por show era simplesmente uma oferta boa demais para deixar passar. Foda-se, por mil por show, posso seguir os acordes. Assim, decidi engolir o orgulho e tocar aquela merda. Pensei bem, também, e estava começando a curtir a ideia de pegar a estrada com o Killing Joke. Então falei com Jaz ou com Geordie, e me disseram que Youth tinha mudado de ideia: aparentemente, ele não podia suportar ter outra pessoa tocando suas linhas de baixo. É... eu, eu sei...

De qualquer modo, como resultado de tudo isso, eu, Jaz e Geordie decidimos trabalhar em algo como um projeto paralelo e gravamos seis ou oito faixas juntos. Tivemos até encontros com o empresário deles, E. G., sobre formarmos uma banda juntos. Nunca chegamos sequer ao nome, mas estávamos pensando em quem seria nosso baterista, e eu até tinha convencido Jaz de que ele devia cantar um pouco mais, em vez de seu estilo normal, mais gritado, quando de repente tudo ficou quieto. Nunca mais tive notícias deles, não mandaram nem um cartão-postal, não telefonaram – blecaute de comunicações total. Até que um dia comecei a receber os direitos autorais de uma música estranha da qual eu nunca tinha ouvido falar e que não me lembrava de ter tocado, e era uma música do Killing Joke. Eles tinham me usado em um de seus álbuns, aqueles filhos da mãe. Apesar disso, tenho o mais profundo apreço por Jaz e Geordie; não estar em uma banda com eles é um de meus poucos arrependimentos na música.

E foi isso. Mas eles sempre foram um osso duro de roer, para ser honesto, e ficavam brigando por uma posição melhor no programa o tempo todo. Eram muito ambiciosos e obcecados; impiedosos. Quer dizer, naquela noite, no sindicato da University of London, eles estavam tentando foder as coisas para nós. Estavam tentando o velho truque do Fast Breeder, de ser a banda de abertura, mas entrar bem tarde para parecer que fosse a banda principal. Enquanto isso, estávamos tendo problemas com outra banda de abertura, de Manchester, chamada The Smirks, que tinha um nome apropriado porque eles eram um bando de arrogantes[40] que ficavam fazendo cara de desprezo. Aquilo também quase acabou em porrada.

Ainda por cima, o amplificador de meu baixo pifou quando estávamos fazendo a passagem de som. Claro que naqueles dias eu não tinha alguém que viesse e consertasse meu equipamento. Eu não tinha um *roadie* para o instrumento. E também não levava equipamento de reserva. O que eu fazia era dar um jeito de o meu empresário ir pedir à banda de abertura o amplificador deles emprestado. Ah, mas nossos grupos de abertura eram a merda do Killing Joke e os Smirks, e o Killing Joke estava fazendo todo o possível para foder conosco com aquela trapaça de se atrasarem, e eu quase tive uma briga com os Smurfs, de modo que é claro que os dois se recusaram a ajudar.

Era bem engraçado, na verdade: por eu ter feito a escola de qualquer jeito, não sabia nada de eletrônica quando entrei na banda, e quando tinha que consertar o equipamento, eu lamentava por não ter prestado mais atenção em física. Mas lá estava eu; tive que desmontar todo o gabinete, centenas de parafusos, checar os fios, que estavam ok. Merda, um dos alto-falantes tinha estourado.

Enquanto eu estava fazendo aquilo, o Killing Joke chegou. Eu estava enfiado na parte de trás do gabinete, com o Joke passando o som mais alto do que o normal, pelo que me parecia, enquanto eu segurava um ferro de soldar e tentava ver com um isqueiro. No fim, refiz a fiação do gabinete e consegui tocar no show. Puta que pariu! Aquilo foi traumático.

Não tão traumático como o que aconteceu a seguir, porém, porque foi mais ou menos naquela época que Ian começou a se cortar.

Depois de voltar da turnê europeia, ele aparentemente tinha entornado uma garrafa de Pernod e se cortado com uma faca – uma merda de faca de cozinha. Falamos com ele no ensaio seguinte.

---

[40] *Smirk*, em inglês, é uma careta de pouco caso, de desdém. [N. T.]

"Pra que caralho você fez aquilo, Ian, seu babaca filho da puta?"

"Ah, foi só uma dessas coisas" ele disse, dando de ombros. "Fiquei bêbado e rolou. Vocês sabem..."

"Sim, sim..."

Mas, na verdade, *não*. Eu não sabia.

Claro – você sabe o que vou dizer. Nós ignoramos o fato de que ele havia adicionado a automutilação à lista. Evitamos o assunto. Fomos em frente como se tudo estivesse bem e fingimos que Ian não estava doente, que não estava tendo que lidar com as responsabilidades da banda e não tinha sérios problemas sentimentais para resolver. Nós fomos em frente. Com as bênçãos de Ian, nós fomos em frente; Ian, que de todos nós era quem mais queria provar os frutos do sucesso, e não queria que sua doença ficasse no caminho; Ian, que sempre nos colocava para cima depois de uma resenha ruim, ou um show péssimo. Que, mesmo sendo o vocalista e o ponto focal, sempre insistiu em afirmar que éramos um grupo, e que costuma dizer "Tudo o que eu faço são as letras e cantar. Os outros fazem a música".

Porque é este o ponto, e não canso de dizer: ninguém desejava mais que o grupo – *o grupo todo* – se desse bem do que Ian. Então ele mentia. Para nós ou para ele, ou para ambos. Ele mentiu quando disse que não era grande coisa ficar bêbado e começar a se ferir com uma faca.

Ele estava tendo ataques com mais frequência, também. Ele tinha ataques durante os shows. Houve um em que ele simplesmente ficou paralisado enquanto estava tocando guitarra. Outro em que caiu sobre a bateria e ficou se debatendo. Steve continuou tocando enquanto Ian chutava para longe os instrumentos da bateria, e Twinny e Terry correram para tirá-lo do palco. Em outro, ele chutou o *case* sobre o qual estava o sintetizador e o arremessou para fora do palco. Mais do que qualquer outra coisa, Ian odiava ter ataques no palco, e eu podia entender o motivo. Era quando ele estava mais vulnerável, perdendo o controle daquele jeito, com parte da plateia rindo, parte assustada, parte aplaudindo, parte achando que ele era um maluco. Deve ter sido horrível. Mas nós o impedíamos de engolir a língua e ele se erguia, nos dizia que estava bem e, bom, você sabe o resto. Chegou a um ponto em que gravar nosso álbum seguinte pareceu quase uma pausa. Quase.

"ELE ACHAVA QUE ÉRAMOS UNS CHATOS... E ESTAVA CERTO"

Naquela época, estavam sendo feitos os planos para uma turnê pela América do Norte, e o Joy Division já estava agendado para gravar seu segundo álbum no estúdio Britannia Row, em Londres. Mas para Ian as coisas não estavam indo muito bem. Durante uma discussão em que Debbie quebrou a cópia dele de Low, *do Bowie, ele admitiu o caso com Annik. Embora garantisse a Debbie que iria romper, ele não o fez, e continuou escrevendo a Annik; suas cartas refletiam a turbulência interior. Ele contou a ela sobre as obrigações e responsabilidades, que eram um grande peso para ele; que a epilepsia parecia estar piorando, que os ataques estavam ficando mais frequentes e mais intensos; e que seu cão, Candy, teria que ir embora. Debbie estava achando cada vez mais difícil cuidar de Candy durante as ausências de Ian, sem mencionar o custo, e como Ian não se mostrava disposto nem a colaborar nem a discutir o assunto, ela sentiu que não teria escolha e providenciou para que o cão fosse para uma fazenda em Rochdale. Ian, enquanto isso, estava tomando barbitúricos para a epilepsia, e o efeito deles o deixava entorpecido, chapado.*

Em seguida, a banda viajou para Londres, para as sessões de gravação, deixando Terry Mason e Twinny em casa e usando Dave Pils como roadie. Ele ficou em sua casa em Walthamstow, Martin Hannett em um hotel, enquanto Rob Gretton e a banda alugavam dois apartamentos na York Street. O custo disso significava, no entanto, que os membros da banda tinham pouquíssima grana para viver.

Tínhamos o suficiente para comprar comida, e talvez uma cerveja, como sempre. Tanto Iris quanto Sue trabalhavam, e assim pelo menos eu e Barney não precisávamos nos preocupar em mantê-las, mas Ian tinha esposa e filha e, assim como tudo o mais nesta história, a situação era mais difícil para ele.

É mesmo curioso quando a gente pensa em tudo isso, porque, se hoje em dia lançássemos um álbum como *Unknown Pleasures*, teríamos sido indicados para o Mercury, estaríamos desfilando por Glastonbury e fugindo das colegas de Kate Moss, e sentaríamos no sofá com Fearne Cotton. Naquela época, as coisas aconteciam bem mais devagar. A música independente ficava *underground*. Ian na capa da *NME* foi o máximo que conseguimos. Nunca sentimos que éramos estrelas, de forma alguma, e nunca nos comportamos como tais.

Para começar, não tínhamos grana, pois ainda não havíamos recebido nada. Deixamos Rob tomar conta dessa parte, e ele o fez muito bem, mantendo tudo bem junto de si. Uma das frases favoritas de Tony era: "Sempre mantenha pobre a sua banda. Dessa forma, sempre vão fazer um som excelente". Ele talvez estivesse certo. Não há nada como a fama repentina para virar a cabeça de uma banda.

Mas teria sido legal testar a teoria dele de vez em quando, em vez de sermos forçados a prová-la.

No entanto isso fez de nós uma banda melhor. Quer dizer, é preciso admitir que Rob era muito bom em manter você em terra, certificando-se de que seus pés estivessem plantados com firmeza no chão. O lance dele era: apenas siga em frente, toque ao vivo e grave. Foi assim que fomos gravar *Closer*. Estávamos decididos a fazer um álbum tão bom quanto *Unknown Pleasures*, mas não havia nenhuma grande pressão sobre nós – nem por parte de Rob nem da Factory. Toda a pressão que sentíamos vinha de dentro, e estávamos transbordando de confiança naquela época. A doença de Ian era o único ponto negro no horizonte. Fora isso, estávamos no auge.

Naquela altura, já tínhamos gravado "Love Will Tear Us Apart" no Pennine, mas não ficamos satisfeitos e tentamos mais uma vez no Strawberry. Martin tinha voltado a fazer seus velhos truques. Ele ficava até as duas da manhã e então telefonava para Rob e dizia "Oi, estou no estúdio agora com Chris para mixar 'Love Will Tear us Apart'", e Rob me ligava e dizia "Você é o próximo. Vá para o Strawberry agora, Hooky; eles estão mixando". E eu dizia "Puta merda, são duas da manhã!".

Então ele só dizia "Vai pra lá, porra!". Ele não tinha carro, sabe? Por isso, eu ia de carro até o estúdio às duas e meia da manhã, tocava a campainha durante horas antes que me deixassem entrar e Martin dizia "Ah, você veio, é?".

"Claro que vim, por que você está fazendo isso a esta hora?"

"Ah, foi o único horário que consegui." Mas não era isso – era porque assim nós não estaríamos por lá e não iríamos aparecer. Porque uma das coisas mais famosas sobre Martin era que ele odiava ter os músicos por perto durante as mixagens, e por isso dificultava as coisas. Na noite em que mixou "Love Will Tear Us Apart", o ar-condicionado estava no máximo, como sempre. Eu estava congelando enquanto Martin e Chris se divertiam. Martin pode ter sido um gênio, mas isso não o impedia de às vezes ser um babaca completo.

Essas coisas não eram muito animadoras, porque deveríamos gravar nosso segundo álbum com ele, uma perspectiva que nos assustava, exceto pelo fato de que estávamos indo para Londres para a gravação, no estúdio Britannia Row, que era do Pink Floyd, como verdadeiras estrelas do rock.

Mas nossas famílias não gostaram, claro. Ouvimos um monte de lamentações: "Por que vocês não podem gravar no Strawberry?".

Acho que Rob gostou da ideia de tirar Ian de casa um pouco, e Ian, é claro, adorou, porque poderia ficar com Annik. Martin queria usar o Britannia Row porque era o estado da arte na época, e ele gostava de seus brinquedos. Chris Nagle levou um pé na bunda, porém. Martin queria usar outro cara que ele havia conhecido, John Caffery, que não era lá muito criativo, mas era um sujeito legal, enquanto o operador de gravação era Mike Johnson, que mais tarde se tornaria o engenheiro do New Order em tudo o que fizemos. Gostávamos dele e realmente nos demos bem; ele era muito criativo, e disposto a experimentar qualquer novidade.

Assim, partimos para Londres, onde Rob tinha alugado dois apartamentos em cima de uma loja, de frente um para o outro, de um lado e do outro de um corredor, ambos com dois quartos. Eram provavelmente pequenos, mas para nós, na época, pareciam imensos, com cozinhas americanas e tudo. Ian e Bernard ficaram de um lado – e Annik com Ian, quando ela pernoitava –, enquanto eu, Steve e Rob ficamos com o outro. Nosso apartamento não era tão aconchegante – era um pouco maior, mais frio e com menos móveis –, mas ainda assim estava ótimo.

Martin ficou em um hotel, porque ele queria ficar o mais longe possível de nós, porque ele achava que éramos uns chatos... e estava certo.

E então o Britannia Row em si. Os estúdios aos quais estávamos acostumados em Manchester eram um tanto antiquados. Com painéis de madeira e cortinas pesadas, e placas de cortiça nas paredes. Em comparação, o Britannia Row parecia algo saído de Guerra nas Estrelas. Era um pouco mais austero e despojado do que qualquer lugar onde eu já estivera em Manchester. Tinha uma atmosfera fechada de espaçonave, com a sala de controle, em particular, realmente lotada de equipamentos. Não havia muito espaço para ninguém mais; tínhamos um banco longo encostado na parede. Eu e Bernard nos posicionávamos de cada lado de Martin, olhando por cima do ombro dele.

Ali, Martin estava em seu elemento. Ele amava a sensação claustrofóbica do Britannia Row. Ele amava o modo como se sentia isolado do mundo exterior, e começava a trabalhar à noite, para aproveitá-lo nas horas mais silenciosas e calmas. Escute o produto acabado e você vai ouvir tudo isso no álbum.

Havia escritórios também, e montes de funcionários circulando por ali – funcionários do Pink Floyd, eu creio – e também havia uma companhia de PA sediada ali, e eles ainda tinham uma sala de recreação com uma mesa de bilhar. Islington é uma área muito interessante. Há uma loja de taxidermia famosa, chamada Get Stuffed, cheia de animais muito exóticos, e uma loja militar na esquina, cuja vitrine eu ficava olhando, vendo as caríssimas jaquetas de aviação da Segunda Guerra Mundial, cobiçando-as.

Todo dia entrávamos no carro de Steve e rodávamos as poucas milhas da York Street até Islington; Martin chegava em seu velho Volvo acabado. Ele havia arrancado os alto-falantes e os substituído por dois monitores Auratone, alto-falantes de estúdio de som bem seco, mas fiéis. Martin dizia que, se pudesse fazer a mixagem soar bem nos Auratones, então soaria bem em qualquer coisa. Ninguém em seu perfeito juízo ouviria os Auratones por diversão, porque o som deles era podre; eles absorviam todas as reverberações e ecos, e o clima frio de uma música, fazendo tudo soar seco e chato. Mas aquele era o esquema de Martin: faça o disco soar bem neles e você vai pirar com um par de alto-falantes decentes. Ouvir uma mixagem com ele significava entrar no carro dele e deixar que ele desse uma volta com você enquanto vocês checavam como soava. Ele nem tinha se preocupado em aparafusar os alto-falantes, e eles costumavam ficar rolando pelo piso do Volvo, e como Martin era um motorista horrível, eles rolavam bastante de um lado para o outro.

Mas claro que não era por sua perícia como motorista que o usávamos. Como produtor, ele conseguia tirar o melhor de nós, e ao mesmo tempo aprendíamos com ele. Foi ele quem nos encorajou a usar o piano; no Britannia Row havia um piano de cauda. Ele o incluiu em "The Eternal", testando-o em praticamente todas as faixas. Ele mostrou a Bernard como usar os teclados da forma correta, como tocá-lo em camadas para dar ao som força e profundidade. Jesus, ele costumava ficar furioso conosco, em especial comigo e com Barney: éramos tão bem-vindos quanto um cachorro em um jogo de *skittles*.[41]

"Ah, Martin, o que você acha de deixar o chimbal um pouco mais vibrante?", um de nós perguntava, sempre nos revezando.

Ele gritava conosco. "Calem a boca, seus cuzões!"

Descobri depois que, naquela época, Martin estava usando heroína, e que uma noite para conseguir uma dose ele foi de carro até Manchester e voltou, de tão desesperado que estava por ela. Mas para ser honesto não dava para perceber no estúdio. Ele estava fumando muita maconha, como sempre, mas fora isso era mesmo muito eficiente e criativo. Ele nos apresentou aos sintetizadores e sequenciadores ARP, que ele e Bernard usavam muito, e aos *gates*, utilizados de forma que a bateria desencadeasse sons de sintetizador e soasse realmente nítida e potente.

O grande lance de Martin ainda era a nitidez. Ele sempre dizia que, para um disco ter efeito e impacto duradouros, precisava ter nitidez e separação, espaço entre os instrumentos, gerando frações de silêncio durante a música. Agora, lembre-se: eu e Bernard ainda não gostávamos do som de *Unknown Pleasures*. Quer dizer, suponho que àquela altura nós já tínhamos aceitado com relutância que era um álbum excelente, e sabíamos que parte disso se devia ao trabalho que Martin havia feito, mas ainda não era como nós ouvíamos o Joy Division. Queríamos um som

---

[41] Jogo parecido com o boliche, em que se usa um disco de madeira para derrubar pinos; é praticado na grama. [N. T.]

mais duro, mais áspero e mais metálico, como um grupo tocando em uma garagem com paredes de metal, como The Stooges ou o Velvet Underground. Ele queria que soássemos como – como ele descreveu? – música gótica adulta, ou algo assim.

Bem, ele estava certo e nós estávamos errados. Desculpe, Martin, se você estiver aí em cima. Mas isso não impediu que na época implicássemos porque ele nos fazia tocar a música e depois a desmontava.

"Certo, vamos nos concentrar neste pedaço", ele dizia, e trabalhava um monte, adicionando efeitos e trechos com sintetizador. Ele passou muitas horas felizes mexendo com os sintetizadores e também com os sequenciadores – para grande felicidade do gerente do estúdio, porque o Britannia Row era um estúdio caro, por volta de £ 40 a hora; considerando que eu estava ganhando £ 12 por semana, aquilo era uma fortuna absoluta.

Assim, em termos de trabalho, estava legal. No entanto, no que diz respeito à socialização, surgiu uma divisão na banda. A primeira, eu creio. O motivo foi que Ian descobriu seu lado cabeça, e nós não conseguimos lidar muito bem com isso.

Quando digo que ele descobriu seu lado cabeça, quero dizer comportar-se de um modo um pouquinho pretensioso. Havia agora outras influências em sua vida, e ele estava se encharcando delas. Uma era Genesis P-Orridge, do Throbbing Gristle. Bem, eu gosto de Genesis, e adoro o Throbbing Gristle, mas não aguento a atitude de "não tem nada mais cabeça" que acompanha essa cena. Genesis é campeão nesse ponto.

E também havia Annik, claro. Embora ela tivesse um apartamento em Parson's Green, ela e Ian estabeleceram residência no quarto dele no apartamento em frente, e agiam como um verdadeiro casal de boêmios cabeça. A cada cinco minutos eles anunciavam que estavam indo para alguma exposição de arte ou alguma galeria, os narizes empinados, deixando perfeitamente claro que o que quer que estivessem fazendo não era para gente como nós.

O fato de reagirmos àquilo pegando no pé deles e chamando-os de idiotas pretensiosos, de todos os modos possíveis, não foi muito gentil de nossa parte, claro. Para ser honesto, fomos bem desagradáveis com ele.

"ELE ACHAVA QUE ÉRAMOS UNS CHATOS... E ESTAVA CERTO"

E daí que ele quisesse ir a uma galeria de arte com sua nova namorada? De fato, não era nada da nossa conta.

Mas sabe como é. Rapazes jovens, e o amigo de repente saindo com a namorada nova, fazendo caras e bocas: eles caem matando. Não tenho dúvida de que pessoas como Genesis e Annik achavam que conheciam o Ian "real", e que ele ficava mais à vontade no mundo "deles". Mas nós achávamos que *nós* conhecíamos o Ian "real". Provavelmente Debbie achava o mesmo. O que percebi nos anos que se passaram desde então é que a verdade é bem mais complexa e intermediária do que qualquer um de nós realmente sabia na época. Pensando sobre isso, aposto que nem Ian sabia quem era o Ian "real".

Mais ou menos na metade da gravação, Rob anunciou que devíamos trazer nossas caras-metades e mandou-lhes grana para as passagens de trem. Debbie não veio, para grande alívio de Ian. Ela usou o dinheiro para pagar uma conta. Não me lembro da sequência de eventos, mas isso é porque aquele foi um dia que seria melhor esquecer. Para começar, nós as deixamos esperando na estação por duas horas. Então elas tiveram que ficar esperando enquanto terminávamos no estúdio, o que não melhorou nem um pouco o humor. Depois eu acidentalmente falei a Iris que Annik ficava com Ian o tempo todo. Eu e minha boca grande. Ela surtou, o que contribuiu para o clima geral sombrio. Ela então contou a Lesley.

Em suma, o dia foi um desastre total, porque tinha sido realmente caro e todo mundo estava péssimo, e nem lembro por que aquele dia foi escolhido, já que de qualquer forma estávamos no estúdio, o que não ajudou as coisas em nada. Assim tínhamos Sue, Lesley, Gillian e Iris, todas sem nada para fazer, putas da vida por terem sido arrastadas até Londres para passar o dia inteiro sem fazer nada e furiosas por aparentemente serem banidas de todo o processo enquanto Annik estava por ali. Demos um grande suspiro de alívio quando tudo terminou, eu lhes digo, e Rob comemorou colocando flocos de milho na cama de todo mundo. No entanto, para que ninguém suspeitasse, ele os colocou também em sua cama e saiu andando e coçando a cabeça, dizendo "Se todo mundo tem flocos de milho na cama, então quem foi que colocou?".

Uns dias depois, a verdade veio à tona, e dissemos "Seu babaca maluco. Qual a graça de sacanear você mesmo?".

Numa outra noite, ouvimos Ian e Annik preparando-se para sair e Annik dizendo "Ian, Ian, se apresse e pas-se-a-rou-pa".

Bem assim, "pas-se-a-rou-pa". E ali estava Ian, todo arrumado e pronto para sair, passando a roupa de Annik, com um cigarro pendurado na boca.

Nós ficamos, "Pas-se-a-rou-pa. I-an, você já pas-sou-a-rou-pa?", o que realmente o emputeceu, e ele ficou mesmo furioso. Eu e Barney notamos que eles tinham um ursinho em cima do edredom, no quarto deles, e caímos em cima dele por causa daquilo também.

Ele dizia "Vão se foder, seus cuzões. Vão se foder e deixem a gente em paz, tá bom?".

Hoje eu me sinto muito mal por isso, claro. Agora sou mais velho e mais sábio, e agora já li as letras e entendi que alma torturada ele era. Devíamos tê-lo deixado em paz para ter seu caso de amor, mas não fizemos isso porque na época ele não era o gênio trágico Ian Curtis. Ele era só nosso amigo, e isso é o que você faz com os amigos aqui no Norte: você os sacaneia direto.

Numa tarde, em particular, voltamos antes de Ian e Annik, que ainda estavam em algum outro lugar, provavelmente em uma galeria ou exposição ou sei lá, e Barney disse "Vamos lá, vamos zoar o quarto deles!".

Então entramos e a primeira coisa que fizemos – que bando de filhos da puta – foi tirar a cama. Não foi nada fácil. Então armamos a tábua de pas-sar-rou-pa, fizemos a cama em cima da tábua de pas-sar-rou-pa e colocamos o ursinho em cima. Aí nos escondemos no quarto de Barney e ficamos olhando pelo buraco da fechadura e esperando que chegassem. Não precisamos esperar muito. Uns minutos depois, a porta da frente se abriu e Ian e Annik entraram no apartamento e então foram para o quarto.

E aí ela gritou "Ian, Ian, o que eles fizeram com nosso quarto?". Nós nos mijamos de tanto rir. Então Ian ficou bravo. Ficou realmente bravo. Merda. Ele nos ouviu rindo do outro lado da porta de Barney e se jogou contra ela, urrando. "Seus cuzões de merda, seu bando de calhordas", chutando a porta com vontade.

Já não estávamos mais rindo. Estávamos aterrorizados, porque, vou dizer uma coisa, ele estava começando a surtar. Surtar de verdade. E se tivesse um ataque? E se arrebentasse a porta e entrasse?

"ELE ACHAVA QUE ÉRAMOS UNS CHATOS... E ESTAVA CERTO"

Ele se acalmou o suficiente para que pudéssemos escapar. Mas, claro, nós ainda tínhamos a cama deles, que estava desmontada no outro apartamento. Enquanto fugíamos para lá, tínhamos Annik correndo atrás de nós, e ela se jogou contra a porta.

"Seus porcos!", ela berrava, com seu sotaque do francês belga. "Seus porcos ingleses de merda!" E chutava a janela de vidro da porta.

Claro que caímos na gargalhada de novo, o que deixou tudo muito pior. Sabe Deus como conseguimos armar a cama de novo.

Parte do problema era que estávamos com inveja de Ian, creio. Annik era bonita e exótica, e Ian estava morando com ela no apartamento enquanto nós todos estávamos simplesmente amontoados ali. Ou pelo menos era como a gente se sentia.

Além do mais, ele era o favorito de Martin. Desde *Unknown Pleasures* Ian tinha desenvolvido uma relação especial com Martin – parecia que um alimentava a criatividade do outro –, e acho que nós também meio que nos ressentíamos disso, como se Ian fosse o aluno preferido do professor, ou algo assim. Especialmente porque Martin tratava o resto de nós como merda.

Ian dizia a Martin "Você precisa de mim nas próximas horas, Martin?". Martin respondia "Não, cara, sua parte está feita; volte às oito".

Assim, Ian e Annik saíam felizes juntos, enquanto eu e Barney éramos sempre "aqueles dois babacas". Tocávamos as músicas com Steve, e Ian gravava uma voz guia, mas ele voltava para gravar os vocais de verdade à noite, quando o estúdio estava mais silencioso. O que é aceitável – é normal fazer isso –, mas criava uma situação meio "eles e nós".

A coisa era recíproca, claro. É um fato bem conhecido que nós o irritamos profundamente durante a elaboração de *Closer*, porque ele escreveu uma carta a alguém – Rob, eu creio – dizendo que não estava feliz com o álbum, em parte por nossa causa, "babacas baderneiros traiçoeiros", ele nos chamou. Mas em suas cartas para Annik ele diz que está muito feliz com o álbum: estranho.

Devo admitir que ele tinha razão. Lembro-me de uma noite no apartamento em que o A Certain Ratio estava lá fumando um com Rob. Eu e Barney não estávamos nada a fim daquilo, e Barney dizia "O que vamos fazer com eles? Vamos lá, precisamos fazer algo...".

Assim, estavam todos sentados lá, olhando meio desconfiados para nós em meio às nuvens de fumaça de maconha, dizendo "O que vocês estão tramando, rapazes?", enquanto fazíamos nossos planos. Primeiro, lambuzamos as maçanetas e o para-brisa do micro-ônibus deles com geleia e amarramos rolos de papel higiênico no escapamento; então preparamos ovos e panelas cheias de água.

Quando o ACR finalmente se foi, ficamos dando tchau para eles das janelas do apartamento, vendo-os chegar ao ônibus e encontrando as armadilhas de geleia. Em seguida, começamos a bombardeá-los com água e ovos, morrendo de rir enquanto eles tentavam sem sucesso abrir as portas e sair da linha de fogo. Finalmente conseguiram e fugiram, com dois grandes rastros de papel higiênico pendurados atrás do ônibus.

Vendo bem, Ian tinha razão. Nós éramos babacas baderneiros traiçoeiros. Não muito tempo antes, ele também teria sido, junto conosco. Assim, se nos ressentíamos por ele ser o favorito de Martin e por ter uma namorada estrangeira bonita, bem, talvez nós também pensássemos *Estamos perdendo nosso amigo*.

A doença dele pairava sobre nós, no entanto. Uma noite, estávamos no estúdio. Ele estava trabalhando nos vocais e parecia um pouco perturbado com alguma coisa e saiu sozinho. Ficamos esperando por ele para fazer um vocal e, depois de algum tempo, Martin falou "Onde está Ian? Onde diabos está Ian? Hooky, vá ver onde ele está e o traga de volta para cá!".

Então, lá fui eu, e o encontrei no banheiro, estatelado no chão, com um grande corte na cabeça. Ele havia ido ao banheiro, tinha sofrido um ataque, caído para a frente e batido a cabeça na pia, e com isso perdeu os sentidos. Adivinha só? Nós o trouxemos de volta a si, ele disse que estava bem e nós fomos em frente. Eu devia usar isso como título do livro, não é? *Ele disse que estava tudo bem, e assim nós fomos em frente.*

Outra coisa de que me lembro era estarmos gravando uma tarde e um sujeito aparecer na recepção para falar com Martin. Havia um grupo com ele, um grupo jovem. Eles queriam falar com Martin sobre a produção do primeiro *single* deles. Então Martin foi lá conversar e, claro, sendo curioso, coloquei a cabeça para fora da porta para dar uma olhada nos caras, que por acaso se chamavam U2. Não sei se estava chovendo lá fora, mas eles pareciam meio molambentos, e estavam sentados na recepção, os olhos grudados em Martin em completo assombro. Muito engraçado.

O fato era que eles eram grandes fãs do Joy Division e queriam que Martin produzisse seu primeiro *single*, "11 O'Clock Tick Tock", coisa que ele fez.

Anos depois, levei o maior choque de minha vida quando Tony me contou uma história sobre Bono. Parece que, depois que Ian morreu, Tony se encontrou com Bono em algum lugar e Bono disse a Tony que não se preocupasse, porque ele ia assumir de onde Ian havia deixado.

Muito estranho. Mas legal... Bom, de certa forma, ele fez isso, não é? Nós estávamos rindo deles na recepção naquele dia, os jovens aspirantes deslumbrados, mas veja como nossas carreiras foram. Sete anos depois, recebemos uma facada com uma cobrança de impostos de quase um milhão de libras, e perdemos todo o nosso dinheiro em uma casa noturna, enquanto eles foram em frente e lançaram *The Joshua Tree*, tornaram-se a maior banda do mundo e não abriram nenhuma casa noturna. E todos nós sabemos o que eles acham de impostos. Eles fizeram tudo certo, em outras palavras.

Para a capa de Closer, *assim como para o 12 polegadas de "Love Will Tear Us Apart", Peter Saville mostrou para a banda uma série de fotos tiradas por Bernard Pierre Wolff nas criptas do cemitério Staglieno, em Gênova. Claro, essas imagens ganhariam mais tarde um significado extra, trágico.*

"Acho que aquilo incentivou Ian", disse Saville. – Quem sabe se eu tivesse visto um esboço das letras, e tivesse um pingo de sensibilidade, eu tivesse pensado Não vou pôr lenha na fogueira. Vamos usar umas árvores..."

A capa do single "Love Will Tear Us Apart" foi feita antes de *Closer*. Fomos até o estúdio de Peter, na Portobello Road. Ele tinha acabado de ver um artigo sobre um fotógrafo que havia tirado algumas fotos de um cemitério nos arredores de Gênova, que fora usado por mercadores italianos ricos. Essas famílias ricas começaram uma competição macabra com os túmulos, cada uma construindo monumentos mais e mais elaborados.

Eu adorei as imagens e adorei a capa de Peter. Sempre me fascinou a forma como os apóstrofos estão ambos virados para o mesmo lado. Eles não emolduram a palavra *Closer* como se esperaria que fizessem. Eu lhe perguntei recentemente por que aquilo, e na verdade o que eu achava que eram apóstrofos são pontos finais do século II antes de Cristo, e o motivo pelo qual eles se viram daquele jeito tem a ver com o ângulo com que o escultor original da pedra se inclinava quando estava entalhando as palavras e os sinais de pontuação. E é isso.

É uma capa linda. Todos nós adoramos as fotos, especialmente Ian. Eu me pergunto: quando ele as escolheu, teria percebido como seriam simbólicas? Não sei; ninguém sabe, suponho. Bem lá no fundo acredito que não, mas acho que ele as viu e viu como se encaixavam perfeitamente com as músicas do álbum – que em si mesmo era uma espécie de trilha sonora para seu sofrimento. Muito chocante, de fato. Na época em que escolhemos aquelas fotos ele teria menos de dois meses de vida pela frente.

"A MÃE DELE TIROU O SANGUE LAVANDO COM ÁGUA E SAL"

Com a turnê norte-americana programada para ter início em 21 de maio, na casa noturna Hurrah, em Nova York, o Joy Division deu início a uma agenda lotada de shows no Reino Unido, em parte destinada a arrecadar fundos, incluindo uma minirresidência da Factory no Moonlight Club, em Hampstead, bem como uma importante participação abrindo para The Stranglers, no Rainbow Theatre, em Finsbury Park. Antes desse show, porém, o vocalista do The Stranglers, Hugh Cornwell, foi mandado para a prisão de Pentonville, por posse de heroína, cocaína e cannabis, e o show foi reformulado para "'The Stranglers & Friends", com outros artistas bem conhecidos (Toyah, Hazel O'Connor, Robert Smith e Richard Jobson, entre eles) substituindo Cornwell.

A noite também se mostraria atribulada para o Joy Division, que estava programado para tocar lá antes de retornar ao Moonlight, em Hampstead, para a última noite da residência da Factory. No palco do Rainbow, Ian teve um ataque, desencadeado pelas luzes estroboscópicas, e desabou em cima da bateria, mas recuperou-se o suficiente para tocar no Moonlight, apenas uma hora depois. Ele então teve outro ataque durante o show – mesmo assim, a apresentação foi considerada um triunfo por Neil Norman, da NME, *que escreveu: "Ao contrário do The Fall, que me fez ter vontade de sair e chutar um gato, o Joy Division me convenceu de que eu poderia cuspir na face de Deus."*

Embora a pressão estivesse evidentemente se tornando intolerável, e Ian falasse de abrir uma livraria com Annik e até mesmo, de acordo com Genesis P-Orridge, acalentasse planos de formar um grupo dissidente, Ian, no entanto, insistiu com os colegas de banda para que continuassem com os shows.

Tudo havia ficado caótico agora. Agitado de verdade. Primeiro, tínhamos aquela residência do selo no Moonlight Club, em Hampstead, montes de bandas da Factory tocando em três noites: Section 25, Crawling Chaos, John Dowie, A Certain Ratio, Kevin Hewick, Blurt, The Durutti Column, X-O-Dus e The Royal Family and The Poor.

E nós. Sendo os mais conhecidos, deveríamos atrair o público. O pessoal da Factory aparentemente estava nervoso com a possibilidade de as outras bandas não serem atração suficiente, mas achei difícil acreditar, porque a casa era pequena.

De qualquer modo, permanecemos em Londres depois de gravar *Closer* e tocamos nas duas primeiras noites em Hampstead, dias 2 e 3 de abril, que correram bem – tipo fomos lá, tocamos e nos apresentamos bem. Em uma das noites, estava na plateia um cara de A&R da Polydor, chamado Capitão, que é tipo uma lenda na indústria. Ele é um sujeito muito alto, largo, com um porte militar, daí o nome, mas é simpático. Desde então, já o encontrei várias vezes, ao longo dos anos. Ele cuida do U2 agora e ajudou muito na carreira deles, mas antes de tudo isso ele nos procurou, e Ian ficou entusiasmado com isso.

"Ai, meu Deus, Hooky!", ele disse. "Tem um cara de A&R da Polydor aqui. Ele se chama Capitão. Ele é ótimo. Venha conhecê-lo... Quem sabe a gente consegue umas bebidas de graça."

Ótimo. Bebidas de graça. De pleno acordo. Assim, depois da apresentação, a banda e Rob foram falar com o Capitão e descobrimos, primeiro, que ele era totalmente formal – "Alô. Como está você, Peter?", bem isso; e segundo que ele ia oferecer uma rodada: "Bem, o que posso pedir para todos nós?". Nós ficamos tipo "Genial" e realmente enchemos a cara, pedindo vodca tripla e laranja e duas cervejas... cada um. Mas ele só pareceu achar divertido e disse "Certo, certo", pediu as bebidas e as entregou.

"Aproveitem, todos, aproveitem. Vocês merecem, rapazes, depois desse show excelente."

Então ele se virou para a atendente.

"Quanto foi tudo, minha boa mulher?"

"Oito libras e cinquenta, querido", ela disse.

O Capitão colocou a mão dentro do paletó e tirou um talão de cheques. Nessa hora, a atendente o olhou absolutamente incrédula,

"A MÃE DELE TIROU O SANGUE LAVANDO COM ÁGUA E SAL"

como se ele estivesse oferecendo em pagamento uma enorme abóbora roxa, e disse:

"Não aceitamos cheques, querido."

Então o Capitão se virou para nós, parecendo devidamente constrangido, e disse:

"Sinto terrivelmente por isso, mas alguém poderia me emprestar oito libras e cinquenta para pagar as bebidas?"

Acho que foi Ian quem lhe emprestou o dinheiro para pagar a rodada, e o homem fez um cheque para ele no mesmo valor e desapareceu assim que pôde.

Então houve o show no Rainbow, no qual os *roadies* dos Stranglers se comportaram como perfeitos filhos da puta. Antes que as portas se abrissem, eu estava no palco, olhando embevecido o equipamento de Jean-Jacques Burnel, que estava dividido em agudo/médio/grave, como um PA de verdade. Ah, era incrível. Ele tinha um equipamento realmente grande, e o meu em comparação era pequeno e barato. Eu estava com inveja. O problema era que a equipe deles não nos deixava mexer em nada para que pudéssemos fazer a passagem de som. Naquele dia, os *roadies* dos Stranglers desfilavam pelo lugar como se fossem donos do pedaço, porque havia todos aqueles "pop stars" por ali, como Toyah e quem você imaginar. Era como se de repente aquilo tivesse virado um evento imenso. Eles também iriam gravá-lo para virar um álbum, o que não ajudava em nada.

O dia todo, os *roadies* tinham sido rudes, para ser sincero. Por Jean-Jacques Burnel ser um de meus heróis, eu realmente estava ansioso por aquela apresentação no Rainbow, e aquele tratamento tão grosseiro era uma decepção, por isso guardei mágoa deles durante muito tempo. Com Rob aconteceu o mesmo.

Foi naquele show, na verdade, que juramos para nós mesmos que nunca trataríamos uma banda de abertura do jeito que os Stranglers nos trataram, e assim nasceu essa nossa política – que talvez tenha saído de controle nos anos do Haçienda, quando as bandas visitantes eram tratadas como a realeza. Eu costumava resmungar e reclamar disso na época, mas Rob sempre me lembrava do show dos Stranglers.

Ele dizia "Trate suas bandas como você quer ser tratado". E ele estava absolutamente certo.

O problema com a equipe era geral e incluía os caras da iluminação. Na maioria dos shows, Rob se posicionava na cabine de luz, de modo que, se o técnico colocasse a estroboscópica, ele estava lá para resolver isso de imediato. Quando estávamos no palco, sempre sabíamos que isso estava acontecendo porque as luzes de repente começavam e paravam quase no mesmo momento, e dava para imaginar Rob empurrando os óculos para cima e dizendo ao técnico "ou desliga, ou então...". Mas naquela noite não tivemos nem uma passagem de som, de modo que Rob não conseguiu ir até a cabine de luz. Não deu outra, durante "Atrocity Exhibition" o cara colocou as luzes estroboscópicas.

Elas continuaram, não pararam como de costume, e pensei *Xiiiii*, e sem dúvida Barney e Steve também. Daí a pouco a dança de Ian saiu do ritmo e ele de repente perdeu o controle; suas pernas cederam, ele cambaleou para trás e caiu por cima da bateria. O cara da iluminação percebeu que estava rolando algo errado e apagou a luz, bem quando Twinny e Terry corriam e eu e Barney tirávamos nossos instrumentos e íamos ajudar Ian, que estava tendo um ataque em cima da bateria.

Nós o levamos para uma sala nos bastidores e ficamos com ele por algum tempo até que se recuperasse. Ele disse: "Valeu, caras. Foi mal, caras. Já estou bem. Vamos lá para o Moonlight, certo?".

E respondemos: "Não, cara você não vai voltar para o palco hoje. Eles podem se virar sem a gente!".

Tony foi nos ver tocar naquela noite, mas não nos importamos com isso – até Rob foi taxativo em dizer que Ian precisava descansar. Porém Ian insistiu. Sabe por quê? Porque ele era um homem de palavra, só isso. Ele não era um covarde. Se você colocasse Ian em um campo de batalha, ele ia ser aquele cara que luta até o fim de suas forças. Ele disse: "Não se preocupem, vou ficar bem. Duas aspirinas, sem problemas. Vamos lá!".

Definitivamente, o pior inimigo de si mesmo. Então fomos tocar no Moonlight, e claro que as coisas não melhoraram nem um pouco. Cumprimos com nossa palavra. Tocamos. Mas Ian teve outro ataque. Ele estava realmente cansado naquele ponto, quase exaurido. Mas, em vez de descansar, que obviamente era o que ele deveria ter feito, fomos para Malvern na noite seguinte, fizemos um show de arrasar com o Section 25,

"A MÃE DELE TIROU O SANGUE LAVANDO COM ÁGUA E SAL"

voltamos e deixamos Ian em casa. No dia seguinte, Rob me ligou para contar que Ian tinha tentado se matar.

Foi no domingo de Páscoa que Ian tomou uma overdose de fenobarbital, em sua casa em Macclesfield. Supõe-se que, depois de tomar os comprimidos, ele tivesse se arrependido, temendo a possibilidade de ter um dano cerebral ou do fígado em vez de morrer, ou que a tentativa fosse um pedido de ajuda. Qualquer que fosse a razão, ele avisou Deborah e foi levado de imediato ao hospital em Macclesfield, sendo submetido a uma lavagem estomacal.

No dia seguinte, segunda-feira depois da Páscoa, Tony Wilson, Alan Erasmus e Rob Gretton levaram Debbie para visitar Ian no hospital. Lá, foi sugerido que Ian ficasse com Tony e sua esposa, Lindsay Reade, no chalé deles em Charlesworth, para aliviar a pressão conjugal sobre Ian. Todos concordaram que sua estada começaria no dia seguinte, terça-feira, 8 de abril. Enquanto isso, Rob Gretton decidiu que o show do dia seguinte, no Bury Town Hall, aconteceria como planejado, só que sem Ian. Alan Hempsall, do Crispy Ambulance, um grande fã do Joy Division, foi convidado para cantar, e então começou a decorar as letras. Quando ele chegou ao local, porém, ficou surpreso ao encontrar Ian Curtis lá. Gretton provavelmente tinha visitado Ian no hospital e convencera-o a apresentar-se, ao menos em uma ou duas músicas...

Devíamos ter cancelado o show, claro. Quer dizer, vendo agora, dá para saber de quais shows devíamos ter nos livrado. A abertura para The Stranglers no Rainbow foi um, e aquele no Bury Town Hall foi outro. Mas decidimos ir em frente por algum motivo. Fosse porque precisávamos do dinheiro para a turnê norte-americana, ou porque teríamos sido penalizados financeiramente por desistir, não sei, mas prosseguimos com eles.

Detesto dizer isso, mas de certa forma horrível foi muito bom, na verdade, considerar a hipótese de, ao menos uma vez, fazer um show sem termos que nos preocupar com Ian. Porque, depois do choque inicial de ele ter tentado pôr fim à própria vida, a sensação era de *Tá legal, certo, é uma coisa aterrorizante, mas pelo menos ele* não *foi até o fim. Ele desistiu a tempo. Mudou de ideia. Escolheu não morrer. Ele quer viver.*

Então a sensação era de que ele tinha avançado uma posição, de algum modo. Ele havia tentado o lance do suicídio, decidiu que não tinha gostado e que não era por aí. Além do mais, sendo bem insensível por um instante, foi bom pensar em fazer um show sem o receio de que um integrante da banda desabasse no palco. Ao menos daquela vez podíamos curtir a música. É, isso soa insensível. Talvez eu devesse cortar essa parte.

O lugar onde tocamos em Bury era muito agradável, na verdade. Havia um grande lustre ornamentado que pendia sobre o palco e havia um piano de cauda coberto, que tinha sido empurrado de encontro ao palco. Claro, esses pianos têm o formato de um rim, com uma concavidade no meio, não é? E o trouxa aqui foi caminhando até lá, achando que era parte do palco, e despencou direto até o chão; quase me matei, o que foi meu único confronto com a morte naquele dia... ou assim eu pensei na hora.

Mas, enfim, o Minny Pops se apresentou, então o Section 25 subiu ao palco, tocou a maior parte de suas músicas e finalizou com "Girls Don't Count", que era a música que Ian e Rob tinham produzido e que supostamente seria lançada como um *single*, mas que ainda não tinha saído – o atraso era por causa da capa, acho. Então eles estavam tocando aquilo, e eu, Barney e Steve subimos ao palco para nos juntarmos a eles, junto com Alan, do Crispy Ambulance, e Simon Topping, do A Certain Ratio, que cantariam as músicas do Joy Division.

Talvez a ideia fosse deslumbrar a plateia com a incrível gama dos talentos da Factory, de modo que eles ficassem tão surpresos que nem notassem que Ian não estava lá – não sei. O que sei é que a multidão estava ficando mais e mais turbulenta.

Agora, todos os ingressos tinham sido vendidos e o lugar estava com a capacidade máxima: 400 pessoas. Porém mais cedo, depois da passagem de som, as bandas e Rob tinham ido comer alguma coisa e na volta encontraram um grupo de garotos do lado de fora do lugar. Eles viram Rob e começaram a importuná-lo para que os deixasse entrar, e por alguma estranha razão ele ficou com pena deles e colocou-os na lista de convidados.

Mal sabia ele que aqueles garotos eram um bando de encrenqueiros, e assim que entraram eles foram até as saídas de emergência e deixaram entrar todos os amigos – bandos deles, que aumentaram a multidão para umas 600 pessoas. O clima começou a ficar pesado.

"A MÃE DELE TIROU O SANGUE LAVANDO COM ÁGUA E SAL"

Não ajudou muito o fato de Ian ter ido ao palco para cantar "Decades" e "The Eternal", mas sem nada de seu brilho habitual, o que, para ser honesto, estragou a noite. Não consigo entender, na verdade, por que ele subiu ao palco, porque aquilo definitivamente piorou as coisas. Quer dizer, até então estava tudo indo bem. Eu até diria que muita gente nem devia ter percebido que Ian não estava no palco. Claro, os fãs verdadeiros sabiam, mas não eram eles os que mais podiam causar problemas. Quando Ian saiu do palco, a multidão ficou ainda mais inquieta e tocamos "Sister Ray" e então saímos bem quando as coisas começavam a ficar violentas.

Violentas de verdade. A maioria das bandas estava nos bastidores quando tudo começou. Descobri depois que Larry, do Section 25, foi pego lá e teve que se esconder atrás das cortinas. Mas o resto de nós estava em um camarim na lateral do palco, separado do ambiente principal por uma cortina enorme que se estendia por um dos lados. Por isso, não vimos um dos idiotas arremessar uma caneca de cerveja que se despedaçou no lustre, fazendo chover estilhaços de vidro sobre o palco. Não vimos Rob se jogar na multidão para tentar pegar o idiota que tinha jogado a caneca de cerveja. Não vimos Twinny ir atrás dele e ser atacado por um bando de marginais que começaram a chutá-lo com violência. Nem Terry passar a mão em um suporte de microfone e pular do palco para ajudá-los.

Twinny caiu, com um ferimento na cabeça que sangrava muito, e teriam acabado com ele se Terry não tivesse acertado alguns deles com o suporte de microfone, o que ao menos deu a Twinny a chance de se levantar de novo e poder resistir, ainda sangrando muito.

O lance é que ele estava com uma camisa minha, o bundão. Naquela tarde, ele tinha me perguntado se podia pegá-la emprestada, e, mesmo sendo minha favorita (depois da azul, claro), eu a emprestei, porque ele prometeu que seria muito cuidadoso com ela e que não ia levar uma surra de um bando de marginais e encharcá-la de sangue.

Depois a mãe dele tirou o sangue lavando com água e sal. O sal remove o sangue, ela me contou, e estava absolutamente certa, porque a camisa ficou ótima. Uma pequena dica para você.

Bem, de qualquer forma, o pau comeu solto no lugar, uma verdadeira batalha campal. Aqueles caras não estavam ali para brincadeira. Twinny ficou muito machucado, e os caras voltaram para uma nova rodada, com Terry rodopiando o suporte de microfone por cima da cabeça para tentar manter a turba afastada dele. Twinny estava tão aterrorizado que chegou a se mijar, mas por sorte ele não tinha pego minhas calças emprestadas.

Nos bastidores, a primeira notícia que tivemos foi quando Tony Wilson entrou correndo no camarim, gritando como uma garotinha. "Ah, caralho, agora fodeu tudo! Está todo mundo apanhando!"

Ele estava histérico. Imagine o educado e intelectual Tony Wilson que você via na televisão. Agora imagine o oposto disso, e era assim que ele estava. Em seguida, a porta se abriu de novo. Com ela aberta, todos pudemos ouvir, vindo do salão, o som dos gritos e de vidros se quebrando: o som do caos total. Então Rob apareceu ali, sem fôlego, todo desarrumado, dizendo uma palavra:

"Fodeu!"

Pulei de minha cadeira.

"Mas que porra está rolando?"

"É uma guerra total, cara", ele disse. "Eles estão fora de controle. Terry, Twinny e Dave estão lá. Nós precisamos ajudar os caras, vamos lá."

Ele abriu a porta, colocamos a cabeça para fora e recebemos uma saraivada de garrafas. Não estou brincando, era como uma rajada de metralhadora – todas aquelas garrafas se despedaçando a nossa volta. Rob correu para fora e eu agarrei duas garrafas vazias de Pils de cima da mesa do camarim, empurrei uma para Alan Hempsall e berrei:

"Venham, vamos lá então!"

Alan Hempsall ficou ali parado como se eu estivesse tentando lhe entregar um cocô de cachorro. Ele não pegava a garrafa. Olhei para ele e depois para o resto do pessoal.

"Vamos lá, então."

Todos eles ficaram me olhando.

O resto do Joy Division, Tony, Lindsay, Iris, o pessoal do Minny Pops, A Certain Ratio e Section 25, todos no fundo do camarim me olhando, de olhos arregalados e amedrontados.

Bom, que se fodam, pensei, e virei-me para seguir Rob quando, de repente, fui pego por trás, me agarraram, braços passando por minha cintura, e alguém mais segurando meu braço.

"A MÃE DELE TIROU O SANGUE LAVANDO COM ÁGUA E SAL"

Tony estava me segurando, Lindsay estava me segurando, Iris estava me segurando; Paul, do Section 25, também. Um deles tinha unhas compridas e estava me machucando, mas era culpa minha por me debater, acho, porque eu estava ficando puto e os babacas não me soltavam; terminaram me derrubando no chão e sentando em cima de mim no camarim. Eu gritava que podíamos pegá-los se todos nos uníssemos, e que devíamos sair de lá e ajudar nossos amigos, e coisas assim. E xingava-os de todas as coisas sob o sol.

Mas eles estavam certos. Eu teria me ferrado se tivesse saído. Um membro da banda? Os filhos da puta teriam caído matando em cima de mim. Assim, tudo que posso dizer agora é: eles salvaram minha vida. Mas, na hora, todo o agradecimento que conseguiram foi eu me debatendo e praguejando contra eles e dizendo que eram podres. Mas salvaram meu pescoço. Eles me seguraram até que a confusão terminou. Então, como sobreviventes emergindo de um abrigo nuclear, nos aventuramos a sair.

O lugar havia sido destruído. Twinny tinha um talho enorme na cabeça e estava todo ensanguentado. Terry ficou em um estado lamentável; todos estavam péssimos.

Mas Ian tinha desaparecido, e fui encontrá-lo sentado em uma escada, com a cabeça entre as mãos, enquanto alguém de nosso grupo (e não vou dizer o nome dessa pessoa) gritava com ele:

"Isso foi tudo culpa sua. Isso foi tudo culpa sua."

Então eu falei:

"Dá para você sumir daqui?", afastei o idiota com um empurrão e perguntei: "Você está bem, Ian?"

E ele disse algo tipo

"Sim, estou bem, Hooky, estou bem. Só me deixe aqui por um instante, eu vou ficar bem..."

Ian não gostava muito de brigar, especialmente se estivesse sóbrio. Ele obviamente estava chocado e abalado. Tony veio conversar com ele e eu os deixei e saí para ver os outros que estavam no processo de chamar uma ambulância para Twinny. Lindsay acabou levando-o para o hospital, no caminho contando-lhe que estava com meias de seda e ligas, e até chegando a mostrar-lhe quando estavam parados no semáforo. Ele só disse "Nestas circunstâncias, Lindsay, não estou realmente interessado!".

JOY DIVISION

Quando chegaram ao pronto-socorro, quem mais estava lá, levando pontos, senão os caras que Terry tinha acertado com o suporte do microfone? Mandou bem, Terry.

Depois do show em Bury, Ian foi ficar com Tony e Lindsay, onde passou alguns dias ouvindo música e fumando uns baseados. Debbie foi ao show seguinte do Joy Division, no Factory II, em 11 de abril, mas ao longo da noite ficou sabendo mais coisa sobre a relação de Ian com Annik – especificamente sobre a convivência deles durante as gravações de Closer. *Depois do concerto, o casal discutiu, e Ian voltou para Charlesworth. No entanto, em algum momento durante o fim de semana, ele foi embora, e ficou ou com Bernard ou com os pais, perdendo o aniversário de Natalie, em 16 de abril. Ele voltou para casa brevemente, e então partiu para Derby, onde o Joy Division iria tocar no Ajanta Theatre, no sábado, 19 de abril.*

Esse seria o penúltimo show da banda. Lá, Ian se encontrou com Annik, e naquela noite os dois ficaram em um hotel em Rusholme. No dia seguinte, eles visitaram Rob Gretton, a quem por coincidência Debbie telefonou durante a visita deles. Na segunda-feira, Annik voltou para Londres e Ian voltou para Macclesfield, mas nessa altura tanto os pais de Ian quanto os de Debbie se envolveram, e na terça-feira, 22 de abril, aparentemente houve uma discussão envolvendo todos eles – e também Rob e Lesley Gretton – na casa dos Curtis, em Macclesfield. No mesmo dia, Debbie telefonou a Annik, na embaixada belga, e admite ter "berrado" que pretendia se divorciar de Ian, e que iria citar Annik como codemandada. Embora tivesse sido aconselhada pelos pais a esperar para conseguir um acordo melhor de divórcio quando o Joy Division fosse uma banda maior, Debbie preferiu não fazê-lo. "Foi difícil dar início ao divórcio", ela escreveu em Tocando a distância, *"mas, uma vez que tomei a decisão, a sensação foi maravilhosa. Parecia que um grande peso tinha sido tirado de cima de meus ombros."*

De sua parte, Annik disse que o telefonema a forçou a confrontar o fato de que Ian era casado – algo que ela sempre pusera meio de lado. "Percebi que eu estava magoando alguém", ela disse.

"A MÃE DELE TIROU O SANGUE LAVANDO COM ÁGUA E SAL"

Enquanto isso, Ian foi ficar com Rob e Lesley Gretton, e então com Bernard, enquanto a banda – apesar de ter interrompido os shows ao vivo – se ocupava com ensaios e preparativos para a turnê norte-americana que se aproximava. Agora em um novo local de ensaio, Pinky's, em Broughton, eles escreveram duas novas músicas, as primeiras desde as gravações de Closer: *"Ceremony" e "In a Lonely Place".*

"ESTÁVAMOS TÃO EMPOLGADOS COM A VIAGEM PARA OS ESTADOS UNIDOS"

Ian viu Annik pela última vez na sexta-feira, 25 de abril, em uma noite da Factory, que aconteceu no cine Scala, na King's Cross, em Londres – onde o Joy Division deveria tocar, mas cancelou. No dia seguinte, Annik deixaria o Reino Unido para uma viagem de férias ao Egito; quando retornasse, Ian estaria viajando para os Estados Unidos com o Joy Division.

Eles saíram do Scala de madrugada e foram para o apartamento dela, para que ela terminasse de fazer as malas. Então, de manhã, saíram para tomar seus respectivos trens, despedindo-se na estação. Ela nunca mais o viu.

Enquanto isso, a banda seguia adiante com planos de filmar um vídeo que acompanharia o lançamento do single *de "Love Will Tear Us Apart".*

Em março, quase o matamos de tanto trabalhar. E no começo de abril também fizemos o possível para terminar o serviço.

Ian havia respondido tentando suicidar-se.

Nós retribuímos com um tumulto devastador e, então, finalmente, começamos a cancelar shows. Na verdade, todos os shows possíveis. Fizemos isso por causa de Ian, porque ele precisava de um descanso.

Mas às vezes me pergunto se não foi a pausa nos shows que o afetou no final. Ao menos enquanto estávamos tocando, permanecíamos longe, nossa mente se distraía. Com os shows cancelados, e a necessidade de ficarmos perto de casa, Ian também acabou ficando muito mais próximo da fonte de todos os seus problemas domésticos.

Não que à época estivéssemos a par de todos esses problemas, da extensão deles, veja bem. Foi apenas recentemente, desde a explosão do interesse no Joy Division, e enquanto estive pesquisando para o livro, que de fato comecei a ter uma visão mais clara da merda de situação que Ian estava enfrentando e do curto período de tempo envolvido.

Nessa época ele guardou tudo para si. Até onde sabíamos, ele estava totalmente entusiasmado com a viagem aos Estados Unidos e realmente ansioso por ela. Mas ainda assim descobrimos que ele falava para algumas pessoas que não queria ir. De acordo com Genesis P-Orridge, Ian disse que "preferia morrer" a sair em turnê – e talvez ele tenha dito isso, mas para nós nunca disse; de forma alguma. Conosco, Ian estava empolgado com a ideia, e quem sabe se tivesse passado mais tempo com a gente, e menos tempo em casa, e menos tempo falando com pessoas como Genesis, talvez ele tivesse conseguido passar por tudo aquilo. Acho que teria ido para os Estados Unidos, onde, vendo bem, a agenda de shows não teria sido tão exaustiva, e acho que ele teria adorado.

Não estou dizendo que seus problemas teriam desaparecido, claro. Apenas que eles não o estariam sufocando tanto. Eu realmente creio que, se ele tivesse chegado aos Estados Unidos, teria ficado vivo.

Ou talvez eu esteja falando merda de novo. Barney sempre disse que era a medicação que o tornava suicida, e que aquilo poderia ter acontecido em qualquer lugar – Macclesfield ou Nova York.

De qualquer modo, que outra coisa nós poderíamos fazer além de parar? Ian estava exausto, sua enfermidade se agravava. Ele *precisava* descansar. Mesmo que, de uma forma estranha, ele tenha feito exatamente o oposto: ele alternava entre ficar com os pais e com Barney; ele tinha Debbie e todo mundo atrás dele; ele foi para Londres para se despedir de Annik, e assim provavelmente estava aborrecido com aquilo tudo. Então, dois dias mais tarde, estávamos gravando o vídeo de "Love Will Tear Us Apart", e isso parecia demorar uma eternidade. As gravações foram feitas no T. J. Davidson's, ainda que não estivéssemos mais gravando lá. Buscando confortos mais básicos, tínhamos acabado no Pinky's, perto de Broughton Baths (na verdade, bem perto de North Salford Youth Club, o segundo clube da juventude em que já estivera, com Barney; fui expulso do primeiro, South Salford), mas ele não era grande o bastante para fazer o vídeo.

Bem, você provavelmente não vai ficar surpreso em saber que nós odiamos a ideia de um vídeo em que você fingia que estava cantando ou dublava a música. Na verdade, nunca gostamos disso também no New Order. Meu Deus, você se sente um idiota fingindo que está cantando. Assim, o que decidimos fazer foi alugar um PA e uma mesa de mixagem, tocar "Love Will Tear Us Apart" e gravar enquanto filmávamos, de forma que o vídeo seria uma execução ao vivo da música.

Para a filmagem, montamos um longo trilho, pelo qual as câmeras podiam ir e vir. Então fizemos alguns ensaios, tentando acertar o som. Mas não conseguimos, porque não havia uma sala separada na qual mixar o som. Ele ficava confuso, com o barulho gerado pelos instrumentos e através dos amplificadores. Na verdade, não funcionou, e a fita que resultou, a trilha sonora do vídeo, tinha um som acelerado e ruim, para ser sincero. E também não podíamos fazer um *overdub* com qualquer *backing vocal* – ou, aliás, qualquer outra coisa.

Ainda assim, no fim, ficamos muito satisfeitos com ela. Tinha um som bruto, sujo e bem cult. Gostávamos disso: era bem a nossa cara, claro. Como sempre, nunca nos ocorreu, de fato, que outras pessoas pudessem não gostar. Se não gostassem, bem, o problema era delas. A questão foi que quase ninguém para quem enviamos a fita quis exibi-la. Foi passada algumas vezes, mas nem de perto o tanto quanto esperávamos, e pareceu uma perda de tempo.

Ah, mas então ficamos sabendo que fora muito bem na Austrália, e é claro que pensamos *Os australianos são bons. Eles têm bom gosto, têm sim. Reconhecem arte quando a ouvem.* E assim teve início nosso afeto pelos irmãos do Sul de pensamento parecido.

Não foi senão anos e anos depois que visitamos a Austrália – como New Order, claro – e descobrimos a verdade. Alguém na gravadora australiana tinha simplesmente colocado a gravação do disco por cima do filme, e não tinha sequer ficado bem sincronizado. Parecia bem capenga, na verdade – bem, a gente achou isso. Mas essa se tornou a versão "oficial" (por falta de uma palavra melhor). Hoje, claro, achamos perfeita, capturando-nos em toda a nossa juventude e todo o nosso frescor, com uma trilha sonora perfeita.

Acho que fazer o vídeo daquele jeito foi mais uma de nossas decisões questionáveis e contraproducentes: como insistir em executar "Blue Monday" ao vivo em *Top of the Pops* (para o qual eles não tinham o

"ESTÁVAMOS TÃO EMPOLGADOS COM A VIAGEM PARA OS ESTADOS UNIDOS"

equipamento) e como resultado ver a música despencar dez lugares nas paradas. Mas nós não ligávamos, não de verdade. Nosso objetivo principal era apenas sermos nós mesmos, fazer as coisas do jeito que queríamos, e insistíamos por pura teimosia. Rob estava sempre do nosso lado. Tony estava sempre do nosso lado. Você pode chamar essas coisas de erros, mas ao menos foram erros cometidos do jeito que queríamos. Erros que se tornaram lendas.

Alguns dias depois, tocamos em Birmingham. Não sabíamos então, claro, mas seria nosso último show como Joy Division.

E foi um bom show. Mais tarde, o lançamos no álbum *Still*. Ian estava tremendo um pouco em "Decades", mas foi bem em "Digital". Mesmo assim, foi um daqueles shows – como todos eram, então – em que a gente ficava olhando para Ian e imaginando se, ou *quando*, ia acontecer, e isso porque agora acontecia em todos os shows. Olhando para trás, dá para dizer que ele não ia ficar bem em show nenhum, fosse nos Estados Unidos, fosse no espaço exterior. Ainda assim, a ideia de cancelar ou adiar a turnê norte-americana nunca surgiu.

Estávamos tão empolgados com a viagem para os Estados Unidos, tão agitados e desesperados para ir... Sobretudo Ian, o fã de The Doors e Lou Reed e Iggy Pop e Burroughs. Não me importa o que Genesis P-Orridge diga, ele estava ansioso para ir. Quer dizer, tinha tanta coisa boa acontecendo para nós na época... Já corria a fama de que éramos um grupo ótimo para assistir ao vivo. Tínhamos "Love Will Tear Us Apart" na manga. Estávamos em ascensão.

É isso que sempre me intriga no que ele fez. Às vezes, você consegue entender o porquê de ele ter feito isso, e meio que faz sentido.

Outras vezes, não faz porra nenhuma de sentido.

"EU NUNCA DISSE ADEUS"

Ian se matou na madrugada do domingo. A última vez em que o vi foi na sexta-feira à noite, quando lhe dei uma carona de volta para a casa dos pais, em Moston, um pouco mais adiante de onde era minha casa, na Minton Street. Era só ir até o final da estrada e seus pais viviam em Failsworth, a cerca de quinhentos metros de minha casa. Então, sim, eu o levei para casa naquela sexta-feira à noite, e ele estava eufórico. Havíamos feito um bom ensaio, e eu lhe dei uma carona. Estávamos rindo e brincando e de vez em quando um de nós dizia "Não dá para acreditar que estamos indo para os Estados Unidos!". Estávamos berrando no carro, pulando nos assentos, gritando, uivando, "*Yeah!* América!".

Nada de "prefiro morrer".

Isso foi na sexta à noite. Iríamos viajar depois do fim de semana. Se o tonto não tivesse se matado, estaríamos em um avião para os Estados Unidos na segunda-feira. Se ele soubesse o tempo todo que planejava se matar, como tem gente que acha, estaria ele encenando tudo aquilo, toda aquela empolgação? Teria sido um ator *tão* bom assim?

Barney falou com ele no sábado. Havia telefone na casa dos pais dele, coisa que ele não tinha em sua própria casa, e era possível telefonar quando ele estava ali, mas não quando estava em Macclesfield. Barney ligou para saber se ele queria sair, mas Ian disse que não, porque ia ver Debbie, e é claro que foi isso que fez. Ele foi até a casa de Debbie. Tiveram uma briga e ela saiu para trabalhar.

E então ele foi e se enforcou.

Antes da viagem que faria aos Estados Unidos, Ian ficou na casa dos pais, e parecia bem, de acordo com sua mãe, Doreen. Na manhã de sábado, ele recebeu uma carta sobre o divórcio e disse à mãe que queria ir a Macclesfield ver Natalie e se despedir. Doreen e Kevin, o pai de Ian, deram uma carona a ele até Piccadilly Station, e a última vez que o viram ele estava acenando para eles na entrada da estação. Natalie ficava com a mãe de Deborah, mas Debbie encontrou-se com Ian na casa em Barton Street na tarde de sábado, antes de ir trabalhar no bar de uma festa de casamento, e tinha prometido voltar depois do trabalho para vê-lo. Ela o fez e descobriu que ele estivera tomando bebidas alcoólicas e café, que havia assistido ao filme Stroszek, de Werner Herzog, e eles continuaram a discutir o futuro de sua relação. Ian contou-lhe que tinha falado com Annik pouco antes; ele também pediu que ela desistisse do divórcio. Quando ele foi ficando mais e mais agitado, Debbie começou a temer que ele tivesse um ataque e sugeriu passar a noite com ele. Ela então pegou o carro e voltou à casa dos pais para dizer-lhes que pretendia ficar. No entanto, quando chegou a Barton Street, Ian parecia ter se acalmado.

Ele pediu que ela fosse embora e que prometesse a ele que não voltaria antes das dez da manhã seguinte, quando ele retornaria a Manchester. Depois que ela se foi, ele ouviu The Idiot, de Iggy Pop no modo repeat, tomou mais café e bebidas e então escreveu uma longa carta para Deborah, na qual ele dizia que desejaria estar morto, mas não fazia menção alguma a matar-se.

Cerca de onze e meia da manhã seguinte, Deborah retorna para a casa e encontra Ian morto, ajoelhado no chão da cozinha, com uma corda em torno do pescoço, a outra ponta amarrada ao varal de roupas da cozinha que ficava preso no teto. Um vizinho cortou a corda.

Eu estava em pleno almoço de domingo com Iris quando soube. Levantei da mesa para atender ao telefone. Era a polícia, sargento detetive alguma coisa, que disse:

"Lamentamos informá-lo que Ian Curtis tirou a própria vida esta noite. Estamos tentando entrar em contato com Rob Gretton. Se o senhor falar com ele, poderia pedir que nos ligue, por favor?"

Respondi:

"Certo", e fiquei anestesiado (fiquei anestesiado por dias, na verdade, como se meu cérebro estivesse congelado).

Naquele estado, fui e me sentei de novo à mesa, peguei a faca e o garfo e continuei comendo. Não disse nada a Iris. Apenas me sentei e continuei comendo meu almoço, mas agora sem sentir qualquer gosto, sentindo de repente que não estava mais em meu próprio corpo. Como se estivesse olhando para baixo, para mim.

Depois de um instante, Iris perguntou "Quem era ao telefone?".

"Ah, aquilo?", eu disse. "Era a polícia ligando para contar sobre Ian."

"O que sobre Ian?"

"Ele se matou."

Não me lembro de mais nada a partir daí. Não me lembro de mais nada por um bom tempo depois disso. Quer dizer, lembro-me de termos passado muito tempo juntos, sentados em algum pub: eu, Barney, Terry e Twinny, apenas sentados bebendo algo, jogando dardos, ficando juntos, indo visitar Rob, conversando com ele, todos sentados, tentando entender alguma coisa daquilo. Não houve gritos nem choro, apenas um silêncio perpétuo e atordoado que parecia ficar mais suportável quando estávamos juntos. Steve estava em Macclesfield, mas o resto de nós se reuniu em busca de conforto. Ficamos juntos porque todos nós estávamos passando exatamente pela mesma coisa. Aos poucos, os detalhes da morte de Ian começaram a vazar: o divórcio, o enforcamento, o uísque, Iggy Pop. Todas as informações que descobríamos aqui e ali e absorvíamos com a mesma sensação de torpor.

O corpo dele estava sendo velado, mas não fui vê-lo. Steve e Rob e Tony e todo o resto foram, mas eu e Barney dissemos "Não, não queremos ver o corpo dele, queremos ir ao pub".

Eu realmente lamento isso agora, e sempre lamentarei. Nós agimos como crianças, de certa forma, mas parecia certo. Meio que tivemos permissão, porque era como se os adultos estivessem resolvendo tudo, Tony e Rob e os outros.

Aluguei um carro para o funeral.

Havia montes de pessoas no funeral. O curioso é que não lembro muito dele. Só que havia muita gente, todas as bandas, os caras da Factory Benelux, mas não Annik, é claro, por causa de Debbie e da família. Eu me lembro de estar sentado no fundo, e a irmã de Ian gritando muito alto quando a cortina se fechou por trás do caixão. Mas tudo parecia surreal; eu me sentia estranhamente distante. Depois, fomos para o pub na mesma rua: eu, Steve, Gillian, Barney, Rob e Terry. Twinny não conseguiu encarar e não foi. Sentamos e comemos alguma coisa, tomamos umas cervejas. Então Rob disse: "Não se preocupem. O Joy Division vai ser realmente grande daqui a dez anos". Ele estava certo, claro. Dez, quinze – vinte também. Não que qualquer um de nós ligasse a mínima naquele exato momento. Terminamos a tarde assistindo ao filme dos Sex Pistols no escritório da Factory, uma espécie de cerimônia fúnebre. Foi mesmo triste.

Depois, acertamos tudo para voltar à sala de ensaio na segunda-feira. Lembro-me de ter escrito a introdução e o verso de "Dreams Never End" em meu baixo de seis cordas no quarto dos fundos de Minton Street, no fim de semana. O começo de nossa vida como o New Order. Era como se um filme da gravadora Factory tivesse feito uma pausa por um instante, para que Ian fosse apagado da cena. Então o filme começou de novo e continuou como se nada mais fosse diferente. No fim, anos se passariam antes que começássemos a falar sobre o Joy Division, e Ian, e começássemos a encarar tudo, e perguntar-nos o que tinha dado errado. O que podíamos ter feito diferente. Como poderíamos tê-lo salvado.

Ah, e eu me lembro de ter ido ao inquérito, mais tarde, com Rob, e talvez Steve, o que foi ainda mais surreal, porque havia uma sensação ruim quanto a nós – quanto à banda. Tipo os pais dele acharem que nós éramos os responsáveis. Lembro-me claramente do pai de Debbie dando um depoimento sobre Ian dizendo "Ele estava em outro plano". Eu estava pensando *Merda, eu queria que fosse aquele aeroplano para os Estados Unidos.* Falavam dele como se fosse algum desconhecido, e o inquérito concluiu que ele tinha tirado a própria vida por influência do álcool.

Eu me sentia culpado. Culpado por não ter ido vê-lo no velório. Culpado porque eu nunca disse adeus. Culpado porque, como todos os demais, acreditei em Ian quando ele dizia que tudo estava bem; porque eu estava tão voltado para mim mesmo, para minha parte na banda, que nunca me dei ao trabalho de ouvir suas letras, ou a ele, e pensar *Ele precisa mesmo de ajuda.*

Então, sim, senti tudo isso, e ainda sinto. Tenho certeza de que não sou o único. De certa forma, todos nós temos a culpa, mas nenhum de nós a tem. Anos depois, lembro-me de Dave Pils me contando que, da última vez em que ficamos com eles em Walthamstow, Ian tinha deixado para trás sua capa de chuva impermeável, o famoso impermeável que ele sempre usava. Dave pegou o impermeável e correu atrás do carro quando saímos, mas era tarde demais, já tínhamos ido embora. Aquela foi a última vez que Dave viu Ian.

"O que você fez com o impermeável?", perguntei.

"Levei para o bazar de caridade, Hooky."

Pensei *Seu besta. O bazar da caridade? Quem faria uma coisa dessas?*

Mas então, muito depois, eu falei com um de nossos *roadies*, Corki (Mike Caulfield). Ele se lembrou de nosso antigo lugar de ensaio, em Cheetham Hill, e que um cachecol de Ian costumava ficar pendurado atrás da porta. Era um cachecol de lã, bem de velhinho, marrom, cinza e preto. Nós o tínhamos trazido da sala de ensaios no Pinky's, quando nos mudamos.

Corky disse "O que aconteceu com aquele cachecol, Hooky?".

Pensei *Ah, merda* – porque com um choque súbito percebi que eu o tinha levado para o bazar de caridade. Tinha esquecido que era o cachecol de Ian e o doei. *Que idiota*, pensei. *Quem faria uma coisa dessas?*

Bem, eu tinha feito. Suponho que no fim é quase fácil demais olhar para trás e dizer o que você devia ter feito, como teria sido possível mudar as coisas. Como poderia ter feito as coisas diferentes e no fim ter impedido Ian de fazer o que fez. O que é mais difícil – muito, muito mais difícil – é aceitar o que você de fato fez. Aceitar o que você fez e viver com isso. Naquele ponto, eu achei que a pior coisa que tinha acontecido era eu ter perdido um amigo, a banda ter perdido um integrante. Levei um bom tempo para perceber que uma criança tinha perdido o pai, uma mãe e um pai tinham perdido um filho, uma irmã tinha perdido um irmão, uma esposa tinha perdido um marido, uma amante tinha perdido seu amor. Tudo isso mais importante do que eu e a banda; nós nos tornávamos insignificantes. Você é egoísta quando é jovem, e creio que em muitos aspectos é autopreservação. Hoje me sinto constrangido por ter nos colocado em primeiro lugar. Mesmo depois de escrever e de pesquisar para este livro, não vejo com mais clareza o porquê de ele ter decidido terminar tudo naquela noite. O que tornou aquela noite diferente. A única coisa peculiar que vejo é a história do cachorro: Candy ir para uma fazenda. Parece um clichê. Será que sacrificaram o cão, eu me pergunto? Teria sido isso a gota-d'água? O que foi demais para ele suportar além de todo o resto? Nunca vou saber.

EPÍLOGO

Colocamos tudo dentro de uma caixinha depois que ele se foi, e a guardamos. Agora, claro, Ian está comigo o tempo todo, e mesmo este livro é sobre ele, tanto quanto é sobre mim. Mas naquela época foi como se o grupo tivesse virado as costas para o grupo. Quero dizer, a popularidade do Joy Division disparou: "Love Will Tear Us Apart" foi lançado e se tornou um grande sucesso, e então *Closer*, mas não fizemos nenhuma promoção deles, não os tocamos, não lemos as resenhas, não queríamos saber das vendas, nada. Não ligávamos para eles.

A única coisa que pegamos do Joy Division – as duas únicas coisas, aliás – foram as músicas que Ian tinha nos deixado: "Ceremony" e "In a Lonely Place". Um ao outro nós dissemos "Vejo você na segunda-feira", e foi isso. Eu, Barney e Steve nos reunimos na segunda para trabalhar nas músicas. Levei o *riff* de "Dreams Never End" para o ensaio. Foi estranho porque eu ficava procurando Ian para me dizer se prestava ou não. Percebi que tínhamos perdido nosso olheiro, nosso mentor. Percebi que de repente tínhamos de encontrar um novo modo de trabalho que não dependesse dele. Tínhamos que aprender a gravar tudo, tocar e escolher nós mesmos as partes boas.

Nunca cogitamos em continuar como Joy Division, porém. Tínhamos feito um pacto, anos antes, que se um de nós não quisesse mais continuar, ou se algo acontecesse a um de nós, então o Joy Division terminaria. O grupo estava acabado. Quer dizer, o desejo de continuar era soberano, mas tentar continuar como Joy Division com um de nós cantando, ou mesmo conseguir um novo vocalista, isso nunca foi sugerido. Nós simplesmente sabíamos que o Joy Division havia terminado. Mas queríamos continuar como uma banda, continuar fazendo e tocando música. De um ponto de vista puramente prático, tínhamos o núcleo de uma banda, de modo que pareceu certo continuar. Havia, claro, o problema de quem iria cantar as músicas. Isso demoraria a ser resolvido. Na verdade, até o momento em que fizemos nosso primeiro show, como um trio, nós três cantávamos duas ou três músicas cada um, mas no final conseguimos.

Então tivemos que encontrar um novo nome. Nós nos sentamos um dia e tentamos encontrar um, pensando que dessa vez íamos aprender a lição, e que qualquer nome que surgisse não teria nada que nem remotamente lembrasse o nazismo.

Sem chance, pensamos. De jeito nenhum íamos cometer aquele erro de novo.

CLOSER
FAIXA POR FAIXA

```
                    JOY DIVISION

        May
        19th        Fly In
        20th        Day Off
        21st        New York            Hurrahs
        22nd        New York            Hurrahs
        23rd        New York            Hurrahs
        24th        Day Off
        25th        Toronto             The Edge
        26th        Day Off
        27th        Chicago             Tuts
        28th        Madison             Merlins
        29th        Minneapolis         Duffies
        30th        Day Off
        31st        Day Off

        June
        1st         New York            Pop Front
        2nd         Fly to San Fransisco
        3rd         Day Off
        4th         Day Off
        5th         Day Off
        6th
                    San Fransisco       American Indian Hall
        7th
        8th         Los Angeles         Flippers?
        9th         Day Off
        10th        Fly Home
```

Eu recomendo mesmo que você escute o disco enquanto lê.

"ATROCITY EXHIBITION"
This is the way, step inside...

Eu e Barney estávamos cheios de compor para nossos próprios instrumentos, então pensamos *Vamos trocar*. Barney toca baixo e eu toco guitarra em "Atrocity Exhibition". Eu não era nem de perto um guitarrista tão bom quanto ele, veja bem, mas gosto do jeito que soa. Um ótimo *riff*. Ótimo baixo, também. Durante a gravação, Iris tinha insistido para que eu voltasse para casa para um batizado ou casamento ou algo assim, e Martin mixou as duas primeiras faixas enquanto eu não estava lá: "Heart and Soul" e "Atrocity Exhibition". Lembro-me de voltar todo empolgado para ouvi-las, porque eu tinha tocado uma guitarra bem pesada em "Atrocity Exhibition", e tinha adorado. Então lá estávamos nós, sentados no Volvo de Martin. Barney colocou a fita cassete para que eu pudesse ouvir a mixagem, e o baixo estava realmente muito baixo em "Heart and Soul", bem abafado e suave, e eu estava tipo, com as mãos na cabeça, *Ah, que merda, está acontecendo de novo*. Unknown Pleasures *número dois*.

E como se aquilo não fosse ruim o suficiente, ele então colocou "Atrocity Exhibition" e Martin tinha fundido a guitarra com seu Marshall Time Modulator, gerando aquela "ambiência" toda. O som parecia alguém estrangulando um gato, e em minha cabeça ele tinha assassinado por completo a música. Fiquei muito aborrecido com ele, e entrei e disse-lhe tudo o que achava, mas ele só se virou para mim e me mandou à merda.

Rob disse "Puta que pariu, Hooky, se você pega e vai para a porra da sua casa, você tem que estar preparado para aceitar o que acontece durante a sua ausência".

"ISOLATION"
Mother I tried please believe me...

Esta é uma faixa interessante, porque não tem guitarra. Se eu escrevesse "Isolation" hoje, Barney não apenas teria tocado o sintetizador, mas também teria feito uma parte da guitarra. Teríamos feito uma parte grave, uma média e uma aguda; teríamos feito uma parte que você não pode ouvir, uma parte à esquerda, uma parte à direita; nós a teríamos matado. Assim, foi a inexperiência envolvida na composição de "Isolation" que a manteve muito simples, direta e muito, muito eficiente. O que Martin fez foi pegar o canal da caixa original da bateria, colocar um efeito de *flange* e passá-lo por seu sintetizador, e então fez Steve fazer o *overdub* das caixas, para que estivessem separados; então ele podia colocá-los realmente em destaque na mixagem, e não enterrados no meio da bateria. Além do mais, ele usou os tambores para controlar o sintetizador, o que também estava à frente de seu tempo. Barney fez um *overdub* do Arp por cima do Transcendent, tocando a mesma parte, e isso soa contemporâneo mesmo nos dias de hoje. Belo efeito vocal. Quer dizer, Martin era um gênio do caralho, sem sombra de dúvida. A forma como o conjunto acústico entra no meio da música é fantástica.

Martin a finalizou com um final abrupto e o eco prosseguindo e se desfazendo. Mas havia um *clic* nela, e ele queria editá-lo. Porém John Caffery se enrolou todo – nervoso demais, acho – e não conseguia fazer a edição funcionar. E quanto mais tentava consertá-la, mais e mais do *take* ele ia perdendo – e era a única cópia que havia. Não esqueça de que a edição era feita com uma gilete, cortando a parte que você não queria e então colando com fita adesiva as partes que você queria. Ele estava trabalhando na fita master, que estava ficando mais e mais curta. No fim, Mike Johnson, o operador de gravação/cara do chá, teve que vir e salvar a edição. Foi isso que nos impressionou tanto nele, e o motivo de, quando voltamos para gravar como New Order, nós o pegarmos como nosso engenheiro. É por isso que "Isolation" soa meio esquisita no final. Mas é uma ótima música. Se acreditássemos em lançar *singles* a partir de álbuns, nós a teríamos lançado, mas sempre soubemos que "Love Will Tear Us Apart" ia ser o próximo *single* e éramos teimosos demais para colocar os *singles* em álbuns.

"PASSOVER"
This is the crisis I knew had to come...

Nessa música, toco baixo de seis cordas, a primeira vez que o usei, eu acho. Eu o comprei por recomendação de Barney, na verdade. Ele o havia visto na loja de música de Mamelok, em Deansgate, e muito gentilmente sugeriu que eu fosse lá dar uma olhada. "Você precisa comprá-lo, você precisa comprá-lo; é sensacional. Você iria usá-lo muito, porque você toca como se tocasse guitarra." Ele foi bacana em dizer isso.

Então fui e testei o instrumento e, veja só, alguma coisa nele me fez tocá-lo como uma guitarra. Acho que, de certa forma, sempre fui um guitarrista frustrado que toca baixo, mas o que fiz foi continuar tocando baixo e fazer dele uma guitarra. Assim, comprar o baixo de seis cordas foi de fato algo muito natural. Mais ou menos na mesma época testamos alguns pedais de efeitos; também por recomendação dele comprei o Electro-Harmonix Clone Theory, devido à fragilidade do som do baixo de seis cordas, e ele realmente ajudou, encorpando-o. Todo mundo acha que é uma guitarra, mas não é; é um baixo de seis cordas. Foi uma grande mudança para mim. Acoplar o coro com um *delay* curto de 80 milissegundos me forneceu o som para a fase seguinte de minha carreira. Esta faixa tem ótimos *crescendos* e *dropdowns*, e é uma de minhas favoritas. A letra de Ian é boa demais e quase não tem repetições.

"COLONY"
A worried parent's glance, a kiss, a last goodbye...

Letra sensacional. "Colony" é tocada com um baixo de quatro cordas. Essas músicas são o produto de uma banda genial, sem sombra de dúvida: a química da música, em sua melhor forma. Os *riffs* da bateria de Steve, os *riffs* do baixo e os *riffs* da guitarra são todos excelentes. O conjunto deles, em cada música, é excelente. Eu não devia dizer isso, na verdade, porque eu estava na banda, mas eu amo esse álbum. Não tem nem uma faixa nele que seja mais ou menos. Ele tem muito clima, é muito forte. Se você escuta *Unknown Pleasures*, percebe que há um pouco de hesitação em algumas músicas, mas não neste LP. Cada música é confiante – o que é estranho, dado o fato de que a maioria das músicas é bem melancólica; muito frágil, mas intensa.

"A MEANS TO AN END"
Two the same, set free too, I always looked to you...

Esta é a música pop do álbum. É uma música *disco* deturpada. Tínhamos trabalhado um pouco nela, mas ela foi terminada em estúdio. Martin sempre gostava quando fazíamos isso – assim ele podia colocar sua marca. Estranho: o verso tem quatro notas ascendentes uma depois da outra, sem nada de sustenido ou bemol. Bem incomum. Eu gostava disso.

"HEART AND SOUL"
Existence well what does it matter...

Esta é uma música sedutora, muito *sexy*, com muitas camadas. Eu compus o baixo grave e nós o transferimos para o sintetizador. Martin mostrou a Barney como obter camadas e estruturar os teclados, sobretudo as cordas, e é isso que ele está fazendo aqui – tocando o baixo grave, enquanto no mix você tem, de forma leve e elegante, meu baixo de seis cordas. Esta foi outra ocasião em que Martin realmente tirou o calor durante a mixagem, minimizou-o, mas isso realmente ajuda a criar o clima. Fiquei aborrecido quando ouvi pela primeira vez, mas ele estava certo e eu estava errado.

Barney estava indo da guitarra para os teclados. Ao vivo esta música não tinha guitarra, mas, claro, no estúdio nós fizemos um *overdub* a pedido de Martin. Tenho a impressão de que Ian poderia ter tocado guitarra base. Nós continuávamos com aquela forma de compor, que parecia tão natural. Barney de repente dizia "Ah, por que não colocamos esse baixo grave no sintetizador, e você toca por cima com o baixo de seis cordas e adiciona cordas agudas nos *breaks*?". Era assim que fazíamos, e também fizemos muito no New Order. Eu escrevia uma linha de baixo e então a colocávamos no sintetizador para ficar mais dançável e eu a tocava de novo com a melodia. Barney costumava me chamar de Senhor Melodia (Mister Melody), quando estava de bom humor.

"TWENTY FOUR HOURS"
Now that I've realized, how it's all gone wrong...

Ian tinha dificuldade em cantar algumas das músicas que escrevia, porque ele não tinha a extensão vocal em seu tom, mas sempre acreditei com convicção que um vocalista excelente pode escrever música excelente e não precisa cantá-la perfeitamente, desde que a emoção esteja presente. A emoção vem do coração, da alma, da paixão, que juntas tornam perfeita uma execução. Quando Barney esforçava a voz em seus vocais, ele soava muito melhor, para mim, do que quando ele começou a escrever no tom certo. Achei que então ficava perfeito demais; eu preferia a emoção e a vulnerabilidade de antes. Ian também tinha isso. Quer dizer, sei que fico repetindo isso, mas o que é necessário na vida é ter força e acreditar, e se alguém tem isso, não precisa ser tecnicamente perfeito.

As pessoas se viram pra você e dizem "Meu Deus, vocês ouviram essas letras durante semanas – como foi que não perceberam que ele estava tão mal?". Não percebemos. Ele não estava jogado em um canto com um violino solitário tocando ao fundo; ele estava a toda. Acho que essa é a contradição: por um lado ele estava doente e vulnerável; por outro, ele era um deus do rock em ação. Era isso que confundia tudo.

"THE ETERNAL"
Cry like a child though these years make me older...

Esta é uma grande música. Minha letra favorita. Tem uma qualidade de sonho. Qualquer banda morreria para ter essa música na manga, em seu arsenal. Ela é forte tanto do ponto de vista instrumental quanto do musical, e também em termos de vocais. É o baixo de seis cordas com o pedal clone que dá um efeito meio duplicado. Ele o faz trepidar um pouco e soar mais sincopado. Barney está tocando os teclados e no fim usa o Transcendent como um gerador de *white noise*. O *riff* da bateria de Steve é fantástico, tão simples e forte... E tem o uso incrível da placa de eco na caixa por Martin. Ouvindo essa música, dá para sentir como tocávamos bem juntos; a solidez entre mim, Ian, Steve e Bernard era muito, muito forte. Acho que nenhum de nós jamais vai ter isso de novo. Clássico.

"DECADES"
We knocked on the door of hell's darker chambers...

Esta é uma faixa interessante. Ela começa comigo tocando o baixo grave e, de forma fora do comum, tocando em sincronia com o bumbo; então há um *overdub* de outra parte, com o baixo de seis cordas, bem rítmica, de modo que soa como uma guitarra. Há um som de Syndrum incrível, montes de placas de eco sendo usadas. Há Barney nos teclados, de novo em camadas maravilhosas, e *overdubs* de melodias de guitarra. É uma das mais belas músicas que fizemos. Acho que é mais bonita que "Atmosphere".

Acho *Closer* muito mais fácil de escutar do que *Unknown Pleasures*. Gosto dele como um presente musical, e escuto *Closer* simplesmente por prazer, o que não é o caso com mais nada que tenha feito. Com certeza, não com o material do New Order, infelizmente. Este é, na verdade, um de meus álbuns favoritos. Meus cinco álbuns favoritos seriam *Chelsea Girls*, da Nico; *New Boots & Panties*, de Ian Dury & The Blockheads; *Raw Power*, de Iggy Pop; *Berlin*, de Lou Reed, e *Closer*, do Joy Division. Ah, me esqueci de John Cale, *Paris 1919*, e dos Sex Pistols, claro... Ops! São sete.

LINHA DO TEMPO CINCO:
JANEIRO DE 1980 – OUTUBRO DE 1981

JOY DIVISION

PROFIT AND LOSS ACCOUNT
FOR THE YEAR ENDED 30 SEPTEMBER 1981

	1981 £	1980 £
INCOME		
Concert performances, publishing royalties etc.	21,373	14,793
Factory records	106,667	31,044
Bank interest	1,366	–
	129,406	45,837
EXPENDITURE		
Wages	–	3,266
Travel, subsistence and tour costs	–	13,045
Equipment accessaries and repairs	–	304
Sundry	798	1,615
Telephone and postage	–	1,229
Professional charges	1,270	1,665
Depreciation	–	1,576
Bank interest	42	–
	2,110	22,700
NET PROFIT	127,296	23,137

7-8 DE JANEIRO DE 1980

Primeira sessão de gravação de "Love Will Tear Us Apart", no Pennine Sound Studios, em Oldham. Produção de Martin Hannett. Faixas gravadas: "These Days", "The Sound of Music", "Love Will Tear Us Apart" (versão 1).

11 DE JANEIRO DE 1980

O Joy Division toca no Paradiso, em Amsterdã, Holanda. Início da turnê europeia. A banda de abertura não toca, então o Joy Division toca nos dois horários, apresentando dois *sets* diferentes pelo preço de um. *Setlist* (*set* de "abertura"): "Passover", "Wilderness", "Digital", "Day of the Lords", "Insight", "New Dawn Fades", "Disorder", "Transmission". *Setlist* (*set* principal): "Love Will Tear Us Apart", "These Days", "A Means to an End", "Twenty Four Hours", "Shadowplay", "She's Lost Control", "Atrocity Exhibition", "Atmosphere", "Interzone".

12 DE JANEIRO DE 1980

O Joy Division toca no Paard Van Troje (O Cavalo de Troia), em Haia, Holanda, com os Minny Pops abrindo o show.

13 DE JANEIRO DE 1980

O Joy Division toca no Doornroosje, em Nijmegen, Holanda.

14 DE JANEIRO DE 1980

O Joy Division toca no King Kong, em Antuérpia, Bélgica.

> Quando finalmente o grupo do Joy Division chega no dia seguinte, nós imediatamente os levamos para o Boemerang... de uma forma bastante cordial e polida o empresário nos diz que o lugar está "muito acabado", e solicita outro lugar onde ficar... inferno!
> Às pressas, conseguimos encontrar quartos no hotel Appelmans, perto da estação central, e dessa vez a equipe e a banda parecem satisfeitas e entram. Tudo vai bem até que Annik Honoré, a jovem namorada de

Ian Curtis, coloca a cabeça para dentro; ela vê as luzes vermelhas, o mobiliário "especial" e as pinturas eróticas nas paredes e berra "Sem chance! Você não vai nos colocar neste puteiro! Você não sabe que o Joy Division é uma banda importante?".

Curtis olha para ela e ri – ele não se importa em dormir aqui com os outros – mas ela cai no choro.

Trecho de The Night Ian Curtis Came to Sleep,
de Marc Schoetens, em joydiv.org

15 DE JANEIRO DE 1980

O Joy Division toca no Basement, em Colônia, na Alemanha. *Setlist*: "Atmosphere", "Love Will Tear Us Apart", "These Days", "Insight", "Twenty Four Hours", "A Means to an End", "She's Lost Control", "The Sound of Music", "Glass", "Day of the Lords", "Shadowplay", "Interzone", "Disorder", "Transmission", "Atrocity Exhibition".

"Os shows foram bons, mas, puta merda, a Europa era gelada. Pensando bem, o pior era que eu tinha raspado o cabelo e estava *skinhead*. O resto deles estava deixando o cabelo crescer de novo, mas eu decidi raspar a cabeça. Desde aquela vez em que me sacanearam e me fizeram tingir o cabelo de loiro, eu usava o cabelo diferente – assim, se eles cortavam o deles, eu deixava o meu crescer; se deixassem crescer, eu cortava o meu. No New Order também foi sempre a mesma coisa."

16 DE JANEIRO DE 1980

O Joy Division toca no Lantaren, em Roterdã, Holanda.

17 DE JANEIRO DE 1980

O Joy Division toca no Plan K, Bélgica. *Setlist*: "Dead Souls", "Wilderness", "Insight", "Colony", "Twenty Four Hours", "A Means to an End", "Transmission", "Atmosphere", "Love Will Tear Us Apart", "Digital", "Warsaw", "Shadowplay", "Atrocity Exhibition", "Sister Ray", "The Eternal".

18 DE JANEIRO DE 1980

O Joy Division toca no Effenaar, em Eindhoven, Holanda, com os Minny Pops abrindo o show. *Setlist*: "Love Will Tear Us Apart", "Digital", "New Dawn Fades", "Colony", "These Days", "Ice Age", "Dead Souls", "Disorder", "Day of the Lords", "Autosuggestion", "Shadowplay", "She's Lost Control", "Transmission", "Interzone", "Atmosphere", "Warsaw". A banda tem alguns problemas com um bando de jovens *rockabillies*. Algumas músicas são filmadas em Super 8 ("Digital", "New Dawn Fades", "Colony", "Autosuggestion") e mais tarde aparecem no filme *Here Are the Young Men*.

19 DE JANEIRO DE 1980

O Joy Division toca no Club Vera, em Groningen, Holanda.

21 DE JANEIRO DE 1980

O Joy Division toca no Kant Kino, em Berlim, Alemanha. *Setlist*: "Dead Souls", "Wilderness", "Colony", "Insight", "Twenty Four Hours", "A Means to an End", "Transmission", "The Eternal".

"De acordo com as cartas de Ian para Annik, ele e Barney ficaram muito deprimidos depois desse show por causa do som. Não me lembro disso. Tinha alguns cartazes anunciando os filmes que seriam apresentados, e surrupiei alguns, que colocávamos na parede na sala de ensaios para nos dar inspiração. Foi daí que conseguimos montes dos títulos do New Order: são todos filmes antigos. Na cara dura."

7 DE FEVEREIRO DE 1980

O Joy Division toca em um show beneficente da gravadora Factory (para ajudar o fanzine *City Fun*), no Factory II, New Osborne Club, em Manchester, com A Certain Ratio e Section 25 abrindo o show.

"Eu me lembro de que, quando terminamos o show, Ian estava morrendo de vontade de mijar, e por isso não podíamos voltar e fazer outro bis. Ele estava pulando de um lado para a outro, tentando encontrar um banheiro, mas não havia nenhum nos bastidores, e no fim lhe dissemos "Ah, vai e mija num canto". E ele: "Não, não, eu não posso! Não posso mijar no canto! Não posso fazer isso, não posso fazer isso."

Rob disse: "Porra, Ian, você sabe que vocês têm que voltar lá." E Ian corria de um lado para o outro como um doido, segurando-se.

No fim, Rob foi e conseguiu uma caneca de cerveja e mandou que ele fosse para um canto e mijasse nela, para que a gente pudesse voltar ao palco.

Depois de um século, Ian voltou dizendo: "Ufa, valeu por isso, Rob. Eu estava desesperado". Mas a caneca só tinha meio centímetro de mijo – tinha algo a ver com os remédios, suponho.

Já era tarde demais para voltar para o bis, e não o fizemos. Mas lembro-me de que era bom estar de volta a Manchester, e estar em casa. Fui o único cujo carro não foi arrombado naquela noite. Eu tinha morado em Moston e conhecia a área, e por isso estacionei bem em frente da janela do pub do outro lado da rua. Eu avisei todo mundo. Mas quando todos – inclusive a plateia – saíram, descobriram que todos os carros em volta do clube tinham sido arrombados.

8 DE FEVEREIRO DE 1980

O Joy Division toca no sindicato da University of London Union, com Section 25, A Certain Ratio e Killing Joke abrindo o show. *Setlist*: "Dead Souls", "Glass", "A Means to an End", "Twenty Four Hours", "Passover", "Insight", "Colony", "These Days", "Love Will Tear Us Apart", "Isolation", "The Eternal", "Digital". Este concerto aparece no CD 2 da edição remasterizada de *Closer*, de setembro de 2007.

MEADOS DE FEVEREIRO DE 1980

Debbie confronta Ian em relação a Annik.

20 DE FEVEREIRO DE 1980

O Joy Division toca no High Wycombe Town Hall, com o Killing Joke e A Certain Ratio abrindo o show. *Setlist*: "The Sound of Music", "A Means to an End", "Colony", "Twenty Four Hours", "Isolation", "Love Will Tear Us

Apart", "Disorder", "Atrocity Exhibition". Tanto o concerto quanto a passagem de som aparecem no CD 2 da reedição de *Still*, de setembro de 2007.

> "O motivo pelo qual tantos desses shows apareceram depois como *bootlegs* era que havia dois rapazinhos – muito simpáticos, na verdade – chamados John e Lawrie, que costumavam vir e gravar todos os shows e então nos dar uma fita cassete. Nós os deixávamos entrar também nas passagens de som, que eles também gravavam, o que era bem simpático da parte deles – porque na verdade eles estavam nos pirateando com nossa permissão, não é?"

Foi durante esse período que ocorreu o episódio da automutilação de Ian.

21 DE FEVEREIRO DE 1980
O Joy Division cancela o show no Manchester Polytechnic.

28 DE FEVEREIRO DE 1980
O Joy Division toca no Warehouse, em Preston, com o Section 25 abrindo o show. *Setlist*: "Incubation", "Wilderness", "Twenty Four Hours", "The Eternal", "Heart and Soul", "Shadowplay", "Transmission", "Disorder", "Warsaw", "Colony", "Interzone", "She's Lost Control".

> "Chegamos lá no dia, e tudo que podia dar errado deu. O PA era horrível, nosso equipamento estava espalhado por todo canto... Tudo, na verdade, foi uma merda completa. Mas, por algum motivo, encaramos tudo com bom humor, o que nem sempre acontece, e no fim tudo acabou sendo muito engraçado. Sabe aquilo que às vezes acontece, que quanto mais errado dá, mais engraçado fica? Bem, foi assim.
> Anos depois, Tony Wilson liberou um *bootleg* desse show, porque ele gostava demais dele, porque dá para ouvir tudo indo errado. Era a máquina de cerveja – ela ficava cortando os amplificadores. O amplificador da guitarra de Barney dançou. Então o meu amplificador dançou. Barney veio e tentou plugar no meu amplificador e eu disse 'Está perdendo

o seu tempo, porque o meu amplificador também já era'. Então os teclados dançaram.

Rob estava nos bastidores berrando 'Toquem, seus bundões, toquem!'. Está no *bootleg*, ele gritando conosco. De vez em quando, um de nós ia até o microfone e dizia 'Desculpem, tudo aqui deu errado'. A coisa toda desandou, mas a plateia não parecia estar se importando muito. Não havia muita gente. Houve um momento maravilhoso, glorioso, quando uma garota subiu ao palco enquanto estávamos todos ocupados, tentando dar um jeito no equipamento; todos nós olhamos para ela e pensamos *O que ela está fazendo?* Ela foi até o microfone, pegou-o e disse 'O ônibus para Blackburn sai em cinco minutos'. Isso também está na gravação no *bootleg*.

Então já não tinha mais volta; perdemos todo o controle, sabe? O show já era. Um desastre completo. Bem, de qualquer modo, depois no camarim o clima estava ótimo, com todo mundo rindo e fazendo piadas, mas o organizador apareceu e estava furioso. Ele disse que não tínhamos tocado e que podíamos ir à merda se achávamos que ele ia nos pagar. Então ele saiu do camarim pisando duro.

Não íamos aceitar aquilo. O camarim também era um depósito, e havia um *freezer* lá, e eu abri a fechadura do *freezer* a pontapés. Lá dentro havia uns trinta frangos congelados, que pegamos como pagamento. Lembro-me de que Ian pegou para levar para Debbie – assim, acho que ele ainda estava morando em casa, com ela. Ele provavelmente os levou como uma oferta de paz: *Perdão por ter outra garota, querida. Eis aqui alguns frangos que estão descongelando.*"

29 DE FEVEREIRO DE 1980

O Joy Division toca no Lyceum, em Londres, como banda principal, junto com o Killing Joke, e com o Section 25 e A Certain Ratio abrindo o show. *Setlist*: "Incubation", "Wilderness", "Twenty Four Hours", "The Eternal", "Heart and Soul", "Love Will Tear Us Apart", "Isolation", "Komakino", "She's Lost Control", "These Days", "Atrocity Exhibition". Este concerto está incluído no box *Heart and Soul*.

MARÇO DE 1980

Lançamento do *single* de 7 polegadas "Licht und Blindheit" (Sordide Sentimental SS33022): "Atmosphere"/"Dead Souls". Produção de Martin Hannett. Limitado a 1.578 cópias numeradas.

5 DE MARÇO DE 1980

O Joy Division toca no Trinity Hall, em Bristol, com The Passage abrindo o show.

> "Por volta dessa época, o próprio Ian começou a ficar preocupado com a frequência de seus ataques, imaginando que iriam tomar conta de sua vida e ele não conseguiria continuar trabalhando."

13 DE MARÇO DE 1980

Segunda sessão de gravação de "Love Will Tear Us Apart", no Strawberry Studios, em Stockport. Produção de Martin Hannett (trabalhando esporadicamente durante um período de três semanas, começando em 24 de abril). Faixas gravadas: "Love Will Tear Us Apart" (versão *single*), "She's Lost Control" (versão 12 polegadas).

> "Tony tinha nos visitado no Strawberry e de novo trouxe a Ian um álbum do Frank Sinatra. Tony tentou encorajar Ian a se inspirar nele: creio que ele achava que a combinação do timbre da voz dele e esta música seria perfeita. Não acho que tenha ficado parecido com Frank Sinatra, porém; para mim soa apenas como Ian. Na época, nós achávamos que ele estava fazendo isso para nos irritar. Mas sei que, em uma das cartas para Annik, Ian menciona como ele gostava da voz de Frank Sinatra, então é óbvio que não era isso. Mas, Jesus, a gravação de 'Love Will Tear Us Apart' foi uma maratona. Varávamos a noite no estúdio durante essas sessões, todo mundo ficava exausto e ainda não tinha terminado – no fim, tivemos que terminá-la durante a gravação de *Closer*. Havia montes de mixagens diferentes, também. Martin ficava remixando e deve ter feito isso de dez a quinze vezes; então Tony deu um basta nele, porque estava saindo muito caro. Martin não ficava satisfeito nunca, e continuava buscando,

constantemente, a mixagem perfeita. Ele tentou diferentes engenheiros, mas nunca conseguiu chegar à mixagem perfeita. Curiosamente, hoje não gosto da mixagem que ele acabou escolhendo para o *single*. Gosto daquela que tem um *overdub* bem alto de guitarra, uma mixagem de rádio."

18-30 DE MARÇO DE 1980

O Joy Division grava *Closer*, no Britannia Row, em Londres. A banda fica em dois apartamentos, o apartamento de "festa" e o "intelectual", vivendo a boa vida do rock 'n' roll, a £ 1,50 por dia. Faixas gravadas: "Atrocity Exhibition", "Isolation", "Passover", "Colony", "A Means to an End", "Heart and Soul", "Twenty Four Hours", "The Eternal", "Decades", "Komakino", "Incubation", "As You Said".

2 DE ABRIL DE 1980

O Joy Division toca no Moonlight Club, em West Hampstead, Londres, com o Section 25, Crawling Chaos e John Dowie abrindo o show. *Setlist*: "The Sound of Music", "Wilderness", "Colony", "Love Will Tear Us Apart", "A Means to an End", "Transmission", "Dead Souls", "Sister Ray". "Sister Ray" aparece em *Still*, mas o crédito é erroneamente dado ao Moonlight Club.

3 DE ABRIL DE 1980

O Joy Division toca no Moonlight Club, em West Hampstead, Londres, com A Certain Ratio, Kevin Hewick e Blurt abrindo o show. *Setlist*: "Love Will Tear Us Apart", "Glass", "Digital", "Heart and Soul", "Isolation", "Disorder", "Atrocity Exhibition", "Atmosphere".

4 DE ABRIL DE 1980

O Joy Division toca no Rainbow Theatre, em Londres, abrindo o show dos Stranglers (com uma formação incomum) junto com Section 25, Fashion e The Soul Boys. *Setlist*: "Dead Souls", "Wilderness", "Shadowplay", "Heart and Soul", "Decades", "She's Lost Control", "Atrocity Exhibition".

4 DE ABRIL DE 1980

O Joy Division toca no Moonlight Club, em Londres, com Durutti Column, X-O-Dus e The Royal Family and the Poor abrindo o show. *Setlist*: "Transmission", "A Means to an End", "Twenty Four Hours", "Day of the Lords", "Insight", "Interzone".

2-4 DE ABRIL DE 1980

Depois de uma sequência exaustiva de concertos, Ian tem um ataque no palco. Isso ocorre pouco depois de um incidente em que ele fere a si mesmo com uma faca de cozinha.

5 DE ABRIL DE 1980

O Joy Division toca no Malvern Winter Gardens, em Malvern. *Setlist*: "Disorder", "Wilderness", "Twenty Four Hours", "Heart and Soul", "Atmosphere", "Love Will Tear Us Apart", "Isolation", "Interzone", "She's Lost Control", "Girls Don't Count", em um *jam* com o Section 25.

> Encontrei-me com a banda nos bastidores. Todos foram muito educados e gentis, exceto Hooky, que foi um imbecil. Ian estava sentado sozinho. Ele parecia de bom humor, embora com aparência cansada; sob o queixo tinha um corte de barbeador, que parecia bem doloroso. Ele falou com entusiasmo das "novas músicas" e até me agradeceu (mas não sei por quê!). Ele falava com uma voz suave e aguda, o que me surpreendeu. De fato, boas lembranças!
>
> Phil (fã), em *joydiv.org*

6 DE ABRIL DE 1980

Ian toma uma overdose.

8 DE ABRIL DE 1980

O Joy Division toca no Derby Hall, em Bury. *Setlist*: "Girls Don't Count", "Love Will Tear Us Apart", "Digital" (todas sem Ian), "The Eternal", "Decades" (ou "Passover"; ambas com Ian nos vocais), "Sister Ray" (sem Ian). O concerto termina em tumulto.

9 DE ABRIL DE 1980
Depois do show em Bury, Ian passa a ficar hospedado com Tony e Lindsay.

11 DE ABRIL DE 1980
O Joy Division toca no Factory, Russell Club, em Manchester, com o Minny Pops abrindo o show.

12 DE ABRIL DE 1980
O Joy Division cancela o show em Bradford (local desconhecido).

12-13 DE ABRIL DE 1980
Ian sai de Charlesworth e passa a maior parte da semana longe de casa, ou com Bernard Sumner ou com seus pais.

16 DE ABRIL DE 1980
Primeiro aniversário de Natalie Curtis. Ian está ausente, embora volte rapidamente para casa antes de sair para Derby, no sábado.

18 DE ABRIL DE 1980
Lançamento do *single* de 7 polegadas "Love Will Tear Us Apart" (Factory Records FAC 23). Produção de Martin Hannett. *Design* da capa de Peter Saville. Relançamento em doze polegadas com nova capa (FAC 23.12 27.6.80). Faixas: "Love Will Tear Us Apart", "These Days", "Love Will Tear Us Apart" (versão Pennine).

19 DE ABRIL DE 1980
O Joy Division toca no Ajanta Theatre, Derby, com Section 25 e XL5 abrindo o show. *Setlist*: "Dead Souls", "Wilderness", "Digital", "Insight",

"Passover", "Heart and Soul", "Isolation", "These Days", "Transmission", "She's Lost Control", "Colony", "Girls Don't Count", em um *jam* com o Section 25.

> "Lembro-me de que rolava um clima estranho nesse show. Também houve um monte de problemas com o equipamento. O sintetizador em particular ficava desafinando – acho que, se você escutar 'Isolation' na fita ao vivo, perceberá que está tudo desafinado – e realmente incomodava. O som estava ruim também, e dava para sentir que Ian não estava bem. Assim, eu realmente tive a sensação de que algo estava errado. Olhando em retrospectiva, vejo que tudo estava desmoronando."

19-20 DE ABRIL DE 1980

Ian e Annik passam o final de semana em um hotel em Rusholme, e separam-se na segunda-feira: Annik volta para Londres, Ian vai para casa, em Macclesfield.

22 DE ABRIL DE 1980

Debbie liga para Annik na embaixada belga, alertando-a de sua intenção de divorciar-se de Ian e de citar Annik como codemandada. Os pais de Debbie e Ian envolvem-se e os pais de Ian ficam sabendo de sua tentativa de suicídio. Debbie começa os procedimentos do divórcio.

25 DE ABRIL DE 1980

O Joy Division cancela sua apresentação no cine Scala, em Londres, devido aos problemas de saúde de Ian. A Certain Ratio, Durutti Column e Section 25 tocam.

> "Tínhamos cancelado a ida ao Scala, mas mesmo assim Ian apareceu por lá. Ele chegou por volta de 1h30 da manhã e sentou-se sozinho a uma mesa, escrevendo furiosamente em um caderno enquanto assistia a Kevin Hewick tocando. Três músicas depois ele se foi. Não falou com ninguém. Kevin me contou que Tony havia estreado *Closer* naquela noite, tocando uma fita do LP entre as apresentações ao vivo."

26 DE ABRIL DE 1980
O Joy Division cancela o show no Rock Garden, em Middlesbrough.

26 DE ABRIL DE 1980
Annik vai do Reino Unido para a Bélgica, e daí segue para o Egito, de férias.

FIM DE ABRIL DE 1980
Sessão de gravação da demo de "Ceremony" (ainda sem nome) e "In a Lonely Place", no Pinky's, em Broughton. "In a Lonely Place" foi mais tarde lançada no box *Heart and Soul* como "In a Lonely Place (detail)".

> "Tem gente que diz que as gravações dessas faixas foram feitas no TJ, mas não foram. A única vez que fomos ao TJ nesse período foi para gravar o vídeo de 'Love Will Tear Us Apart'. Além do mais, nessa época, já tínhamos começado a gravar tudo, e deve haver centenas dessas fitas – o que acontece é que os piratas conseguem uma dessas fitas e inventam que é especial e única, que foi o que aconteceu aqui: Rob emprestou uma fita para um fã e ela vazou, e então anos depois essas músicas aparecem em versões piratas e agora estão no YouTube e sei lá mais onde. Exatamente de onde a gravação é – se do Pinky's ou do Graveyard, em Prestwitch – é difícil dizer, mas de uma coisa eu sei: definitivamente não são do TJ."

28 DE ABRIL DE 1980
O vídeo promocional de "Love Will Tear Us Apart" é filmado no T. J. Davidson's, em Manchester. Direção de Stuart Orme. O vídeo seria exibido pela primeira vez na Granada, no programa infantil da manhã de sábado, *Fun Factory*, em 26 de junho de 1980, com apresentação do DJ de Manchester Ray Teret, que disse: "Joy Division não é uma cantora; é uma banda".

> "É a mão de Rob Gretton que aparece empurrando a porta, e o "Ian C" que está riscado na porta originalmente dizia *Ian C é um filho da puta*, ou *Ian Curtis é um filho da puta*, e tinha sido escrito por uma garota que

tinha recebido de Ian um 'chega pra lá', vamos dizer, algum tempo antes, quando começamos a ensaiar lá."

2 DE MAIO DE 1980

O Joy Division toca no High Hall, na Birmingham University, com A Certain Ratio abrindo o show. *Setlist*: "Ceremony", "Shadowplay", "A Means to an End", "Passover", "New Dawn Fades", "Twenty Four Hours", "Transmission", "Disorder", "Isolation", "Decades", "Digital".

Este foi o último show do Joy Division (ele foi gravado e depois lançado em *Still*), e foi quando estreamos "Ceremony". Ian escreveu de forma positiva sobre a apresentação – "Foi a maior plateia que já tivemos" – enquanto se criticava por ter esquecido o último verso de "Transmission". Ele também disse que a melhor música da noite foi a nova, "Ceremony".

3 DE MAIO DE 1980

O Joy Division cancela o show no Eric's, em Liverpool.

4 DE MAIO DE 1980

Ian é hipnotizado por Bernard enquanto está hospedado no apartamento dele em Worsley. O processo faz com que Ian regrida até sua infância e várias vidas antes, e deixa nele uma profunda impressão.

5 DE MAIO DE 1980

Ian se muda para a casa de seus pais.

8 DE MAIO DE 1980

O Joy Division cancela o show no Astoria, em Edimburgo.

9 DE MAIO DE 1980

O Joy Division cancela o show no Albert Hall, em Stirling.

13 DE MAIO DE 1980

Ian vai para casa para ver Debbie e Natalie. É tirada uma foto dele com Natalie: é a última foto em que ele aparece.

14 DE MAIO DE 1980

Sessão de gravação do Joy Division, no Graveyard Studios, em Prestwich. Faixas gravadas: "Ceremony", "In a Lonely Place". "Ceremony" é lançada mais tarde no box *Heart and Soul*.

> "Eu me lembro de fazer essa sessão porque era no térreo da casa de Stewart Pickering, em Prestwich, que ficava ao lado de um cemitério[42] (daí o nome Graveyard Studios). Porém Martin estava com um humor esquisito, e foi uma sessão de gravação feita às pressas e bem insatisfatória, e é por isso que não foi usada para nada – ou ao menos para nada oficial. Mas os planos, se tudo tivesse dado certo, era que essas gravações se tornassem o próximo *single*: a próxima gravação seria de 'In a Lonely Place' e 'Ceremony'. Mas, claro, isso nunca se concretizou.
>
> Sei que muitos fãs pensam que 'Ceremony', do box *Heart and Soul*, vem da mesma sessão que 'In a Lonely Place', mas não é o caso: ela veio desta sessão. 'In a Lonely Place' é de uma fita de ensaio, e esta não, e vou dizer como sei. A bateria está muito forte; não está se sobrepondo ao vocal. Assim, eu diria que é uma versão gravada de um ensaio ao vivo porque a bateria soa bem encorpada, mas não está fazendo o compressor do toca-fitas sobrepor os sons, e isso foi o que aconteceu. É a gravação que fizemos no Graveyard, eu juro, e posso até jurar no tribunal."

18 DE MAIO DE 1980

Um dia antes da partida da banda para os Estados Unidos, Ian comete suicídio. A turnê norte-americana em conjunto com o Cabaret Voltaire começaria no Hurrah, em Nova York, em 21 de maio, passando a seguir por Toronto, Detroit, Chicago, Minneapolis, San Francisco e Los Angeles. Martin Hannett teria feito a mixagem do som ao vivo durante a turnê.

---

[42] Em inglês, *graveyard*. [N. T.]

23 DE MAIO DE 1980

Ian Curtis é cremado. A Factory faz sua própria cerimônia fúnebre, em Palatine Road, e exibe o filme dos Sex Pistols, *The Great Rock' n' Roll Swindle*.

13 DE JUNHO DE 1980

Acontece o inquérito sobre a morte de Ian, em Macclesfield.

27 DE JUNHO DE 1980

Lançamento do 12 polegadas "Love Will Tear Us Apart" (FAC 23.12).

18 DE JULHO DE 1980

Lançamento de *Closer* (Factory Records FACT 25). Produção de Martin Hannett no Britannia Row, em Londres. Engenharia de Martin Hannett e John Caffery, auxiliados por Michael Johnson. Fotografia de Bernard Pierre Wolff. *Design* de Peter Saville, Martyn Atkins, Chris Mathan. Faixas: "Atrocity Exhibition", "Isolation", "Passover", "Colony", "A Means to an End", "Heart and Soul", "Twenty Four Hours", "The Eternal", "Decades".

18 DE JULHO DE 1980

Lançamento do *flexidisc* de distribuição gratuita (Factory Records FAC 28). Produção de Martin Hannett. Prensagem inicial: 10 mil cópias. Faixas: "Komakino", "Incubation", "As You Said".

> "Durante algum tempo, discutiu-se a possibilidade de lançar *Closer* como um álbum duplo, mas abandonamos o plano porque todos *nós* detestávamos a ideia de um duplo. Isso queria dizer que não podíamos colocar as outras três faixas no álbum, e então decidimos o que nos parecia um meio-termo: lançar um *flexidisc* com o álbum. Você comprava o álbum e levava o *flexidisc* de brinde. Mas as lojas de disco não gostaram e decidiram vender os *flexidiscs* – eles não entenderam a ideia do brinde. Então, quando alguém comprava o álbum, eles diziam 'É, e você pode comprar também o *flexidisc* junto: 50 pence', ou algo assim, os malditos canalhas. Nossa intenção era dar todos de graça."

2 DE SETEMBRO DE 1980

Lançamento do *single* de 12 polegadas "Atmosphere"/"She's Lost Control" (Factory Records FACUS2/UK). Produção de Martin Hannett. Foto da capa de Charles Meecham. Tipografia de Peter Saville.

8 DE OUTUBRO DE 1981

Lançamento do LP duplo de 12 polegadas *Still* (Factory Records FACT 40). O álbum definitivo do Joy Division, um LP duplo contendo músicas da banda que antes não eram de fácil acesso e algumas nunca lançadas formalmente; inclui também uma gravação ao vivo do último concerto. Produção de Martin Hannett. Engenharia de Chris Nagle. *Design* da capa de Peter Saville. Os primeiros 5 mil, com uma capa de pano de juta, edição de colecionador. Faixas: "Exercise One" (sessão de gravação de *Unknown Pleasures*), "Ice Age" (out./nov. 1979, Cargo Studios), "The Sound of Music" ("Love Will Tear Us Apart", sessão 1), "Glass" (disco Factory), "The Only Mistake" (sessão de gravação de *Unknown Pleasures*), "Walked in Line" (sessão de gravação de *Unknown Pleasures*), "The Kill" (sessão de gravação de *Unknown Pleasures*), "Something Must Break" (sessão de gravação de "Transmission"), "Dead Souls" (da sessão de gravação de *Licht und Bleinheit*/Sordide Sentimentale), "Sister Ray", "Ceremony", "Shadowplay", "A Means to an End", "Passover", "New Dawn Fades", "Transmission", "Disorder", "Isolation", "Decades", "Digital". Faixa 10 gravada ao vivo no Moonlight Club, em Londres, em 2 de abril de 1980. Faixas 11–20 gravadas ao vivo na Birmingham University, em 2 de maio de 1980.

"Comprei um *bootleg* do Joy Division um tempo atrás, e uma coisa estranha era que a primeira faixa, 'Shadowplay', tinha sido gravada nos estúdios de ensaio da T.J.M. O fato é que sequer tínhamos um gravador, de modo que não sei como alguém mais poderia ter gravado aquilo. Quando escutei, não era de lá, e então levei de volta e o cara me deu um desconto de cincão porque a lista de faixas estava errada."

Entrevista de Peter Hook para Jon Savage, abril de 1994

AGRADECIMENTOS

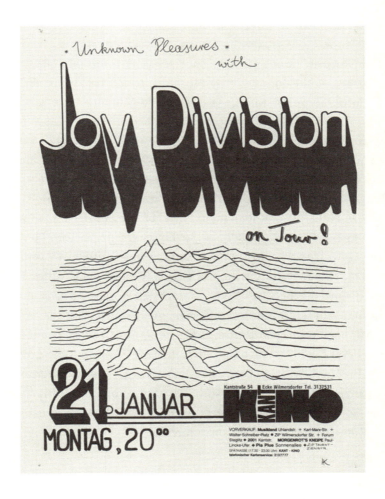

Muito amor e agradecimentos a minha bela esposa, Rebecca, e aos meus lindos filhos, Heather, Jack e Jess. Eu não teria feito isto sem seu amor, sua paciência e compreensão.

In memoriam, descansem em paz... Jean Jackson, Derrick Jackson, Dave Dee, Rex Sargeant, Larry Cassidy, Mia Hook, Martin Rushent e New Order.

Agradecimentos especiais a... Andrew Holmes e David Sultan. Seu trabalho duro para fazer deste livro o melhor possível foi fantástico. Estou em dívida para com vocês, rapazes... para sempre.

Obrigado, sem nenhuma ordem em particular, a... Twinny, Terry Mason, Claude Flowers, Lesley Thorne e todos em Aitken, Alexander & Co., Phil Murphy, James Masters (por ser uma fonte de conhecimento), Kelvin Briggs, Mike Jones, Emily Husain e todos na Simon & Schuster, Mike e Carol Georgieff-Jones. As pessoas de Manchester e Salford, Alan Erasmus, Aaron Mellor e todos na Factory, Anthony Addis e todos em OJK & Co, Stephen Lea, Mike Hall em IPS Law. THE LIGHT... Jack Bates, Nathan Wason, Andy Poole e Paul (o Urso) Kehoe. Stephen Jones. Pete e Peasy @ Oxygen Management, Steve Strange na X-Ray Agency. O Poderoso Sarge. Debbie e Natalie Curtis. The Buzzcocks. Alison Bell, Amanda Dunlop. Dr. Hew Jones. Kate King na JMC Office Services. Joanne e todos no Alderley Edge Hotel. Spellcheck, JoyDiv.org. Chris e Tom Hewitt. John Brierley. Meus irmãos, Chris e Paul Hook, e suas famílias. Dianne Bourne e o *Manchester Evening News*. Oz PA. Dave Pils e Jasmine. Todos na Factory Records. Phil Saxe. Matt Greenhalgh e Anton Corbijn. Electro--Harmonix, Shergold Guitars, Crown Amps, Alembic. AMS Digital Delay, Michael Winterbottom e todos de *A festa nunca termina*. Kevin Hewick. Peter Saville e Alice Cowling. Paul Fletcher em One Love Music. Warner Brothers Music. Universal Publishing. The Sex Pistols. Roger Eagle. Jean-Jacques Burnel pelo som. Paul Simonon pelo comprimento da correia. Cockney Rebel por me fazer interessar-me por música. David Essex e Ringo Starr. A lista é interminável...

ANEXO

DISCOGRAFIA COMPLETA EM ORDEM CRONOLÓGICA*

ÁLBUNS

Unknown Pleasures   (Factory, FACT 10, 1979)
- 01 – Disorder
- 02 – Day of the Lords
- 03 – Candidate
- 04 – Insight
- 05 – New Dawn Fades
- 06 – She's Lost Control
- 07 – Shadowplay
- 08 – Wilderness
- 09 – Interzone
- 10 – I Remember Nothing

Closer   (Factory, FACT. 25, FACT·XXV, 1980)
- 01 – Atrocity Exhibition
- 02 – Isolation
- 03 – Passover
- 04 – Colony
- 05 – A Means to an End
- 06 – Heart and Soul
- 07 – Twenty Four Hours
- 08 – The Eternal
- 09 – Decades

---

* Apesar de o Joy Division ter faixas espalhadas por mais de 200 coletâneas, junto com variados artistas, estas não foram incluídas aqui por trazerem somente músicas facilmente encontradas em álbuns ou singles da banda, e não faixas inéditas. [N.E.]

Still (Factory, FACT 40, 1981)

Álbum duplo composto por sobras de estúdio (disco um) e o último show da banda na Universidade de Birmingham, em 2 de maio de 1980, realizado apenas 16 dias antes do suicídio de Ian Curtis.

01 – Exercise One
02 – Ice Age
03 – The Sound of Music
04 – Glass
05 – The Only Mistake
06 – Walked in Line
07 – The Kill
08 – Something Must Break
09 – Dead Souls
10 – Sister Ray
11 – Ceremony
12 – Shadowplay
13 – A Means to an End
14 – Passover
15 – New Dawn Fades
16 – Transmission
17 – Disorder
18 – Isolation
19 – Decades
20 – Digital

SINGLES E EPS

An Ideal for Living EP (Enigma, PSS 139, 1978)
01 – Warsaw
02 – Leaders of Men
03 – No Love Lost
04 – Failures

ANEXO

Transmission EP (Factory, FAC 13, 1979)

Lançado originalmente em compacto de 7 polegadas. Ganhou uma edição em 12 polegadas em 1980.

    01 – Transmission
    02 – Novelty

Love Will Tear Us Apart (Factory, FAC 23, 1980)

    01 – Love Will Tear Us Apart
    02 – These Days
    03 – Love Will Tear Us Apart

Licht Und Blindheit (Sordide Sentimental – SS 33 002, 1980)

    01 – Atmosphere
    02 – Dead Souls

Komakino (Factory, FAC 28, 1980)

    01 – Komakino
    02 – Incubation
    03 – As You Said

Atmosphere (Factory, FACUS 2, 1980)

    01 – Atmosphere
    02 – She's Lost Control

The Peel Sessions (Strange Fruit, SFPS013, 1986)

    01 – Exercise One
    02 – Insight
    03 – She's Lost Control
    04 – Transmission

The Peel Sessions (Strange Fruit, SFPS033, 1987)
01 – Love Will Tear Us Apart
02 – 24 Hours
03 – Colony
04 – Sound of Music

Atmosphere (Factory, FAC 213/7, 1988, 12" Single),
(Factory – FAC 870 578-2, CDs)
01 – Atmosphere
02 – The Only Mistake
03 – Sound of Music
04 – Transmission (Live at The Factory, Hulme, Manchester)*

* Faixa extra do CD single

PARTICIPAÇÕES EM COLETÂNEAS COM FAIXAS INÉDITAS:

Short Circuit – Live at The Electric Circus (Virgin, VCL 5003, 1978)
Participação com a faixa "At a Later Date".

A Factory Sample (Factory, FAC 2, 1978)
Coletânea com a participação do Cabaret Voltaire, The Durutti Column e John Dowie. Esta edição, composta por dois compactos de 7 polegadas, contém as faixas "Digital e Glass."

Earcom 2 (Fast Product, FAST 9b, 1979)
Coletânea com as bandas Thursdays e Bascza. Participação do Joy Division com as faixas "Auto-suggestion" e "From Safety to Where...?".

COLETÂNEAS

Substance (Factory, Fact250, 1988)
Compilação de faixas lançadas anteriormente em singles e coletâneas com outros artistas.

ANEXO

Peel Sessions (Strange Fruit, SFRLP111, 1990)

Edição em CD contendo as duas sessões gravadas entre fevereiro e dezembro de 1979 lançadas originalmente em 1986 e 1987.

1977 – 1980 (Factory – COCY-9329->32, 1991)

Box-set japonês contendo os quarto álbuns: *Unknown Pleasures, Closer, Still* e a coletânea *Substance*, composta de singles e faixas originalmente lançadas em compilações com outros artistas.

Permanent: Joy Division 1995 (London Records, 828624.2, 828 624-2, 1995)

Coletânea de faixas de singles e dos três álbuns lançados pela Factory Records acrescida de um novo remix e produção adicional de Don Gehman para a faixa mais famosa da banda "Love Will Tear Us Apart", com o título de "Permanent Mix".

Heart and Soul (London Records, 828 968-2, 1997)

Box-set com quatro CDs que reúnem praticamente tudo o que a banda havia gravado oficialmente. Nos dois primeiros CDs, além dos álbuns *Unknown Pleasures* e *Closer*, foram acrescidas faixas bônus lançadas originalmente em compactos e outras de sobras de estúdio. Nos outros dois, constam raridades, demo tapes e faixas ao vivo. As músicas que anteriormente constavam do álbum duplo póstumo *Still*, de 1981, também estão espalhadas ao longo dos quatro CDs.

The Complete BBC Recordings (Strange Fruit, BBC Music, SFRSCD094, 2000)

Compilação das duas Peel Sessions acrescidas das faixas "Transmission" e "She's Lost Control" e uma entrevista feita com Ian Curtis e Stephen Morris por Richard Skinner.

Joy Division (Universal Music, JOYDIVISION1, 2007)

Box-set promocional em edição limitada com dois CDs, que traz uma compilação de faixas da banda no primeiro CD, e no segundo, vários artistas fazendo covers do Joy Division, como Moby, Susanna & The Magical Orchestra, Girls Against Boys, Nine Inch Nails e Grace Jones, entre outros.

The Best of Joy Division   (Rhino Records, 5051442-7302-2-7/
London Records, 5051442-7302-2-7, 2008)
Esta compilação lançada num CD duplo traz as faixas mais conhecidas da banda no primeiro CD, e no segundo, as gravações da BBC completas.

+ – Singles 1978-80   (Rhino Records (2) – 5186595937)
Box-set em edição limitada para colecionadores contendo dez compactos de 7 polegadas (*An Ideal for Living 1 e 2, A Factory Sample, Earcom 2: Contradiction, Transmission, Licht Und Blindheit, Komakino, Love Will Tear Us Apart, She's Lost Control Closer*) em gravações remasterizadas acompanhadas de dois CDs promocionais com cinco faixas cada um.

ÁLBUNS AO VIVO OFICIAIS

Preston 28 February 1980   (NMC Music, FACD 2.60, 1999)

Les Bains Douches   (NMC Music, FACD 2.61, 2001)
18 December 1979

Fractured Box   (NMC Music, FACD2.61z)
Edição especial com os dois álbuns: *Preston 28 February 1980* e *Les Bains Douches 18 December 1979*.

Refracturedboxone   (Alchemy Entertainment,
8 00945 42622 0,2004)
Box-set lançado em edição limitada de 3 mil cópias contendo três CDs com gravações ao vivo, um pôster e uma camiseta. O primeiro CD contém as faixas dos shows no Warehouse, Preston, gravado em 28 de fevereiro de 1980 (de 1 a 12) e em Eindhoven, Holanda, em 18 de janeiro de 1980 (de 13 a 16). O segundo CD contém na íntegra o show do Les Bains Douches, gravado em 18 de dezembro de 1979 e, finalmente, o terceiro CD traz as faixas do show no Paradiso Club, gravado em 11 de janeiro de 1980.

BOOTLEGS

Warsaw (Movieplay Gold, MPG 74034, 1994)

Talvez o mais importante *bootleg* da banda, pois inclui o primeiro registro do Joy Division (que ainda utilizava o nome Warsaw) gravado em estúdio, em 18 de julho de 1977 (faixas 13 a 17), e conhecido como *The Warsaw Demo*, contendo as faixas que comporiam o primeiro álbum da banda a ser lançado pela RCA em 1978. Rejeitadas pela banda, essas gravações constaram de muitos piratas até serem editadas pela Movieplay Gold de Portugal em 1994. Apenas uma canção ficou de fora "Keep On Keepin'On", que foi gravada nessas sessões, mas nunca foi lançada comercialmente.

- 01 – The Drawback
- 02 – Leaders of Men
- 03 – They Walked in Line
- 04 – Failures
- 05 – Novelty
- 06 – No Love Lost
- 07 – Transmission
- 08 – (Living in the) Ice Age
- 09 – Interzone
- 10 – Warsaw
- 11 – Shadowplay

Faixas bônus

- 12 – As You Said (gravada originalmente em 1980 para o flexidisc *Komakino*, durante as sessões do álbum póstumo *Closer*)
- 13 – Inside the Line
- 14 – Gutz
- 15 – At a Later Date
- 16 – The Kill
- 17 – You're No Good for Me

LISTA COMPLETA DOS BOOTLEGS*

1979 Radio Sessions, All God's Angels Beware, All the Lyrics, Amsterdam, Amsterdam 1980, At An Earlier Date, At Last, Atmosphere, Atrocity Exhibition, Aus Grauer Städte Mauern, Auto-Suggestion, Beginning of the End, Black

JOY DIVISION

Souls, Boulevard of Broken Dreams, Bournemouth, Bowdon Vale Youth Club, Box File, British Underground, Candidate, A Christmas of Joy (Division), Closer, Closer to the Unknown, Closer to the Unknown Treasures, Closer to the Unknown Treasures Vol 2, Collector's Item, Colony of Dead Souls, Concert 18 Jan Effenaar, Confession, Cross of Iron, Dante's Inferno, A Darkness in my Soul, Day of the Lords, Dead Soul(s), Dead Souls, Exercise One, Death, Death Trip, Decades, Desperation Takes Hold, Die Kalten Winde Des Winters, Digital Glass, Disorder, The Dutch Recordings, The Early Years Box, Effanaar, Electric Funeral, Electric Music, The End, End Live in England 79, Enigma, An Evening With..., Factory by Moonlight, Factory by the Moonlight, The Factory Manchester 6-7-79, Failures, Flexi discs, FM Broadcast 11/1/80, Form and Substance, From Centre of City, From the End to the Beginning, Further Transmissions, Futurama 2 / Futurama 79, Glass Is..., Good Evening We're Joy Division, Gotterdammerung, Greatest Hits, The Grey Assembly, Gruftgesaenge, Hand of Doom, Happy Porpak's Punk Sampler Heart and Soul, Heart of Darkness, Here are the Young Men, A History in Cuttings, House of Dolls, House of Prayer, How Many Echoes Are There, Ian Curtis 15 July 1956 – 18 May 1980, The Ideal, The Ideal Beginning, An Ideal for Killing, An Ideal for Living, I'm Not Afraid Anymore, ln a Lonely Place, Inquisited Again, Inside the Line, Interview, An Interview with Ian Curtis, Interzone, In the Studio with Martin Hannett, Isolation, John Peel Sessions 1979-1980, A Journey that Leads to the Sun, Joy Division, Komakino, Komackino, Last Order, Leaders of Men, Leigh Rock Festival, Le Terme, Le Terme, Part II, Le Terme Part III, Let the Movie Begin, Licht Und Blindheit, Life Before Death, Live 1979/1980, Live and Obscure, Live at The Apollo, Live at Leigh Rock Festival, Live! From Eindhoven, Holland, Live in Amsterdam 1980, Live in Blackpool 1979, Live in Paris, Live Malvern/Eric's, Live Sampler, Live Transmission... Dance to..., Live Transmissions, Lost Control, Lost Treasures, Love, Fear, Isolation, Love Will Tear Us Apart (LP), Love Will Tear Us Apart (7"), Love Will Tear Us Apart (12"), Manchester, So Much to Answer for, The Marble Index, Martin Hannett Personal Mixes, Mater Dolorosa, Maximum Joy Division, A Means to an End, Misplaced, At The Moonlight Club, The Moonlight Club Morituri Te Salutant, No Love Lost, No More Ceremonies, Non In Vendita, Once Was The Young Man (DVD), One Size Fits All, On TV, Out of Balance, Out of Tune, Out of The Room, Paradiso, Paris, Passover, Pearl Harbor!, Peel Sessions, Performances 01, Radio, The Raven Has Chosen..., Reaction, Remains, A Retrospective On ..., A Retrospective – Part II, Roots, Rough Trade Deutschland, Russel Club – June 13 1979, Sessions, Shades of Division, Shadowplay, She's Lost Control, Short Circuit Live Electric Circus, Solitary Demands, Something Else, Something

ANEXO

Must Break, Sordide Sentimental, Soul and Heart, Soul of Heart, The Sound and the Fury, The Sound of Music, Space, Still, Stroszek's Last Stan, Substance Video, The Sun Ain't Gonna Shine..., Testament, There Must Be More Than This, That Last Fatal Hour, They Keep Calling Me, They Walked in Line, Transmission, Try to Cure Yourself, Unknown Martyrs, Unknown Pleasures, Unnamed LP, Various Artists Live – Alternative Vol 2, The Visitor, The Visitor Box, Walk Away... In Silence, Warsaw 7", Warsaw LPs, Warsaw CDs, Warsaw at the Beginning, Warsaw Studio Demos, Warszawa, Where Will It End, Winter Gardens, You're No Good for Me, The Youth Club.

* Apesar de essa lista ser a mais atualizada dos *bootlegs* da banda, sempre pode haver algum item novo ainda não catalogado e que não consta aqui. Para mais informações, sugerimos que consulte os links dos sites relacionados à banda no fim deste anexo.

LISTA COMPLETA DE CONCERTOS

1977 (Warsaw)

29 Maio	The Electric Circus, Manchester
31 Maio	Rafters, Manchester
03 Jun.	The Squat, Manchester
06 Jun.	Guild Hall, Newcastle
16 Jun.	The Squat, Manchester
25 Jun.	The Squat, Manchester
30 Jun.	Rafters, Manchester
20 Jul.	Tiffany's, Leicester
27 Ago.	Eric's, Liverpool
27 Ago.	The Electric Circus, Manchester (data sem confirmação)
14 Set.	Rock Garden, Middlesbrough
24 Set.	The Electric Circus, Manchester
02 Out.	The Electric Circus, Manchester
07 Out.	Salford College of Technology
08 Out.	Manchester Polytechnic
13 Out.	Rafters, Manchester
19 Out.	Pipers, Manchester
24 Nov.	Rafters, Manchester
?? Dez.	Rafters, Manchester
31 Dez.	The Swingin' Apple, Liverpool

1978 (Joy Division)

25 Jan.	Pips Disco, Manchester
28 Mar.	Rafters, Manchester
14 Abr.	Rafters, Manchester
20 Maio	The Mayflower Club, Manchester
09 Jun.	The Factory I, Manchester
?? Jun.	Band on the Wall, Manchester
15 Jul.	Eric's, Liverpool
27 Jul.	Roots Club, Leeds
28 Jul.	Factory, Manchester
29 Ago.	Band on the Wall, Manchester
04 Set.	Band on the Wall, Manchester
09 Set.	Eric's, Liverpool
10 Set.	Royal Standard, Bradford
20 Set.	*Granada Reports*, Granada TV
22 Set.	Coach House, Huddersfield
26 Set.	Band on the Wall, Manchester
02 Out.	Institute of Technology, Bolton
12 Out.	Kelly's, Manchester
20 Out.	The Factory I, Manchester
24 Out.	The Fan Club, Leeds
26 Out.	Band on the Wall, Manchester
27 Out.	Apollo Theatre, Manchester
04 Nov.	Eric's, Liverpool
12 Nov.	Apollo Theatre, Manchester
14 Nov.	The Odeon, Canterbury
15 Nov.	Top Rank, Reading (cancelado)
15 Nov.	Brunel University, Uxbridge
16 Nov.	Metro, Plymouth (cancelado)
17 Nov.	Cardiff University (cancelado)
18 Nov.	Southampton University (cancelado)
19 Nov.	Locarno, Bristol (cancelado)
20 Nov.	Check Inn Club, Altrincham
21 Nov.	King Georges Hall, Blackburn (cancelado)
22 Nov.	Sheffield Polytechnic (cancelado)
24 Nov.	Lancaster University (cancelado)
25 Nov.	Bradford University (cancelado)
26 Nov.	Coatham Bowl, Redcar (cancelado)
26 Nov.	New Electric Circus, Manchester
27 Nov.	St. Andrews University, Fife, Escócia (cancelado)

ANEXO

1º Dez.	Salford College of Technology
22 Dez.	Revolution Club, York
27 Dez.	Hope and Anchor, Londres

1979

12 Jan.	Wythenshawe College, Manchester
26 Jan.	The Factory (Russell Club), Manchester
10 Fev.	Institute of Technology, Bolton
16 Fev.	Eric's, Liverpool
28 Fev.	Playhouse Theatre, Nottingham
1º Mar.	Hope and Anchor, Londres
04 Mar.	Marquee, Londres
13 Mar.	Band on the Wall, Manchester
14 Mar.	Bowdon Vale Youth Club, Altrincham
17 Mar.	University of Kent, Canterbury
30 Mar.	Youth Centre, Walthamstow, Londres
03 Maio	Eric's, Liverpool
11 Maio	The Factory (Russell Club), Manchester
17 Maio	Acklam Hall, Londres
23 Maio	Bowdon Vale Youth Club, Altrincham
07 Jun.	F-Club at Brannigan's, Leeds
13 Jun.	The Factory (Russell Club), Manchester
16 Jun.	The Odeon, Canterbury
17 Jun.	Royalty Theatre, Londres
19 Jun.	Lancaster University
22 Jun.	Good Mood, Halifax
25 Jun.	Free Trade Hall, Manchester
?? Jun.	Band on the Wall, Manchester
28 Jun.	The Factory I, Manchester
03 Jul.	Free Trade Hall, Manchester
05 Jul.	Limit Club, Sheffield
11 Jul.	Roots Club, Leeds
13 Jul.	The Factory (Russell Club), Manchester
20 Jul.	*What's On*, Granada TV
27 Jul.	Imperial Hotel, Blackpool
28 Jul.	The Mayflower Club, Manchester
02 Ago.	YMCA, Prince Of Wales Conference Centre, Londres
08 Ago.	Romulus Club, Birmingham
11 Ago.	Eric's, Liverpool (duas performances)
13 Ago.	Nashville Rooms, Londres

22 Ago.	Youth Centre, Walthamstow, Londres
27 Ago.	Open Air Festival, Leigh
31 Ago.	The Electric Ballroom, Londres
08 Set.	Futurama One Festival, Leeds
14 Set.	Rock Garden, Middlesbrough
15 Set.	*Something Else*, BBC 2 TV
22 Set.	Nashville Rooms, Londres
28 Set.	The Factory I, Manchester
29 Set.	The Mayflower, Manchester
02 Out.	Mountford Hall, Liverpool
03 Out.	City Hall, Hull (cancelado)
03 Out.	Leeds University
04 Out.	City Hall, Newcastle
05 Out.	Apollo, Glasgow, Escócia
06 Out.	Odeon, Edimburgo, Escócia
07 Out.	Capitol, Aberdeen, Escócia
08 Out.	Caird Hall, Dundee, Escócia
10 Out.	Ulster Hall, Belfast, Irlanda do Norte (cancelado)
11 Out.	Kelly's, Portrush, Irlanda do Norte (cancelado)
12 Out.	Olympia Theatre, Dublin, Irlanda (cancelado)
13 Out.	City Hall, Cork, Irlanda (cancelado)
16 Out.	Plan K, Bruxelas, Bélgica
18 Out.	Bangor University, Bangor, País de Gales
20 Out.	Loughborough University
21 Out.	Top Rank, Sheffield
22 Out.	Assembly Rooms, Derby
23 Out.	King George's Hall, Blackburn
24 Out.	The Odeon, Birmingham
25 Out.	St. George's Hall, Bradford
26 Out.	The Electric Ballroom, Londres
27 Out.	Apollo Theatre, Manchester
28 Out.	Apollo Theatre, Manchester
29 Out.	De Montfort Hall, Leicester
30 Out.	New Theatre, Oxford
1º Nov.	Civic Hall, Guildford
02 Nov.	Winter Gardens, Bournemouth
03 Nov.	Sophia Gardens, Cardiff, País de Gales (cancelado)
04 Nov.	Colston Hall, Bristol
05 Nov.	Pavilion, Hemel Hempstead
07 Nov.	Pavilion, West Runton
08 Nov.	Marquee Club, Londres (cancelado)

ANEXO

09 Nov.	The Rainbow Theatre, Londres
10 Nov.	The Rainbow Theatre, Londres
28 Nov.	Capitol, Aberdeen, Escócia (cancelado)
29 Nov.	Odeon Theatre, Edimburgo, Escócia (cancelado)
08 Dez.	Eric's, Liverpool
18 Dez.	Les Bains Douches
31 Dez.	Warehouse, Oldham Street, Manchester

1980

11 Jan.	Paradiso, Amsterdã, Holanda
12 Jan.	Paard Van Troje, Haia, Holanda
13 Jan.	Doornroosje, Nijmege, Holanda
14 Jan.	King Kong, Antuérpia, Bélgica
15 Jan.	The Basement, Colônia, Alemanha
16 Jan.	Lantaren, Roterdã, Holanda
17 Jan.	Plan K, Bruxelas, Bélgica
18 Jan.	Effenaar, Eindhoven, Holanda
19 Jan.	Club Vera, Groningen, Holanda
21 Jan.	Kant Kino, Berlim, Alemanha
07 Fev.	The Factory II (New Osborne Club), Manchester
08 Fev.	University of London Union
20 Fev.	Town Hall, High Wycombe
21 Fev.	Manchester Polytechnic, (cancelado)
28 Fev.	The Warehouse, Preston
29 Fev.	The Lyceum, Londres
05 Mar.	Trinity Hall, Bristol
02 Abr.	The Moonlight Club, Londres
03 Abr.	The Moonlight Club, Londres
04 Abr.	The Rainbow Theatre, Londres
04 Abr.	The Moonlight Club, Londres
05 Abr.	Winter Gardens, Malvern
08 Abr.	Derby Hall, Bury
11 Abr.	The Factory I, Manchester
12 Abr.	Local desconhecido, Bradford (cancelado)
19 Abr.	Ajanta Theatre, Derby
25 Abr.	Scala Cinema, Londres (cancelado)
26 Abr.	Rock Garden, Middlesbrough
02 Maio	High Hall, Birmingham University
03 Maio	Eric's, Liverpool (cancelado)
08 Maio	The Astoria, Edimburgo, Escócia (cancelado)
09 Maio	Albert Hall, Stirling, Escócia (cancelado)

1980 – Turnê americana cancelada:

Pouco é conhecido sobre os locais onde o Joy Division pretendia tocar durante sua turnê americana. Sabemos que as apresentações em Hurrah, Nova York, e Tuts, em Chicago, foram planejadas, e que o New Order tocou em alguns dos locais quando foram para os Estados Unidos, em setembro daquele ano. A partir dessas informações, é bem provável que a turnê cancelada tenha incluído os locais indicados a seguir. As datas entre parênteses são apontamentos que mostram os lugares onde o New Order tocou.

21 Maio	Hurrah, Nova York (26 Set.)
22 Maio	Hurrah, Nova York (26 Set.)
23 Maio	Hurrah, Nova York (26 Set.)
25 Maio	The Edge, Toronto, Canadá
26 Maio	Bookies, Detroit
27 Maio	Tuts, W.Belmont, Chicago
28 Maio	Merlyn's, Madison, Wisconsin
29 Maio	Duffy's, Minneapolis
31 Maio	9:30 Club, Washington
1º Jun.	Tier 3 (aka TR3), Nova York (27 Set.)
03 Jun.	American Indian Center, San Francisco
04 Jun.	American Indian Center, San Francisco
07 Jun.	Madame Wong's, Los Angeles
08 June	Flipper's Roller Boogie Palace, Los Angeles
09 Jun.	The Starwood, Sunset Blvd, Los Angeles
??	Maxwell's, Hoboken, Nova Jersey (20 Set.)
??	Bogart's, Cincinnati
??	The Underground, Boston (30 Set.)

1980 – Proposta de uma turnê europeia

De acordo com Steven Brown, do Tuxedomoon, eles haviam planejado fazer uma turnê europeia com o Joy Division durante o outono/inverno de 1980.

Sites para conhecer mais sobre o Joy Division:

http://www.joydivisiondata.co.uk/joyd_home.html
http://joydivision-neworder.blogspot.com.br/search/label/1977
http://www.joydiv.org/index.htm

NOTA DO EDITOR SOBRE O AUTÓGRAFO DE PETER HOOK

Devido ao carinho de Peter Hook com relação aos seus fãs brasileiros, quando nós perguntamos a ele se seria possível enviar um autógrafo para este livro, algo simples como "abraços, Peter Hook", ele nos enviou este texto:

"When I brought Joy Division's music to Brazil I was humbled by the amount of fans we had and the passion and love they showed. Thank you."

PETER HOOK '15

Então, ele pediu que nós o traduzíssemos para o português e copiou de próprio punho, tal como se ele estivesse no Brasil em pessoa, autografando cada exemplar. Esta foi sua forma de agradecer a todos os fãs com relação ao seu trabalho no Joy Divison.